CURSUS

Texte und Übungen
Ausgabe N

Herausgegeben von Prof. Dr. Friedrich Maier
und Dr. Stephan Brenner

Bearbeitet von Britta Boberg, Reinhard Bode,
Dr. Stephan Brenner, Prof. Andreas Fritsch,
Michael Hotz, Prof. Dr. Friedrich Maier,
Wolfgang Matheus, Ulrike Severa, Werner Thiel,
Hans Dietrich Unger, Dr. Sabine Wedner-Bianzano,
Andrea Wilhelm

Berater: Hartmut Grosser

Oldenbourg
C. C. Buchner
Lindauer

Liebe Schülerinnen und Schüler!

Herzlich willkommen zu einer Entdeckungsreise durch die Welt der Antike.
Im ersten Teil der Reise (L 1–20) kommt ihr nach **Rom** und in andere Städte des riesigen **Römischen Reiches**. Ihr reist im Jahr 124 n. Chr. zur Zeit des Kaisers Hadrian und werdet Flavia und Quintus kennen lernen, ein römisches Mädchen und einen römischen Jungen. Die Familien beider Kinder, die Flavier und Domitier, sind eng miteinander befreundet. Da sie wohlhabend sind, besitzt jede Familie ein großes Stadthaus in Rom und ein schönes Landhaus in den nahe gelegenen Albanerbergen. Wie jedes Jahr verbringen Quintus und Flavia den August auf dem Landgut ihrer Familie. Damit ihnen die Ferien nicht zu langweilig werden, haben sie verabredet, sich zu besuchen und einen Teil der Ferien gemeinsam zu verbringen. Beide freuen sich schon sehr darauf. Plötzlich jedoch ereignet sich etwas, das ihr Leben ganz schön durcheinanderbringt … Folgende Hauptpersonen treten in der Geschichte auf:

Gnaeus Domitius Macer
Sulpicia, seine Frau
Quintus, ihr Sohn
Lucius und Gaius, Freunde des Quintus

Marcus Flavius Lepidus
Caecilia, seine Frau
Flavia, Marcus und Aulus, ihre Kinder
Galla und Syrus, Sklaven der Flavier

Im zweiten Teil der Reise (L 21–36) verabschieden sich Flavia und Quintus von euch. Nun steht euch eine Zeitreise von fast 1000 Jahren bevor, auf der euch **Gestalten** begegnen, die für die römische und griechische Welt von großer Bedeutung waren. Kluge, tapfere, starke Männer und mutige, entschlossene Frauen führen euch von der mythischen Vorzeit Roms und Griechenlands in das erste Jahrhundert unserer Zeitrechnung. Dabei steht jede Geschichte unabhängig für sich, sie bietet euch ein Abenteuer aus dem Mythos, ein historisches Ereignis oder eine Lebenserfahrung. Die Gestalten zeigen euch, wie sich die römische Lebens- und Gedankenwelt im Lauf der Jahrhunderte verändert hat, aber auch, wie eng sie mit der griechischen Welt verknüpft ist. Deshalb werden bisweilen bewusst Römer und Griechen gegenübergestellt.

Im dritten Teil (L 37–50) eurer Entdeckungsreise durch die Zeit werdet ihr selbst zu „Entdeckern“. Ihr könnt herausfinden, auf welchen **Gebieten unserer Kultur und unseres Lebens** schon in der Antike die Fundamente gelegt worden sind. Dabei führt euch die Reise über die Antike hinaus bis zum Mittelalter und in die Neuzeit, also bis in jene Epochen, in denen Latein noch die Sprache der Wissenschaft, der Kirche und der internationalen Verständigung gewesen ist. Ihr gelangt an Orte, an denen Ereignisse stattfanden, die heute noch in aller Munde sind. Ihr trefft auf Personen, die zeitlos Gültiges entdeckt oder erdacht haben. Große Leistungen, ohne die unsere heutige Welt unvorstellbar wäre, erschließen sich euch von ihren Wurzeln her. Dazu lernt ihr philosophische und religiöse Lebensformen und Weltdeutungen von bleibender Dauer kennen. An ausgewählten Beispielen der Literatur, Kunst und Architektur soll euch bewusst werden, wie nachhaltig die Antike zwei Jahrtausende fortgewirkt und wie grundlegend sie Europa geprägt hat.

Bevor ihr euch aber auf die Reise begebt, möchten wir euch einige Tipps mit auf den Weg geben.

- Auf der ersten Seite jeder Lektion werdet ihr durch Informationen zum Inhalt, Abbildungen und eine Grammatikeinführung auf den Lektionstext vorbereitet.
- Diesen findet ihr auf der folgenden Seite. Hier lest ihr die aufregenden Erlebnisse von Quintus und Flavia und lernt große Entdeckungen und Leistungen bedeutender Personen kennen.
- Den neuen Grammatikstoff könnt ihr mit den Übungen auf der dritten Seite festigen.
- Das Kulturthema erwartet euch auf der vierten Seite.
- Die Vokabeln findet ihr auf den Wortschatzseiten am Ende des Buches. Sie sind in überschaubaren Einheiten dargeboten, damit ihr sie besser lernen könnt.

- Nach in der Regel jeweils vier Lektionen haben wir für euch eine Doppelseite zu „Antike und Gegenwart“ eingerichtet.
- Nach den Lektionen 6, 36 und 40 haben wir für euch je eine Doppelseite „Übersetzen mit Methode“ eingerichtet.
- Mit Lektion 46 geht ihr dann zur Lektüre über.
- Das Grammatikwissen wird euch in der Begleitgrammatik kapitelweise erklärt.

Jetzt kann es losgehen, eine gute Reise wünschen euch die Autorinnen und Autoren.

Das Autorenteam, das Rückmeldungen aus der Praxis gerne berücksichtigt, bittet Lehrer/innen und Schüler/innen, ihre Wünsche und Beobachtungen dem federführenden Verlag* mitzuteilen. Es dankt allen für solche Mühe im Voraus.

* Oldenbourg Schulbuchverlag, Lektorat Alte Sprachen, Postfach 80 13 60, 81613 München

Hinweise zur Benutzung des Buches

★ Fakultativer Grammatikstoff – eure Lehrkraft entscheidet, ob ihr diesen Stoff jetzt schon oder erst später lernen sollt.

6 Übungen zum Stoff der Lektion

Z für „Zusatz“ kennzeichnet Übungsteile, die die Kenntnis der Lektion 10 Z voraussetzen.

► kennzeichnet ein Arbeitsbeispiel in den Übungen.

? kennzeichnet eine Lücke im Text, die nicht im Buch ausgefüllt werden soll. Der Text soll ins Heft übertragen werden, sodass die Lücken dort ergänzt werden können.

Blau unterlegter Text kennzeichnet Übungen zum Übersetzen aus dem Lateinischen.

L kennzeichnet Lerntipps auf den Wortschatzseiten.

Ü kennzeichnet Übungen zu den Wortschatz-Lerntipps.

ÜV kennzeichnet Übersetzungsvorschläge auf den Wortschatzseiten.

! kennzeichnet leicht ableitbare Wörter, die auch in späteren Lektionen nicht gelernt werden, z.B. *circum*!.

→ kennzeichnet einen Verweis auf eine Lektion, in der eine nicht zum Lernwortschatz gehörige Vokabel in den Fußnoten erläutert wird, z. B. *in laconicis* (→ 7 L): Diese Wendung wird in den Fußnoten zum Lektionstext 7 erläutert.

\- Ein Bindestrich kennzeichnet erschließbare Komposita bereits gelernter Verben, z. B. *ex-portant*: *ex-* (hinaus) und *portant* (sie tragen).

Eigennamen werden nicht an der jeweils gegebenen Stelle erklärt, sondern im Eigennamenverzeichnis.

Raus aus der Großstadt!

Zur Zeit des Kaisers Hadrian ist Rom eine dicht bevölkerte Großstadt mit über einer Million Einwohnern. Theater und Tempel, Märkte und Geschäfte jeder Art ziehen viele Menschen an. Fußgänger und Sänften drängeln sich auf den engen Straßen, die oftmals durch Tierherden verstopft sind. Überall hört man Lärm von Baustellen und das Schreien von Händlern, die ihre Waren anpreisen. Auch nachts kommt die Stadt nicht zur Ruhe: Fuhrwerke, die tagsüber nicht in die Innenstadt fahren dürfen, rumpeln über die Straßen.
Nur wenige Straßen sind gepflastert und manche Menschen werfen Abfälle einfach aus den Fenstern. So sind Staub und Gestank besonders im Sommer sehr unangenehm für die meisten Römer, die in mehrstöckigen Mietshäusern ohne Bad, Toilette und Küche wohnen. Auch reichere Römer, die in „Einfamilienhäusern" wohnen, fühlen sich oft von Lärm und Hitze belästigt. Sie besitzen aber meist ein Landhaus (*villa*) in den nahe gelegenen Albanerbergen, wohin sie sich zurückziehen können, um Ruhe und Erholung zu finden.

Die ersten kleinen Sätze …

Quint**us** exspecta**t**. Amic**a** non veni**t**. Flavi**a** veni**re** cessa**t**. Silenti**um** es**t**.

amic-
Flavi-

Quint-

silenti-

exspecta-
veni-
es-
cessa-

… und die ersten Bausteine der lateinischen Sprache

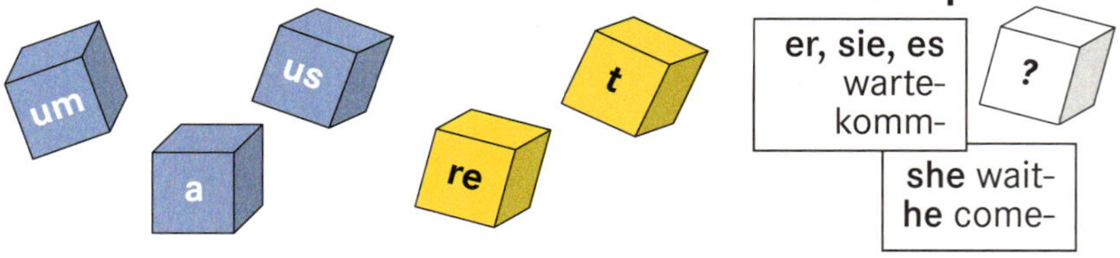

er, sie, es
warte-
komm-

she wait-
he come-

a Baue nach dem Muster der „ersten kleinen Sätze" die blauen Bausteine an die blau umrahmten Bedeutungsteile an. Überlege dir, welche Aufgabe die jeweiligen Bausteine haben.
b Für welche Wortart und welche Formen sind die gelben Bausteine zuständig? Baue sie an die gelb umrahmten Bedeutungsteile an und lies die entstandenen Wörter.
c Das Baukastensystem funktioniert auch im Englischen und Deutschen. Die weißen Bedeutungsteile haben jeweils ihren Baustein verloren. Ergänze ihn.

Wo bleibt sie denn?

In den Morgenstunden war die Hitze auf dem Landgut in den Albanerbergen noch erträglich; jetzt, am frühen Nachmittag, ist es selbst im Schatten kaum noch auszuhalten.

Sol ardet, silentium est; villa sub sole[1] iacet.
Etiam canis tacet, asinus non iam clamat.
Quintus stat et exspectat.
Ubi est Flavia?
Cur amica non venit? Cur venire cessat?
Non placet stare et exspectare,
non placet esse sine amica[2],
non placet villa sine amica[2],
non placet sol,
non placet silentium.
Subito canis latrat[3], etiam asinus clamat.
Quid est? Ecce! Quis venit?

1) **sub sōle:** in der Sonne 2) **sine amīcā:** ohne die Freundin
3) **lātrāre:** bellen

- Stelle die Wörter und Wendungen zusammen, durch die der Eindruck von Stille entsteht.
- Beschreibe, wodurch im Text das Warten des Quintus ausgedrückt wird. Achte dabei auf die Wortwahl und die Wortstellung.

1 Wörter-Labyrinth

Du kannst 15 Wörter finden, die von links nach rechts und von oben nach unten zu lesen sind. Eines kommt mehrfach vor. Welches?

i	a	s	i	n	u	s	t	z	u
c	l	a	m	a	t	u	a	e	b
r	a	m	i	c	a	x	c	t	i
w	v	e	n	i	t	k	e	i	d
y	e	x	s	p	e	c	t	a	t
u	s	k	a	e	e	n	k	m	c
c	v	e	n	i	r	e	h	q	a
s	i	l	e	n	t	i	u	m	n
s	t	a	t	a	r	d	e	t	i
w	m	c	e	s	s	a	t	e	s

2 Anfang und Ende

Verbinde, was zusammenpasst.

exspecta- veni- sta-
amic- vill- cessa-
silenti- iace- clama-
asin- arde- place-

\+

-us -t
-re -a
-um

3 Wähle aus und übersetze die Sätze.

1. Silentium (ardet/et/est). 2. Canis (venire/stat/etiam). 3. Asinus (placet/clamare/amica) cessat. 4. (Cur/Quintus/Ubi) est Flavia? 5. Subito (canis/non iam/exspectat) clamat.

4 Übertrage in dein Heft, ergänze und übersetze.

1. Silenti ? es ? .
2. Quint ? sta ? et exspecta ? .
3. Ubi es ? Flavi ? ?
4. Cur amic ? veni ? cessa ? ?

5 Gleich und ungleich

Suche Wortpaare, die
a zu einer Gruppe gehören können,
b Gegensätzliches ausdrücken.
Wie viele findest du?

amica – tacere – ardere – clamare – venire – exspectare – stare – asinus – silentium – sol – canis

6 Satz-Rezept

Man nehme ein Substantiv, suche dazu ein passendes Verb (oder auch zwei) und garniere mit „unveränderlichen" Wörtern.

Bilde aus folgenden „Zutaten" zehn verschiedene sinnvolle Sätze.

asinus
amica
canis
silentium
sol

ubi – cur

ardet – clamat –
stat – tacet –
exspectat – est –
venit

non
non iam
etiam

et

subito

7 Warten auf die Freundin

1. Ubi est amica? 2. Quintus stat et exspectat. 3. Cur non venit? 4. Sol ardet. 5. Canis tacet. 6. Etiam asinus non clamat. 7. Subito non iam silentium est. 8. Quid est? 9. Quis venit?

Wo steckt bloß wieder der Hund?

1. Quintus exspectat. 2. Ubi canis est? 3. Quintus clamat: „Hylax!" 4. Silentium est. 5. Cur canis non venit? 6. Quintus iterum[1] clamat. 7. Ecce, subito canis venit! 8. Nunc[2] Hylax stat et exspectat.

1) **iterum:** wieder, noch einmal 2) **nunc:** jetzt

villa – Ein Haus auf dem Land

Seitdem Flavia weiß, dass sie Quintus besuchen wird, interessiert sie natürlich, wie das neue Haus aussieht, in dem er wohnt. Quintus hat ihr in einem Brief alles erklärt. Ungefähr Folgendes hat in diesem Brief gestanden.

Quintus grüßt seine Flavia.

Ich freue mich schon darauf, dir unsere neue Villa zu zeigen. Schon von weitem siehst du die strahlende Eingangsfassade mit den nagelneuen Marmorsäulen. Wenn dich unser Türsklave hereingelassen hat, betrittst du zuerst das Atrium, wo Vater manchmal Besucher aus Rom empfängt. Mir ist der Raum zu feierlich. Geht man durch das Atrium hindurch, gelangt man in das Tablinum. Hier werden die Eltern meistens sitzen, wenn sie sich mit Gästen unterhalten. Der Raum ist wunderbar hell, denn er ist durch einen breiten Säulendurchgang direkt mit unserem riesigen Peristyl verbunden, einem weiten Säulenhof, wo es überall Blumen und Sträucher gibt. In der Mitte des Peristyls ist ein lang gestreckter Teich. Wenn sich die Figuren am Rand im Wasser spiegeln, fühlt sich Vater immer an seine Ägyptenreise erinnert, von der er heute noch schwärmt. Vom Atrium aus erreicht man auch unser prächtiges Triklinium mit den drei Liegen. Von dort hat man beim Essen einen herrlichen Ausblick. Neben dem Triklinium ist rechts Vaters Bibliothek: Stell dir vor, an allen Wänden Regale für Buchrollen bis hoch zur Decke! Natürlich gibt es bei uns auch Schlafräume, mehrere Gästezimmer, drei Badezimmer (für kaltes, warmes und heißes Baden), eine Küche (mit Toilette), Vorratsräume und kleine Kammern für die Sklaven. Und nicht zu vergessen: einen kleinen Sportplatz, wo man Ball spielen kann.
Aber das wirst du ja bald selbst sehen. Wir freuen uns schon alle sehr auf dich. Bleib gesund und gute Reise.

Einige Räume werden im Brief mit ihrem römischen Namen genannt. Übertrage die Namen in dein Heft und schreibe dazu, wozu die Räume dienten oder wann man sich dort aufhielt.

Namen, Namen, Namen

Nun kommt Flavias Familie endlich zum Landgut der Familie des Quintus: der Vater, Marcus Flavius Lepidus, die Mutter Caecilia, deren Tochter Flavia und die Söhne Marcus und Aulus sowie zahlreiche Sklaven. Der Vater, das Oberhaupt der Familie, hat tatsächlich drei Namen: einen Vornamen, Marcus, einen Familiennamen, Flavius, und einen Beinamen, Lepidus. Mutter und Tochter haben – wie alle Frauen – keine Vornamen: Die Mutter ist die Tochter eines gewissen Caecilius; daher bekommt sie die weibliche Form des Namens ihres Vaters. Und so heißt die Tochter des Flavius einfach Flavia. Wenn sie eine Schwester hätte, dann hieße diese auch Flavia, mit einem Zusatz wie Minor, die Jüngere, oder Maior, die Ältere. Auch bei den Vornamen der Jungen sind die Römer nicht sehr einfallsreich. Nur rund ein Dutzend Vornamen sind in Gebrauch. Deshalb kann man die Vornamen auch nicht verwechseln, wenn sie abgekürzt werden: Z. B. steht M. für Marcus, A. für Aulus, Q. für Quintus, C. für Gaius, P. für Publius.

Ara Pacis in Rom (Grundsteinlegung 13 v. Chr.), Mitglieder der kaiserlichen Familie.

Die Bausteine vermehren sich.

1 *In der* villa *der Domitier warten alle auf die Ankunft der Flavier …*
Tacet servus, tacet serva, tacet et Quintus. Exspectat. Ubi est Flavia? Cur non venit?

2 *Große Aufregung! Da sind sie endlich!*
Gaude**nt** serv**i**, clama**nt** serv**ae**, clamat et Quintus: „Ibi su**nt** Flavi**i**! Ibi veniu**nt**!“

a Übersetze Text **1**.
b Wofür sind die gelben Bausteine in Text **2** zuständig?
c Nenne zu den folgenden Substantiv-Bausteinen ihre Entsprechung im Singular.

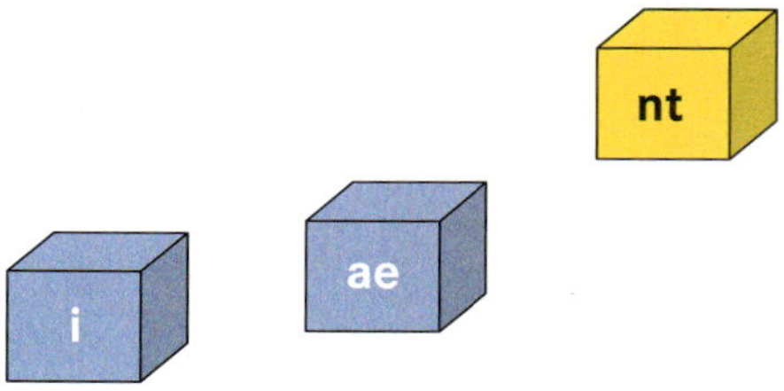

Einen Substantiv-Baustein bekommst du als **Geschenk:** don-**um**!
die Geschenke: don-

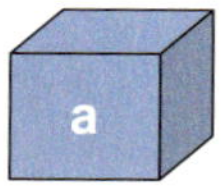

Überraschungen

Rasch läuft Quintus in die villa *und meldet die Ankunft der Gäste. Sein Vater Gnaeus Domitius Macer kommt aus der Bibliothek und ruft die Sklaven, seine Mutter Sulpicia gibt letzte Anweisungen. Quintus eilt wieder nach draußen, um seine Freundin Flavia als Erster begrüßen zu können.*

Ibi venit Flavia – sed non sola[1]. Etiam M. Flavius Lepidus et Caecilia matrona veniunt, veniunt Syrus servus atque Galla serva et alii[2] servi ac servae. Etiam Marcus et Aulus, Flaviae fratres[3], ibi sunt. Apparet tota[4] familia. Cuncti[5] gaudent, rident, clamant. Marcus et Aulus cito appropinquant et iam procul salutant: „Salve, Quinte!“ Tum Quintus: „Salvete, amici!“ Cur Flavia non properat? Quid timet? Nunc et Flavia appropinquat et Quintus: „Salve, Flavia!“ Quid apportat? Certe donum est. Quintus gaudet, nam crustula[6] sunt. Tum Aulus et Marcus: „Ecce! Alia[2] dona. Sunt … ranae[7].“ Tota[4] familia ridet et Quintus: „Etiam ranae[7] placent.“ Subito procul equus apparet.

1) **sōla:** allein 2) **aliī/alia:** andere 3) **Flāviae frātrēs:** Flavias Brüder
4) **tōta:** die ganze 5) **cūnctī:** alle 6) **crūstulum:** Zuckerplätzchen 7) **rāna:** Frosch

- Nenne die Namen der Personen im Text. Gib an, in welcher Beziehung sie zueinander stehen.
- Stelle die Wörter zusammen, durch die Sätze jeweils miteinander verknüpft sind. Welcher gedankliche Zusammenhang wird dabei von Fall zu Fall zum Ausdruck gebracht?

1 Was gehört wohin?

Ordne nach Singular- und Pluralformen.

iacet – stant – silentium – villae – est – asini – amicae – placent – servus – ardent – familiae – serva – venit

2 Hin und her

Setze jeweils in den anderen Numerus und übersetze dann.

servus – gaudent – familiae – clamat – matronae – ridet – veniunt – sunt

3 Bestimme die Wortarten.

1. Nunc servi ac servae appropinquant.
2. Tum familia gaudet.

4 Wandle um.

Vorsicht bei ☞, denn hier musst du die Form beibehalten, aber das Verb wechseln.

► stat ⇨ ☞ (clamare) clamat

gaudet ⇨ Pl. ☞ appropinquare ⇨ Sg. ⇨ ☞ ridere ⇨ Pl. ⇨ ☞ salutare ⇨ Sg. ⇨ ☞ placere ⇨ Pl. ⇨ ☞ apparere ⇨ ☞ exspectare ⇨ Sg. ⇨ ☞ esse ⇨ Pl. ⇨ ☞ stare ⇨ Sg.

5 Endung gut, alles gut

Übertrage den Text in dein Heft, setze die fehlenden Buchstaben ein und übersetze. Folgende Buchstaben stehen zur Auswahl: -a, -ae, -nt, -nt, -re, -re, -t, -t, -t, -t, -t, -t, -unt

1. Quintus exspecta ?, sed servi et serv ? non appropinqua ?. 2. Cur veni ? cessa ? ? 3. Ecce! Ibi veni ? etiam familia, ibi veni ? servi. 4. Nunc Flavi ? appare ? et iam procul saluta ?. 5. Nunc Quintus gaude ?, nam exspecta ? non iam place ?.

6 Quintus ist neugierig.

Übersetze.

QUID
1. Marcus et Aulus clamant
2. familia apportat

QUIS
3. nunc non gaudet
4. cito appropinquat

UBI
5. est donum
6. sunt servae

CUR
7. servus non properat
8. serva ridet

7 Besuch kommt.

1. Quintus gaudet, nam ibi iam servi ac servae apparent. 2. Certe appropinquare properant. 3. Nunc etiam Flavia venit et iam procul ridet. 4. Quintus gaudet et salutat. 5. Etiam dona placent.

Die Gäste kommen schon.

1. Matrona: „Amici iam veniunt. Sed ubi servi sunt, Lydia?“ 2. Lydia: „Ecce, servi ibi laborant[1] atque etiam servae ibi sunt.“ 3. Matrona gaudet. 4. Nunc cuncti[2] laborant[1], nam cena[3] appropinquat. 5. Non iam silentium est, sed cuncti[2] properant, clamant, rident.

1) **labōrāre:** arbeiten 2) **cūnctī:** alle 3) **cēna:** das Essen *(die Hauptmahlzeit der Römer am späten Nachmittag)*

familia Romana – Die römische Familie und ihre Kleidung

1 Familienmitglieder

Der *pater familias* war das Oberhaupt der Familie. In früheren Zeiten hatte er die absolute Macht über die anderen Familienmitglieder. In der Kaiserzeit war sie durch gesetzliche Bestimmungen eingeschränkt. Doch er konnte immer noch über das Leben seiner neugeborenen Kinder entscheiden. Das Baby wurde direkt nach der Geburt dem Vater zu Füßen gelegt. Hob dieser es auf, war es damit offiziell in die Familie aufgenommen. Er konnte es aber auch aussetzen und so dem Tod ausliefern.

Marmorrelief von einem Sarkophag, Louvre/Réunion des Musées.

Die *matrona*, die Ehefrau des *pater familias*, hatte die Aufsicht über alles, was im Hause geschah, auch über die Haussklaven, die ebenfalls zur *familia* gehörten. Die Frauen wirkten im Allgemeinen nur innerhalb der Familie. Die Frauen der höheren Schicht hatten jedoch oft auch großen gesellschaftlichen und politischen Einfluss. Römerinnen heirateten meist sehr jung, viele waren erst zwölf Jahre alt.

a Das Relief zeigt vier Stationen aus dem Leben eines Jungen. Beschreibe sie.
b Vergleiche die römische Familie mit einer heutigen. Worin bestehen die Hauptunterschiede?

2 Kleidung für Männer und Frauen

Männer trugen einen Lendenschurz und eine kurzärmelige Tunika (*tunica*), die mit einem Gürtel zusammengehalten wurde.

Der römische Bürger hatte bei besonderen Anlässen darüber die Toga (*toga*), ein großes, meist weißes Stück Stoff. Socken oder Strümpfe gab es nicht. Frauen trugen Unterwäsche und eine Tunika. Vornehme Römerinnen zogen darüber ein langes, schlichtes Kleid (*stola*) an und manchmal zusätzlich einen bunten Umhang (*palla*). Kinder und Sklaven trugen im Allgemeinen nur eine Tunika. Söhne vornehmer Familien hatten außerdem eine Toga mit rotem Streifen.

Könntest du dir vorstellen, dich wie die Römer zu kleiden? Begründe deine Meinung.

Rom – Zentrum der Macht

Im Laufe der Jahrhunderte haben die Römer ihre Macht auch über Italien hinaus ausgedehnt.

Der Reiseweg von Rom nach Kreta.

Daher ist Rom zur Zeit Hadrians die Hauptstadt eines Weltreichs, das sich von Spanien bis Syrien und von Nordafrika bis Schottland erstreckt. Ihre Gebiete außerhalb Italiens nennen die Römer Provinzen (*provinciae*).
Aus diesen Provinzen gelangen viele Handelsgüter nach Rom. So kann man auf dem Markt schöne Stoffe aus Syrien, Keramik aus Spanien oder Bernstein und Leder aus dem Norden des Reiches erstehen.
Zur Verwaltung schickt der Kaiser Beamte in die einzelnen Provinzen, die dort verschiedene Regierungsaufgaben übernehmen. Prokuratoren z. B. sind entweder für die Verwaltung der Provinz oder die Steuern zuständig, welche die Provinzbewohner an Rom zahlen müssen.

Zuerst die richtigen Fragen ...

Flavia ① sieht ein Pferd ②. Bringt der Bote ③ Flavia eine Nachricht ④? Gefahren ⑤ fürchten die Sklaven ⑥ nicht. Caecilia ⑦ erwartet die Sklavinnen ⑧.

Entscheide jeweils, wie du nach den nummerierten Substantiven fragen musst:
Wer oder **Was** (*Subjekt im Nominativ*)? bzw. **Wen** oder **Was** (*Objekt im Akkusativ*)?

... dann neue Substantiv-Bausteine ...

Flavia macht mit ihren Sklaven Galla und Syrus einen kleinen Spaziergang. Plötzlich bleibt sie wie angewurzelt stehen ...
Equus appropinquat. Quis est? Flavia stat et tacet. Non equum timet, sed periculum. Galla et Syrus servi sunt. Pericula non timent, sed Caeciliam matronam. Subito Caecilia clamat, nam servos et servas iam exspectat.

... und ein Geheimcode: OSMUSTIS – Kannst du ihn entschlüsseln?

Dieselbe Geschichte noch einmal und doch anders:
Galla: Cur cessa**s**, Flavia? Cur tace**s**? *Flavia:* Equus appropinquat. *Syrus:* Cur equum time**s**? *Flavia:* Non time**o** equum, sed periculum. *Galla et Syrus:* Servi su**mus**. Pericula non time**mus**, sed Caeciliam matronam. *Caecilia:* Flavia, ubi e**s**? Cur venire cessa**tis**? Servos et servas exspect**o**. Ubi es**tis**? *Flavia:* Iam veni**o**, iam propera**mus**.

Ein Befehl des Kaisers

Alle blicken gespannt zur Toreinfahrt, während die Sklaven damit beschäftigt sind, das Gepäck abzuladen. Quintus legt sanft einen Arm um Flavias Schultern, Flavia lächelt.

Equus appropinquat, fremit[1], stat; eques salutat. Statim Quintus rogat: „Quis es? Unde venis? Quid apportas?“ Eques respondet: „Nuntius sum. Venio ex urbe[2] et nuntium apporto. Ubi est M. Flavius Lepidus? Statim Romam properare debet.“ Nunc Flavius Lepidus: „Ego sum M. Flavius Lepidus. Quid audio? Cur Romam properare debeo?“ Tum nuntius: „Imperator Hadrianus te exspectat.“ Flavius stat et stupet[3]. Tum: „Quid iubet?“ Nuntius: „Tu nunc procurator[4] es et in insulam Cretam navigare debes.“ Flavius Lepidus: „Valde gaudeo. Nam mihi[5] placet provinciam administrare.“ Tum Caecilia: „Pericula timeo, Marce.“ Sed Flavius Lepidus: „Ego nullum[6] periculum timeo.“

Tum clamat: „Creta me exspectat“, et servos ac servas vocat. „Syre, Galla, ubi estis? Cur non venitis? Cur non paretis? Cur non raedam[7] paratis?“ Servi respondent: „Hic sumus. Iam paremus, iam venimus, iam raedam[7] paramus.“ Nunc Marcus et Aulus clamant: „Euax[8]! In Cretam navigare valde placet.“ Sed Flavia stat et tacet. Tum Quintus amicam rogat: „Quid est, amica?“ Nunc Flavia lacrimas non iam tenet.

1) **fremit:** (es) schnaubt 2) **ex urbe:** aus der Hauptstadt 3) **stupēre:** staunen 4) **prōcūrātor:** Verwalter, Statthalter 5) **mihī:** mir 6) **nūllum:** keine 7) **raeda:** Reisewagen 8) **euax:** toll! super!

- ▶ Wie reagieren die einzelnen Familienmitglieder der Flavier auf die Nachricht des Boten? Gib die lateinischen Ausdrücke als Beleg an.
- ▶ Der Text enthält viele Fragesätze. Nicht immer wird wirklich eine Antwort erwartet. Warum werden diese Fragen gestellt?

1 Ordnung schaffen

Lege eine Tabelle an und sortiere ein.

Nom. Sg.	Nom. Pl.	Akk. Sg.	Akk. Pl.

amicum – asinus – servas – familia – equi – donum – amicae – asinos – matronam – canis – servi – amicam – dona – sol – villas – servum – silentium

2 Verben sezieren

Lege eine Tabelle an, zerlege die Verben in ihre Bestandteile und übersetze:

rideo – clamatis – tacent – exspectamus – veniunt – salutat – cessas – apportant – gaudetis – taces

Präsens-stamm	Sprech-vokal	Person-Zeichen	Über-setzung
ride	–	o	ich lache
?	?	?	?

3 Warum? – Darum!

Stellt euch gegenseitig die Fragen und gebt Antworten nach dem Beispiel.

▶ Cur properas, Karin? –
Propero, nam properare placet.

C | rides – clamatis – taces –
U | ibi statis – gaudetis – paretis – | , . . .?
R | non respondetis – non audis

4 Formenkreis

Führe die Verbform durch die weiteren Personen.

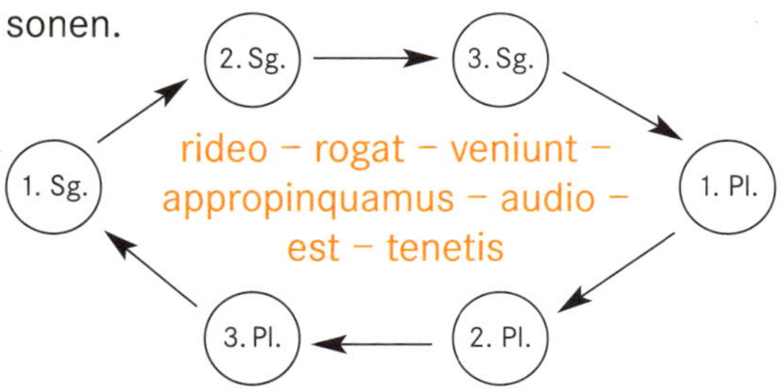

5 ← !kcüruz heG

Lege eine Tabelle an und trage ein.

▶	Lernform	deutsche Bedeutung
rident	ridere	sie lachen
dona	?	?

tacetis – servos – ardent – estis – appares – sto – nuntium – debemus – servae – exspectatis – lacrimas – navigo

6 Jetzt wird's bunt!

Zeichne die Satzbaukästchen in dein Heft und übersetze dann. Verwende für das Subjekt Rot, für das Objekt Grün und für das Prädikat Blau.

1. Matrona servas vocat.
2. Imperator te exspectat.
3. Pericula non timeo.
4. Serva lacrimas non iam tenet.
5. Amicae dona apportant.

7 SmS

Zehn **S**ätze **m**it **S**inn sollen hieraus entstehen:

Servus	lacrimas	rogant
Amici	equos	audit
Servae	villam	navigant
Nuntii	amicum	vocat
Amica	Romam	tenet
		timent

8 Wo steckt Quintus?

1. Flavia Quintum exspectat. 2. Servos et servas, asinum et equos audit. 3. Quintum non audit. 4. Flavia clamat: „Quinte, ubi es? 5. Cur non venis? 6. Non placet exspectare!" 7. Nunc amicus respondet: „Iam venio. 8. Non iam procul sum." 9. Tum Flavia gaudet.

Der Kaiser ruft.

1. Flavius nuntium rogat: „Ubi imperator Hadrianus nunc est?" 2. Nuntius respondet: „Cur rogas? Imperator te exspectat." 3. Flavius ridet et respondet: „Imperator Hadrianus saepe[1] procul est et provincias peragrare[2] debet." 4. Nuntius: „Sed saepe[1] etiam Romam venit; nunc ibi est et te vocat."

1) **saepe:** oft 2) **peragrāre:** bereisen

provinciae – Das Römische Reich

1 In die Provinz – wo ist denn das?

Das Römische Reich hatte sich in alle Himmelsrichtungen ausgedehnt. Auf der Karte in der hinteren Umschlagseite des Buches kannst du sehen, welche Gebiete es umfasste.

a Lege einen Atlas daneben mit Karten, die die heutige Aufteilung der Länder zeigen, und schreibe mindestens zwölf Länder auf, die auf dem Gebiet des ehemaligen Römischen Reiches liegen.
b Schreibe für Deutschland genauer auf, welche Teile zum Römischen Reich gehörten.

2 Spuren

haben die Römer überall hinterlassen.

Pont du Gard, Südfrankreich.

Weißt du, wozu dieses Bauwerk diente?

Porta Nigra.

Dieses imposante Tor steht in einer Stadt, die die Römer *Augusta Treverorum* nannten. Wie heißt sie heute?

Hadrianswall: nördlichste Grenze des Imperium Romanum.

In welchem heutigen Land kannst du die Reste dieses Bauwerks sehen?

Bibliothek des Celsus in Ephesus.

Informiere dich, in welchem Land die Reste des antiken Ephesus heute zu besichtigen sind.

3 Nicht nur geliehen

Die Spuren der Römer sind auch in den Sprachen anderer Völker enthalten: In der deutschen Sprache gibt es zahlreiche Lehnwörter aus dem Lateinischen. Diese Wörter sind dem Lateinischen „entliehen" (entlehnt) und dem Deutschen angepasst.

Ordne die Wörter zu lateinisch-deutschen Paaren.

caseus – pondus – vinum – crux – moneta – brevis – tegula – fenestra – coquere – murus – tectum – carcer – laurea – porta – pilarium – radix – fructus – speculum

Fenster – Münze – Pforte – Kreuz – Rettich – Pfeiler – Wein – Mauer – Dach – Käse – Frucht – Lorbeer – Brief – Ziegel – Pfund – Spiegel – kochen – Kerker

Auf zum Wagenrennen!

An vielen Tagen im Jahr strömen die Zuschauer in eine der vier großen Rennbahnen Roms, um spannende Wagenrennen zu erleben. Die bedeutendsten Rennen finden in dem 250 000 Zuschauer fassenden Circus Maximus statt. Am Morgen bewegt sich die *pompa circensis* vom Kapitol zum Circus: Wagenlenker, Musikanten und Priester, die Bilder von Gottheiten mit sich führen, bilden einen prächtigen Festzug. Nach dem Festzug beginnt das Rennen, wenn der Veranstalter, meist der Kaiser, ein weißes Tuch auf die Rennbahn fallen lässt. Auf dieses Startsignal hin stürmen die vier bis zwölf Wagenlenker mit ihren Viergespannen (*quadrigae*) aus den Boxen. Sieben Mal müssen sie den Mittelstreifen (*spina*) an den Wendemarken (*metae*) umrunden.

Rekonstruktionsmodell des Circus Maximus.

Die Gedanken fliegen.

Flavia träumt noch vom Landgut **der Domitier** und dem Geschenk ihres **Freundes Quintus**. Quintus erinnert sich an **Flavias** Tränen, aber auch an Venus, die Göttin **der Liebe**. Marcus Flavius hat nur eines im Kopf: die Botschaft **des Reiters**. Er ist schon gespannt auf die Worte **des Kaisers**, **der Konsuln** und **Senatoren** und auf den Lärm **der Menschen** auf dem Forum. Caecilia denkt lieber nicht an die Reise nach Kreta und die Gefahren **der Provinzen**.

... villa Domitiorum
... donum Quinti amici
... lacrimae Flaviae
... dea amoris
... nuntius equitis
... verba imperatoris,
consulum, senatorum
... clamor hominum
... pericula provinciarum

In den Gedanken unserer Hauptpersonen finden sich auch die Signalteile der ā-, o- und der Konsonantischen Deklination für den **Genitiv Singular** und **Plural**. Nenne die Substantive jeweils im Nominativ mit dem dazugehörigen Genitiv.

Auf Bausteinsuche im Lektionstext

Gehe in den ersten zehn Zeilen des Lektionstextes auf die Suche nach neuen Substantiv-Bausteinen für die Konsonantische Deklination. Gesucht werden der **Akkusativ Singular** und **Plural** sowie der **Nominativ Plural**. Vorsicht, Falle!

Ein letztes Mal im Circus Maximus

Der Besuch der Flavier ist nur von kurzer Dauer. M. Flavius Lepidus möchte möglichst schnell nach Rom zurück, um die nötigen Vorbereitungen für die Reise nach Kreta zu treffen. Flavia ist sehr still, denn sie ist nicht davon begeistert, die Hauptstadt verlassen zu müssen. – Nun ist alles gepackt, die Abreise aus Rom steht unmittelbar bevor. Ein letztes Mal treffen sich Quintus und Flavia, um sich im Circus Maximus die Wagenrennen anzusehen.

Quintus Domitius et Flavia Circum Maximum intrant.
Ibi iam multi[1] homines sedent; iam diu spectaculum exspectant.
Ecce! Ibi sedet M. Annius consul;
non procul sedent Flavius senator, avus Flaviae,
et Servilius senator, amicus Domitiorum.
Quintus et Flavia senatores salutant.
Tum Corneliam et Claudiam, amicas Flaviae, vident et iis innuunt[2].
Iam imperator apparet – Caesar Traianus Hadrianus Augustus.
„Ave, Caesar!“, populus imperatorem salutat, „ave, Caesar!“
Tum homines tacent et verba imperatoris Hadriani audiunt.
Nunc pompa[3] venit.
F: „Ecce simulacra deorum!
Ibi est Iuppiter, imperator hominum atque deorum,
ibi Iuno, regina dearum.“
Q: „Et ibi etiam Venus apparet, dea amoris.“
Flavia ridet et Quintus gaudet.
Tandem quadrigae[4] apparent;
imperator signum spectaculi dat.
Statim aurigae[5] equos incitant, statim equi evolant[6].
Quantus[7] ardor equorum! Quantus[7] clamor hominum!
Quantus[7] furor populi!
Homines non iam sedent, sed stant et clamant.
Spectaculum placet, placet Circus Maximus.
Etiam Quintus et Flavia clamant et aurigas[5] incitant
neque Cretam cogitant.

1) **multī:** viele 2) **iīs innuunt:** (sie) winken ihnen zu
3) **pompa, -ae** f: Festzug *(bei dem die Bilder der wichtigsten Götter mitgeführt wurden)*
4) **quadrīga, -ae** f: Viergespann 5) **aurīga, -ae** m: Wagenlenker
6) **ēvolāre:** losstürmen 7) **quantus:** was für ein(e)

- Vor dem eigentlichen Wagenrennen passierten viele Dinge. Welche davon würdest du in ein Programmheft aufnehmen?
- Wodurch wird im Text die Begeisterung während des Rennens ausgedrückt? Achte auf die Wortwahl und die Wortstellung.

1 Ordnung muss sein!

Sortiere die Substantive nach Nominativ, Genitiv und Akkusativ. Bei welchen Wörtern gibt es zwei Möglichkeiten?

equi – amicum – senatorum – equorum – equitem – imperatoris – donum – servae – periculi – amicarum – canum – solis – equitum – consulis – homines – dona

2 Numerus-Ping-Pong

Schreibe die Verbformen in dein Heft und ergänze das passende Gegenstück.

► clamo → clamamus

intrant	→	?	exspectamus	→	?
sedet	→	?	salutas	→	?
apparetis	→	?	tacet	→	?
audit	→	?	venimus	→	?
rides	→	?	gaudeo	→	?

3 Ein anderer Fall

Suche 13 verschiedene Substantive aus dem Lektionstext heraus, die keine Eigennamen sind und nicht im Nominativ stehen! Führe sie dann auf den Nom. Sg. zurück.

senatores (Z. 6) → senator

4 Attribut gesucht

Welche der folgenden Wörter lassen sich zu sinnvollen Substantiv-Attribut-Paaren verbinden? Übersetze.

Nominativ	Nom./Gen.	Genitiv
verba	amici	hominum
avus	lacrimae	hominis
canis	amicae	dearum
equus	deae	avorum
imperator	dei	consulis
regina		equitis
canes		amicarum
simulacra		
simulacrum		

5 Es kann nur eine geben!

Wähle die passende Endung und übersetze dann:

1. Verba amic- (os/um/i) audio.
2. Avus amic- (am/ae/a) venit.
3. Homo clama- (t/mus/re) cessat.
4. Simulacrum deae amor- (is/em/es) placet.
5. Servus canem et equ- (i/us/um) incita- (nt/t/s).
6. Cur, amici, sign- (um/orum/i) non da- (t/mus/tis)?

6 Im Circus Maximus

1. Quintus et Flavia circum[1] intrant. 2. Flavius senator, avus Flaviae, iam ibi sedet. 3. Et quis nunc apparet? 4. Imperator apparet et populus imperatorem salutat. 5. Nunc populus tacet. 6. Homines verba imperatoris audiunt. 7. Nunc pompa[1] venit. 8. Homines rident et gaudent, nam simulacra deorum et dearum vident. 9. Tandem quadrigae[2] apparent.

1) **pompa, -ae** f: Festzug 2) **quadrīga, -ae** f: Viergespann

Wann geht's denn endlich los?

1. Populus Romae spectacula amat[1]. 2. Etiam Quintus, amicus Flaviae, saepe[2] spectacula videt, ardorem equorum exspectat, clamorem populi libenter[3] audit. 3. Homines in circum[1] properant. 4. Flavia amicum rogat: „Ubi-nam sunt equi? Unde intrant circum[1]? Cur non veniunt?" 5. Quintus respondet: „Ecce, ibi iam veniunt! Iam audis clamorem hominum." 6. Sed Flavia verba amici non iam audit et clamat: „Quantus[4] clamor! Quid est, Quinte? Ego te non audio. Sed ecce, nunc tandem equos video."

1) **amāre:** lieben 2) **saepe:** oft 3) **libenter:** gern 4) **quantus:** was für ein

Circus Maximus – Freizeitspaß in Rom

a Vergleiche die Größe des Circus Maximus (630 m lang und 110 m breit) mit der eines Fußballfeldes. Wie viele Fußballfelder passen in den Circus?

b Das Wagenrennen war bei den Römern so beliebt, dass sie es auf vielen Gegenständen des Alltags darstellten. Beschreibe möglichst genau, was auf dem Tonrelief zu sehen ist.

c Gestalte eine Rundfunk- oder Zeitungsreportage über ein Wagenrennen. Verwende dafür die Abbildungen dieser Seite, den Info-Text und den Lektionstext als Anregungen. Versuche, die Spannung eines solchen Rennens einzufangen. Verwende möglichst lateinische Fachbegriffe.

d Vergleiche ein römisches Wagenrennen mit einem Formel-1-Rennen von heute und nenne Gemeinsamkeiten und Unterschiede.

Tonrelief mit einer Szene im Circus.

Wissenswertes aus dem römischen Alltag

1 Kleidung

Um eine Toga anzulegen,
braucht man Hilfe.
Und so viel Stoff benötigt ihr,
um eine Toga zu wickeln.
Probiert es doch einmal aus!

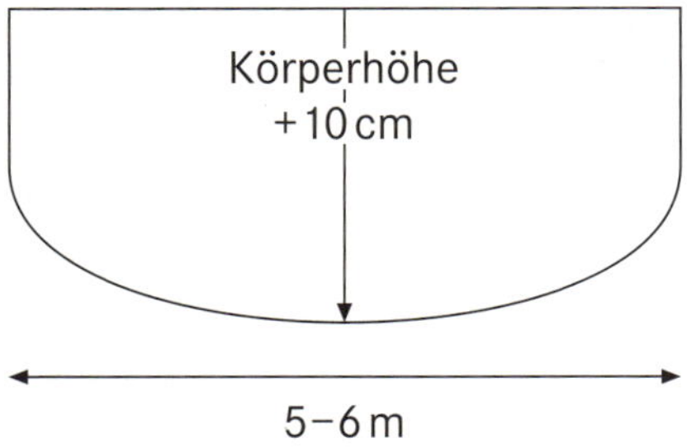

Einfache Sonnenuhr

Ein Stock, senkrecht in der Erde, wirft einen Schatten, der im Lauf des Tages wandert, je nachdem, wie die Sonne gerade steht. Um den Stock herum ist ein Zifferblatt angebracht, auf dem die Stunden abgelesen werden können.

2 Zeitrechnung

Für die Römer dauerte ein Tag von Sonnenauf- bis Sonnenuntergang. Der Tag wurde ebenso wie die Nacht in zwölf gleich lange Einheiten eingeteilt. Da es im Sommer viel länger hell ist als im Winter, dauerte im Sommer eine Stunde deutlich länger als an einem Wintertag. Ging die Sonne um 6.00 Uhr auf, war dies die erste Stunde. Die dritte Stunde begann dann um 8.00 Uhr. Im Winter entsprach die dritte Stunde eher der Zeit zwischen 9.00 und 10.00 Uhr. Für die Zeitbestimmung benutzte man Sonnen-, später auch Wasseruhren. Es gab so kleine Sonnenuhren, dass die Besitzer sie wie eine Taschenuhr bei sich tragen konnten.

Die Römer hatten also eine andere Vorstellung von dem Begriff Stunde. Worin besteht der Unterschied zu unserer heutigen Vorstellung?

sine tempore – „ohne Zeit“
cum tempore – „mit Zeit“

3 Zahlen

Die Zahlzeichen der Römer werden auch heute noch benutzt, z. B. an Gebäuden, bei der Bezeichnung von Herrschern (z. B. Elisabeth II.) oder auf Uhren.

a Der wievielte Heinrich war Heinrich VIII.?

b Erkläre, wie die römischen Zahlzeichen aufgebaut sind.

XIII	13	XVII	17	XXX	30	LXX	70	CC	200
XIV	14	XVIII	18	XL	40	LXXX	80	CD	400
XV	15	XIX	19	L	50	XC	90	D	500
XVI	16	XX	20	LX	60	C	100	M	1000

c Schreibe dein Geburtsdatum und das heutige Datum in römischen Zahlen.

d Suche in deiner Umgebung römische Zahlen, z. B. auf Gebäuden, und schreibe sie in unseren Zahlen.

4 Spiele

Die Radmühle

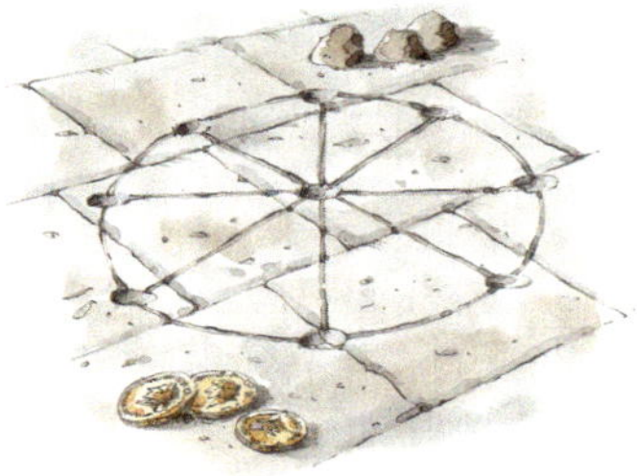

Zwei Spieler spielen gegeneinander.
Jeder hat drei Spielsteine, z. B. gleichfarbige Steine, Geldstücke oder Nüsse. Abwechselnd wird je ein Stein auf einen Punkt gesetzt. Wenn alle Steine platziert sind, wird gezogen. Der Spieler gewinnt, dem es gelingt, eine Mühle zu schließen (also drei Steine in eine gerade Linie zu bekommen).

Zeichnet das Spiel ab und spielt es zu zweit.

Das Delta-Spiel

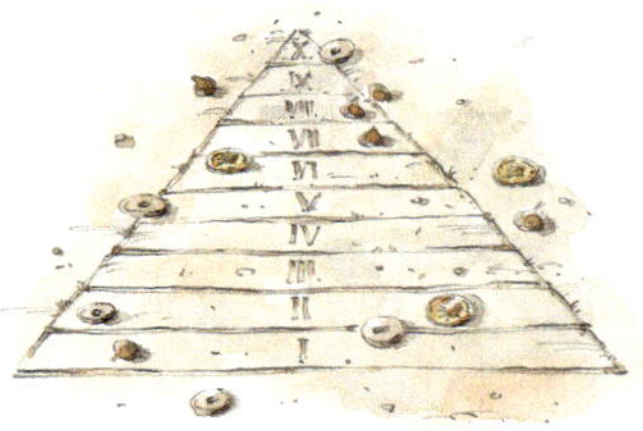

Ein Spiel für zwei oder mehr Spieler.
Das Dreieck wird auf den Boden gezeichnet. Jeder Spieler hat fünf Spielsteine. Aus einer Entfernung von ca. 2 m wird reihum geworfen. Ziel ist es, die Steine auf Felder mit möglichst hohen Nummern zu werfen. Am Ende werden die Punkte zusammengezählt. Sieger ist, wer die meisten Punkte hat.

Über folgende Begriffe und Themen weißt du nun Bescheid:

- ▶ Großstadt Rom; villa (Atrium, Triklinium, Peristyl)
- ▶ familia, pater familias, matrona
- ▶ toga, tunica
- ▶ provincia, imperium Romanum, procurator
- ▶ Circus Maximus
- ▶ Namensgebung; Zeitrechnung; Zahlzeichen

Treffpunkt Forum Romanum

Das ungefähr 480 m lange und 180 m breite Forum Romanum ist einer der wichtigsten Plätze in Rom. Hier spielt sich alles Leben ab. In Läden und an Ständen bieten Händler aus aller Welt ihre Waren an. Wahrsager und Wunderheiler machen Geschäfte, Musiker und Pantomimen sorgen für Unterhaltung. Prominente Politiker eilen zur Senatsversammlung in der Kurie oder stehen mit ihren Parteifreunden zusammen. Prozessionen und Festzüge überqueren den Platz, auf dem sich prächtige Tempel und Standbilder befinden. Kandidaten bewerben sich in scharfzüngigen Reden und mit Geschenken um ein Amt. Mächtige Basiliken (*basilicae*), zweistöckige Hallen, laden zum Besuch ein, denn in ihnen finden täglich Gerichtsprozesse statt. Stundenlang bleiben die Leute bei wichtigen Fällen dort stehen, um von Skandalen zu erfahren, über die Streitfälle mitzudiskutieren oder auch um die Redekunst der Anwälte zu bewundern.

Rekonstruktion des Forum Romanum, Soprintendenza alle Antichità, Rom.

LACHEN und SPIELEN –

ridere und ***ludere***.	Die Infinitive sehen bis auf den Bedeutungsteil gleich aus!
ridē-re ***lud-ĕ-re***	Jetzt auch noch?

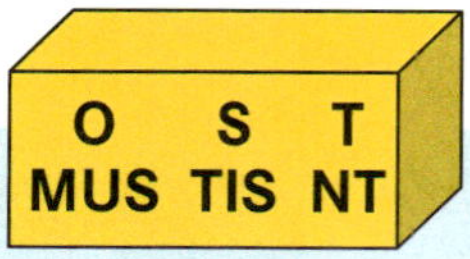

Bilde Verbformen mit den Bedeutungsteilen ***ride-*** und ***lud-***. Die Signalteile für die Personen findest du in der gelben Kiste. Vorsicht: Bei *lud-* musst du (außer in der 1. Person Singular) „Hilfsbausteine“ (Sprechvokale) einsetzen, damit die Formen keine Zungenbrecher werden:

in der 3. Person Plural, 

in allen anderen Personen.

Wer gehorcht gerne? Es kommt darauf an, WEM!

Imperatori parere non semper placet. Senatores consulibus parent. Servi Domitio parere debent et servae matronae. Equus signo equitis statim paret. Equi equitibus parent. Quis paret asinis? Homines deis parere debent. Sed valde placet deae amoris parere.

Ordne mithilfe des Textes den Bedeutungsteilen ***popul-***, ***famili-***, ***pericul-***, ***homin-*** die richtigen Signalteile für den **Dativ Singular** und **Plural** zu. Alle notwendigen Bausteine befinden sich in der blauen Kiste.

Der Juwelendieb

In Gedanken versunken, geht Quintus zum Forum Romanum. Immer wieder bleibt er kurz stehen und liest in einem Brief, den er soeben erhalten hat. Doch schließlich beschleunigt er seine Schritte, denn seine Freunde Gaius und Lucius erwarten ihn bestimmt ungeduldig.

Gaius et Lucius ante basilicam Iuliam[1] sedent et Quintum exspectant. Ludunt, nam ludere amicis semper placet. Lucius: „Quintus venire cessat. Cur basilicam[1] non intramus? Pater Quinti, patronus causae, iam dicit.“ Tum Quintum vident. Dum basilicae[1] appropinquat, epistulam legit. Gaius: „Salve, amice! Cur cessas? Properare debemus.“ Quintus: „Salvete, amici! Iam propero, sed epistulam lego, epistulam Flaviae.“ Tandem amici basilicam[1] intrant et audiunt: „... Nox est, iudices, cuncti[2] dormiunt. Aliquis[3] in villam Rutilii invadit, cubiculo[4] Semproniae appropinquat, intrat. Nunc homo smaragdos[5] sumit et decedit. Statim Sempronia hominem audit et clamat. Dum servi accurrunt, Sempronia stat et lacrimas dat. Tandem etiam dominus accurrit. Tum: ‚Sulpicium non video. Ubi est?‘ Servi, dum furem quaerunt, etiam cubiculum[4] rei intrant. Subito clamant: ‚Hic sunt smaragdi[5]!‘ Sed reus arte et graviter[6] dormit. Sulpicius fur non est, iudices, nam fures, dum fugae se[7] dant, dormire non solent.“ Homines rident et Domitio oratori plaudunt. Sed iudicibus verba patroni non placent – sedent et tacent.

1) **basilica (-ae) Iūlia (-ae)** f: Basilica Iulia (*ein von C. Julius Cäsar errichtetes Gebäude, in dem u. a. Gerichtsverhandlungen durchgeführt wurden*) 2) **cūnctī:** alle 3) **aliquis:** (irgend)jemand 4) **cubiculum, -ī** n: Schlafzimmer 5) **smaragdus, -ī** m: Smaragd 6) **artē et graviter:** tief und fest 7) **sē:** sich

- Worum geht es in diesem Kriminalfall? Erkläre, wie die einzelnen Personen in den Fall verwickelt sind.
- Wie würdest du als Richter urteilen? Begründe deine Antwort.

1 Verbschlange

a Trenne die Verbformen, übersetze sie und nenne jeweils den Infinitiv.

LEGUNTSEDENTDICUNTDOSTASLEGOLU DIMUSAUDIMUSVENIUNTDEBETTIMETIS

b Setze die Formen in die entsprechende Form des Plurals bzw. Singulars und übersetze wieder.

2 WEM? WEM? WEM? WEM?

a Suche die Dative heraus. Wie viele findest du: 4, 7 oder 9?

b Bilde deutsche Sätze, die die entsprechenden Wörter im Dativ enthalten.

servum – amico – patroni – asinos – iudicibus – equus – homini – consules – avo – patri – reginam – amicis – imperatorem – servae

3 Hier fehlt etwas!

Übersetze die vorhandenen Satzteile und setze das passende Wort ein, sodass ein sinnvoller Satz entsteht.

cessat – ante – pater – et – legit – plaudunt – epistula

1. Gaius et Lucius ... basilicam[1] exspectant. 2. Quintus venire ... 3. Tandem Quintus basilicae[1] appropinquat: Epistulam ... 4. ... Flaviae est! 5. Amici basilicam[1] intrant ... audiunt: 6. ... Quinti, patronus causae, iam dicit. 7. Homines rident et Domitio ...

4 Verben im Team

Arbeitet zu dritt, höchstens zu viert. Jedes Team legt mit dem bisherigen Wortschatz eine Liste mit 20 lateinischen Verbformen an (z. B. *legit*). Die Listen werden unter den Teams ausgetauscht.
Welches Team hat zuerst alle Formen richtig ins Deutsche übersetzt?

5 Jeder hat so seine Gewohnheiten.

Bilde vier sinnvolle Sätze und übersetze sie.

	Dativ oder Akkusativ?		Singular oder Plural?
Eques	villae	plaudere	solere
Homines	gladiatores[1]	incitare	
Servi	equus	intrare	
Fur	dominus	parere	

6 Wer hält den Dieb?

Der Sklave Callidus wird Zeuge des Überfalls im Hause des Rutilius ...

1. „Familia dormit, sed quid audio? Quis villam domini invadit? 2. Hominem ibi video: Unde venit? Quid quaerit? 3. Ecce! Sempronia accurrit et clamat: ‚Servi! Servae! Quis furem tenet?‘ 4. Pericula timeo et fugae me do, nam dominis non semper paremus.“

Eine unangenehme Überraschung

1. Quintus Gaium amicum in forum[1] ducit[1]. 2. Amici forum[1] intrant et Quintus Gaio simulacra deorum et imperatorum monstrat[2]. 3. Appropinquant simulacro equitis. Simulacrum amico valde placet. 4. Subito homo apparet et dicit: „Quid quaeritis?“ 5. Quintus homini respondet: „Nihil[3] quaerimus, domine.“ 6. Homo non decedit, sed Gaium invadit, pecuniam[4] sumit, tum fugae se[5] dat. 7. Gaius clamat: „Furem captare[6] debemus, Quinte.“ 8. Nunc simulacra amicis non iam placent, hominem quaerunt. Sed ubi est?

1) **dūcere:** führen 2) **mōnstrāre:** zeigen
3) **nihil:** nichts 4) **pecūnia, -ae** f: Geld
5) **fugae sē dare:** sich auf die Flucht begeben, sich davonmachen 6) **captāre:** fangen

In dubio pro reo – Römisches Recht

1 Geschriebene Gesetze

In jeder Gesellschaft werden Regeln für das Zusammenleben als Gesetze festgehalten. Die Römer taten dies zum ersten Mal im 5. Jh. v. Chr. Sie ließen ihre Gesetze in zwölf große Tafeln aus Bronze eingravieren. Diese Tafeln wurden auf dem Forum aufgestellt, damit jeder sie sehen konnte. Im Laufe der Jahrhunderte wurden viele Gesetze geändert und viele hinzugefügt. So entstand allmählich eine riesige Gesetzessammlung. Das römische Recht trat in Italien, Südfrankreich und Spanien nie ganz außer Kraft. Aber auch in fast allen anderen heutigen Ländern Europas entwickelte sich das Recht aus jener Gesetzessammlung. Sie ist damit eine grundlegende Voraussetzung für den Zusammenschluss der europäischen Länder in der Europäischen Union.

Überlegt, was für die Menschen in einer Gesellschaft durch aufgeschriebene Gesetze anders wird. Als Beispiel dafür könnt ihr auch über euch in der Schule sprechen: Habt ihr Regeln in der Klasse aufgeschrieben oder gibt es eine Schul- oder Hausordnung?

2 *In dubio pro reo* – „Im Zweifel für den Angeklagten“

Das ist ein Grundsatz des römischen Rechts, der auch heute noch gilt.

Erkläre, was damit gemeint ist.

Justitia, Brunnenfigur (1584/89) in Nürnberg.

3 IUSTITIA

So wird die *Iustitia*, die Gerechtigkeit, oft dargestellt.

Beschreibe, was du siehst, und erkläre es.

4 Basilika: vom Gerichtssaal zu . . .?

Ursprünglich war eine Basilika eine öffentliche Versammlungshalle. Sie hatte mehrere Bereiche, die durch Säulenreihen abgetrennt waren. Oft fanden in ihr Gerichtsverhandlungen statt. Heute wird der Begriff Basilika meist für andere Gebäude verwendet.

Informiert euch darüber in einem Nachschlagewerk.

Reste der Basilica Iulia auf dem Forum Romanum.

Wie kommt man in die Provinz?

Wer durch das Römische Reich reisen will, kann das zu Wasser oder zu Lande tun. Zu Lande existiert ein ausgezeichnetes Straßensystem von ca. 85 000 km Gesamtlänge, sodass man mit Pferd oder Wagen in die entlegensten Winkel des Reiches gelangt. Allerdings kostet dies viel Zeit und es besteht die Gefahr, in die Hände von Straßenräubern zu geraten.
Wer sich für die Seereise entscheidet, sucht sich in Ostia, dem Hafen Roms, oder in Brundisium ein Handelsschiff. Passagierschiffe gibt es nämlich nicht und Kriegsschiffe nehmen natürlich keine Gäste mit. Kabinen haben die Frachtschiffe meist nicht. Daher halten sich die Reisenden während der Fahrt an Deck auf, was nicht immer angenehm ist. Da die Segel neben Rudern das einzige Antriebsmittel sind, muss man auf günstige Winde warten, um die Reise durchzuführen. Bei allzu heftigen Winden und Stürmen droht allerdings ein Schiffbruch.

Ein Schiff wird beladen, Wandmalerei aus Ostia.

Auf nach Kreta!

Im Hause der Flavier herrscht große Aufregung, denn man trifft Reisevorbereitungen.
Caecilia führt ein strenges Regiment: „**Parete** statim, servae! **Propera** tandem, Galla, **quaere** dominum! Et tu, Flavia, **tene** lacrimas!“
Der Hausherr ist ungeduldig: „**Dic**, Syre, cur equos non paras? **Accurrite**, servi, **properate**! Creta insula Flavios exspectat!“
Unsere Flavia hat andere Sorgen: „**Audite** me, o dei! Cur patri parere et in Cretam navigare debeo? **Audi** me, Venus, dea amoris! Ubi est Quintus amicus?“

Endlich Adjektive!

DOMIN**US** LAET**US**

MATRON**A** MAEST**A**

MAGN**UM** DON**UM**

-us, -a, -um

Auf hoher See

Das Schiff der Flavier ist vor fünf Tagen aus dem Hafen von Brundisium ausgelaufen und befindet sich auf hoher See. Die Flavier stehen an Deck und atmen die salzige Meeresluft ein. Die Sonne strahlt vom wolkenlosen Himmel, Wellen klatschen an die Planken des Schiffes.

Iam diu Flavii in alto mari[1] navigant.
Flavius laetus est, Aulus et Marcus laeti sunt, nam ad terram novam tenent;
neque Caecilia matrona iam maesta est.
Ventus est secundus et magister[2] navis ac nautae gaudent.
Sola Flavia maesta est, nam Quintum amicum cogitat.
Subito magna navis procul apparet.
Tum Aulus: „Vide, Marce! Pater, mater, videte!
Navis appropinquat."
Iam magister[2] nautas vocat et incitat:
„Audite, nautae! Piratae appropinquant.
Arma sumite! Abducite feminas in proram[3]!
Navem defendite! Piratas in fugam date!"
Ubique est clamor et tumultus[4].
Flavia valde timet neque lacrimas iam tenet,
Caecilia Iunonem vocat:
„O regina dearum! Audi me! Benigna[5] es!
Da nobis[6] auxilium! Defende periculum!"
Sed Iuno Caeciliam non audit.
Iam multi piratae in navem transiliunt[7].
Magnus est furor. Nautae acerrime[8] pugnant,
sed piratae superant.
Alios necant, alios in mare[1] praecipitant,
alios in insulam Cyprum abducunt.

1) **mare:** Meer / **in altō marī:** auf hoher See
2) **magister** (hier): Kapitän 3) **prōra, -ae** f: Vorderschiff
4) **tumultus:** lärmende Unruhe 5) **benīgnus, -a, -um:** gütig, gnädig
6) **nōbīs:** uns 7) **trānsilīre:** (hinüber)springen
8) **ācerrimē:** erbittert

- Stelle alle Wörter zum Sachfeld „Seefahrt" zusammen. Welches weitere Sachfeld kannst du in diesem Text erkennen?
- Wie ändert sich die Stimmung an Bord? Wie wird dies sprachlich dargestellt?

1 Tust du's – oder nicht?

Einer gibt „Befehle" – ein anderer antwortet.
▶ „Veni, Max!" – Max: „Iam venio." Oder: „Non venio."

a Bilde dazu den Imperativ von: parere – rogare – salutare – tacere – clamare – audire – legere – dicere.

b Jetzt geht der „Befehl" an zwei Mitschülerinnen oder Mitschüler.

2 „Was für ein" dazu!

Setze das Adjektiv in Klammern in die passende Form und übersetze.

1. Ad terram (novus) navigant.
2. Ibi consules (novus) stant.
3. Consules (novus) salutamus.
4. Procul serva apparet. (Solus) est.
5. Ibi rei sedent. (Maestus) sunt.
6. Eques hominibus nuntium (laetus) apportat.
7. Nunc verba (magnus) oratorum audimus.
8. Caecilia servis (magnus) dona dat.

3 Einmal zwei bei drei

Für eines der folgenden Sätzchen gibt es zwei Übersetzungsmöglichkeiten. Erkläre deren Unterschied in der Bedeutung und in der Grammatik.

1. Serva est.
2. Serva nova est.
3. Serva nova hic est.

4 Das Multi-*i*

Audi, serva, da senatori epistulam patroni novi!

a Welche Formen enden bei den Verben auf *-i*, welche bei den Nomina? Schreibe sie auf und suche zu jedem ein weiteres Beispiel.

b Es gibt noch mehr „Multis". Überlegt gemeinsam.

c Legt euch zu jedem „Multi" eine Übersicht an, die man noch erweitern kann. Plant sie zusammen. Diese Übersicht könnt ihr auch als Plakat im Klassenzimmer aufhängen.

5 Kombiniere!

Stelle Substantiv-Adjektiv-Paare zusammen, die nach der Form zueinander passen.

homines	laetas
deis	novi
ventum	maesto
dona	magnis
consulum	multi
imperatoris	novorum
servas	secundum
reo	magna

6 Stimmung

1. Amici ante villam sedent. 2. Lucius rogat: „Quid est, Quinte? 3. Non rides, taces, laetus non es." 4. Gaius vocat: „Certe Cretam insulam cogitat, ubi amica nunc est." 5. Tum Quintus respondet: „Maestus sum. 6. Epistulam Flaviae exspecto. 7. Dum hic sedemus, Flavia ad novam terram navigat." 8. Nunc etiam Gaius et Lucius tacent.

Die Seeräuberplage

1. Quintus et Gaius furem non iam vident. 2. Tandem Quintus amico dicit: „Roma magna est et multi homines hic habitant[1], etiam multi fures et homines mali[2], sed non piratae." 3. Gaius ridet: „Certe, piratis alia vita[3] placet. Vita[3] piratarum laeta est. Quid cogitas, Quinte?" 4. Quintus tacet; sed Gaius amicum incitat: „Responde, Quinte! Cur taces?" 5. Tum Quintus respondet: „Audi! Piratae hominibus pericula parant; in aliorum naves invadunt, ubique novam praedam[4] quaerunt, nautas necant, homines abducunt – etiam feminas!"

1) **habitāre:** wohnen 2) **malus, -a, -um:** böse 3) **vīta, -ae** f: Leben 4) **praeda, -ae** f: Beute

navis – Reisen zur See

1 Auf dem Schiff

a Mithilfe der Abbildungen kannst du die Aussagen über die Schiffe richtig ordnen, indem du zu jedem Satzanfang das passende Ende findest. Die Buchstaben in Klammern ergeben als Lösungswort eine große Gefahr auf hoher See.

b Welche Aussagen gelten nur für das Kriegsschiff, welche nur für das Handelsschiff?

Handelsschiff.

1. Ruder wurden ...
2. Am Bug unterhalb des Wasserspiegels befand sich ...
3. In der Mitte des Schiffes gab es ...
4. An Bord befand sich ...
5. Das Schiff wurde ...
6. Die Beförderung von Waren war ...
7. Auf dem Vorschiff befand sich ...

Kriegsschiff.

A. von etwa 300 Rudern vorwärtsbewegt. (t)
B. eine Truppe von ca. 120 Marinesoldaten, die mittels Enterbrücken ein anderes Schiff erstürmten. (a)
C. 35–40-mal billiger als auf dem Landweg. (a)
D. ein Rammsporn, mit dem ein anderes Schiff beschädigt werden konnte. (i)
E. ein weiteres Segel. (e)
F. meist nur zum Steuern verwendet. (p)
G. den Hauptmast mit dem Hauptsegel. (r)

2 Wo geht's hier nach Alexandria?

Römische Seeleute mussten sich bei der Orientierung auf See hauptsächlich auf die Gestirne (besonders den Polarstern im Norden) und ihre Erfahrung verlassen. Als Hilfen standen Karten und Küstenbeschreibungen zur Verfügung, denn man fuhr zur leichteren Orientierung gern an den Küsten entlang.
In wichtigen Häfen befanden sich Leuchttürme, die mit ihrem Feuer den Weg wiesen. Der berühmteste stand in Alexandria und war ca. 130 m hoch. Er zählt zu den sieben Weltwundern der Antike.

a Wie oft müsste euer Schulgebäude aufeinandergesetzt werden, bis es so hoch wie der Leuchtturm von Alexandria wäre?

b Findet durch Nachschlagen in einem Lexikon heraus, welches die anderen sechs Weltwunder waren.

Thermen sind nicht nur zum Baden da.

Da die meisten Wohnungen in Rom keinen Wasseranschluss haben, gibt es viele private Baderäume und öffentliche Bäder, die Thermen. Meist geht man am späten Vormittag dorthin. Nachdem der Badegast ein geringes Eintrittsgeld bezahlt hat, legt er im Umkleideraum seine Kleidung ab. Sicherheitshalber bleibt ein Sklave an den Kleiderfächern stehen, um auf die Sachen seines Herrn aufzupassen. In Holzpantinen betritt man zuerst den Kaltbaderaum, das *frigidarium*, um sich zu reinigen. Da es noch keine Dusche gibt, gießt ein Sklave kaltes oder warmes Wasser über die Körper der Badegäste. Im *tepidarium*, einem durch die Fußbodenheizung auf 20–25 °C erwärmten Raum, kann man sich ausruhen, massieren oder kosmetisch behandeln lassen. Im *caldarium* sind die Holzpantinen notwendig, denn dort wird der Fußboden bis zu 60 °C warm. Im Warmbaderaum stehen große Wannen für mehrere Personen. Wer sich abhärten will, geht auch in Schwitzkammern (*laconicum*), um sich gleich danach im fließenden kalten Wasser des Frigidariums abzukühlen. Diese „Badegänge" wiederholt man beliebig oft, geht zwischendurch in die *palaestra*, einen Hof für Sport und Spiel, oder in die Bibliothek. So vergehen mehrere Stunden auf angenehme Weise.

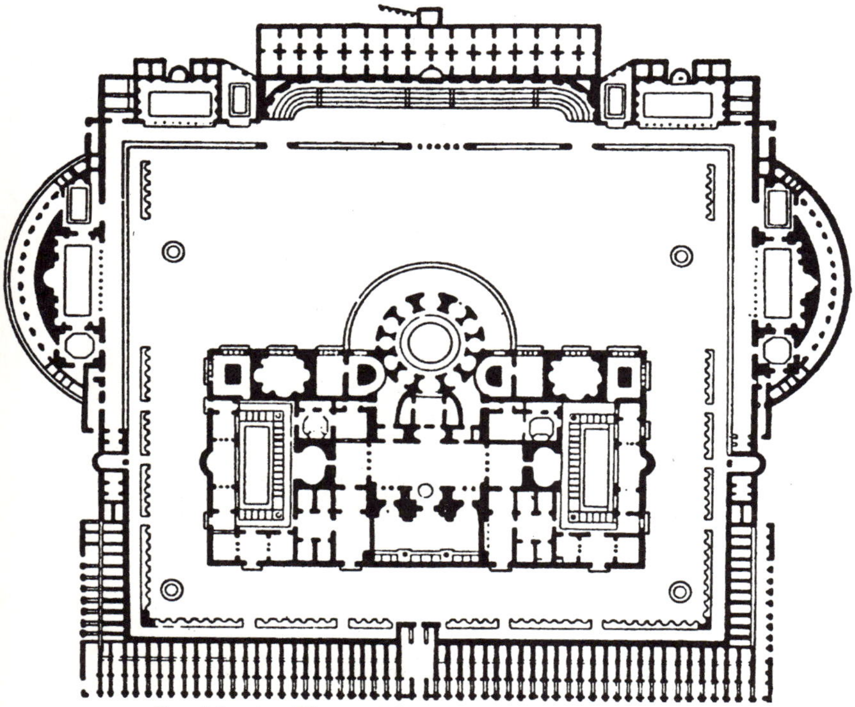

Grundriss einer Thermenanlage.

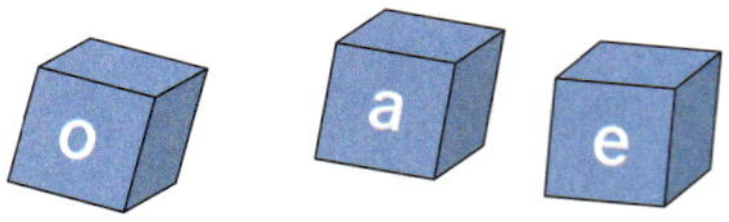

Neue Bausteine, aber nur im Singular!

Quintus *cum* Flavi**a** *in* for**o** ambulat. *Cum* Quint**o** ambulare Flaviae valde placet. Non semper placet *cum* patr**e** et matr**e** ambulare.

Während Quintus und Flavia über das Forum bummeln, vergnügen sich andere in den Thermen . . .

Ecce, multi homines in therm**is**[1] sunt: dominus cum serv**is**, senator cum ali**is** senator**ibus**, consul cum amic**is**. Hominibus in laconic**is** (→ 7 L) sedere et in palaestra (→ 7 L) ludere placet.

Übersetze und erkläre, warum du dir für den **Ablativ Plural** keine neuen Bausteine zu merken brauchst.

Tod in den Thermen

Seit Flavias Abreise sind fast vier Wochen vergangen. Das alltägliche Leben hat Quintus wieder. Er unternimmt viel mit seinen beiden Freunden Gaius und Lucius und genießt den Spätsommer in Rom.

Quintus cum Lucio et Gaio amicis in foro ambulat,
sed nihil iucundum vident, nihil novum audiunt.
Itaque Quintus rogat:
„Cur non ad thermas[1] properamus? Ibi multae voluptates nos[1] exspectant.“
Lucius: „Ego frigidarium[2] amo. Num aquam frigidam[3] timetis?“
Amici rident et statim ad thermas[1] currunt.
Primo in palaestra[4] pila[5] ludunt.
Tum frigidarium[2] intrant neque diu in aqua manent, nam frigidissima[3] est.
Dum in thermis[1] ambulant, in laconicum[6] veniunt.
Ibi Tiberius Balbulus Calvus senator cum aliis senatoribus sedet.
Cum voluptate sudorem sibi absterget[7].
Subito clamorem dat, oculos distorquet[8].
Iam sine mente iacet.
Dum multi homines accurrunt et spectant, Quintus clamat:
„Venite, balneatores[9]! Auxilium date! Medicum vocate!“
Statim accurrunt. Tum unus e balneatoribus[9]:
„Quid video? Nonne hic iacet Balbulus Calvus senator? Iterumne sine mente est?“
Iam medicus accurrit. Balbulum diu spectat, sed nihil dicit.
Tandem ad balneatores[9]: „Portate Balbulum ex laconico[6].“
Dum senatorem ex-portant, medicus dicit:
„Tiberius Balbulus Calvus senator mortuus est.“

1) **nōs:** uns 2) **frīgidārium, -ī** n: Kaltwasserbad 3) **frīgid(issim)us, -a, -um:** (sehr) kalt 4) **palaestra, -ae** f: Sportplatz 5) **pilā lūdere:** Ball spielen 6) **lacōnicum, -ī** n: Schwitzecke (*Teil des Warmbads*) 7) **sūdōrem sibī abstergēre:** sich den Schweiß abreiben 8) **distorquēre:** verdrehen 9) **balneātor, -ōris** m: Bademeister

- Welchen *voluptates* können die Jungen in den Thermen nachgehen?
- Was könnte zum Tod des Senators geführt haben?

1 Ablative gesucht

a Wie viele Formen im Ablativ Singular findest du: 5, 7 oder 9?

amico – cito – apporto – imperatore – homo – regina – dono – roga – populo – curro – matre – iudice – reo – mane – legere – mente

b Wie viele Formen im Ablativ Plural findest du: 6, 8 oder 10?

amicis – canis – equitibus – venis – patronis – furis – oculis – senatoribus – consulis – hominis – audis – venitis – ventis – navibus – dominus – dormis – oratoribus

c Setze vor alle Ablativformen aus a und b, die Personen bezeichnen, die Präpositionen *cum* und *sine* und übersetze sie ins Deutsche.

▶ cum amico: mit dem Freund
sine amico: ohne den Freund

2 Ordnung in die Formen

Lege eine Tabelle an und sortiere die Formen ein.

Sortiere mehrdeutige Formen mehrfach ein.

Gen. Sg.	Abl. Sg.	Nom. Pl.	Abl. Pl.
?	?	?	?

oculo – servis – noctes – fuga – navibus – insulae – donis – periculo – amicis – deis – clamore – patris – iudicibus – lacrima – matre – signa – verbis – villa – armis

3 Sätze suchen Adverbiale.

Suche für jeden Satz zwei passende Adverbiale aus (je eine aus jedem Kästchen), setze sie ein und übersetze.

subito – cito – nunc – tum – certe – valde – hic – diu – semper

in aqua – sine consulibus – cum voluptate – ex aqua – in foro – sine reo – e villa – sine mente

1. Pater ? ? ambulat. 2. ? senator ? iacet. 3. Amici ? ? ludunt. 4. Ego ? ? maneo. 5. Servus ? ? currit.

4 Irrläufer

Ein Wort passt nicht in die Reihe. Begründe deine Entscheidung.

in – ad – ante – cum
canis – mentis – nautis – noctis
sole – solo – soleo – signo
audis – voluptatis – navis – villis

5 Übersetze und bestimme jeweils die Sinnrichtung des Ablativs.

1. Quintus solus in foro stat. 2. Ibi sine amicis maestus est. 3. Tandem Lucius cum Gaio amico appropinquat. 4. Sed cur sine Tito veniunt? 5. Titus in thermis[1] est. 6. Ibi magna cum voluptate ludit. 7. Nunc etiam Quintus cum amicis ad thermas[1] properat.

6 In den Thermen

1. Quintus cum Lucio et Gaio ad thermas[1] properat. 2. Ibi multae voluptates amicos exspectant. 3. Primo in thermis[1] ambulant et alios amicos quaerunt. 4. In palaestra[1] Titum et Marcum vident. 5. Statim ad amicos currunt. 6. „Quid exspectatis? Num aquam timetis?“ 7. Dum frigidarium[2] petunt[3], magnum clamorem audiunt. 8. Num ibi est fur?

1) **palaestra, -ae** f: Sportplatz
2) **frīgidārium, -ī** n: Kaltwasserbad
3) **petere:** aufsuchen

Eine traurige Nachricht

1. Pater Quintum rogat: „Unde venis, Quinte?“ 2. „Nonne vides, pater? Ex thermis[1] venio et novum nuntium apporto: Calvus senator in thermis[1] mortuus est!“ 3. Pater: „Quid dicis? Est nuntius valde maestus. 4. Curre et nuntium ad matrem porta!“ 5. Quintus statim ad matrem properat et dicit: „Audi, mater, nuntium maestum: Calvus, amicus patris, mortuus est.“ 6. Tum mater cum Quinto ad patrem venit et dicit: „Audisne, Gnaee? Num verum[1] est?“ 7. Pater non sine lacrimis respondet: „Calvus iucundus homo et amicus fuit[2]!“

1) **vērus, -a, -um:** wahr
2) **fuit:** (er, sie) war, ist gewesen

thermae – Thermen in Rom

X · K · IVL · IMP · NERVA · TRAIANVS · CAES · AVG · GERM · DACICVS · THERMAS · SVAS · DEDICAVIT · ET · PVBLICAVIT

Am 22. Juni hat der Herrscher Nerva Traianus Caesar Augustus Germanicus Dacicus seine Thermen eingeweiht und dem Volk übergeben.

1 Kaiser Trajan hatte in zwei Kriegen die Daker, die im Gebiet des heutigen Rumänien lebten, 106 n. Chr. endgültig unterworfen. Eine unermessliche Kriegsbeute strömte nach Rom. Aus dieser Beute finanzierte der Kaiser öffentliche Bauten, unter anderem eine **Thermenanlage**. Nach fünf Jahren Bauzeit wurde das riesige Bauwerk am 22. Juni 109 n. Chr. eingeweiht. Es blieb für Jahrhunderte Vorbild für gewaltige römische Bäderbauten. Nach einem ähnlichen Plan wurden später noch andere Thermen erbaut, deren kolossale Reste auch im heutigen Rom nicht zu übersehen sind. Zur Zeit des Kaisers Konstantin (306–337 n. Chr.) soll es allein in Rom 856 öffentliche Bäder gegeben haben. Natürlich gab es Thermen auch in allen anderen Teilen des Römischen Reiches, so etwa in Trier.

2 Trajansthermen in Rom: Rekonstruktion des Caldariums

a Beschreibe die Tätigkeiten von fünf Personen, die auf dem Bild rechts abgebildet sind.
b Beschreibe die Funktionsweise der Heizung der Thermen anhand der Abbildung.
c Vergleiche das Freizeitangebot der Trajansthermen mit denen eines modernen Freizeitbades. Wo siehst du Gemeinsamkeiten, wo Unterschiede?

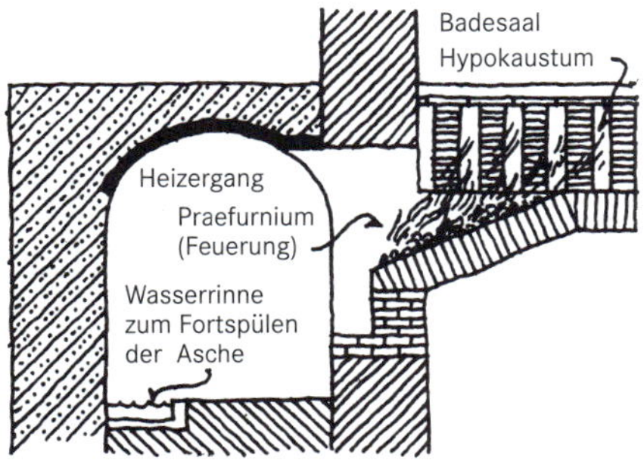

Funktionsweise der Heizungsanlagen.

Übersetzen mit Methode: Wie man Sätze analysiert

Wie „knackt" man eigentlich einen Satz? Da gibt es mehrere Methoden. Auf unseren Methodenseiten stellen wir dir die zwei wichtigsten vor, die du von Anfang an beim **einfachen Satz** in einer Satzreihe anwenden kannst. In einer Satzreihe stehen zwei oder mehrere Sätze nebeneinander, die meist durch eine Konjunktion, wie z. B. *nam, sed*, verbunden sind.

▶ Beachte: Bei der Satzanalyse kannst du dich immer an den beiden Säulen jedes Satzes, **Subjekt und Prädikat**, orientieren. Achte besonders auf das **Prädikat**, das den **Satzkern** darstellt.

1. Übersetzen mit Schwung: Die Pendelmethode

Beispiel:

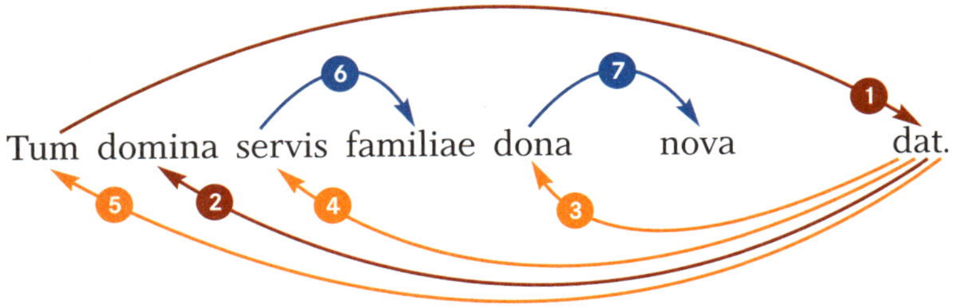

Gehe bei der Analyse der Sätze in folgenden Schritten vor:

1. Pendle **vom ersten Wort** des Satzes aus sofort mit Schwung **zum Prädikat** hin:
   *Tum . . . **dat.*** *Dann **gibt** . . .*
2. Pendle dann **auf den Anfang des Satzes** zurück; dort findest du meist das **Subjekt**:
   *. . . **domina** . . .* *Dann gibt **die Herrin** . . .*

Pendle dann vom Prädikat aus auf **weitere Glieder des Satzes** zurück:

▶ Beachte: Das Prädikat verlangt oder ermöglicht bestimmte **Ergänzungen.** Lass dich also von entsprechenden Fragen leiten und achte bei Substantiven jeweils auf den Signalteil (Endung): Er gibt dir Auskunft über den Kasus.

3 **Akkusativobjekt:**	Was gibt die Herrin?	*dona:*	*Geschenke*
4 **Dativobjekt:**	Wem gibt die Herrin?	*servis:*	*den Sklaven*
5 **Adverbiale:**	Wo? (Wann?/Wie?)	*tum:*	*dann*

Stelle zum Schluss durch entsprechende Fragen fest, wovon die restlichen Teile des Satzes abhängig sind:

6 **Genitiv:** Wessen? *servis **familiae:*** *den Sklaven **der Familie***

7 **Adjektiv,** das mit einem Substantiv in KNG übereinstimmt: Was für ein(e)?
*dona **nova*** ***neue** Geschenke*

Du hast es geschafft! Übersetze jetzt den ganzen Satz:

Dann gibt die Herrin den Sklaven der Familie neue Geschenke.

2. Stein für Stein: Die Konstruktionsmethode

Beispiel:

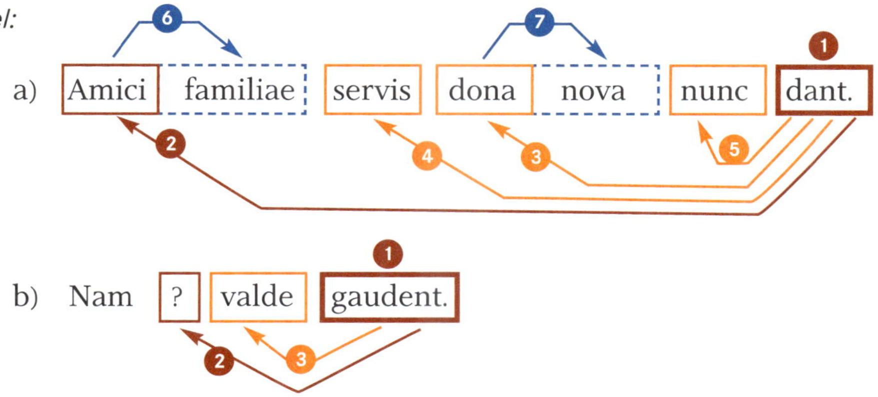

Mit der Konstruktionsmethode erschließt du die Bausteine des Satzes „Stein" für „Stein" vom **Prädikat**, dem **Satzkern**, her. Gehe bei der Analyse in folgenden Schritten vor:

Beispiel a)

❶ Finde zuerst das Prädikat, das in der Regel am Satzende steht. Im Deutschen rückt das Prädikat an die zweite Stelle des Satzes:

*. . . **dant.*** *Sie **geben . . .***

❷ Suche dann die zweite tragende Säule des Satzes, das Subjekt, das meist am Satzanfang steht. Am Person-Zeichen des Prädikats *-nt* erkennst du, dass das Subjekt im Plural stehen muss:

amici . . .: Die Freunde . . .

► Was fehlt? Überlege, welche **Ergänzungen** das Prädikat aufgrund seiner Bedeutung erwarten lässt oder ermöglicht.

❸ Was geben sie?	(Frage: Wen oder was?)	***dona:***	***Geschenke***
❹ Wem geben sie?	(Frage: Wem?)	***servis:***	***den Sklaven***
❺ Wann geben sie?	(Frage: Wann/Wo/Wie?)	***nunc:***	***jetzt***

► Was bleibt übrig? Stelle fest, zu welchen Satzgliedern die restlichen Wörter gehören.

❻ ein Genitiv:	(Frage: Wessen?)	amici ***familiae:***	*die Freunde **der Familie***
❼ ein Adjektiv:	(Frage: Was für (ein)?)	dona ***nova:***	***neue** Geschenke*

Jetzt kannst du den ganzen Satz übersetzen:

Die Freunde der Familie geben nun den Sklaven neue Geschenke.

Beispiel b)

❶ Gehe, soweit nötig und möglich, in denselben Schritten vor wie bei Beispiel a).

❷ Da du kein Subjekt findest, entnimm dieses aus der Endung des Prädikats:

*gaude**nt*** *__sie__ freuen sich*

❸ Analysiere die restlichen Satzglieder und ordne sie im Deutschen richtig an.

Übersetze den ganzen Satz:

Denn sie freuen sich sehr.

Rom braucht Sklaven.

Kannst du dir ein Leben ohne Sklaven vorstellen? Ein Römer hätte sicher mit Nein geantwortet! Und tatsächlich ist Rom ohne Sklaven nicht denkbar. Etwa jeder vierte Einwohner ist Sklave. Sklaven arbeiten in der Küche oder auf dem Bau, sind Ärzte, Lehrer, Kindermädchen, Handwerker oder Künstler. Auch in der Verwaltung und in der Geschäftsführung von Unternehmen findet man Sklaven. Manche besitzen sogar das uneingeschränkte Vertrauen ihres Herrn. Dennoch sind sie rechtlich gesehen Sachen, die man kaufen und verkaufen, ja wie Maschinen benutzen kann, z. B. in Steinbrüchen oder Bergwerken. Oft werden Sklaven aber auch von ihrem Herrn freigelassen, z. B. als Belohnung für besondere Leistungen. Freigelassene haben aber noch nicht die gleichen Rechte wie ihre früheren Besitzer und sind diesen gegenüber weiterhin verpflichtet.

Sklavinnen frisieren eine Dame, Relief von einem Grabdenkmal (2./3. Jh. n. Chr.), Rheinisches Landesmuseum, Trier.

Auf dem Sklavenmarkt

① In der ganzen Stadt herrscht reges Treiben. Schon ② am frühen Morgen strömen die Römer auf den Sklavenmarkt. ③ Mit Ketten aneinander gebunden, warten die Sklaven und Sklavinnen auf ihre Käufer, während die Händler ihre „Ware“ ④ mit lauter Stimme anpreisen: „Seht den starken Gallier! Ich gebe ihn euch für einen guten Preis!“ Die Menschenmenge ist begeistert und die Sklavenhändler freuen sich ⑤ über das gute Geschäft. Ein Sklave klagt über sein trauriges Schicksal. Da ist so mancher Römer doch nicht frei ⑥ von Mitleid mit den armen Menschen.

a Finde zu jedem Kästchen das richtige Fragewort und notiere es.
b Ordne dann deine Fragewörter den folgenden Ausdrücken im **Ablativ** zu und übersetze diese nach dem Muster des Textes.

nocte dormire
magno clamore salutare
epistula gaudere
toto foro quaerere
Colosseo decedere
armis pugnare

Menschenhandel

Während Quintus das Leben in Rom genießt, laufen Flavia und Galla – gekettet an andere – hinter einem Wagen her, der sie in eine kleine Stadt der Provinz Asia führt. Nach der Trennung von ihren Eltern und ihren Brüdern ist Flavia völlig verzweifelt, doch Galla kümmert sich liebevoll um sie und versucht immer wieder, ihr Mut zuzusprechen.

Tota urbe clamor ac tumultus[1] est.
Iam prima luce homines in forum conveniunt,
nam spectaculum magnum sperant.
Itaque mangonem[2], dum foro appropinquat, laetis clamoribus salutant.
Statim Flaviam cum aliis in catasta[3] venditioni[4] exponit.
Tandem magna voce clamat:
„Appropinquate, spectate, emite!
Ecce Alexander! Optime[5] valet, vitiis vacat, robustus est
et … magnus philosophus[!]. –
Da exemplum sapientiae, Alexander!"
Nunc Alexander: „Homines alii nati sunt domini,
alii servi, ut Aristoteles dicit.
Sed etiam servi homines sunt et cuncti homines sunt aequi.
Itaque nihil interest[6] inter dominos et servos …"
Tum homines valde rident et Alexander tacet.
„Optime[5], Alexander! Tu natus es ad servitutem.
Hic videtis Flaviam et Gallam.
Flavia domina esse solet, Galla serva.
Verbane Alexandri tenetis?
Nihil interest[6] inter dominos et servos.
Itaque hodie ambas[7] aequa servitus manet.
Nonne sunt bellae?"
Flavia stat neque verbis mangonis[2] gaudet.
Maesta de fortuna cogitat. Valde timet.
Subito unus ex hominibus:
„Sumo ambas[7], sed philosophus[!] non placet."

1) **tumultus:** Lärm, Durcheinander 2) **mangō, -ōnis** m: Sklavenhändler 3) **catasta, -ae** f: Schaugerüst
4) **venditiōnī:** zum Verkauf 5) **optimē:** sehr gut 6) **nihil interest:** es gibt keinen Unterschied
7) **ambās** (*Akk. Pl.*): beide

- ▶ Hältst du den Sklavenhändler für einen geschickten Verkäufer? Begründe deine Antwort.
- ▶ Wie legt der Verkäufer die Worte des „Philosophen" Alexander aus?

1 Alles Ablativ oder was?

fuga – porta – quaere – patre – dono – do – ludis – venis – verbis – paratis – estis – equis – dormire – oratore – sole – soleo – vento – venio

2 *in* mit Ablativ oder mit Akkusativ?

Setze ein und übersetze:

in . . .

1. circ ? venire, circ ? pugnare, circ ? properare
2. provinci ? navigare, provinci ? abducere, provinci ? manere
3. aqu ? praecipitare, aqu ? ludere

3 Ein Multitalent

Welches Wort oder welche Wendung passt jeweils zu der unterstrichenen präpositionalen Verbindung?

armis – multis cum gladiatoribus[1] – voce iucunda – magno clamore – auxilio – magna (cum) voluptate - multis cum lacrimis – verbis – nave

Der Sklavenhändler wittert heute ein besonderes Geschäft . . .

1. Seht her! Schaut ihn euch an, Cannix, den Gallier. 2. Mit dem Schiff kam er aus der Provinz. 3. Er arbeitet mit großem Vergnügen. 4. Er weiß sogar mit Waffen zu kämpfen. 5. Mit vielen Gladiatoren stand er schon in der Arena. 6. Und hört! Mit der Hilfe von Cannix könnt ihr eure Gäste mit den Worten der Philosophen erfreuen. 7. Auch trägt er die Werke der Dichter mit angenehmer Stimme vor.

4 Auf dem Sklavenmarkt

Setze die Praedicativa passend ein und übersetze. Bestimme die Ablativfunktionen.

serva – laeta – maesta – domina – primam

Spectate feminas bellas! Flavia ? nata est, Galla ? . Emite Gallam ? , nam ? parere solet. Ecce et Flavia! Non semper ? stat et tacet, sed iucunda voce verba iucunda dicit.

5 *Quid convenit?*

Bilde möglichst viele sinnvolle Kombinationen und übersetze sie.

maestus
gaudere
sperare

auxilium
verbis fortuna
servitute spectaculo
epistulis nuntium
dono

6 Mit Tränen auf dem Forum

1. Iam prima luce populus magno clamore mercatores[1] in foro salutat. 2. Hodie multis cum servis ex cunctis provinciis veniunt. 3. Nunc servi ac servae dominos novos exspectant et fortunam secundam sperant. 4. Certe de terris, ubi nati sunt, dicunt, nam servitute maesti sunt. 5. Quis tum lacrimis vacat?

1) **mercātor, -ōris** m: Händler

Sklavenschicksal

1. Piratae nautas armis superant et multos homines in servitutem abducunt. 2. Ventis secundis in alias terras navigant et ibi captivos[1] ut asinos et equos exponunt. 3. Captivi[1] de fortuna maesta flent[2], sed alii homines laeta mente servos novos spectant et emunt. 4. Itaque quidam[3] philosophi[1] dicunt: „Homo homini lupus[4] est." 5. Est verbum maestum neque placet hominibus ad libertatem[5] natis. 6. Servi sperare non cessant. 7. Etiam Flavia inter lacrimas sperat et silentio cogitat: „Quis me e servitute liberabit[6]?"

1) **captīvus, -ī** m: der Gefangene
2) **flēre:** weinen, klagen 3) **quīdam:** manche
4) **lupus, -ī** m: Wolf 5) **lībertās, -ātis** f: Freiheit
6) **līberābit:** (er, sie) wird befreien

Et servi homines sunt. – Leben der Sklaven

1 Gespräch auf dem Sklavenmarkt

Alexander: Solche Idioten! Glauben, dass sie mit ihrem Geld alles kaufen können. Cogitationes sunt liberae! (*Die Gedanken sind frei!*)
Serva: Pst, nicht so laut. Du bekommst sonst Ärger. Woher weißt du denn so viel?
Alexander: Eigentlich stamme ich aus Griechenland. Meine Vorfahren waren reiche Grundbesitzer, die im Krieg gefangen und hierher gebracht wurden. Mein Vater arbeitete als Sklave in einer Bibliothek und so konnte ich schon als Kind lesen und schreiben lernen. Zum Glück hatte ich einen Herrn, der das erlaubte und mich sehr förderte. Und du?
Serva: Ich bin aus Germanien. Ich lebte dort mit meinen Eltern in einem kleinen Dorf. Eines Tages wurden wir von einer Räuberbande überfallen. Meine Eltern kamen um und ich wurde verschleppt und in Lugdunum (dem heutigen Lyon) als Sklavin verkauft. Viele Jahre arbeitete ich in der Weberei meines Herrn. Er gab mir immer etwas Geld, das ich auf die Seite legte, um mich irgendwann einmal freizukaufen. Dann aber verschuldete er sich und musste seinen Betrieb schließen. Er kann wirklich froh sein, dass es nicht mehr erlaubt ist, Leute wegen ihrer Schulden in die Sklaverei zu verkaufen. Sonst würde er jetzt auch hier stehen.
Da werden sie plötzlich durch den Sklavenhändler unterbrochen: Tacete, servi!

a Durch welche Umstände konnten im Römischen Reich Menschen zu Sklaven werden?
b Welche Möglichkeiten hatten Sklaven, ihre Freiheit zu erlangen?

2 Flucht

Dieser Anhänger hing am Hals eines Sklaven:

„Halte mich fest, damit ich nicht fliehe, und gib mich meinem Herrn Viventius auf dem Gut des Callistus zurück."

Welche lateinischen Wörter kannst du erkennen?

3 Sklaverei heute?

Wieso kann man auch hier von Sklaverei sprechen? Redet miteinander darüber.

„Non scholae, sed vitae discimus." – Schule und ‚Beruf' eines vornehmen Römers

1 Die Schullaufbahn

Die ersten Jahre:
Jungen und Mädchen werden zu Hause meist von einer Sklavin erzogen.

Beim LUDI MAGISTER:
Vom 7. bis zum 12. Lebensjahr gehen die Kinder von einem Sklaven (dem *paedagogus*) begleitet zum Unterricht in den *ludus*. In einem Laden am *forum* lehrt der *ludi magister* Lesen, Schreiben und Rechnen.

Beim GRAMMATICUS:
Den Jungen erteilt bis etwa zum 17. Lebensjahr der *grammaticus* Unterricht in lateinischer und griechischer Grammatik. Die Werke griechischer und lateinischer Dichter werden gelesen, erklärt und oft auch auswendig gelernt.

Beim RHETOR:
Jetzt folgt noch die Ausbildung in griechischer und lateinischer öffentlicher Rede (nur für Jungen). Meist schließt sich eine Bildungsreise nach Griechenland an.

a Worin siehst du wichtige Unterschiede zur Schule heute?

b Beschreibe, was auf der Abbildung dargestellt ist.

c „Nicht für die Schule, sondern für das Leben lernen wir."
Wie lautet die lateinische Entsprechung dazu?

Libri[1] magistri[2], libri[1] amici.

1) **liber, -brī** m: Buch
2) **magister, -trī** m: Lehrer

Schulszene, Relief aus Neumagen (heute Landesmuseum Trier).

2 Berufstätigkeit?

Ein Angehöriger der römischen Oberschicht ging keinem Beruf im modernen Sinne nach. Ein Senator lebte normalerweise von den Einkünften seines landwirtschaftlichen Grundbesitzes. Angehörige der zweiten Einkommensklasse, die so genannten Ritter, verdienten ihr Geld meist als Großhändler oder Unternehmer. Man erwartete von den Vertretern der wohlhabenden Schichten, dass sie sich in politischen Ämtern in Rom, als Redner und Anwälte bei Gericht, in der Verwaltung der Provinzen und als Befehlshaber der Truppen betätigten.

3 Planspiel

Du bist ein römischer Großhändler, besitzt eine Handelsflotte und hast Geschäftspartner in Karthago, Alexandria, Tyros und Rhodos.
Alle halten wertvolle Waren für dich bereit, die in Rom reißenden Absatz finden.

a Wähle dir einen römischen Namen.
b Entnimm der Karte, welche Waren du bei den jeweiligen Händlern beziehen kannst.
c Plane eine Route für deine Handelsflotte. Bedenke dabei, dass die Schiffe vor Winterbeginn in Rom bzw. Ostia zurück sein müssen. Du hast daher noch zwei Monate Zeit. (Für das Beladen sind jeweils drei Tage einzuplanen.)

Über folgende Begriffe, Themen und Sprüche weißt du nun Bescheid:

- forum Romanum
- römisches Recht, Iustitia, basilica
- Reisen; navis
- thermae (frigidarium, caldarium)
- Sklaven
- schola (ludus, paedagogus, ludi magister, grammaticus, rhetor)

In dubio pro reo.

Kampf auf Leben und Tod

Gladiatorenkämpfe sind in Rom so beliebt wie Wagenrennen. Speziell für diese Vorführungen haben die Kaiser Vespasian und Titus das *Amphitheatrum Flavium* erbaut, das später *Colosseum* genannt wird. Dort finden an vielen Tagen im Jahr Gladiatorenspiele statt. Nach dem Einzug der Kämpfer mit einer feierlichen *pompa* wird erst ein „Vorprogramm" geboten: Gladiatoren mit Holzschwertern liefern sich Schaukämpfe. Erst wenn Kriegstrompeten ertönen, beginnen die eigentlichen Kämpfe auf Leben und Tod. Kriegsgefangene und zum Tod Verurteilte, die in Gladiatorenschulen ausgebildet werden, kämpfen meist paarweise gegeneinander oder mit wilden Tieren. Besonders reizvoll finden es die Zuschauer, wenn unterschiedlich Bewaffnete antreten, wie z. B. Netzkämpfer gegen schwer bewaffnete Verfolger: Der Netzkämpfer (*retiarius*) kämpft mit einem Dreizack, einem Dolch und einem Wurfnetz, in das er seinen Verfolger (*secutor*) zu verwickeln sucht. Der mit Helm, Schild und Schwert schwer bewaffnete Verfolger scheint im Vorteil zu sein, ist aber aufgrund seiner Bewaffnung nicht so beweglich wie sein Gegner. Der Ausgang des Kampfes ist also ungewiss.

Deklinationsmarathon

puer laetus
ein fröhlicher **Junge**
*Genitiv: **puer**-i laeti*

homo **pulcher**
ein **schöner** Mensch
*Genitiv: hominis **pulchr**-i*

vir robustus
ein kräftiger **Mann**
*Genitiv: **vir**-i robusti*

servus **miser**
ein **unglücklicher** Sklave
*Genitiv: servi **miser**-i*

magnus **ager**
ein großer **Acker**
*Genitiv: magni **agr**-i*

a Vergleiche die ***Bedeutungsteile***. Was stellst du fest?
b Setze die lateinischen Substantiv-Adjektiv-Kombinationen in alle Kasus (Singular und Plural).

In der Arena

Flavia und Galla sind an den gallischen Weinhändler Titus Aufidius Aridus weiterverkauft worden. Dieser hat sie auf sein Landgut in der Nähe von Nemausus (Nîmes im heutigen Südfrankreich) gebracht. Flavia beteuert immer wieder, sie sei eine frei geborene Römerin und dürfe deshalb nicht wie eine Sklavin behandelt werden. Um ihre Lage zu klären, darf sie einen Brief nach Rom schreiben. Sie muss aber – wenn auch leichte – Sklavendienste leisten. Gerade ist sie dabei, die Herrin zu frisieren …

Flavia secum[1] cogitat:
„Quam pulcher est crinis[2], quam pulchra est domina! Quam bene cum servis agit.
Non est aspera, sed iucunda et bona.
Etsi Aufidius dominus asper et durus est, ego vitam miseram non ago.
Quam secunda fortuna est!"
Subito T. Aufidius Aridus cum Publio filio, puero decem annorum[3], apparet;
veniunt ex agris.
Pater clamat: „Hodie gladiatores[1] spectare studemus."
Et puer: „Veni nobiscum[4], mater!"
Primo Maronilla matrona cessat, quod spectaculum gladiatorum[1] non amat.
Tandem Aufidii villa cedunt et amphitheatrum[1] petunt.
Dum intrant, gladiatores[1] iam pugnant, furor armorum iam ardet.
Homines gladiatores[1] magnis clamoribus incitant,
alii Columbum secutorem[5], victorem multarum pugnarum,
alii Pulchrum retiarium[6], virum magnum et robustum.
Ecce! Columbus retiarium[6] gladio petit sinistra, sed Pulcher ictum[7] defendit.
Tum Columbus retiarium[6] dextra petit et verbis asperis invadit.
Publius pugna valde gaudet.
Subito populus clamat: „Habet[8], habet[8]!"
Retiarius[6] miser in arena[1] iacet et mortem exspectat.
Maronilla horret neque iam spectat.
Tandem audit: „Mitte[9]!", et victori plaudit.
Dum Columbus arena[1] cedit, novi gladiatores[1] intrant, stant, salutant.

1) **sēcum:** im Stillen („bei sich") 2) **crīnis, -is** m: Haar 3) **decem annōrum:** zehn Jahre alt 4) **nōbīscum:** mit uns
5) **secūtor, -ōris** m: Verfolger 6) **rētiārius, -ī** m: Netzkämpfer 7) **ictum:** den Stoß 8) **habet:** er ist getroffen
9) **mitte!:** lass ihn laufen! (*Aufforderung des Publikums an den Veranstalter der Spiele*)

► Wieso spricht Flavia in ihrer Situation von einer *fortuna secunda*?

► Inwiefern kann man bei diesem Gladiatorenkampf von zwei Siegern sprechen? Begründe deine Antwort.

1 Gut und schön

Setze die richtige Form von *bonus* und *pulcher* dazu.

amicus – femina – verbum – consul – pueri – nautae – verba – iudices – viris – matre – amicas – patris – hominum

2 In welche Klasse?

ā-Dekl.	o-Dekl. m/n	Kons. Dekl.

Lege eine Tabelle an und trage den Nominativ Singular folgender Formen ein.

terrae – senatori – nuntium – clamoris – equis – hominibus – vitium – navium – reos – regina – causis – donum – verba – vocum – sole – sapientiam – matrem – medici – signa – patrum – iudex – piratas

3 Verbindung herstellen

Übersetze zuerst die linke und dann die rechte Spalte. Suche anschließend aus A–E die Fortsetzung der Sätze 1–5 heraus, sodass eine sinnvolle Geschichte entsteht.

1. In foro clamor magnus est,	A. etsi ibi silentium non est.
2. Lucio placet inter homines esse,	B. dum Lucius in foro manet.
3. Itaque Gaius thermas[ˡ] petit,	C. nam sine amico esse non placet.
4. Placet Gaio in thermis[ˡ] esse,	D. nam homines imperatorem salutant.
5. Lucius in foro ambulat neque laetus est,	E. sed Gaio clamorem audire non placet.

4 Mal unter- und mal beiordnen

Suche zur Verbindung der beiden Sätze drei geeignete Konjunktionen und drei geeignete Subjunktionen.

asinus clamat — equus tacet

5 Stimmt's?

Die Aussagen beziehen sich auf den Lektionstext. Entscheide, ob sie stimmen 👍 oder nicht 👎. Bei richtigen Antworten ergeben die Buchstaben von unten nach oben gelesen das Lösungswort.

	👍	👎
1. Aufidius dominus asper est.	M	C
2. Flavia vitam miseram agit.	A	U
3. Familia villa cedit.	E	R
4. Etiam Flavia amphitheatrum[ˡ] petit.	T	S
5. Dum intrant, multos gladiatores[ˡ] mortuos vident.	R	S
6. Maronillae spectaculum valde placet.	A	O
7. Puer pugna non gaudet.	M	L
8. Homines gladiatores[ˡ] incitant.	O	I
9. Maronilla victorem defendit.	R	K

6 Klage der Sklaven

1. Vitam miseram agimus, nam domini duri et asperi sunt. 2. Semper iubent: 3. „Veni! Curre! Propera! Tace, nam servus es!“ 4. In villa sedere et in foro ambulare solent, dum servi in agris sumus, dum properamus et currimus. 5. Nonne homines sumus, etsi servi nati sumus? 6. Fortuna secunda non est.

Vor dem Gladiatorenkampf

1. Hodie in amphitheatro[ˡ] multi homines sedent, non solum[1] viri, sed etiam feminae et pueri. 2. Etiam Publius puer ibi est et patrem rogat: „Quid de novis gladiatoribus[ˡ] cogitas, pater?“ 3. Pater respondet: „Novi sunt; certe viri duri ac robusti sunt. Ego spectaculum pulchrum exspecto.“ 4. Tum Publius matrem rogat: „Et tu, mater, quid cogitas? Nonne gaudes?“ 5. Mater dicit: „Dubito[2]. Nam etsi spectatores[ˡ] gaudent, gladiatores[ˡ] mortem timere debent. Vita gladiatorum[ˡ] aspera et mors maesta est.“

1) **sōlum:** nur 2) **dubitāre:** Zweifel haben

panem et circenses – Brot und Spiele im Kolosseum

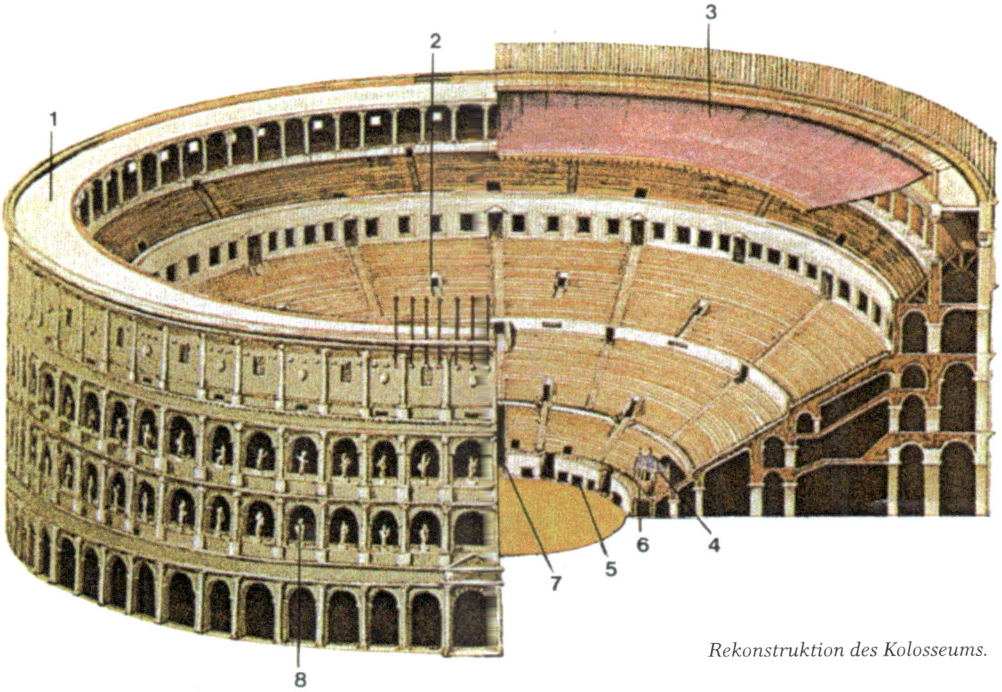

Rekonstruktion des Kolosseums.

Einlass für die wilden Tiere (T)
Kaiserloge (I)
Nischen mit Statuen (E)
Einlass für die Gladiatoren (T)
Sonnendach (M)

1 Rundgang
2 Ausgänge
3 ?
4 ?
5 ?
6 Podium für prominente Zuschauer
7 ?
8 ?

Als Vorbild für die Amphitheater in Nemausus und in anderen Städten des Römischen Reiches diente das **Kolosseum** in Rom. Dieses wurde im Jahre 80 n. Chr. eingeweiht. Es war 48 m hoch, 188 m lang und 156 m breit und fasste um die 60 000 Zuschauer. **Amphitheatrum Flavium** war sein offizieller Name, benannt nach der Kaiserfamilie der Flavier, die es errichten ließen. Später aber wurde es Kolosseum genannt nach einer kolossalen Statue, die in der Nähe stand: die 35 m hohe Statue des Kaisers Nero.

a Bei der Rekonstruktion siehst du Erklärungen für die einzelnen Bereiche. Einige musst du noch zuordnen. Die Buchstaben ergeben ein lateinisches Lösungswort.
b Vergleiche die Abbildung des modernen Fußballstadions mit der des Kolosseums. Welche Gemeinsamkeiten und welche Unterschiede stellst du fest?
c Kennst du Veranstaltungen aus unserer Zeit mit Parallelen zu den römischen Gladiatorenspielen?

Stade de France in St. Denis, Fußball-WM 1998.

Kulturloses Gallien?

Als Gallien bezeichnet man das Gebiet, das in etwa dem heutigen Frankreich entspricht. Vor der römischen Eroberung lebten dort vorwiegend Kelten, die die Römer auch Gallier nannten. Eine wichtige Person bei den Galliern ist der Druide. Er erfüllt viele Aufgaben. Er ist Richter, Lehrer, Arzt, Priester und Berater des Stammesfürsten in einer Person. Er entscheidet in allen Streitfällen und setzt die Strafen fest; ohne ihn pflegt der Stammesfürst nichts zu unternehmen oder zu entscheiden. Als Priester ist der Druide auch für das Darbringen der Opfer zuständig. Allgemein üblich sind Tieropfer, aber es gibt auch – wie in vielen frühen Kulturen – Menschenopfer.
Im 2. Jh. v. Chr. begannen die Römer, gallische Gebiete zu erobern, und nannten das zuerst eroberte Gebiet (im heutigen Südfrankreich) *provincia*. Daraus entstand der heutige Name Provence. Der römische Feldherr Gajus Julius Cäsar dehnte später die römische Macht auf ganz Gallien aus, dessen Bewohner sich anfangs zwar heftig wehrten, sich dann aber doch schnell in das Römische Reich eingliedern ließen.

Die erste Vergangenheit

Flavia schwärmt von Rom. Die gallischen Sklaven hören gespannt zu, doch sie verstehen nicht alles . . .

Flavia: Semper cum Quinto amico in foro **ambulabam** et in Circo Maximo **sedebam**.
Servi: **Ambulabas**! **Sedebas**! Sed quid est ‚*foro*', quid est ‚*Circo Maximo*'?
Flavia: Ibi quadrigis (→ 4 L) **plaudebamus**.
Servi: **Plaudebatis**! Sed ‚*quadrigis*', quid est?
Flavia: Semper etiam imperator in circum **veniebat**.
Servi: Quid est ‚*imperator*'?
Flavia: Cuncti homines imperatori **parebant**.
Servi: Aufidio domino semper paremus. Audite, amici! Aufidius est imperator!

a Zur Bildung des **Imperfekts** verwendest du im Singular und Plural dieselben Person-Zeichen wie im Präsens, mit Ausnahme der 1. Person Singular. Woher kennst du dieses Person-Zeichen bereits?
b Welchen gemeinsamen Baustein haben die **Imperfektformen**?
Nimm bei den Imperfektformen die letzten beiden Bausteine weg und nenne die Infinitive.
c Was stellst du fest?

„Ihr wart Barbaren!“

Während T. Aufidius Aridus mit seiner Frau und seinem Sohn im Amphitheater von Nemausus den Spielen zusieht, arbeiten Flavia und Galla gemeinsam im Haus.

Flavia, dum cum Galla cenam parat, dicit: „Domina nata sum, non serva. Romae servi mihi[1] parebant; nunc ego pareo et dominae placere studeo. Romae non laborabam, sed servis labores imponebam; nunc domina mihi[1] labores imponit“, et magna voce addit: „Libera puella sum. Labores me[1] digni non sunt.“ Tum Galla: „Quid dicis, Flavia? Neque ego neque Galli ad servitutem nati sumus. Quondam liberi eramus et …“ Flavia: „Homines barbari eratis et moribus asperi.“ Galla: „Erras, Flavia. Galli humanitate non carebant. Druides[2] magnum exemplum dant. Nemo eos[3] sapientia superabat. De cunctis controversiis[4] publicis ac privatis statuebant. Nemo druides[2] non audiebat.“ Flavia: „Sed ut reges cum populo agebant et deis homines sacrificare solebant. Num hic[5] mos exemplum humanitatis est? Num tu hunc[5] morem humanum dicis? Romani Gallis mores imponere debebant.“ Galla nihil respondet. Maesta est, quod Flavia adhuc se[6] dominam putat neque mentem mutare cogitat.

1) **mihī/mē:** mir/für mich, meiner 2) **druidēs, -um** m: Druiden
3) **eōs:** sie (*Akk. Pl.*) 4) **contrōversia, -ae** f: Streitigkeit, Rechtsfall
5) **hic** (*Nom. Sg. m*)/**hunc** (*Akk. Sg. m*): diese(r)/diese(n) 6) **sē:** sich

- Wodurch wird deutlich, dass Flavia sich immer noch als Herrin fühlt?
- Warum spricht Galla von den Druiden? Wie stellt sie diese dar?

1 Ich bin, ich war.

Lege Konjugationstabellen für Präsens und Imperfekt an, sortiere die Formen ein und übersetze sie ins Deutsche.

sumus – erat – es – eratis – eram – sunt – eramus – sum – estis – eras – est – erant

2 Wie viel Vergangenheit?

Wie viele Verbformen im Imperfekt findest du: 5, 7 oder 9? Schreibe sie heraus und übersetze sie.

respondes – mutabant – caremus – studebam – putabatis – erramus – soleo – agebam – dabat – statuebas – addimus – imponitis – tenebat – intramus – sedebamus – defendebant – legit

3 Verben-Ping-Pong

Ergänze die Person im jeweils anderen Numerus.

▶ pareo ↳ paremus

dicimus	↳ ?	debebas	↳ ?
agitis	↳ ?	audiunt	↳ ?
sum	↳ ?	soleo	↳ ?
petis	↳ ?	erat	↳ ?
superat	↳ ?	studemus	↳ ?
eratis	↳ ?	est	↳ ?

4 Quondam ...

Übersetze die Verbformen. Wähle dann fünf als Prädikate der Sätze 1–5 aus. Bei richtiger Auswahl ergeben die Buchstaben in Klammern ein deutsches Lösungswort.

audiebant (N) – superabant (H) – parabant (A) – errant (T) – vocabant (E) – erant (T) – vacabant (I) – mutabant (U) – parebant (E) – laborabant (S)

1. ... servi dominis ? . 2. ... domini vitiis ? . 3. ... filii verba patrum ? . 4. ... homines iam prima luce ? . 5. ... cuncti homines laeti ? .

5 Verben-Puzzle

Aus elf Puzzle-Teilen kannst du 23 verschiedene Verbformen bilden.

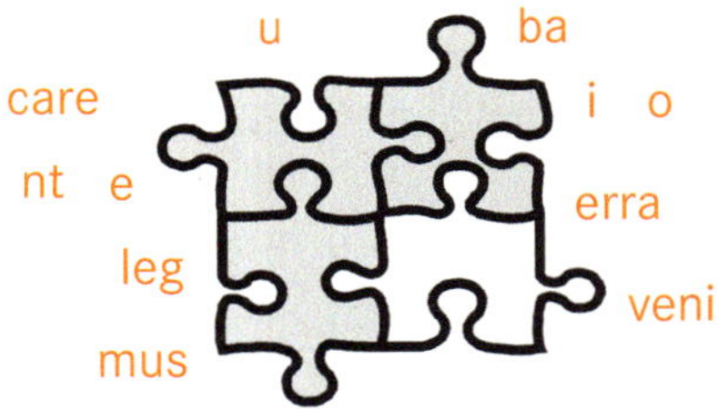

6 Flavia klagt über ihr Schicksal.

1. Romae domina eram, non serva. 2. Non domino parebam, sed mihi servi parebant. 3. Sed domina bona eram, nam nemo me humanitate superabat. 4. Certe servi barbari sunt. 5. Itaque servis mores Romanos imponere et mentem mutare debebam. 6. Sed hodie ego Gallis asperis parere debeo, qui[1] etiam homines sacrificare solebant. 7. O dei, audite me!

1) **quī:** die, welche

Ein ungelöster Streit

1. Galla maesta erat, quod Flavia Gallos detrectare[1] studebat. 2. Diu tacebat; sed nunc magna voce respondet: „Romani in multas terras invadebant et multos populos armis superabant. 3. Ubi est humanitas populi Romani? 4. Gallia erat terra libera, nunc est provincia. 5. Sed quid est ‚provincia'? Est terra capta[2]! 6. Romani multos homines necabant, aliis populis mores Romanos imponebant, homines liberos in servitutem abducebant. 7. Et nunc Romani provincias ut reges administrant." – 8. Subito domina intrat, servae tacent.

1) **dētrectāre:** herabsetzen, schlechtmachen
2) **captus, -a, -um:** (gewaltsam) erobert

„Veni, vidi, vici!" – Gajus Julius Cäsar

1 *Gajus Julius Cäsar*, der Feldherr, der in mehrjährigem Kampf die gallischen Stämme unterwarf und Gallien zur römischen Provinz machte, lebte von 100 bis 44 v. Chr.

a Von seinem Namen sind zwei Bezeichnungen für Herrscher abgeleitet: K ? und Z ?

b Cäsar ist dir sicherlich aus der Comic-Serie „Asterix" bekannt. Was ist die Ausgangssituation für die Geschichten? Beschreibe, wie die Römer dargestellt werden.

C. Iulius Caesar.

2 Berühmte Aussprüche

Von Cäsar sind auch einige Aussprüche berühmt geworden:
„Veni, vidi, vici." – „Ich kam, sah und siegte", soll er nach einer Schlacht, die er schnell für sich entscheiden konnte, gesagt haben.
„Alea iacta est." – „Der Würfel ist gefallen" (eigtl. „geworfen"), sollen seine Worte gewesen sein, als er vom diesseitigen Gallien aus über den Grenzfluss Rubikon nach Italien einmarschierte.
Er begann damit einen Bürgerkrieg gegen seine politischen Gegner um die Herrschaft in Rom. Daher ist auch **„den Rubikon überschreiten"** zu einer Redewendung für eine unwiderrufliche Entscheidung geworden.

Denke dir Situationen aus, in denen jemand diese „Sprüche" Cäsars und die Redewendung verwenden könnte.

3 Tochtersprache

Der Einfluss der Römer in den von ihnen besetzten Gebieten wirkte sich in vielen Bereichen aus, natürlich auch in der Sprache.

Den folgenden französischen Wörtern liegen lateinische zugrunde. Nenne sie und ihre deutsche Bedeutung.

silence – défendre – cause – aimer – terre – nouveau – fils – apporter – vent – bien – ami – digne – répondre – public – signe – province – dur – amour – bon – entrer – femme – mort – courir – libre – humain – venir – voix

Hosen statt Toga: Die Germanen

Germanen in der frühen Kaiserzeit.

Nördlich des römischen Reiches siedelten außer den Kelten, die von den Römern Gallier genannt wurden, auch die Germanen. Man fasst unter der Bezeichnung Germanen verschiedene Stämme zusammen, die in den Gebieten des heutigen Mitteleuropa und Südskandinaviens lebten, wie z. B. die Cherusker, die Sueben oder die Teutonen. Einige der Stämme, z. B. die Ubier, lebten am linken Rheinufer. Seit den Eroberungszügen Julius Caesars gehörten diese Gebiete zum Römischen Reich. Dadurch erhielten Städte und Siedlungen römische Namen, wie z. B. Bonna (Bonn), Aquisgranum (Aachen), Colonia Agrippinensis (Köln). Mit den Stämmen rechts des Rheins, z. B. den Chatten, lebte man im Allgemeinen in Frieden. Doch zuweilen kam es an der Rheingrenze zu Konflikten – und dann konnte es durchaus geschehen, dass Bewohner des freien, rechtsrheinischen Germanien als Sklaven oder Gladiatoren nach Italien verschleppt wurden.
Über die Lebensweise und das Aussehen der Germanen haben wir einige Kenntnisse, zum einen durch die römischen Schriftsteller Caesar und Tacitus, zum anderen durch die Forschungen der heutigen Archäologen. Die Römer fanden es besonders erstaunlich, dass die Germanen groß waren, dass sie helle Haare hatten und diese lang trugen und dass die Männer Hosen anhatten.

Das **Aktiv** ist die **Tätigkeitsform**.
Das **Subjekt tut** etwas, hier: *ich besiege (dich)*

Das Passiv ist die **Leideform**.
Das **Subjekt erleidet** etwas, hier: *ich werde besiegt (von dir)*

supero
superas
superat
superamus
superatis
superant

superatur
superamini
superamur
superor
superaris
superantur

> Die **Person, von der** beim Passiv **etwas getan wird**, ist im Lateinischen mit der **Präposition a/ab + Ablativ** ausgedrückt *(a pirata)*.

Ordne den **Aktivformen** die entsprechenden **Passivformen** zu.
Wo fällt es dir leicht, wo weniger leicht?

Traurige Erinnerungen

Nachdenklich verlässt Galla die Küche. Auf dem Weg in den Kräutergarten begegnet ihr eine Sklavin, die sie bisher noch nicht gesehen hat.

G: Salve! Esne tu una ex servis Aufidii?

H: Ita est[1].

G: Ego Galla vocor. Sed quo nomine[2] tu vocaris?

H: Hella vocor. Iam in Germania hoc nomine[2] vocabar.

G: Tune in Germania nata es? Cur hic in Gallia es?

H: Vitam liberam agebamus in agris non procul a Colonia Agrippina sitis[3]. Iam diu pax[4] erat. Quod Chatti[5] amici populi Romani erant, agri non invadebantur, villae non petebantur, nemo furore armorum incitabatur. Quadam[6] nocte iam dormiebam. Subito clamores magni ubique audiuntur et…

G: O di boni, cur?

H: …cuncti accurrunt. Pater clamat: ‚In periculo sumus. Ad arma! Petimur.'

G: Num petimini a Romanis?

H: Ab hominibus barbaris, ut puto. Statim ab avo, patre, amicis villa magno ardore defenditur. Sed viri superantur et necantur. Nos[7], feminae et puellae, captamur[8] et abducimur in urbem. Ibi venditioni[9] exponimur. Ab Aufidio emor et…

G: Quam aspera fortuna est captari[8] et in servitutem abduci! Ego Romae serva eram et dominus cum servis bene agebat. Sed hic dominum novum timeo.

H: Non debes, Galla, maesta esse. Aufidius humanitate non caret. Sed dic: Cur tu in Gallia es?

1) **ita est:** ja 2) **quō nōmine/hōc nōmine:** mit welchem/diesem Namen 3) **situs, -a, -um:** gelegen, befindlich 4) **pāx, pācis** f: Frieden 5) **Chattī, -ōrum** m: Chatten (*ein germanischer Stamm, der rechts des Rheins siedelte*) 6) **quādam nocte:** eines Nachts 7) **nōs:** wir 8) **captāre:** gefangen nehmen 9) **venditiōnī:** zum Verkauf

▶ Welche Wörter und Wendungen in Hellas Erzählung zeigen, dass ihre Erinnerungen an die Vergangenheit traurig sind? Wie äußert Galla ihr Mitgefühl?

▶ Was wird Galla von ihrem Schicksal wohl der Hella berichten? Was stimmt sie traurig?

1 Passiv und Aktiv

a Lege eine Tabelle an mit den Person-Zeichen Aktiv und Passiv.

	1. Sg.	2. Sg.	3. Sg.	1. Pl.	2. Pl.	3. Pl.
Aktiv	-o	-s	?	?	?	?
Passiv	-or	?	?	?	?	?

b Stelle die Aktiv- und Passivformen nach Personen paarweise zusammen: 1. Sg. Aktiv und Passiv, 2. Sg. Aktiv und Passiv usw.

salutat – salutantur – salutor – salutamur – salutas – salutamini – salutant – saluto – salutamus – salutatur – salutatis – salutaris

2 Passiv herausgefischt

Wie viele Formen im Präsens Passiv stehen hier: 6, 8 oder 9?

salutamus – apportantur – rogas – apporto – mutamini – abducit – salutor – audit – defenditis – audiuntur – defenderis – mutant – incitatur – defendo – rogamur – abducimur – incitant

3 Ein ständiges Werden

a Suche für die Passivformen die richtigen Übersetzungen heraus. Bei richtiger Wahl ergeben die Buchstaben in Klammern ein Lösungswort.

1. vocabatur – 2. abducitur – 3. emitur – 4. petitur – 5. superabatur – 6. rogabatur

er wird angegriffen (D) – sie wurde gefragt (O) – er wird kaufen (K) – er wird gerufen (B) – sie wird fragen (S) – er wird besiegen (T) – er wurde gerufen (G) – es wird gekauft (U) – er wurde entführt (R) – er wurde besiegt (E) – er wird angreifen (N) – er wird entführt (A)

b Übertrage die Passivformen in dein Heft und übersetze sie ins Deutsche.

vocabar – mutaris – defendimur – tenebamini – amabaris – apportantur – salutor – rogamini – additur – abducuntur – superatur – audiebatur – quaerebamur – petebantur – emitur

4 SmS

Bilde **S**ätze **m**it **S**inn und übersetze.

canis	a senatoribus	paratur
servi	ab amicis	quaeritur
equi	a serva	vocantur
consul	ab equitibus	salutatur
cena	a domino	incitantur

5 Ohne Täter

Wenn kein „Täter“ genannt ist, dann werden Passivformen in der 3. Person oft besser mit „man“ wiedergegeben.

► Clamor auditur. – Geschrei wird gehört. / Man hört Geschrei.

Übersetze mit beiden Möglichkeiten.

1. In foro multi homines videbantur. – 2. Cena paratur. – 3. Servis dona dantur. – 4. Reus audiebatur.

6 Hella erzählt ...

1. „Ego serva Aufidii Aridi sum. 2. Dominus a nobis[1] amatur, quod bene cum servis agit. 3. Sed domina timetur. 4. Etsi verbis dominae paremus, verberamur[2]. 5. Aufidio mores dominae non placent. 6. Itaque a[1] domino defendimur.“

1) **ā (nōbis)**: von (uns) 2) **verberāre**: schlagen, prügeln

Geteiltes Leid?

1. Galla: „Romae serva eram, sed vitam miseram non agebam; nam bene tractabar[1]. 2. Subito fortuna mutatur: Flavia domina et ego in Galliam abducimur. 3. Non placet in servitute teneri, neque Romae neque in Gallia.“ 4. Flavia: „Romae libera eram et domina vocabar. 5. A me[2] servis labores imponebantur. 6. Nunc in Gallia serva sum neque domina vocor. Quam misera sum!“

1) **tractāre:** behandeln 2) **ā mē:** von mir

C. C. A. A. – Colonia Claudia Ara Agrippinensium

Diesen offiziellen Namen verlieh im Jahre 50 n. Chr. der römische Kaiser Claudius auf Wunsch seiner Frau Agrippina der Siedlung, in der sie 35 Jahre vorher geboren worden war. Damit wurde diese befestigte Siedlung offiziell zu einer römischen Stadt, die nach römischem Muster ausgebaut und nach römischem Recht verwaltet wurde. Eine solche Stadt nannten die Römer *colonia*.

Reste der Stadtmauer und des Nordtors in Köln.

Die ersten Einwohner waren die Ubier, ein germanischer Stamm. Sie waren mit den Römern verbündet und deshalb hatte ihnen Marcus Agrippa, ein Freund des Kaisers Augustus und der Großvater der Agrippina, das Gebiet zur Besiedelung zugewiesen. Weil die Stadt am Rhein, der die Grenze zu Germanien bildete, für die Römer immer wichtiger wurde, ließ Kaiser Augustus ein Heiligtum (*ara*) zur Verehrung der Stadtgöttin Roma und des römischen Kaisers errichten.
So entstand aus der „*colonia*" der Ubier schrittweise das heutige Köln. Reste der antiken Stadt sind noch immer im Zentrum Kölns zu sehen.

Erkläre die vier Bestandteile des römischen Namens von Köln.

Grabstein des Gaius Aiacius (ca. 1. Jh. n. Chr.), Römisch-Germanisches Museum, Köln.

Viele Zeugnisse der Römerzeit kann man im Römisch-Germanischen Museum in Köln sehen, wie z. B. diesen Grabstein. Er ist für den Römer C. Aiacius errichtet worden, der vermutlich auf einer Geschäftsreise in Germanien starb.

> GAIUS AIACIUS, SOHN DES PUBLIUS
> AUS DEM STIMMBEZIRK STELLATINA, SKLAVENHÄNDLER
> LIEGT HIER BEGRABEN.
> LEBE WOHL, AIACIUS

Schau dir die Inschrift genau an:

a Welcher Buchstabe wird auf dem Stein anders geschrieben als im Deutschen?

b In einigen Zeilen gibt es Zeichen, damit man weiß, wann ein Wort zu Ende ist und das nächste anfängt. Welches Zeichen ist das?

Erobert, aber nicht besiegt

Viele Römer halten die Gallier für Barbaren. Ebenso haben einst die Griechen auf die Römer herabgeblickt: Menschen, die nicht Griechisch sprachen, hielten sie für unzivilisiert. Als die Römer griechische Städte in Süditalien und später in Griechenland erobert hatten, mussten die Sieger schnell erkennen, dass ihnen die besiegten Griechen auf vielen Gebieten überlegen waren: Ob Theater oder Philosophie, Medizin oder Mathematik, Dichtung oder Malerei – die Griechen konnten es einfach besser. Darauf reagierten die Römer zunächst herablassend: Sie nannten griechische Philosophen oder Redelehrer, die in vornehmen römischen Häusern Sklavendienste leisteten, oft *Graeculi*, Griechlein. Bald aber erschienen ihnen griechische Literatur, Philosophie, Architektur oder Kunst vorbildlich. So kam griechische Lebensart allmählich in Mode, Griechisch sprechen zu können, war ein Zeichen von Bildung und wohlhabende Römer ließen ihre Söhne in Rhodos oder Athen studieren.

Das Odeion (kleines Theater) auf Rhodos.

Die zweite Vergangenheit

Aufidius Aridus ist ein strenger Herr. Auch Flavia und Galla müssen eine Strafpredigt über sich ergehen lassen . . .

Aufidius:	Tu, Galla, non statim **properav**[isti] cenam parare. Properasne nunc?
Galla:	Non bene **laborav**[i], nunc autem bene laboro.
Aufidius:	Labor servarum novarum dominae non **placu**[it]. Nunc labor placet.
	Servae tacere debent. Cur non **tacu**[istis]?
Flavia et Galla:	Semper **ris**[imus]. Nunc non iam ridemus.
	Cuncti de servis non bene **dix**[erunt]. Nunc bene dicunt.

a Das **Perfekt** hat neue [Signalteile]. Ordne sie der Reihe nach.
b Was ist bei den Perfektformen im ersten Abschnitt noch verändert?
c Welche Veränderungen stellst du bei den restlichen Perfektformen fest?
d Der Bedeutungsteil im Perfektstamm von *esse* lautet **FU-**. Bilde alle Formen.

Griechen haben Römer gerettet!

M. Flavius Lepidus und sein Sohn Aulus sind gerade in Rom angekommen. Sofort begeben sie sich zum Haus des Gnaeus Domitius Macer. Dieser bittet sie höchst überrascht herein. Während die beiden Väter sich zurückziehen, bestürmt Quintus seinen Freund Aulus mit Fragen.

Q: Unde venitis? Cur non estis in insula Creta? Quid hic agitis?
A: Desine rogare et audi!
Iam Cretae appropinquabamus,
cum subito piratae in navem invadere paraverunt.
Quamquam nos[1] acerrime[2] defendebamus, piratae superaverunt.
Patrem et me in mare[3] praecipitaverunt.
Q: Quid de ceteris? Quis te, quis patrem servavit?
A: Sortem matris et Flaviae et fratris ignoro,
nos[1] autem nautae Graeci servaverunt.
Q: Hercule[4]! Graeculi[5] Romanos servaverunt!
A: Sic est. Sed audi!
Iam diu in aqua eramus, iam fessi[6] eramus,
sed pater de salute non desperavit.

Ac profecto dei auxilium non negaverunt:
Tabulas[7] miserunt, ad quas adhaesimus[8].
Q: Nonne timuisti?
A: Valde timui, sed fortuna secunda fuit:
Navis enim Graeca apparuit.
Graeci nos[1] ex aqua traxerunt et Miletum portaverunt.
Ibi nobis[1] magna humanitate auxilium praebuerunt.
Apud Apollonium enim hospitem mansimus et…
Q: Nonne Flaviam et Marcum et Caeciliam quaesivistis?
A: Ubique quaesivimus, multos interrogavimus, sed nihil audivimus.
Tandem Apollonius sic dixit:
‚Si di volunt[9], Caecilia et Flavia et Marcus adhuc vivunt.
Certe vivunt, nam piratae pretium petere solent.
Proinde Romam navigate et exspectate!'
Itaque nunc hic sumus.

1) **nōs** (*Akk.*)/**nōbīs** (*Dat.*): uns 2) **ācerrimē:** erbittert 3) **mare** (*Akk.*): Meer 4) **herculē:** beim Herkules! 5) **Graeculus, -ī** m: *abwertende Bezeichnung für einen Griechen* 6) **fessus, -a, -um:** erschöpft 7) **tabula, -ae** f: Planke, Brett 8) **ad quās adhaesimus:** an die wir uns anklammerten 9) **volunt:** (sie) wollen

- Wodurch drückt sich die Neugier des Quintus aus?
- Untersuche die Antworten des Aulus auf die Verwendung der verschiedenen Tempora hin.

1 Kombiniere richtig!

Schreibe die Verbformen auf und übersetze.

specta cogita vaca	-ba- -v-	erunt, s, it, i, mus, t, tis, isti, istis, m, nt, imus

2 Präsens sucht Perfekt und umgekehrt.

Finde zu jeder Form in Spalte 1 die Entsprechung (Person/Numerus) in Spalte 2 und notiere jeweils den zugehörigen Buchstaben. Wie lautet das Lösungswort?

1		2	
statuis	s	convenitis	a
intraverunt	p	audivit	i
mutavistis	r	addunt	e
studet	v	erravisti	u

3 Verben sezieren

Zerlege die Verben in ihre Bestandteile (z. B.: Bedeutungsteil, Tempus-Zeichen, Person-Zeichen) und übersetze.

studet – cessaverunt – placebatis – pareo – timuit – apparebant – apportas – properavi

Z tenebamur – sumitur – mutamini

4 „Ordnung muss sein."

Ordne die Formen in eine Tabelle ein. Markiere, wo möglich, das Tempus-Zeichen:

Präsens	Imperfekt	Perfekt
?	?	?

accurrebat – defenditis – lusimus – necant – sumpserunt – pugnabas – spectavisti – tenuit – clamatis – debebamus – dixi – amavistis

Z petebatur – vocor – videris

5 Wie steht das im Wörterbuch?

Verben werden in lateinischen Wörterbüchern oft in der 1. P. Sg. Präs. angegeben. Wonach suchst du also, wenn du folgende Verben finden willst?

petivit – quaesivit – invasit – dixit – vixit exposuit – sumpsit – arsit – lusit – misit

6 Wenn …, dann …

Wähle die passende Form aus und übersetze dann.

Quintus macht sich Sorgen.

1. *Si* piratae Flaviam in aquam (praecipitat – praecipitant – praecipitaverunt), certe iam mortua est.
2. *Si* dei Flaviae auxilium (praebuerunt – praebui – praebebam), de salute amicae non iam despero.
3. *Si* fortuna secunda (eramus – fuit – sum), cuncti adhuc vivunt.

7 Eine unheimliche Begegnung

1. Iam diu in mari[1] navigabamus et terram quaerebamus. 2. Prima luce subito magna navis procul apparuit. 3. Eratne navis Romana? 4. Iam cito appropinquabat, cum unus ex viris magna voce clamavit: 5. „Ecce! Nemo in nave est! Sine nautis navigat!" 6. Valde timuimus, nam ut cuncti nautae fortunam navis miserae non ignorabamus[2].

1) **in marī:** auf dem Meer
2) **nōn īgnōrāre:** genau kennen

Eine sagenumwobene Insel

1. Creta est insula magna et fabulosa[1]. 2. Audite fabulam[2] de insula Creta! 3. Quondam hic habitabat[3] Minotaurus, monstrum[!] asperum. 4. Rex insulae erat Minos. 5. Quod homines Minotaurum timebant, rex Minos Daedalum in insulam vocavit. 6. Daedalus Minotauro magnum labyrinthum[!] construxit[4]. 7. Tum Daedalus cum Icaro filio ex insula decedere cogitabat. 8. Sed Minos virum et puerum tenuit. 9. Itaque Daedalus sibi[5] et filio alas[6] construxit[4] et libertatem[7] fuga petivit. 10. Icarus autem in aquam praecipitavit et pater morte filii maestus erat.

1) **fābulōsus, -a, -um:** sagenumwoben 2) **fābula, -ae** f: Sage, Geschichte 3) **habitāre:** wohnen 4) **cōnstrūxit:** (er, sie) baute, hat gebaut 5) **sibī:** (für) sich (*Dat.*) 6) **āla, -ae** f: Flügel 7) **lībertās, -ātis** f: Freiheit

alpha, beta, gamma – Griechische Schrift

1 Vieles lernten die Römer von den Griechen. Sogar das lateinische Alphabet ist weitgehend von den Griechen übernommen. Viele griechische Buchstaben kannst du gewiss ohne Mühe lesen.

a Wie entstand die Bezeichnung „Alphabet“?

b Schreibe die Buchstaben ab und präge dir ihre Aussprache ein.
Schreibe deinen Namen und den einiger Mitschülerinnen und Mitschüler (für u, v und w verwendest du ου).

Α α	Β β	Γ γ	Δ δ	Ε ε	Ζ ζ	Η η	Θ θ
alpha	beta	gamma	delta	e psilon	zeta	eta	theta
Ι ι	Κ κ	Λ λ	Μ μ	Ν ν	Ξ ξ	Ο ο	Π π
iota	kappa	lambda	my	ny	xi	o mikron	pi
Ρ ρ	Σ σ ς	Τ τ	Υ υ	Φ φ	Χ χ	Ψ ψ	Ω ω
rho	sigma	tau	y psilon	phi	chi	psi	o mega
αι = ai, ει = ei, οι = oi, αυ = au, ευ = eu, ου = u, ‚h‘ wird nicht geschrieben.							

2 An vielen Wörtern, die aus dem Griechischen ins Lateinische übernommen wurden, kann man den starken Einfluss der griechischen Sprache und Kultur erkennen.

a Griechen lebten auch in Süditalien und Sizilien. Ordne die griechischen Namen den lateinischen Varianten zu.
ΣΥΡΑΚΟΥΣΑΙ ΜΕΣΣΑΝΑ ΝΕΑΠΟΛΙΣ – NEAPOLIS SYRACVSAE MESSANA

b Griechische Wissenschaft und Dichtung haben die Römer sehr beeindruckt.
Manche Fächer haben heute noch ihren griechischen Namen.
Welche kennst du? Was stellst du dir unter den anderen vor?
Wie heißt der berühmteste griechische Philosoph?

ΜΑΘΗΜΑΤΙΚΗ ΦΙΛΟΣΟΦΙΑ ΡΗΤΟΡΙΚΗ ΜΟΥΣΙΚΗ ΦΥΣΙΚΗ

Lies die griechischen Wörter (laut) und schreibe sie ab.

c Die Bildungsreise eines Römers führte mit Sicherheit in jene Stadt, die heute Hauptstadt Griechenlands ist. Am berühmtesten ist die Burg dieser Stadt. Wie heißen Stadt und Burg?

ΣΩΚΡΑΤΗΣ

ΑΘΗΝΑΙ – ΑΚΡΟΠΟΛΙΣ

Das Orakel spricht in Rätseln.

Als die Römer mit den Griechen in Berührung kommen, übernehmen sie von diesen auch viele religiöse Vorstellungen. Die römischen Götter gleichen sich dadurch den griechischen an. Zu den wichtigsten Göttern im Römischen Reich gehören Jupiter, Juno und Minerva. Daneben gibt es aber noch viele andere Götter, von denen jeder für bestimmte Bereiche zuständig ist. Manche Götter besitzen ein Orakel. Das ist ein heiliger Ort, an dem die Gottheit um Rat gefragt werden kann. Die Antwort erfolgt auf verschiedenen Wegen, z. B. durch eine Orakelpriesterin, die Pythia oder Sibylla, oder durch Träume. Häufig bestehen die Antworten aus rätselhaften oder mehrdeutigen Sprüchen, die nicht so leicht zu verstehen sind. Das berühmteste Orakel befindet sich in Delphi in Griechenland. Jahrhundertelang sind Rat Suchende aus vielen Ländern dorthin gereist, um vom Gott Apollo Hilfe zu erhalten.

Weissagende Pythia (dargestellt auf einer griechischen Trinkschale).

Was hat sich im Perfekt verändert?

curro	**cucurr** -i
sedes	**sēd** -isti
statuit	**statu** -it

Mister Roma

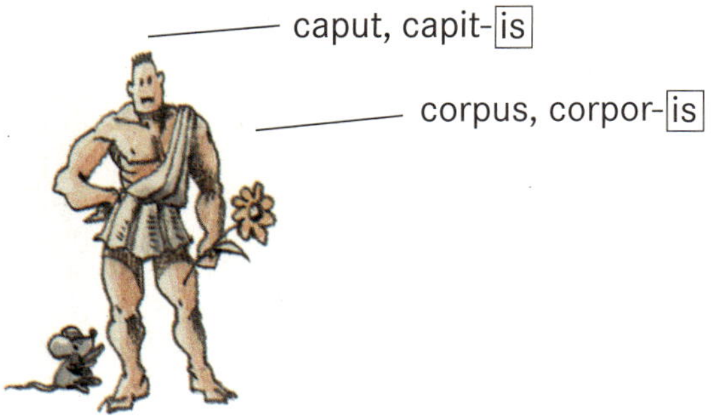

corpus pulchr-um

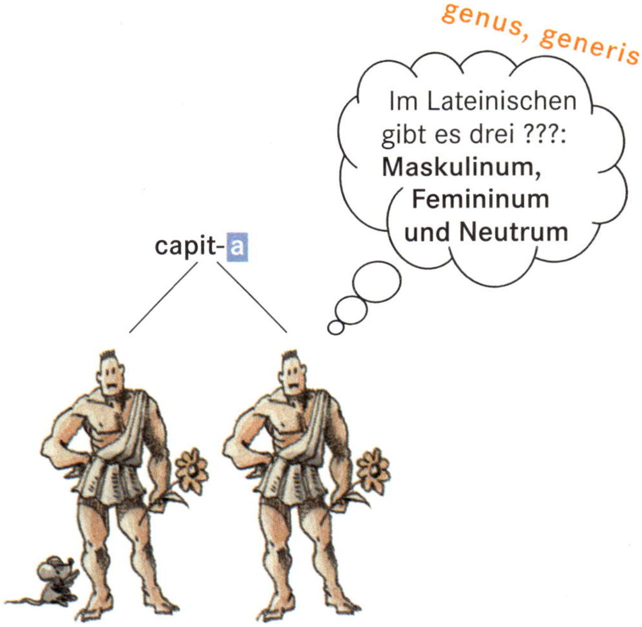

corpor-a pulchr-a

a Zu welcher Deklination gehören ***caput*** und ***corpus*** und welches Genus haben sie?

b Setze die beiden Substantive in alle Kasus und Numeri. Achte dabei auf eine Besonderheit beim Akkusativ.

Die Götter werden helfen.

Quintus ist froh, dass sein Freund und dessen Vater am Leben sind. Dass beide nichts über den Verbleib Flavias und deren Mutter und Bruder wissen, stimmt ihn aber sehr unglücklich. Alle sind ratlos, was sie als Nächstes unternehmen sollen. Da Aulus und sein Vater sich ein wenig ausruhen wollen, läuft Quintus zu seinem Hauslehrer und erzählt ihm, was er soeben erfahren hat. Der alte Mann hört ihm aufmerksam zu und versucht, ihn mit einer Geschichte zuversichtlich zu stimmen.

„Desine desperare, Quinte, et auxilium a deis pete!
Audi magnum exemplum benignitatis[1] deorum,
audi fabulam de Deucalione et Pyrrha:
Post diluvium[2] Deucalion et Pyrrha restabant soli ex genere humano,
nam ceteri mortui erant.
In monte Parnasso sedebant et flebant.
Ubique magnum silentium erat; terra desolata[3] mentem terrebat.
Tum auxilium per oraculum quaerere statuerunt.
Statim de monte descenderunt, diu per terras erraverunt.
Tandem ad templum! Themidis[4] deae venerunt.
Aram tetigerunt et sic dixerunt:
‚Semper numen coluimus, semper pii in deos atque homines fuimus.
Si precibus numina movere licet, da nobis[5], Themi[4], genus humanum reparare[6]!‘
Profecto Deucalion Themin[4] movit, profecto dea oraculum edidit:
‚Decedite templo!, velate[7] caput!
Ossa[8] magnae matris post tergum mittite!‘
De verbis deae Deucalion et Pyrrha diu cogitabant.
Subito Deucalion:
‚Magna mater terra est, ossa[8] in corpore terrae sunt saxa.
Themis certe nos[5] saxa post tergum mittere iussit.‘
Statim oraculo paruerunt et saxa post tergum miserunt.
Dei profecto saxa in corpora hominum verterunt
neque iam soli erant Deucalion et Pyrrha.“
Quintus sedet et diu de fabula cogitat.

1) **benīgnitās, -ātis** f: Güte 2) **dīluvium, -ī** n: Sintflut (*die Jupiter als Strafe über die Menschen kommen ließ*) 3) **dēsōlātus, -a, -um:** vereinsamt, verlassen 4) **Themidis** (*griech. Gen.*)/**Themi** (*griech. Vok.*)/**Themin** (*griech. Akk.*) zu Themis (*Göttin der Sitte und Ordnung, Schützerin des göttlichen Rechts*) 5) **nōbīs** (*Dat.*)/**nōs** (*Akk.*): uns 6) **reparāre:** wiederherstellen 7) **vēlāre:** verhüllen 8) **os, ossis** n: Knochen

► An welchen Wörtern und Wendungen wird die Verzweiflung von Deukalion und Pyrrha deutlich?

► Warum denkt Quintus lange über die Geschichte nach?

1 Perfekt – wie?

Führe auf den Infinitiv Präsens Aktiv zurück, nenne die Art der Perfektbildung und übersetze.

clamavi – paruimus – exposuistis – cucurrerunt – vidit – defendisti – dixi – legimus – dedistis – intravi – egimus – sumpsit – venerunt – addidisti – emi – studuit

2 Mach ich immer!

Antworte auf die Fragen mit „Semper ...“

▶ Studuistine? – Semper studeo.

Dormivistine? – Legistine? – Accurristine? – Laboravistine? – Audivistine? – Desiistine? – Rogavistine? – Respondistine? – Risistine?

3 Der, die oder das siegt.

Welches Genus ist am häufigsten vertreten?

ventus – epistula – signum – corpus – pretium – navis – aqua – servitus – numen – mater – mos – nauta – ager – sol – genus – verbum – templum[1]

4 Geheimschrift?

Die Römer schrieben „ohne Punkt und Komma“, sie trennten die Wörter nicht voneinander ab und benutzten das Zeichen *V* sowohl für V als auch für U. Diese Schrift wurde *scriptio continua* (fortlaufende Schrift) genannt. Kannst du den Text lesen und verstehen?

STAETLEGEHICVIDESTEMPLVMMAGNAE
DEAEREGINAEDEARVMSIINTRASTACE
TANGEARAMSACRIFICADEAENEQVE
OCVLOSNEQVECAPVTVERTENAMDEA
PRECESNONAVDIRESOLETSIHOMINES
PIINONERANTETHOMINESINCORPORA
CANVMVERTITITAQVEPAREVERBIS
NVNCDESINEDESPERAREINTRA
TEMPLVMETNVMENCOLE

5 Irrläufer

Welche der Verbformen passt nicht in die Reihe? Begründe.

1. vivere – dicere – manere – vertere
2. portat – vidit – audit – dormit
3. servamus – mutavimus – tacuimus
4. rogant – sederunt – currunt – veniunt
5. rogavit – ridet – vixit – vivebat

6 Quintus sucht Hilfe.

1. Diu Quintus de fabula cogitabat. 2. Tum ad templum[1] Veneris cucurrit. 3. Ibi ante aram deae stetit et sic dixit: 4. „Magna dea, semper te colui, semper sacrificavi. 5. Proinde audi verba! 6. Flavia magno in periculo est. 7. Piratae navem petiverunt et puellas abduxerunt. 8. Si licet precibus te movere, praebe amicae auxilium!“ 9. Subito Quintus tacuit. 10. Nonne simulacrum caput vertit? 11. Nonne vocem audivit: „Desine desperare!“?

Götter – gibt's die?

1. Quintus fabulam audivit. 2. Tum paedagogo[1] dixit: „Fabula pulchra et pia est. Sed – estne vera[2]?“ 3. Paedagogus[1] respondit: „Ignoro; sed antiquitus[3] homines numina coluerunt in aqua, in ventis, in montibus. 4. Putaverunt enim: ‚Ubique sunt numina.‘ 5. Itaque hominibus etiam licuit deos precibus vocare. 6. Et profecto dei et deae in terram descenderunt et se[4] in corpora hominum verterunt. 7. Tum animos[5] hominum tetigerunt, moverunt, terruerunt – sed etiam hominibus auxilium dederunt. 8. Num dubitas[6], Quinte?“

1) **paedagōgus, -ī** m: Hauslehrer 2) **vērus, -a, -um:** wahr 3) **antīquitus:** (schon) seit alter Zeit 4) **sē:** sich (*Akk.*) 5) **animus, -ī** m: Sinn, Gemüt 6) **dubitāre:** zweifeln

Dei et deae – Die olympischen Götter

Die olympischen Götter sind nach dem griechischen Berg Olymp benannt, auf dem sie angeblich leben. Zu ihnen gehören u. a.:

Iuppiter (*griech.* Ζεύς), oberster Gott des Himmels und der Erde. Kennzeichen: Zepter, Blitz und Adler.
Iuno (Ἥρα), Jupiters Schwester und Ehefrau. Sie ist die Göttin der Ehe und Geburt. Der Pfau ist ihr heilig.
Mars (Ἄρης), der Gott des Krieges, Sohn des Jupiter und der Juno. Er erscheint in seiner Kriegsrüstung.
Venus (Ἀφροδίτη), die Göttin der Liebe und Schönheit, wird häufig von dem kleinen geflügelten Liebesgott Amor begleitet.

Apollo (Ἀπόλλων), Gott des Lichtes, der Weissagung, Heilkunst, Wissenschaften und Kunst. Kennzeichen: Leier und Lorbeerkranz.
Diana (Ἄρτεμις), Apollos Zwillingsschwester, die Mond- und Jagdgöttin. Daher trägt sie Pfeil und Bogen mit sich.
Mercurius (Ἑρμῆς), der Götterbote, zugleich Gott des Handels, der Diebe und der Reise. Kennzeichen: Flügelschuhe und Heroldsstab.
Minerva (Ἀθήνη), die Göttin der Weisheit und des Handwerks, trägt Speer, Helm und Schild.

a Ordne die Abbildungen den entsprechenden Göttern zu. Die Buchstaben ergeben in der richtigen Reihenfolge den lateinischen Namen des Meeresgottes (*griech.* Ποσειδῶν).
b Die griechischen Namen in Klammern lauten in lateinischer Schrift: Athene (S) – Artemis (N) – Hera (U) – Aphrodite (C) – Apollon (A) – Hermes (U) – Zeus (V) – Ares (L). Ordne sie schriftlich den lateinischen Götternamen der Reihe nach zu. Das Lösungswort ergibt den lateinischen Namen des Gottes des Feuers und der Schmiedekunst (*griech.* Ἥφαιστος).
c Die Orakelpriesterin auf Seite 64 hält einen Lorbeerzweig in der Hand. Welcher Gottheit dient diese Priesterin?

Mythos – Sagen aus alter Zeit ...

1 Europa – so heißt unser Kontinent. Aus der Sage von **Europa** erfährst du, woher der Name kommt.
Europa war eine Königstochter und lebte in Phönizien (im heutigen Libanon). Eines Tages spielte sie mit ihren Freundinnen am Strand, als plötzlich ein großer, weißer Stier auftauchte. Die anderen Mädchen liefen erschrocken weg, doch Europa kam näher, streichelte ihn und setzte sich schließlich sogar auf seinen Rücken. Da trabte der Stier ins Meer hinein und schwamm mit Europa davon. Der Stier war nämlich kein anderer als der verwandelte Zeus, dem die hübsche Prinzessin gut gefallen hatte. Europa wurde zur Insel Kreta entführt, wo sie Kinder von Zeus bekam.

Raub der Europa (1933), Max Beckmann (1884–1950).

2 „Das ist ja eine Sisyphusarbeit!", hört man manchmal jemanden stöhnen. Aus der Sage von **Sisyphus** erfährst du, was damit gemeint ist.
Der griechische König Sisyphus hatte den Zorn des Zeus auf sich gezogen, denn als dieser ein Mädchen entführt hatte, verriet Sisyphus das Versteck an den Vater des Mädchens. Deshalb sollte Hades Sisyphus in die Unterwelt holen. Sisyphus jedoch überlistete den Gott der Unterwelt und band ihn mit seinen eigenen Fesseln fest. Da jetzt niemand mehr sterben konnte, musste Ares den Hades befreien und lieferte ihm Sisyphus aus. In der Unterwelt wurde Sisyphus hart bestraft: Er muss einen riesigen Stein einen Berghang hinaufrollen. Doch entgleitet ihm dieser jedes Mal kurz vor der Bergkuppe, sodass er seine Arbeit von vorne beginnen muss.

3 Den „Traum vom Fliegen" träumten auch schon Menschen in der Antike. Aus der Sage von **Dädalus und Ikarus** erfährst du, welche Idee sie dazu hatten.
Dädalus war ein sehr geschickter Handwerker und hatte für den König Minos auf Kreta ein Labyrinth gebaut. Weil der König Dädalus nicht mehr weggehen lassen wollte, baute Dädalus zur Flucht Flügel aus Vogelfedern, indem er diese mit Wachs aneinanderklebte. Tatsächlich gelang es ihm und seinem Sohn Ikarus, sich hoch in die Lüfte zu erheben und eine weite Strecke zurückzulegen. Doch da vergaß Ikarus die Anweisungen seines Vaters: Er flog zu hoch, die Sonne ließ das Wachs schmelzen und – Ikarus stürzte ab. Sein Vater landete und konnte nur noch dessen Leiche aus dem Meer bergen.

Startender Ikarus (1992), Bronzeplakette von Wilfried Fitzenreiter.

... noch heute lebendig

4 Auch heute stoßen wir oft auf **mythologische Themen**, z. B. in der Malerei, der Musik, der Literatur und im alltäglichen Leben.

a Beim Spazierengehen in München kommt man zum Wittelsbacher Brunnen. Was ist dargestellt?

b In einer Zeitschrift fand sich diese Zeichnung. Erkläre sie. Gibt es für dich Tätigkeiten, die du als Sisyphusarbeit bezeichnen würdest?

Karikatur: Wenn Sisyphus mal muss

5 **Antike Götter und Gestalten** sind überall!

a Sucht sie in eurer Umgebung, z. B. im Kaufhaus oder auf Werbeplakaten. Es gibt nicht wenige Firmen und Produkte, die ihren Namen tragen. Sammelt Belege, z. B. aus Prospekten, und stellt eine Collage her.

b Ergänzt euer Plakat mit neuen Ideen: Nach welcher Gottheit könnte man ein Heiratsvermittlungsinstitut, ein Musikgeschäft, einen Schönheitssalon usw. benennen?

Über folgende Begriffe, Themen und Sprüche weißt du nun Bescheid:

- Gladiatoren, Kolosseum
- C. Iulius Caesar; Gallien, Druiden
- Griechen und Römer
- griechisches Alphabet
- olympische Götter; oraculum, Delphi
- Mythos: Europa, Sisyphus, Dädalus und Ikarus

Veni, vidi, vici. Alea iacta est.

Ein Brief ist lange unterwegs.

Flavia will ihren Angehörigen und Freunden in Rom mitteilen, dass sie noch lebt und nach Hause möchte. Sie schreibt einen Brief und – wirft ihn natürlich nicht in einen Briefkasten. Zwar gibt es den *cursus publicus*, die kaiserliche Post, die Personen und Briefe befördert, doch ist es Privatleuten bei hohen Strafen verboten, diese zu benutzen. Deshalb muss sich Flavia jemanden suchen, dem sie ihren Brief anvertrauen kann, z. B. einen Händler oder Reisenden, der ihren Brief zusammen mit der Post anderer Leute nach Rom bringt. So kann es mehrere Wochen dauern, bis Flavias Nachricht in Rom ankommt. Da das Risiko ziemlich hoch ist, dass der Brief durch einen Unfall verlorengeht, hat sie ihn zweimal abgeschrieben und diese Kopien anderen Leuten mitgegeben.

Schreibende Frau, Wandbild aus Pompeji.

Mehr als Perfekt

dix-era-t
ven-era-mus
timu-era-s
laborav-era-m
ded-era-tis
statu-era-nt

a Benenne jeweils die **drei Bausteine** der Verbformen.
b Bilde dann die entsprechenden Formen von *esse*.

Personen im Kasus

Flavia kann sich einfach nicht mit ihrem Schicksal abfinden ...

Flavia: **Ego** sum nata domina, **tu** es nata serva, Galla. Itaque servitus **te** non iam terret, **me** autem valde terret. **Tibi** labor placere debet, sed non **mihi**, quod domina sum.
Galla: Quid dicis, Flavia? Nunc **mecum** serva es. Aufidius **nos** emit et domino licet labores **nobis** imponere.
Aufidius: Profecto, Flavia, **ego vos** emi. Num **vobis** labores duros imposui?
Flavia: **De me** ut de serva dicis, sed civis Romana sum.
Aufidius: Tace, serva! **Ego** sum dominus, **vos** estis servae.

Erstelle anhand des Textes eine Übersicht über die **Personal-Pronomina der 1. und 2. Person** (alle Kasus im Singular und Plural). Einige Formen findest du nicht im Text, du kannst sie aber leicht erschließen. Welcher Kasus fehlt jedoch ganz?

„Ich bin eine römische Bürgerin!“

Quintus erhält Flavias Brief.

Flavia Quinto suo[1] salutem dicit.
Certe cura te sollicitat, quod tam diu nihil de me cognovisti,
sed epistulam tibi scribere non licuit.
Quam aspera mihi est fortuna, quam adversa!
Sortem patris et matris et fratrum ignoro, ego nunc serva sum in Gallia!
Certe quaeris, Quinte: „Quare?“ Audi!
Vir Gallus nomine Aufidius Aridus me una cum Galla in Africa emit
et in servitutem abduxit.
In Africam ex Asia veneramus.
Piratae enim in mari alto navem nostram[2] invaserant,
nautas per vim oppresserant,
viros necaverant aut in mare praecipitaverant.
Feminas autem primo in Cyprum insulam abduxerant,
deinde mangoni[3] vendiderant.
Is[4] nos in urbem Asiae transportavit, ubi mango[3] Afer nos emit.
Numquam adhuc homines tam inhumanos videram.
Nunc in villa ad Nemausum sita serva sum.
Etsi domina nobiscum bene agit, servitutem non sustineo.
Ego civis Romana sum, nata sum libera, serva esse non debeo.
A te, Quinte, auxilium peto, a vobis cunctis auxilium spero.
Redimite[5] me una cum Galla e servitute!
Reducite nos in patriam!
Vale!

1) **suō:** ihrem 2) **noster, -tra, -trum:** unser 3) **mangō, -ōnis** m: Sklavenhändler
4) **is:** dieser 5) **redimere:** freikaufen

► Auf welchem Weg ist Flavia nach dem Überfall nach Gallien gekommen? Lege dir eine Tabelle an, in der du die Personen und Orte notierst, mit denen Flavia in Kontakt gekommen ist.

► Warum glaubt Flavia, dass sie keine Sklavin sein darf?

1 Ordne und markiere.

Ordne auf einem Zeitstrahl und markiere, wo dies möglich ist, die Tempus-Zeichen.

Plusquamperfekt – Imperfekt/Perfekt – Präsens →

addidisti – cedebas – dederant – defendunt – desierunt – egeratis – horruit – imponit – legis – lusistis

Z mittebamur – petebatur – plauseram – quaeruntur – statui – studueratis – valebat – vidit – vixerat – amabar – emeris

2 Zurück zur Grundform.

Nenne zu allen Verbformen aus Übung 1 den Infinitiv Präsens Aktiv und übersetze die angegebene Form.

3 Verben sezieren

Zerlege die Verben in ihre Bestandteile (z. B.: Präsens- bzw. Perfektstamm, Tempus-Zeichen, Person-Zeichen) und übersetze.

cognoveram – flevit – opprimebas – tetigerant – ambulabamus – vertunt – reduxeratis – scribitis – sollicitaverunt

4 Quintus ist neugierig.

Setze die passenden Personal-Pronomina ein und übersetze.

Das lateinische Lösungswort gibt dir an, welche Insel auch „Insel der Aphrodite" genannt wird.

me (y) – nobis (u) – nos (c) – nos (r) – te (p) – vobiscum (s)

Q: Unde venistis?
A: Piratae ? oppresserunt. Patrem et ? de nave praecipitaverunt.
Q: Quis ?, quis patrem servavit?
A: Graeci ? servaverunt et ? auxilium praebuerunt.
Q: Cur mater, cur Flavia non ? venerunt?
A: Ceterorum sortem ignoro.

5 Sortiere nach Singular und Plural und übersetze.

ego – nos – nobiscum – sine me – mihi – tu – de vobis – vos – tibi – tecum

6 Irrläufer

Welche der Verbformen passt nicht in die Reihe? Begründe.

dixerant – abduxerant – vendiderant – cesserant
eram – ignorabam – egeram – trahebam
sustinui – cognovi – restiti – dormi
descendit – statuit – dedit – venit

7 Beschwerden

1. Tibi epistulam scripsi. Cur mihi non respondisti? 2. A te et a patre auxilium petivi. Vos autem me non audivistis. 3. Vos semper amicos bonos putaveram. Sed nunc vos cognovi. 4. Itaque nunc una cum novis amicis sum. 5. Novi amici mecum vita gaudent. 6. Sine vobis numquam maesti sumus.

Zu allem entschlossen

1. Iam diu Quintus nihil de Flavia audiverat. 2. Maestus cogitabat: „Quare numquam mihi scripsit?" 3. Sed subito nuntius apparuit et epistulam amicae apportavit. 4. Quam laetus erat Quintus! 5. Iterum atque iterum epistulam legebat; tandem causam silentii cognoverat. 6. Quam multa et magna pericula sustinuerat puella misera! 7. Sed quamquam piratae alios homines necaverant, Flavia in Galliam integra[1] venerat. 8. Laetus clamavit: „Vivit! – et auxilium exspectat a me! 9. Fortuna nobis secunda est, Flavia, tibi et mihi! 10. Ego paratus[2] sum terra et mari te quaerere atque etiam per vim te e servitute in patriam reducere!"

1) **integer, -gra, -grum:** unversehrt, wohlbehalten
2) **parātus, -a, -um:** bereit

epistula – Schreiben in der Antike

1 Schreib mal!

Wenn du heute einen Brief schreiben willst, brauchst du einen Bogen Briefpapier, deinen Füller und einen Briefumschlag. Ob das bei Flavia und Quintus auch so war?

Meist schrieben die Römer auf kleine Wachstäfelchen; die Wachstafel heißt *tabula cerata.* Diese Täfelchen waren aus Holz und in ihre tiefer liegende Fläche war dunkles Wachs (*cera*) eingegossen. In dieses Wachs ritzte man die Buchstaben mit dem *stilus,* einem spitzen Griffel, der aus Knochen, Holz, Eisen oder aus Bronze bestand.

Schreibgerät.

Für längere Briefe wurden mehrere Wachstafeln mit einer Schnur zusammengebunden. Ein solches Päckchen aus vielen Wachstafeln wurde auch *codex* genannt. Man könnte dies als den Vorläufer unseres heutigen Buches bezeichnen.

Um Geschriebenes zu löschen, benutzte man die spachtelartige Verbreiterung am anderen Ende des *stilus:* Man drehte den *stilus* um und glättete das Wachs wieder.

Oder man nahm einen Bogen Papyrus, eine Schreibfeder und Tinte. Die Schreibfeder, *calamus* genannt, bestand aus Schilfrohr, vergleichbar mit einem Strohhalm. Sie wurde in ein Tintenfass mit schwarzer Tinte getunkt. Als „Tintenkiller“ diente ein Schwämmchen.

Ein gebildetes Paar, Wandmalerei aus Pompeji, 1. Jh. n. Chr.

2 Lies mal!

CERTECVRATESOLLICITATQVOD
TAMDIVNIHILDEMECOGNOVISTI
SEDNVNCEPISTVLAMTIBISCRIB
ERELICET

a Weißt du noch, wie man diese Art des fortlaufenden Schreibens nennt?

b Schreibt auf diese Weise kleine Passagen aus lateinischen Texten des Buches ab und tauscht sie zum Lesen untereinander aus.

Unterwegs auf Römerstraßen

Die *Via Claudia*, die *Via Aurelia* und die anderen Straßen, auf denen Quintus mit seinem Vater nach Gallien reist, sind ursprünglich nicht für den Warenverkehr oder für Reisende gebaut worden, sondern für militärische Zwecke. Benannt werden sie meist nach den Konsuln, die sie erbauen ließen. Entlang den Straßen zeigen Meilensteine die Entfernungen an. An den Hauptstraßen liegen in kurzen Abständen Poststationen. Dort können die Reisenden die Pferde wechseln oder auch übernachten, wenn sie nicht bei Freunden oder Bekannten Platz finden oder lieber in Zelten schlafen.

Nachbildung eines römischen Reisewagens.

Amat, nam scribit!

Endlich Nachricht von Flavia! Voll Spannung öffnet Quintus den lang ersehnten Brief. Auch sein Freund Lucius ist neugierig . . .

1 Was erfährt Quintus?

Lucius: Dic, Quinte: Quid Flavia scribit? Quid legis? *Quintus:* **Flavia et Galla** in Gallia **vivunt** . . . *Lucius:* Vivunt, Quinte, vivunt! *Quintus:* **Flavia serva** Aufidii Aridi **est** . . . *Lucius:* Serva est, sed vivit! *Quintus:* **Dominus** bene cum Flavia **agit** . . . *Lucius:* Sed manet barbarus. *Quintus:* **Flavia** servitutem non iam **sustinet** . . . *Lucius:* Quam misera est! *Quintus:* **Flavia** auxilium **petit** . . . *Lucius:* Quid nunc agere cogitas, Quinte?

2 Was weiß Lucius nun?

Lucius nunc scit
Flaviam et Gallam in Gallia **vivere**.
Lucius nunc scit
Flaviam servam Aufidii Aridi **esse**.
. . .

a Übersetze Text **1**.
b Erzähle einer Mitschülerin oder einem Mitschüler, was Lucius von Quintus erfahren hat. Beginne jeweils mit „Lucius weiß nun, dass . . .“
c Stelle anhand von **2** fest: Was wird im Lateinischen aus den Subjekten und Prädikaten der unterstrichenen Sätze in Text **1**?
d Wandle nun die restlichen Sätze des Quintus nach diesem Muster um.

Gefährliche Reise

Domitius Macer hat von Flavius Lepidus, der sein Amt auf Kreta antreten musste, alle Vollmachten bezüglich Flavia erhalten. Mitte Dezember reist er mit Quintus und einigen Sklaven auf dem Landweg nach Gallien, da sich angesichts der drohenden Winterstürme kein Kapitän bereit gefunden hat, sie nach Massilia (dem heutigen Marseille) überzusetzen. Sie sind nun schon den fünften Tag unterwegs und nähern sich der Kleinstadt Rosellae, wo sie übernachten wollen.

Tempestas est et magnus imber[1] de caelo cadit.
Iam multas horas Quintus ventum, imbrem[1] strepitumque rotarum[2] audit.
Q: „Num procul sumus a Rosellis? Nox iam appropinquat."
D: „Quid dixisti, Quinte? Non bene audivi."
Q: „Noctem iam appropinquare dixi. Estne procul oppidum?"
D: „Quid te sollicitat, Quinte?
Iter non longum, hospitium[3] paratum est, cena bona nos exspectat."
Q: „Unde bonam cenam nos exspectare scis?"
D: „Nuntium …"
Subito equi consistunt.
Domitius tota via arbores et saxa iacere videt.
Modo e raeda[4] descendit,
cum subito tempestas arborem frangit.
Equi calcitrant[5] et raedam[4] trahunt.
Domitius caput ad raedam[4] offendit,
in viam cadit, sine mente iacet.
Quintus clamorem dat; servi accurrunt,
dominum tollunt, in raeda[4] ponunt.
Raedarius[4] autem solus equos vix tenet.
Quod periculum magnum esse sentit,
magna voce clamat: „Auxilium date!"
Servi equos tenere properant.
Quintus autem patrem curat.
Tandem Domitius oculos aperit.
Statim rogat: „Quid est? Cur me spectas?", et surgit.
Quintus gaudet, nam patrem bene valere apparet.
Mox iter vertunt et ad villam haud procul sitam properant.
Ibi dominus cunctis hospitium[3] praebet.

1) **imber, -bris** m: Regen 2) **strepitus** (*Akk.* **strepitum**) **rotārum:** das Rattern der Räder
3) **hospitium, -ī** n: Unterkunft; gastliche Aufnahme 4) **raeda, -ae** f: Reisewagen/**raedārius, -ī** m: Kutscher
5) **calcitrāre:** ausschlagen

- Stelle die lateinischen Wörter und Wendungen zusammen, welche die Gefährlichkeit der Situation ausdrücken.
- Beschreibe, welche Gefühle Quintus während dieser Etappe der Reise hat.

1 Handwerkszeug für den AcI

a Führe zurück auf den Infinitiv Präsens Aktiv.

opprimis – debemus – sustinent – nego – est – dormis – ludunt – audiunt – convenit

Z defenditur – trahimini – reducor – vendimur

b Sortiere nach Singular und Plural und übersetze.

civem liberum – nomina pulchra – fratres maestos – puerum laetum – aequam mentem – multas pugnas – magnam vim – mare asperum – cunctos populos – hominem robustum – oculum sinistrum – causas publicas

c Welche Person steckt in der Verbform? Nenne das dazugehörige Personal-Pronomen im Akkusativ:

► debes: (tu) te

sumus – vendo – sustinetis – reducis

2 Das Unwetter tobt und Quintus versteht nur mit Mühe, was sein Vater sagt ...

a Mache die Sätze abhängig von *Pater dicit* ...

1. Nox iam appropinquat.
2. Iter non iam longum est.
3. Rosellae non procul sunt.
4. Cena bona ibi parata est.

b Übersetze deine Sätze ins Deutsche.

3 Wie geht es wohl Flavia?

a Suche in den folgenden Sätzen den AcI. Notiere im Heft jeweils den Akkusativ und den Infinitiv.

b Übersetze die Sätze.
1. Quintus dominum cum Flavia bene agere putat. 2. Cives Romanos servos esse non debere scit. 3. Ex epistulis Flaviae Quintus cognovit amicam de salute non desperare.

Z 4. Flavia enim homines bonos a deis servari putat. 5. Quintus autem amicum a Flavia exspectari sentit.

4 Für Deutsch-Spezialisten

Übersetze deine Sätze aus Übung 2 noch einmal. Vermeide aber diesmal die „dass-Übersetzung".

5 AcI-Baukasten

Baut einen sinnvollen AcI zusammen. Nicht alle Steine passen.

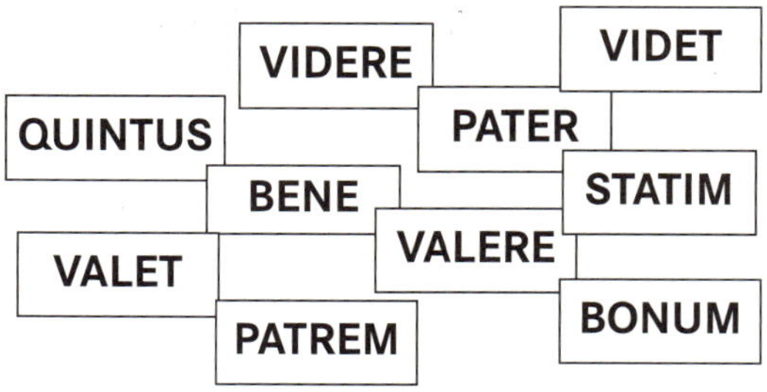

6 Und was sagt der Philosoph Sokrates zum AcI?

Scio me nihil scire.

Der Sturm geht weiter.

1. Post iter longum pater et filius totam noctem apud hospitem manserunt. 2. Quintus itinere defessus[1] mox in somnum[2] altum cecidit. 3. Quamquam tempestas non desiit, Quintus dormiebat. 4. In somno[2] autem Quintus equos currere videt. 5. Etiam imbrem[3] de caelo cadere audit et ventum arbores frangere videt. 6. Arbores et magna saxa in via iacere putat. 7. Equos ungulas[4] in arbores et in saxa offendere audit. 8. Nunc tempestatem etiam raedam[5] frangere sentit. 9. Homines in viam praecipitare videt. 10. Sed subito tonitruum[6] Quintum e somno[2] excitavit[7].

1) **dēfessus, -a, -um:** müde, erschöpft
2) **somnus, -ī** m: Schlaf 3) **imber, -bris** m: Regen
4) **ungula, -ae** f: Huf 5) **raeda, -ae** f: Reisewagen
6) **tonitruum, -ī** n: Donner
7) **excitāre:** aufwecken, aufscheuchen

via – Alle Wege führen nach Rom.

1 Straßenbau

Zuerst sorgte der Landvermesser dafür, dass die Straße möglichst gerade und eben verlief. Dann mussten ein Graben gezogen und die verschiedenen Schichten aufgefüllt werden.

a Beschreibe den Aufbau der Straße anhand der Skizze.
b Kannst du erklären, warum die Straßendecke meist etwas gewölbt war?

2 Noch im Original

An einigen Stellen kann man noch antike römische Straßen sehen, besonders in Pompeji. Diese Stadt liegt ca. 200 km südlich von Rom. Sie wurde beim Ausbruch des benachbarten Vulkans Vesuv im Jahre 79 n. Chr. von Lava und Asche verschüttet.
Nach Ausgrabungen kann man heute einen großen Teil der Stadt besichtigen.

Auf der Abbildung rechts siehst du eine Straße in Pompeji. Hast du eine Idee, woher die tiefen Längsrillen stammen und wozu die großen Steine dienten, die über die Straße führen?

3 Wo wohnst du?

Das zu erklären, war nicht immer ganz einfach. Die meisten Straßen in den Städten hatten nämlich keinen Namen. Straßenschilder gab es nicht. So erklärt der Dichter Martial:
„Beim Birnbaum wohne ich, im dritten Stock eines Mietshauses."

Kannst du knapp beschreiben, wo du wohnst, ohne eine Adresse zu nennen?

Ein Pantomime spielt.

Rekonstruktion einer Theatermaske aus Bocksfell.

In Rom werden Theaterstücke nur tagsüber und nur zwischen April und November aufgeführt, denn die Theater sind weder beheizt noch überdacht. Gegen die allzu große Sonneneinstrahlung gibt es jedoch Sonnensegel.
Zur Zeit des Kaisers Hadrian werden in den Theatern keine Tragödien oder Komödien mehr aufgeführt, sondern meist Pantomimen: Ein einziger Mann spielt mit wechselnden Masken alle Rollen eines Stückes. Ohne Worte stellt er die Handlung nur durch die Bewegungen seines Oberkörpers, seiner Hände und mit seinen Augen dar, die durch weite Öffnungen in den Masken gut sichtbar sind. Kulissen, Sänger und ein kleines Orchester unterstützen den Schauspieler bei der Aufführung.
Im Winter, wenn keine öffentlichen Theateraufführungen stattfinden, treten die Schauspieler oft in Privathäusern auf, um ihren Lebensunterhalt zu finanzieren.

Neue Adjektive

NOMINATIV			
verbum	**acre**	nuntius	**brevis**
exemplum	**breve**	femina	**felix**
vir	**felix**	tempestas	**acris**
nox	**brevis**	iter	**felix**
exempla	**brev-ia**	gladius	**acer**

GENITIV	
virorum	**felic-ium**
nuntiorum	**brev-ium**
verborum	**acr-ium**

ABLATIV	
itinere	**felic-i**
nocte	**brev-i**
gladio	**acr-i**

a Suche nach dem Muster ***bonus***, ***bona***, ***bonum*** für die Adjektive ***acer***, ***brevis*** und ***felix*** die entsprechenden Formen heraus (Nominativ Singular Maskulinum, Femininum, Neutrum). Gibt es immer drei verschiedene Endungen?
b Betrachte die Genitive. In welche Deklination ordnest du die Adjektive ein?
c Welche Besonderheit erkennst du im Ablativ Singular, Nominativ Plural Neutrum und im Genitiv Plural?

Reflexiv

Quintus amicam suam spectat.
Flavia Quinto placet.

Flavia se spectat.
Flavia sibi placet.

Wiedersehensfreude

Domitius und Quintus sind endlich in Nemausus. Sie lassen sich den Weg zu Aufidius' Landgut beschreiben, wo sie um die Mittagszeit ankommen. Aufidius empfängt die Reisenden freundlich und lässt ihnen – wie es üblich ist – etwas zum Essen und Trinken bringen. Als sie sich gestärkt haben, beginnt die Unterhaltung.

A: „Quae[1] est causa itineris vestri, Domiti?"
D: „Causa itineris nostri, Aufidi, est gravis.
Cognovimus inter servas tuas esse Flaviam puellam:
Civis Romana est neque serva esse debet.
Pro patre – nam procurator[2] est in Creta – nos Flaviam una cum Galla serva
redimere[3] cogitamus."
Aufidius diu verba Domitii secum cogitat.
Tandem se facilem praebet, haud acrem: Unum e servis puellas arcessere iubet.
Post breve tempus intrant.
Flavia Quintum Domitiumque videt, consistit, lacrimas vix tenet.
Tum: „Quam felix sum!",
et in complexum[4] amici currit:
Se liberam esse, labores suos finitos[5] esse scit.
Galla autem maesta stat, nam sortem suam ignorat.
Subito Aufidius: „Bene, Domiti! Puellas tibi cedo."
Tum: „Hunc diem celebremus[6]!
Hodie grex[7] Atheniensis in villa fratris mei
pantomimum[8] de iudicio Paridis agit.
Venite mecum!"
Mox omnes spectaculum spectant.

Iuno, Minerva, Venus pretium formae sibi vindicant.
Iuppiter discordiam[9] dearum non sustinet.
Itaque Paridem iuvenem iudicare iubet.
Iam deae animum iuvenis donis in se vertere student:
Iuno regnum omnium terrarum promittit, Minerva sapientiam,
Venus Helenam, formosissimam[10] omnium mortalium.
Paris non cessat iudicare formosissimam[10] immortalium[!] esse Venerem.

Quintus oculos vertit in amicam – Flavia ridet.

1) **quae:** was 2) **prōcūrātor, -ōris** m: Verwalter 3) **redimere:** freikaufen 4) **complexus** (*Akk. Sg.* **complexum**): Umarmung, Arme 5) **fīnītus, -a, -um:** beendet 6) **hunc diem celebrēmus:** lasst uns diesen Tag feiern! 7) **grex, gregis** m: Schauspieltruppe 8) **pantomīmus, -ī** m: Pantomime (*Schauspiel ohne Worte*) 9) **discordia, -ae** f: Streit 10) **fōrmōsissimus, -a, -um:** der/die/das schönste

- Stelle die lateinischen Wörter und Wendungen zusammen, durch die sich die Wiedersehensfreude von Quintus und Flavia ausdrückt.
- Warum lächelt Flavia am Ende des Schauspiels?

1 Ich und dich und unsere

Lege sechs Spalten für die Personen an und ordne Pronomina und Person-Zeichen ein.

nostro tibi -erunt suum -imus -o mecum nos -tis -t meam -isti vobis -s tuos -istis vestri -i ego -it nobis mihi -m te -mus

2 Es kann nur eines geben!

Wähle das passende Adjektiv aus und übersetze dann.

1. (magnus/magnos/magnas) et graves curas – 2. magnam et (graves/gravem/gravis) curam – 3. (magno/magnis/magnus) et gravibus curis – 4. (liberorum/liberum/liberam) et felicium hominum – 5. libero et (felicis/felices/felici) homini – 6. durum et (acrium/acre/acri) verbum

3 Wer ist *se*?

a In welchen Sätzen kommt ein AcI vor? Notiere dir den Akkusativ und den Infinitiv im Heft.

b Überlege, wer jeweils mit *se* gemeint ist, und finde die richtige Übersetzung:

1. Quintus dixit se omnia scire. – 2. Amici se oppido appropinquare responderunt. – 3. E magno periculo se servaverunt. – 4. Cives se oppidum amare clamaverunt. – 5. Reus se defendit et pro se dicit. – 6. Servae se liberas non esse sciunt.

4 m oder f oder n oder mf oder ...

Nenne das Genus bzw. die Genera der Adjektivformen. Begründe mit der Bestimmung von Kasus und Numerus.

magno – sinistra – durum – faciles – felicem – altis – omnibus – brevis – pulchri – mortali – liberos – acre – dignus

5 Jedem das Seine

Ordne zu und übersetze dann.

curae – iter – oculis – sapientiam – domini – salute – exemplo – preces

meam – nostra – tuum – vestrae – meas – tuo – nostri – vestris

6 *Se* oder nicht *se*?

Übersetze und wandle in einen AcI um.

1. Servus: Scio me liberum non esse. – Servus ? scit. – 2. Galla: Asinus clamorem dat. – Galla ? dixit. – 3. Quintus: Felix sum. – Quintus ? clamat. – 4. Medicus: Homines mortales sunt. – Medicus ? dicit.

7 Auf nach Sparta!

1. Paris Veneri deae pretium dederat. 2. Tum rex Priamus filium suum ad se vocavit dixitque: 3. „Iam diu graves curae me sollicitant. 4. Graeci enim sororem[1] meam in patriam suam abduxerunt. 5. Spartam naviga! 6. Dic omnibus Graecis te filium regis Priami esse! 7. Reduc feminam miseram Troiam!“

1) **soror, -ōris** f: Schwester

Die Sage vom Troianischen Krieg

1. Romani multas fabulas a Graecis cognoverant, sic etiam fabulam de bello[1] Troiano. 2. Causa belli[1] erat femina. 3. Nam Paris iuvenis, filius regis Troiae, Helenam amavit. 4. Helena valde pulchra erat; sed erat coniux[2] Menelai, regis Spartae. 5. Helena se facilem praebuit ad amorem iuvenis; sic Paris bellam feminam in regnum patris sui abduxit. 6. Menelaus autem iratus[3] omnes Graecos in auxilium arcessivit. 7. Post breve tempus multi Graeci Troiam navigaverunt et oppidum expugnaverunt[4]. 8. Menelaus autem felix Helenam suam Spartam reduxit.

1) **bellum, -ī** n: Krieg 2) **coniūx, -iugis** f: Gemahlin 3) **īrātus, -a, -um:** wütend 4) **expūgnāre:** erobern

De iudicio Paridis – Der Krieg um Troia

1 Das Parisurteil

Benenne die Figuren auf dem Bild.
Woran kannst du sie erkennen?

2 Der Zankapfel

Der Preis, mit dem Paris, der Sohn des Königs Priamus von Troia, die schönste Göttin auszeichnen sollte, war ein goldener Apfel mit der Aufschrift „Für die Schönste".

Bei einer Götterhochzeit waren alle Göttinnen und Götter eingeladen mit einer Ausnahme: Discordia, die Göttin des Streits (*griech.* Eris). Dennoch kam sie zur Feier und warf diesen Zankapfel unter die Gäste. Du kannst dir leicht denken, was daraufhin auf der Hochzeitsfeier geschah.

Beschreibe es möglichst anschaulich oder spielt diese Szene.

*Das Urteil des Paris, Milan Kunc (*1944).*

3 Die Entscheidung

Paris musste entscheiden, welche der drei Göttinnen den goldenen Apfel erhalten sollte. Diese versuchten, die Wahl zu beeinflussen, indem sie dem jungen Mann Angebote machten: Juno versprach ihm die Herrschaft über die Welt, Minerva Weisheit und Venus Helena, die schönste aller Frauen.

4 „Raub" der Helena

Paris holte sich das versprochene Geschenk, Helena, aus Sparta. Allerdings war sie bereits mit König Menelaos verheiratet. Dieser war über diese Entführung sehr erzürnt und segelte mit den Fürsten Griechenlands nach Troia, um seine Frau zurückzuholen.

5 Krieg!

Beide Seiten kämpften zehn Jahre lang gegeneinander. Der Dichter Homer beschreibt dies in seinem Epos *Ilias*. Erst durch einen Trick konnten die Griechen Troia einnehmen: Der schlaue Odysseus ließ ein riesiges hölzernes Pferd bauen, in dem sich Soldaten versteckten. Die übrigen Griechen täuschten ihre Abreise vor. Daraufhin brachten die Troianer das Pferd, das sie für ein Geschenk an die Götter hielten, in ihre Stadt. In der Nacht kletterten die Soldaten heraus, öffneten die Tore und zerstörten Troia vollkommen.

Nachbau des hölzernen Pferdes beim Ausgrabungsgelände von Troia (in der heutigen Türkei).

Die Römer verehren ihre Hausgötter.

Die Römer verehren neben den olympischen Göttern auch Gottheiten, die für den privaten Haushalt und die Familie eine große Bedeutung haben. Jede Familie hat für ihre Hausgötter im Atrium eine bemalte Nische oder ein tempelförmiges Schränkchen, das *lararium*, an dem diese Gottheiten angebetet werden. Dort stehen kleine Figuren aus Holz, Ton oder Bronze, vor die man Kuchen, Weihrauch oder Früchte als Opfergaben legt. Damit will man die Laren, die Geister der Verstorbenen, gnädig stimmen. Ebenso werden die Penaten, die Götter der Vorratskammer, als Schutzgötter des Hauses und der Familie verehrt. Der Genius, der persönliche Schutzgeist des *pater familias* und damit der ganzen Familie, wird am Lararium oft als Schlange dargestellt. An bestimmten Tagen, besonders aber bei wichtigen Ereignissen in der Familie, wie Geburt, Hochzeit oder glücklicher Heimkehr, werden die Hausgötter verehrt.

Lararium im Haus der Vettier, Pompeji.

Gaius ist neugierig!

Gaius: Narra, Quinte! Abduxistisne Flaviam e villa domini Galli per vim? *Quintus:* Quid narras? E-am non per vim e villa eius abduximus. *Gaius:* Certe domino Gallo dona dedistis! *Quintus:* Nihil ei dedimus. *Gaius:* Licetne mihi narrare cunctis amicis de itinere vestro? *Quintus:* Licet tibi e-is narrare de e-o, sed narra verum, amice!

a Sicher erkennst du sofort, nach welchem Muster das **Personal-Pronomen *is, ea, id*** (er, sie, es) dekliniert wird und welche Formen eine Ausnahme bilden. Erstellt in Partnerarbeit eine Deklinationstabelle und vergleicht sie anschließend mit der Tabelle II3 in der Begleitgrammatik, S. 152.

b Finde eine passende deutsche Übersetzung für eius.

Gaius macht sich wichtig – und noch dazu im AcI!

... **Quintum** in villa domini Galli fu**isse**.

... **Quintum** Flaviam per vim abdux**isse**.

a Du weißt, dass die Reise des Quintus nach Gallien schon der Vergangenheit angehört. Deshalb wirst du die AcI-Konstruktionen auch richtig ins Deutsche übersetzen.

b Um welche Infinitive handelt es sich? Aus welchen Bausteinen setzen sich die Infinitivformen zusammen?

Den Göttern sei Dank!

Domitius, Quintus, Flavia und Galla haben den Rest des Winters bei einem hospes *in Massilia (dem heutigen Marseille) verbracht und sind mit dem ersten Schiff im März nach Rom zurückgekehrt. Dort sind inzwischen auch Flavius Lepidus und sein Sohn Aulus aus Kreta eingetroffen. Groß ist ihre Freude, als sie Flavia wiedersehen. Flavius und Domitius beschließen, den Göttern zu opfern. Am Tag des Opfers wird Quintus von seinem Freund Lucius aufgehalten.*

L: „Salve, Quinte! Tandem te video. Ut vales?
Narra mihi, quaeso, de itinere vestro.
Audivi dominum Gallum Flaviam non dimisisse.
Verumne est vos eam per vim liberavisse?“
Q: „Quis[1] stultus tibi has ineptias[2] narravit?
Dic ei id verum non esse.
Verum est Aufidium Aridum difficilem non fuisse.
Item verum est eum vix cessavisse Flaviam dimittere.
Sed properare debeo; nam pater deis sacrificare parat.
Vale, Luci!“
Tum domum properat.
Ibi totam familiam ad cenam convenisse videt.
Cito considit. Sed ubi est pater?
Tum Quintus vocem eius audit;
iam Domitius intrat, considit, signum cenae dat.
Nunc omnes se cibis bonis vinoque delectant.
Post breve tempus pater surgit
et ad lararium[3] focumque accedit.
Omnes tacent et eum spectant.
Is autem primo tempora[4] sua fundit
Geniumque spargit vino.
Deinde caput velat[5] et eum appellat:
„Magne Geni, cape[6] libens donum et votis fave!“
Tum Laribus gratias agit,
quod iter auxilio eorum bene cessit.
Postremo cibos et sales et tura[7] flammis dat.
Omnes, dum dona ardent, cum silentio spectant.
Tum se mensa secunda[8] delectant.

1) **quis** (hier): welcher 2) **hās ineptiās:** diesen Unsinn 3) **larārium, -ī** n: Lararium
4) **tempora** (hier): Schläfen 5) **vēlāre:** verhüllen 6) **cape:** nimm
7) **salēs et tūra:** (einige Körner) Salz und Weihrauch 8) **mēnsa (-ae) secunda (-ae)** f: Nachtisch

- Gliedere den Text in Abschnitte. Welche unterschiedlichen Vorgänge erkennst du darin? Gib jedem Abschnitt eine Überschrift.
- Weshalb opfert Domitius den Laren?

1 Präsens oder Perfekt?

a Übersetze; achte dabei auf das Tempus.

sentio – audivisti – fuit – dimittimus – debetis – paravistis – considunt – das – surrexi – accedit – tacuimus – egit – ardent

Z videmini – descenderunt – franguntur

b Wandle die Perfektformen in den Infinitiv Perfekt um.

2 Ersatzform

Ersetze die Substantivformen durch die passenden Formen von *is*, *ea*, *id*, indem du jeweils beide Formen in dein Heft schreibst.

victoris – avos – regum – iuvenem – ab homine – fortunam – mons – numen – noctibus – genera – cum matre – donis – patri – sine servis

ei – eorum – ea – is – eis – eo – eum – eis – eius – id – ea – eis – eos – eam

3 Lucius sagt zu Quintus, er wisse ...

Mache die folgenden Sätze abhängig von *scio* und übersetze.

1. Vos multos labores sustinuistis. [S] 2. Aufidius epistulam Domitii legit. [M] 3. Is autem Flaviam non dimisit. [U] 4. Flavia felix erat. [R] 5. Ea clamorem dedit. [I] 6. Galla sortem suam ignorabat. [P] 7. Aufidius eam non dimisit. [H] 8. Pantomimum[1] vidistis. [A]

Die Buchstaben bei den inhaltlich richtigen Sätzen des Lucius ergeben in der richtigen Reihenfolge den Namen eines bekannten Troianers.

4 Wähle den passenden Infinitiv und übersetze.

1. Domitius videt Aufidium facilem et humanum (esse/fuisse). 2. Is statim servum iubet puellas (arcessere/arcessivisse). 3. Flavia narrat piratas navem (opprimere/oppressisse) et omnes feminas puellasque (vendere/vendidisse). 4. Apparet Flaviam lacrimas non (tenere/tenuisse). 5. Ea autem scit se nunc liberam (esse/fuisse).

5 Domitius erzählt.

Übersetze und wähle aus dem Kasten für jeden Satz die passende Form von *is*, *ea*, *id*. Gib an, ob *is*, *ea*, *id* als Personal- oder Possessiv-Pronomen verwendet wird.

eorum – eas – eam – eis – eius (2x) – ea

1. „Aufidio dixi unam e servis ? civem Romanam esse. 2. Tum servum iussit ? arcessere. 3. ? autem erat Flavia nostra. 4. Sed Galla, serva ? , maesta erat. 5. Subito Aufidius: ‚Apparet deos ? favere. 6. Et ego non inhumanus sum; itaque ? tibi cedo.' 7. Tum deis gratias egimus, quod auxilio ? convenimus."

6 Lucius erfährt die Wahrheit.

1. Quintus amicis narrat se cum patre Massiliae fuisse. 2. Lucius putat patrem Quinti Flaviam vi liberavisse. 3. Quintus dicit Aufidium non difficilem fuisse. 4. Narrat eum Flaviam statim dimisisse. 5. Nunc Lucius cognoscit se fabulam non veram audivisse et decedit.

Götterlehre in der Schule

1. Magister[1] pueris narrat Romanos pios fuisse: 2. „Eos non modo unum deum, sed multos deos coluisse cognovimus. 3. Est etiam verum eos paene[2] semper et ubique deis sacrificavisse." 4. Tum Iulius, unus e pueris, signum dat. 5. Magister[1] eum videt et interrogat: „Quid est, Iuli?" 6. Is surgit ac dicit: „Licetne interrogare aliquid[3]?" 7. Magister[1]: „Certe! Interroga, quaeso!" 8. Iulius: „Unde ea omnia cognovimus?" Tum considit et tacet. 9. Magister[1] ei respondet: „Id apparet primum[4] ex libris[5] Romanorum, deinde etiam ex templis[1] et simulacris eorum. 10. Ex eis multa cognoscere licet de Romanis atque deis eorum."

1) **magister, -trī** m: Lehrer 2) **paene:** beinahe
3) **aliquid:** etwas 4) **prīmum:** erstens
5) **liber, -brī** m: Buch

Do, ut des. – Römische Religion

1 Der Tempel – das Haus der Götter

Ursprünglich verehrten die Römer ihre Götter unter freiem Himmel. Von den Griechen übernahmen sie aber schon bald den Bau des Tempels. Der Innenraum (*cella*) diente dazu, ein Bild der Gottheit und heilige Gegenstände aufzubewahren. Lediglich Tempelwächter oder Priester hatten Zugang zu diesem Raum. Davor befand sich eine Vorhalle mit Säulen. Der Tempel stand auf einem hohen Podium. Eine Freitreppe führte hinauf. Der Altar, an dem gebetet und geopfert wurde, befand sich vor dem Tempel.

Tempel in Nîmes, Frankreich.

Zeichne den Tempel von Nîmes. Gestalte die genaue Vorderansicht oder den Grundriss des Tempels.

2 Das Opfer an die Götter

Ara Pacis, Opferrelief.

Wollte man etwas von den Göttern erbitten, brachte man ein Opfer dar, z. B. Früchte der ersten Ernte oder auch Tiere. Man dachte dabei: *Do, ut des.* – „Ich gebe, damit du gibst." Auch zum Dank wurde geopfert. Der Ablauf des Opfers war genau vorgeschrieben. Das Opfertier wurde an den Altar geführt, auf dem ein Feuer brannte. Nach dem Gebet führte der Priester die Opferhandlung durch. Dann untersuchte er die Innereien des Tieres, um festzustellen, ob das Opfer unter günstigen Vorzeichen stand. Schließlich wurden sie zusammen mit dem Blut des Tieres auf dem Altar verbrannt. Das übrige Fleisch wurde gebraten und von den Priestern und Opferteilnehmern verzehrt.

a Beschreibe die Abbildung. Welche Tiere werden geopfert?
b Gib anhand des Lektionstextes stichwortartig den Verlauf des Opferfestes wieder.

3 Blick in die Zukunft

Den Römern war es wichtig, den Willen der Götter zu erfahren. Deshalb versuchten speziell ausgebildete Priester, ihn zu erkunden: Auguren beobachteten den Flug und die Stimme der Vögel. Donner, Blitz und Sonnenfinsternis wurden als Drohung gedeutet. Man beobachtete auch, ob Hühner, die nur zu diesem Zweck gehalten wurden, ihr Futter gierig fraßen (dies galt als gutes Zeichen) oder mit schlechtem Appetit. *Haruspices* untersuchten die Eingeweide von Opfertieren. Es gab daneben auch Orakel-, Stern- und Traumdeuter.

Findest du Vergleichbares in der heutigen Zeit?

Roma aeterna – Das ewige Rom

1

Gianlorenzo Bernini, italienischer Künstler, 1618/20.

Im Jahr 753 v. Chr. soll die Stadt Rom gegründet worden sein. Die Vorgeschichte zu dieser sagenhaften Gründung führt uns nach Troia:
Als den Griechen nach zehnjähriger Belagerung durch die List des Odysseus die Eroberung Troias gelang, zerstörten sie die Stadt und töteten viele Troianer. Einige wenige konnten sich retten, unter ihnen Äneas. Auf den Rat seiner Mutter, der Göttin Venus, floh er aus dem grausamen Blutbad. Seinen Vater, seinen Sohn und wenige Freunde konnte er mitnehmen. Nach langer Irrfahrt landete er in Italien an der Küste Latiums, wo König Latinus ihn gastfreundlich aufnahm und ihm schließlich seine Tochter Lavinia zur Frau gab. Äneas herrschte in der von ihm gegründeten Stadt Lavinium, doch nach seinem Tod gründete sein Sohn eine neue Hauptstadt.

Hier sollen rund 300 Jahre die Nachkommen des Äneas als Könige geherrscht haben, bis eines Tages der rechtmäßige König Numitor von seinem Bruder Amulius aus der Herrschaft vertrieben wurde. Numitors Tochter musste Priesterin der Göttin Vesta werden. Mars verliebte sich in sie und sie wurde schwanger. Amulius befahl, ihre beiden Kinder Romulus und Remus in einem Korb auf dem Tiber auszusetzen. Der Korb strandete an einem Hügel, dem Palatin, wo eine Wölfin die Kleinen fand und säugte. Später fand sie der Hirte Faustulus und zog sie zusammen mit seiner Frau in seinem Haus groß. Die erwachsenen Zwillinge töteten Amulius, setzten ihren Großvater Numitor wieder als König ein und gründeten am Ort ihrer Rettung eine neue Stadt. Bei einem Streit wurde Remus von seinem Bruder getötet. So wurde Romulus der erste König der Stadt, die er nach seinem Namen benannte.

a Nicht nur die Römer der Antike, auch Künstler späterer Jahrhunderte haben sich immer wieder mit diesen Geschichten beschäftigt. Beschreibe die auf dieser Seite abgebildeten Kunstwerke möglichst genau und benenne jeweils das Thema der Darstellung.

b Stelle die Gründungssage selbst bildlich dar: Zeichne eine Szene genauer oder mehrere als Bildergeschichte.

Ubi bene, ibi patria.

2 Aus diesen kleinen Anfängen heraus entstand eine große und mächtige Stadt. Die Bevölkerungszahl wuchs immer weiter an, sodass Rom im 1. Jh. n. Chr. ca. eine Million Einwohner hatte. Die ersten Hütten, die der Sage nach in der Zeit des Romulus gebaut worden waren, standen auf dem Palatin, doch bald waren sieben Hügel besiedelt und die Stadt dehnte sich über den Tiber hinaus aus. Die Bauten der Stadt wurden prächtiger: Aus den Hütten aus Lehm wurden Häuser aus Ziegeln und – besonders unter Kaiser Augustus und den nachfolgenden Kaisern – eine Stadt aus Marmor.
Spuren all dieser Zeiten sind im heutigen Rom, der „Ewigen Stadt", zu sehen.

a Einige Gebäude hast du schon kennen gelernt. Berichte, was du über sie weißt.

b Einige dir noch nicht bekannte Gebäude sollst du nun genauer erforschen: Wähle eins aus dem unten abgebildeten Stadtmodell aus und informiere dich darüber. Stelle das Gebäude der Klasse in einem Kurzreferat vor oder gestalte ein Wandplakat dazu. Nutze dazu Reiseführer und das Internet.

c Ihr könnt eure Forschungen zu einem Rom-Projekt zusammentragen: Entwerft einen eigenen Reiseführer mit den wichtigsten Gebäuden oder gestaltet eine Wand zu einem Stadtplan mit Informationen.

Engelsburg

Pantheon

Cestius-Pyramide

Konstantinsbogen

Über folgende Begriffe, Themen und Sprüche weißt du nun Bescheid:

- ▶ epistula (stilus, cera, codex)
- ▶ römische Straßen
- ▶ theatrum
- ▶ templum, Auguren, haruspices; lararium, Lares, Genius, Penates
- ▶ Mythos: Parisurteil, Troianischer Krieg, hölzernes Pferd, Äneas, Romulus und Remus
- ▶ ewiges Rom

Do, ut des.

Rom ist eine Reise wert.

Bereits Kaiser Augustus hatte begonnen, der Stadt Rom die Pracht einer Weltstadt zu geben. Zu Recht konnte er sich rühmen, dass er eine Stadt aus Ziegeln vorgefunden habe und eine Stadt aus Marmor hinterlasse.
Seitdem entstehen in Rom immer wieder große Bauwerke, die von den Römern bewundert und von den Besuchern aus der Provinz wie Weltwunder bestaunt werden. Rom ist die Stadt der Superlative: Der Circus Maximus ist die größte Rennbahn der Welt, das Kolosseum ist die größte Arena auf der Erde und jetzt ist das *Forum Traiani* die neue Touristen-Attraktion. Diese Platzanlage mit einer gewaltigen Gerichtshalle, zwei prächtigen Bibliotheken und einer riesigen überdachten Markthalle ist schon von weitem an der Trajanssäule zu erkennen. Auf ihr sind die Kriege des Kaisers gegen die Daker an der unteren Donau dargestellt.

Gallas Zukunftsträume ...

Eines Tages ...

... Galli se **libera-bu-nt** servitute ... **Audi-a-m** patriam meam tandem liberam esse ... Romani servitutem asperam nobis non iam **impon-e-nt** ... Nobis **lice-bi-t** bono animo vivere, nam in Gallia libera **viv-e-mus**. Tum cuncti Galli **conveni-e-nt**, tum deis nostris **sacrifica-bi-mus**.

... doch bis dahin:

Romae serva **ero**, Romani domini mei **erunt**. Me Domitii servitute **tene-bu-nt** et tu, Flavia, domina mea **eris**. Certe ego vobis **pare-b-o**, me maestam esse non **audi-e-tis**. Sortem autem secundam semper **spera-b-o**, numquam sperare **desin-a-m**.

a Sammle aus dem Text die **Futurformen** der 1. Person Singular, dann der 3. Person Plural der ā-, ē-, ī- und der Konsonantischen Konjugation. Vergleiche jeweils den Aufbau der Formen in den verschiedenen Konjugationen.
b Stelle für die übrigen Formen (2. Person Singular und Plural, 3. Person Singular) fest, woran das Futur zu erkennen ist. Auch hier helfen dir Gallas Zukunftsträume.
c Du findest im Text auch drei Formen des **Futurs von *esse***. Erschließe die fehlenden drei.

Besuch aus der Provinz

Die Flavier haben Besuch. Flavias Onkel Tiberius Flavius Calvus und seine Frau Aemilia sind aus der Provinz Raetia nach Rom gekommen. Gerade warten die beiden zusammen mit Quintus auf Flavia, die ihnen die Stadt zeigen will. Da sieht Aemilia, dass Flavius Lepidus einen Brief seines Freundes aus Milet in der Hand hält.

A: Comperistine aliquid novi[1] de uxore filioque, Lepide?
L: Nihil comperi. Tamen spero et semper sperabo.
Deis sacrificare non desinam.
Benigni[2] erunt et nobis favebunt; preces nostras audient.
C: Et nos deis sacrificabimus neque vobis auxilium deorum orare desinemus.
Ecce, Flavia! Quam pulchra est!
Quem conspectu[3] tuo delectare cogitas, Flavia?
Cuius animum perturbare studes?
A: Satis est, Tiberi.
Dic, Flavia: Quo nos duces?
F: Ad forum Traiani, ubi opus magnum videbitis.

Post breve tempus omnes ante columnam[4] Traiani stant.
F: Hic videtis monumentum,
quod[5] senatus' post bellum Dacicum ad honorem Traiani Caesaris exstruxit.
Ego vobis nunc effigies[6] columnae[4] explanabo…
A: Specta huc, Tiberi! Videsne pontem tuum?
C: Quam saepe tibi dixi, Aemilia, me eum non solum exstruxisse!
A: Dic nobis: Quocum pontem Danuvio imposuisti?
C: Ego fui praefectus fabrum[7].
Q: Cui Traianus pontem exstruendum[8] tradiderat?
F: Architecto' nomine Apollodoro, ut credo.
C: Sic est, Flavia; nam Apollodorus in arte architecturae' fuit egregius.
F: Profecto pons magnum exemplum architecturae' Romanae est.
Multa milia[9] virorum tres annos laboraverunt
et eum summis laboribus, summis periculis exstruxerunt.
Quam ingens opus itemque pulchrum!

Tum Flavia alias effigies[6] columnae[4] explanat. Ceteri cum voluptate audiunt.

1) **aliquid novī:** etwas Neues 2) **benīgnus, -a, -um:** gütig, gnädig 3) **cōnspectus** (*Abl.* **cōnspectū**) m: Anblick
4) **columna, -ae** f: Säule 5) **quod** (*Relativ-Pronomen*): das 6) **effigiēs** (*Akk. Pl.* **effigiēs**): Darstellung, Bild
7) **praefectus** (**-ī** m) **fabrūm:** Befehlshaber der Pioniere 8) **pontem exstruendum:** den Bau der Brücke
9) **mīlia** (*m. Gen.*): tausend (*m. Nom.*)

▶ Warum führt Flavia ihre Verwandten ausgerechnet zum Forum Traiani?

▶ Wieso gilt die Brücke über die Donau als ein bedeutendes Werk römischer Architektur?

1 Verben mit Zukunft

Diesen Verbformen fehlen die Tempus-Zeichen für das Futur (*b/bi/bu* bzw. *a/e*). Setze sie ein und übersetze.

scrib ? m – sede ? ? tis – vide ? o – em ? nt – viv ? mus – move ? ? nt – libera ? ? tis – fle ? ? s – veni ? t – da ? ? mus

2 Gesucht, gefunden

Schreibe alle Futurformen heraus und übersetze sie ins Deutsche.

dimiserant – dormient – erimus – eramus – vocabunt – videtis – ventis – sedebis – sciebam – scribam – colebam – solam – vocatis – videbitis – vocis – exponet – movebo – egis – ages – dabimus

3 Darauf freut sich Flavia.

Ergänze die Sätze, indem du das passende Verb im Futur auswählst.

apportabunt/apportabimus – comperiet/comperiebat – explanabo/explanabis – ducemus/ducam – veniunt/venient

1. Post multos annos Calvus et Aemilia tandem e Germania Romam ? . 2. Certe dona pulchra e provincia nobis ? . 3. Tota familia multa ? de moribus Germanorum. 4. Ego autem Calvum et Aemiliam per urbem ? et eis monumenta egregia ? .

4 Antwort vor Frage

Wie lauteten die Fragen, auf die die fett gedruckten Wörter die Antwort geben?

1. Flavia **Calvo et Aemiliae** urbem Romam monstrare[1] cogitat. 2. Itaque cum eis **ad forum** ambulat. 3. Ibi **multa monumenta** eis explanat. 4. Tandem **omnes** ante columnam[2] pulchram consistunt. 5. Calvus multa **de imperatore Traiano** narrat.

Z 6. Tum columna[2] **Traiani** spectatur.
7. **A Quinto** autem Flavia sola spectatur.

1) **mōnstrāre:** zeigen 2) **columna, -ae** f: Säule

5 Partner gesucht

Ordne jedem Substantiv ein in Form und Bedeutung passendes Adjektiv zu. Übersetze dann.

opus	ingentes
arte	libera
pontes	summa
monumentis	magnum
patria	egregiis

6 Was wird aus der Provinz Raetia werden?

1. Homines felices ibi vivent. 2. Suam patriam liberam valde amabunt. 3. Tum magnus rex monumenta ingentia exstruet. 4. Multi eo[1] properabunt, quod magnum caput spectare et montibus gaudere student. 5. Cui non placebit ibi vivere? 6. Quis nobis dicet eius nomen novum?

1) **eō** (*Adv.*): dorthin

Herrliche Bauten in Rom

1. Dum Flavia hospites per urbem ducit, multa aedificia[1] et monumenta pulchra spectaverunt. 2. Subito Calvus constitit et dixit: „Ecce, opus novum et ingens! Quid id erit, Flavia?“ 3. Flavia explanavit: „Hic imperator Hadrianus Pantheum exstruit – aut exstruet; nam adhuc opus non est perfectum[2]. 4. Id erit templum[1] omnium deorum. 5. Certe erit aedificium[1] forma et tholo[3] ingenti egregium. 6. Venite, mox etiam aliud opus Hadriani videbimus. 7. Imperator enim sibi suum monumentum exstruet. 8. Ibi Romani eum post mortem eius sepelient[4]; sic enim statuit Hadrianus. Cui aedificia[1] eius non placebunt?“

1) **aedificium, -ī** n: Bauwerk
2) **perfectus, -a, -um:** vollendet
3) **tholus, -ī** m: Kuppeldach 4) **sepelīre:** begraben

Nova fora et templa – Trajans Neubauten in Rom

K. IANVAR.[1] IMP. TRAIANVS FORVM SVVM ET BASILICAM VLPIAM DEDICAVIT[2].

1) **K. Iānuār. (Kalendīs Iānuāriīs):** am 1. Januar 2) **dēdicāre:** einweihen

Diesen Eintrag fand man in einem Marmorkalender zum Jahr 112 n. Chr. Trajan und Hadrian haben in Rom viel gebaut und das Gesicht der Stadt bis heute geprägt.

Eine besonders große Anlage ließ Trajan zur Feier seines Sieges über die Daker errichten: das Trajansforum, an dessen Seite die prachtvolle Basilica Ulpia stand. Von allen Seiten schauten gewaltige Figuren gefangener Daker auf das Forum herab. In der Nähe dieses Forums erhob sich die fast 40 m hohe Trajanssäule. Auf dem Fries, der spiralförmig um die Säule herumläuft und über 100 einzelne Bilder mit einer Gesamtlänge von ca. 200 m zeigt, ist die Geschichte der Kriege gegen die Daker aus Sicht der Römer dargestellt. Oben auf der Säule stand eine gewaltige Statue des Kaisers Trajan.

a Wo entdeckst du auf dem oberen Bild die Trajanssäule? Wo befinden sich die Statuen der gefangenen Daker?

b Die Bildhauer waren bemüht, die Daker möglichst fremd und gefährlich erscheinen zu lassen. Mit welchen Mitteln wird dieses Ziel erreicht? Warum war es für Trajan wichtig, den Römern ein solches Bild von den Dakern zu vermitteln?

Der Limes schützt die römischen Provinzen.

Augustus wollte das Römische Reich über Rhein und Donau hinaus bis zur Elbe ausdehnen. Im Jahr 9 n. Chr. wurden jedoch in der Nähe des Teutoburger Waldes drei römische Legionen von den Germanen vernichtet. Deshalb gab Augustus seine Pläne auf. Um Truppen schneller zwischen Donau- und Rheinprovinzen hin- und herbewegen zu können, bauten die Römer im Winkel zwischen Oberrhein und oberer Donau Straßen und sicherten sie durch Holztürme und Kastelle ab. Trajan und Hadrian errichten dann entlang dieser Grenzlinie einen Palisadenzaun mit Wall und Graben, den Limes. Entlang des Limes werden weitere Kastelle gebaut. Dort sind die Soldaten untergebracht. In einer Lagersiedlung, dem *vicus*, lassen sich auch Handwerker und Händler nieder. Sie versorgen die Soldaten und die germanische Bevölkerung mit Geschirr, Werkzeugen, Schmuck und Fuhrwerken. Bei den Germanen kaufen sie die Rohstoffe für die Bauten und die Waffen. In der Nähe der Kastelle entstehen Gutshöfe, *villae rusticae,* deren Produkte im Kastell und im Lagerdorf verkauft werden.

Angriff auf die Saalburg, Aquarell von C. Nebel, Saalburgmuseum.

Onkel Calvus erzählt von . . .

der Reise, deren Gefahren er nicht fürchtete
der Provinz, die er verwaltet
den Germanen, die dort leben
ihren Bräuchen, die er kennen gelernt hat
den Göttern, denen die Germanen opfern
den Foren, die die Römer in den Städten erbauen
Kaiser Trajan, dem er sein Ehrenamt verdankt

Calvus narrat de . . .

imperatore Traiano, cui honorem debet (V)
Germanis, qui ibi vivunt (L)
deis, quibus Germani sacrificant (T)
foris, quae Romani in oppidis exstruunt (I)
provincia, quam administrat (E)
eorum moribus, quos cognovit (A)
itinere, cuius pericula non timebat (R)

a Ordne den deutschen Ausdrücken der Reihe nach jeweils die passende lateinische Übersetzung zu. Das Lösungswort aus den Buchstaben in Klammern verrät dir die genaue Bezeichnung des **Pronomens** qui, quae, quod.
b Stelle mithilfe der Beispielsätze fest, wonach sich Genus und Numerus der Pronomina jeweils richten. Und der Kasus?
c Verschaffe dir mithilfe der Begleitgrammatik, S. 56, einen Überblick über alle Formen.

Auf GEHT's!

i-s | i-bant | i-bo | e-o | e-unt | i-mus | i-erunt | i-tis | i-eras | i-t

Ordne die Formen von *i-re* nach den dir bisher bekannten Tempora und vervollständige sie.

Eine heiße Diskussion

Flavias Onkel Calvus hat Quintus ins Herz geschlossen und versprochen, ihm vom Leben in der Provinz zu erzählen. Er hat ihn deswegen ins Haus der Flavier eingeladen. Endlich ist der verabredete Tag gekommen. Als Quintus gerade von zu Hause weggehen will, begegnet ihm seine Mutter.

Mater: Quid in animo habes, Quinte? Quo is?
Q: Eo ad patruum[1] Flaviae, qui me invitavit.
De vita et moribus eorum hominum, qui in provincia Raetia vivunt, narrabit.
M: Quando domum redibis, Quinte?
Q: Tempore cenae redibo, mater.
Nisi in tempore ero, apud Flavios cenabo.
M: I modo! Te Flaviis salutem dicere iubeo.

Quintus via recta ad domum[2] Flaviorum it.
Unus e servis eum in atrium[1] ducit.
Modo alius hospes, cuius vox magna et gravis est, rogat:

Hospes: Cur Germanos Danuvium transire non prohibemus?
Numerus eorum, qui transeunt neque redeunt, in dies[3] crescit.
Nonne mox alieni erimus in imperio nostro?
C: Nondum periimus neque peribimus, Placide; nam … Salve, Quinte!
Venisti ad tempus; cum Placido amico dissero de eis periculis, …
Q: …, quae a Germanis sunt. Verba vestra audivi, Calve.
C: Nullum periculum a Germanis est.
Hermunduri – ea civitas quondam trans Danuvium sedes habuit –
iam sub Nerone Caesare ubique transibant.
Eis non modo in ripa, sed tota provincia commercium[4] exercere licebat.
Nunc ii, quibus domos[2] villasque nostras aperuimus,
una nobiscum provinciam administrant et amici populi Romani sunt.

1) **patruus, -ī** m: Onkel 2) **domus** (*Akk. Sg./Pl.* **domum/domōs**) f: Haus (*in der Stadt*) 3) **in diēs:** von Tag zu Tag
4) **commercium, -ī** n: Handel

- Warum begibt sich Quintus in das Haus der Flavier?
- Worum geht es in der Diskussion zwischen Calvus und seinem Gast? Stelle beide Positionen dar.

1 Wie geht's, was läuft?

a Welches Tempus und welche Person ist bei den folgenden *ire*-Formen am häufigsten vertreten?

ibit – eo – ieratis – ierunt – imus – ibas – ii – eunt – iimus – ibitis – istis – ieram – itis – iit

b Hier findest du die entsprechenden Formen von *currere*. Ordne sie in der gleichen Reihenfolge wie die Formen von *ire* bei Aufgabe a.

cucurreratis – cucurri – curro – curritis – cucurreram – cucurrit – currunt – currimus – currebas – cucurrerunt – cucurrimus – curretis – curret – cucurristis

2 Verbindung fehlt.

Wähle das passende Relativ-Pronomen aus, setze es ein und übersetze.

quae – quod – quo – quam – quae

1. Quintus epistulam, ? Flavia scripsit, legit. – 2. Quintus, a ? Flavia auxilium petiverat, cum patre in Galliam iit. – 3. Inter servas, ? in villa Aufidii vivunt, sunt etiam Flavia et Galla. – 4. Flavia explanat monumentum, ? civitas Romana ad honorem Traiani exstruxit. – 5. Flavia de multis monumentis, ? Romae sunt, narrat.

3 Kombiniere.

Füge die Relativsätze A.–F. an den passenden Stellen in die Sätze 1.–6. ein.

1. Servi dominum tollunt.
2. Lucius iam multa de Gallia audivit.
3. Lepidus deis sacrificat.
4. Piratae feminas abduxerunt.
5. Lepidus nihil de uxore comperit.
6. Pater intrat.

A. qui in navem invaserant
B. qui in viam cecidit
C. quorum auxilio Flavia rediit
D. cuius vocem Quintus audivit
E. cui amicus de itinere narrat
F. quam piratae abduxerant

4 Partner gesucht

Ordne die Substantivformen und die jeweils passenden Formen von *is*, *ea*, *id* zu Paaren.

is – eos – eorum – eo – ea – eius – eas – eis – ei – id – eo – ea	tempore – anno – urbs – annus – tempus – tempora – urbi – annos – urbibus – temporis – annorum – urbes

5 a e i o u

und dazu die Konsonanten b, n, t und r. Wie viele Formen von *ire* kannst du daraus basteln? Arbeitet im Team.

6 Über die Germanen

1. Iam temporibus Caesaris, quem Romani imperatorem Galliam in provinciam miserant, Germani Rhenum transire studebant. 2. Sed tum Caesar eos prohibuit. 3. Nam civitatem Galliae, quae ad ripas Rheni sedes habebat, oppresserant. 4. Ea civitas auxilium a Caesare rogavit. 5. Tum is pontem Rheno imposuit.

Hadrian als Friedenskaiser

1. Imperator Hadrianus, qui in animo habebat omnes provincias imperii Romani cognoscere, multa itinera fecit[1]. 2. Primo in Galliam iit, deinde in Germaniam et Britanniam et Hispaniam. 3. In Britannia vallum[2] longum et altum exstruxit, quod adhuc exstat[3]. 4. Sic alienos populos in imperium Romanum invadere prohibebat. 5. Deinde Romam rediit; sed post breve tempus in Africam transiit, tum etiam in Graeciam et Asiam iit. 6. Saepe in urbe Athenis fuit, quod artes Graecorum amavit, quas libens coluit. 7. Novas provincias non paravit; sic temporibus Hadriani imperium non iam crevit. 8. Romani eum „patrem patriae“ vocaverunt.

1) **fēcit:** (er) machte, unternahm 2) **vallum, -ī** n: Wall
3) **exstāre:** bestehen, existieren

Augusta Treverorum – Die Römer in Deutschland

Befestigte Straßen und städtische Siedlungen kennzeichnen das Bild römischer Provinzen. Typisch für römische Städte, in denen Handel, Handwerk und Verwaltung ansässig wurden, waren ein rechtwinkliges Straßensystem, ein *forum*, Verwaltungsgebäude, Tempel und ein *amphitheatrum*. Vor allem in den Städten setzte sich die römische Lebensweise immer mehr durch und wurde auch von den einheimischen Nichtrömern nachgeahmt: Man sprach Latein, verehrte neben den eigenen auch die Götter der Römer, kochte mit Olivenöl und *garum*, einer in der römischen Küche beliebten scharfen Fischsauce. Vor allem der Dienst in der Armee machte aus Germanen Römer. Die Verbreitung römischer Lebensweise nennt man Romanisierung. Anstelle einer Siedlung der Treverer gründete Kaiser Augustus die Stadt *Augusta Treverorum*. Das heutige Trier ist damit die älteste Stadt Deutschlands.

a Welche für eine römische Stadt typischen Merkmale und Bauten kannst du auf der Abbildung erkennen?

b Ordne die Namen der Römerstädte den heutigen Namen zu. Welche Städte sind wohl aus Militärlagern am Limes entstanden?

Castra Regina – Confluentes – Rigomagus – Constantia – Novaesium – Mogontiacum – Colonia Agrippina – Cambodunum

Köln – Kempten – Neuss – Konstanz – Remagen – Koblenz – Mainz – Regensburg

Was hältst du vom Heiraten?

Hochzeitszeremonie.

„Ubi tu Gaius, ego Gaia“: Mit diesen Worten wird in Rom eine Ehe geschlossen. Die Braut trägt bei ihrer Hochzeit eine safrangelbe *palla* und einen orangefarbenen Schleier, darauf einen Brautkranz. Bis tief in die Nacht feiern Braut und Bräutigam mit ihren Gästen bei den Eltern der Braut. Dann führt die Hochzeitsgesellschaft die Braut im Schein der Fackeln zu ihrem neuen Zuhause: das Haus ihres Ehemannes.
Doch nicht immer ist die Braut bei ihrer Hochzeit auch glücklich. Auch zur Zeit Hadrians kommt es noch vor, dass die Väter für ihre Töchter Männer aussuchen, ohne dass Liebe eine Rolle spielt. Manch eine Frau wäre da lieber Vestalin, Priesterin der Göttin Vesta. Diese darf nämlich während ihrer 30-jährigen Tätigkeit als Priesterin nicht heiraten, sondern kümmert sich ausschließlich um das heilige Feuer im Tempel der Göttin.

Die Flavier haben ein großes Haus.

1 Flavii magnam villam habent. = 2 Flaviis magna villa est.

a In welchem Kasus steht der **Besitzer** in Satz 2, in welchem der **Besitz**?
b Was heißt dann: *Lucius hat viele Freundinnen*?

Alle reden durcheinander ...

Visne ad forum ire, Luci? – Nolo. In thermas[1] ire volo.

Etiamne amici in thermas[1] ire volunt? – Nolunt.

Vultisne in Colosseum ire? – Volumus, sed Quintus cum Flavia per forum ambulare vult.

Cur non cum Quinto et Flavia per forum ambulatis? – Nolumus.

Erstelle anhand des Textes eine Konjugationstabelle für das Präsens von ***velle*** (wollen) und ***nolle*** (nicht wollen). Ergänze bei *nolle* alle fehlenden Formen durch *non* und die entsprechende Form von *velle* und markiere diese farbig.

Du wirst das Futur II gleich *gelernt haben.*

Informiere dich in der Begleitgrammatik, S. 58, über die **Formen des Futur II.** Wonach sehen die Bausteine aus? Warum bildet dabei die 3. Person Plural wohl eine Ausnahme?

Eine ungewisse Zukunft

Während Quintus mit Flavius Calvus und dessen Freund über die Lage in der Provinz Raetia diskutiert, unterhält sich Flavia mit ihrer Tante Aemilia im Garten des Hauses.

A: Hoc[1] unum te rogare volo, Flavia: Tune iam de nuptiis cogitavisti?
Ego cum tua[2] aetate eram, iam duos annos uxor eram patrui[3] tui.
F: Pater de nuptiis adhuc nihil dixit.
A: Num te virginem Vestalem esse vult?
Hem[4]! Volui dicere: Certe virum idoneum adhuc tibi quaerit.
F: Ego neminem alium volo nisi Quintum.
Si pater me alii viro destinaverit, nuptias recusabo.
A: Quid audio? Visne recusare, Flavia?
Patri ius est filiam e sua voluntate nuptum[5] dare.
Filia autem parere debet.
Fortasse pater te iam senatori cuidam[6] destinavit.
F: Non est ita.
Patri meo animus benignus[7] et clemens est.
Si ab eo nuptias Quinti petivero, voluntati meae cedet.
A: Sed quid de patre Quinti?
Quid de Quinto? Tene uxorem ducere volet?
F: Nescio. Cum id rogare volebam, animus mihi cadebat.
Quintum autem de nuptiis tacere velle apparet.
Cum amicis thermas petere mavult[8]
vel patrem in foro audire vel litteris Graecis studere.
O me miseram!
Da mihi, quaeso, consilium utile et bonum, Aemilia!
A: Cur non Quinti amorem incitas?
Ostende te asperam, simula te alium habere amicum!
F: Hoc[1] nolo, Aemilia.
A: Cur non vis, Flavia?
F: Censesne hoc[1] aequum?
Nonne Quintum laedam, si ita agam?

1) **hoc:** das 2) **tuā** (hier): in deinem 3) **patruus, -ī** m: Onkel 4) **hem:** oh! ach! 5) **nūptum dare:** verheiraten
6) **quīdam** (*Dat.* **cuidam**): einer (*dessen Name nicht genannt werden soll*) 7) **benīgnus, -a, -um:** gütig
8) **māvult:** er zieht vor

► Wie denken Flavia und Aemilia über das Heiraten? Stelle die beiden Standpunkte gegenüber.

► Warum ist Flavia mit ihrer Situation unzufrieden?

1 Wer will, wer nicht?

Wähle die passende Form aus, setze sie ein und übersetze die Sätze. Welche Formen bleiben übrig?

volebant – non vultis – nolunt – voluimus – noles – nolueram – noluimus – vult – volebas – nolo

1. Ego volo, amici ? . 2. Pater ? , mater non vult. 3. Nos ? , vos noluistis. 4. Amica volet, tu ? . 5. Cuncti ? , unus nolebat. 6. Vos volueratis, ego ? .

2 Doppelgänger gesucht

Ordne den Formen von *velle* jeweils alle Verben in der gleichen Form zu. Gib dazu die Lernform an und übersetze die finite Form.

volo: anno – uno – dico – ero – quaero – duo – do – ego – audio – meo – cedo – pio – pono – primo
vis: amicis – amoris – cogitas – eris – audis – ducis – cadis – voluntatis – patris – pares – aris – moves

3 Eins, zwei, drei

Ordne jedem Substantiv eine Zahl zu.

tres – duorum – uni – duae – duas – tria – una – trium – unam – duabus

uxor – filiam – virgines – patri – consiliorum – senatores – amicas – capita – marium – epistulis

4 Sortiere

Lege eine Tabelle an, sortiere die Formen ein und markiere die Tempus-Zeichen.

Futur I	Futur II
?	?

nesciet – ostenderit – nolent – simulavero – laedes – cedent – dixeris – dabimus – redibis – vixeris – peribimus – ero – iubebit – ieris – crescet

5 Die eine hat's – der andere nicht.

Verwandle: Flavia equum habet. (Livia) → Liviae equus **non est.**

1. Filia litteras habet. (Filius) – 2. Hospes magnam vocem habet. (Nos) – 3. Consul consilium utile habet. (Senatores) – 4. Pater animum clementem habet. (Barbarus) – 5. Livia villam habet. (Ego)

6 Römer und Germanen

1. Primo imperator Augustus imperio Romano agrum Germanorum addere volebat. 2. Tum autem Germani tres legiones[1] Romanas oppresserunt et multos viros necaverunt. 3. Itaque Germanos prohibere voluit Rhenum et Danuvium transire.

Z 4. Et ab aliis imperatoribus id consilium bonum et utile putabatur. 5. Profecto inde[2] Germani a provincia Romana prohibebantur. 6. Per multos annos sine bellis vivebatur.

1) **legiō, -ōnis** f: Legion 2) **inde:** von da an

Unverhofftes Glück

1. Unam virginem duo iuvenes petebant. 2. Superavit dives[1], pauper[2] maestus erat. 3. Iam dives[1] nuptias parare voluit. 4. Pauper[2], qui nuptias eius videre noluit, in casa[3] sua mansit. 5. Erat ei asinus, quem ante casam[3] posuerat. 6. Casu[4] hospites divitis[1] quaerebant asinum, qui virginem ad nuptias portare debebat. 7. Et casu[4] – vel consilio deorum – asinum pauperis[2] offenderunt eumque abduxerunt. 8. Subito ingens tempestas asinum terruit, qui cito cum virgine in casam[3] domini sui rediit. 9. Ibi puella pauperem[2] vidit, cuius fortunam adhuc nesciebat. 10. Forma et mores eius virgini placuerunt; atque ita cum eo nuptias paravit.

1) **dīves, dīvitis:** reich, der Reiche
2) **pauper, pauperis:** arm, der Arme
3) **casa, -ae** f: Hütte 4) **cāsū:** durch Zufall

femina – Leben römischer Frauen

Vier Fragen an Flavia

1 ***Was machst du, wenn dein Vater dir die Heirat mit Quintus nicht erlaubt?***

Er muss es mir erlauben, ich werde ihn so lange anflehen, bis er es tut. Wenn er nicht einverstanden ist, dann können wir nämlich nicht heiraten. Aber dann heirate ich auch keinen anderen. Dann bleibe ich unverheiratet und werde Vestalin.

2 ***Was ist, wenn du dich doch nicht mit Quintus verstehst?***

Damit rechne ich natürlich nicht. Ich hoffe auch nicht, dass es mir ergeht wie unserer früheren Nachbarin. Sie konnte keine Kinder bekommen, deshalb hat der Mann sich wieder von ihr scheiden lassen. Wenigstens behält eine Frau bei der Scheidung das Geld, das sie mit in die Ehe gebracht hat.

3 ***Schminkst du dich?***

Ja, ein bisschen. Zurzeit ist es Mode, möglichst blasse Haut zu haben. Einige Frauen tragen deshalb eine Paste aus gemahlener Kreide auf Gesicht und Nacken auf. Ich nehme nur etwas rote Farbe für die Lippen und die Wangen und ab und zu etwas Asche für die Augen.

4 ***Welchen Beruf willst du ergreifen?***

Einen Beruf? Darüber habe ich noch nicht nachgedacht. Was könnte ich denn von Beruf werden? Frauen aus einfachen Familien können Hebammen oder Friseurinnen werden; eine Freundin meiner Mutter leitet sogar ein eigenes Geschäft. Aber ich glaube, ich werde mich um das Haus kümmern.

Ehrenstatue einer Vestalin.

Tonbehälter für Parfüms (Mitte).

a Wie würden heute Mädchen auf diese Fragen antworten?
b Vergleiche Flavias Leben und Vorstellungen mit denen heutiger Mädchen. Was ist ganz anders?
c Habt ihr weitere „Fragen an Flavia"? Sammelt Fragen in der Klasse.

Bestimmt findet ihr mithilfe eurer Lehrerin oder eures Lehrers Antworten.

„Das Essen ist fertig."

Um die neunte oder zehnte Stunde des Tages ist es endlich so weit: Gebadet und frisch gekleidet setzt oder legt man sich im *triclinium* zu Tisch. Breite Sofas stehen ringsum, auf jedem können drei Personen bequem Platz nehmen. Meist gibt es drei Liegen. Bei Einladungen werden je nach Anzahl der Gäste mehrere solcher Dreiergruppen aufgestellt. In den vornehmeren Häusern wird das Essen von Sklaven zubereitet und serviert: Fisch, Fleisch, Gemüse und vieles mehr. Messer und Gabel allerdings fehlen. Denn alles ist in mundgerechte Stücke geschnitten, die man mit den Fingern nimmt. Zur Reinigung der Hände gibt es eine Schale mit Wasser.

Gelage,
Wandmalerei, 1. Jh. n. Chr.

Verbformen komponieren

ad ab pot inter

sum eram
ero

ts ⇒ ss

a Komponiere mit den Vorsilben und den gegebenen Formen von *esse* alle möglichen Formen. Beachte dabei das gelbe Dreieck.
b Überlege, welche deutsche Bedeutung die neu gebildeten Formen haben könnten. Die Bedeutung der Präpositionen kennst du. *pot-* heißt so viel wie „mächtig".

Verbformen vergleichen

audio dormiebamus
comperiet convenire
audi! venis

capio cape!
capis capiet
capiebamus
capere

Ordne die Formen der neuen Konjugation den entsprechenden Formen der ī-Konjugation zu. Welche Unterschiede stellst du fest?

Abschiedsfest

Flavias Onkel wird durch einen Brief seines Gutsverwalters in die Provinz zurückgerufen. Der Tag der Abreise steht kurz bevor. Flavias Vater gibt ein Abschiedsfest, zu dem er auch die Domitier eingeladen hat. Diese machen sich gerade auf den Weg zum Haus der Flavier.

Domitius: „Iam decima hora est, tempus est abire.
Volo apud Flavium adesse, cum cena incipit.
Magnae, credo, cenae intererimus.“
Mox Domitii domum[1] Flavii Lepidi intrant, ubi iam multi hospites adsunt.
Modo servi – in eis etiam Galla – gustationem[2] apportant et vinum in pocula[3] fundunt.
Ecce! Quinque senatores iam accubant[4] et vinum bibunt.
Tum Domitii etiam Flaviam conspiciunt,
quae cum Aulo fratre ad mensam[5] sedet.
Statim Quintus iuxta eam considit.
Priusquam parentes accumbere[4] possunt,
Flavius Lepidus magna voce silentium poscit.
„Amici! Vos cenam cupere scio.
Sed priusquam incipimus, audite me!
Galla serva filiae meae in servitute per quattuor menses bene adfuit.
Itaque hodie ei libertatem dabo eamque ad mensam[5] accipiam.
Vos testes aderitis.“
Nunc Gallam sic appellat: „Cape pilleum[6], libera esto[7]!“,
eamque iuxta Flaviam collocat.
Tum: „Suadeo cenemus[8].“
Omnes plaudunt, accumbunt[4] seque cenae dant.
Galla libertate nova valde gaudet.
Subito decem petauristarii[9] intrant et omnes arte sua delectant.
Sola Flavia e spectaculo voluptatem non capit; sedet et tacet.
Tum Quintus: „Maestane es, quod mater fraterque a te absunt?“
Flavia nihil respondet.
Quintus dubitat, tandem: „Cur taces, amica?“
Flavia oculos in amicum vertit.
Quintus iterum rogat: „Cur taces, mea Venus? Cupio omnia, quae tu vis.“
Flavia amicum laeta aspicit. Nunc etiam ei cenam placere apparet.

1) **domus** (*Akk.* **domum**) f: Haus (*in der Stadt*) 2) **gūstātiō, -ōnis** f: Vorspeisen (*als erster Gang der* cēna)
3) **pōculum, -ī** n: Becher 4) **accubāre:** zu Tisch liegen/**accumbere:** sich auf einer Liege am Tisch niederlassen
5) **mēnsa, -ae** f: Tisch 6) **pilleus, -ī** m: Filzkappe (*Kopfbedeckung der freien Bürger*) 7) **estō:** du sollst sein
8) **suādeō cēnēmus:** die Tafel ist eröffnet (*„ich empfehle uns zu essen“*) 9) **petauristārius, -ī** m: Akrobat

- Gliedere den Text in Abschnitte und gib ihnen eine Überschrift. Welche Wörter und Wendungen herrschen jeweils vor? Wo erkennst du den Höhepunkt des Textes? Begründe deine Meinung.
- Schreibe die Geschichte von Quintus und Flavia weiter. Wie könnte sie ausgehen?

1 *esse* und Komposita

Übersetze die Formen.

fuerunt – adsunt – intersum – aberatis – aderit – ero – adfueramus – intererant – afui – eras

2 Ich will, ich kann, ich fange an.

Ordne die Formen von *velle*, *posse* und *incipere* nach Person und Tempus zu Dreiergruppen.

volumus volet voluit volueram volebant	poterit possumus potueram poterant potuit	incipiebant coeperam incipiet incipimus coepit

3 Setze die passenden Komposita von *esse* ein und übersetze.

adest – absunt – adesse – intersunt

Multi amici Flaviorum cenae ? ; itaque omnes servi ac servae domino ? debent. Etiam Galla ? hospitibusque vinum apportat. Omnes rident et cenae se dant. Sola Flavia non gaudet, quod mater fraterque eius ? .

4 Perfekte Uhr

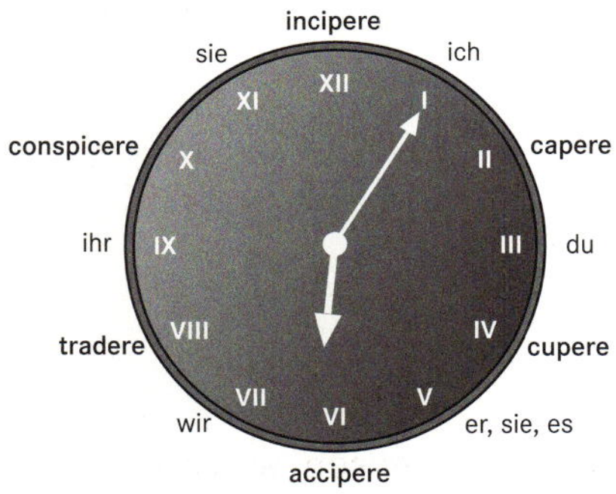

Der **kleine** Zeiger gibt dir das **Verb** an, der **große** die **Person**. ▶ 6.05 Uhr – accepi

a Welche Perfektform erhältst du um: 8.15, 2.55, 12.45, 10.35, 6.55, 2.25, 4.05?

b Stelle die Uhrzeit fest für: conspexi – cupivit – cepisti – accepimus – tradiderunt – coepi.

c Übersetze alle Perfektformen aus a und b und verwandle sie dann in das lateinische Präsens.

5 Wollen und wünschen

a Übersetze die folgenden Formen von *velle*.

vis – volam – volebant – voluisti – vultis – volent – voluerat – voluerunt – vult – volebam – voluit

b Hier findest du die entsprechenden Formen von *cupere*. Ordne die Formen von *cupere* in der gleichen Reihenfolge wie die Formen von *velle* bei Aufgabe a.

cupiebam – cupiverunt – cupivit – cupiverat – cupient – cupiam – cupiebant – cupivisti – cupitis – cupis – cupit

6 Beim Abschiedsfest

1. Domitius apud Flavium adesse vult, cum cena incipit. 2. Etiam multi senatores cenae intersunt. 3. Priusquam hospites vinum bibunt, verba Flavii audiunt. 4. Omnes hospites plaudunt, nam Galla sua libertate gaudet.

Klein, aber . . .

1. Leo[1] in spelunca[2] sua dormiebat. 2. Tum mus[3] intravit, quod cibum quaerebat. 3. Subito leonem[1] tetigit et excitavit[4]. 4. Is murem[3] statim cepit eumque necare cupiebat. 5. Sed mus[3] summa voce clamavit: 6. „Veniam[5] peto, domine. Praebe te clementem! Etiam ego tibi adesse potero, si tu in periculum cecideris.“ 7. Leo[1] risit eumque abire iussit. 8. Post decem menses mus[3] leonem[1] clamare audivit, qui in laqueos[6] venatorum[7] ceciderat neque solus se liberare potuit. 9. Iam adest mus[3], leonem[1] conspicit statimque laqueos[6] corrodere[8] incipit. 10. Sic leo[1] a mure[3] libertatem accepit.

1) **leō, -ōnis** m: Löwe 2) **spēlunca, -ae** f: Höhle
3) **mūs, mūris** m: Maus 4) **excitāre:** aufwecken
5) **venia, -ae** f: Verzeihung 6) **laqueus, -ī** m: Strick
7) **vēnātor, -ōris** m: Jäger 8) **corrōdere:** zernagen

cena – Speisen bei den Römern

1 Was hältst du von den **Essgewohnheiten** der Römer?
Tagsüber aßen sie wenig, zum Frühstück meist nur ein bisschen Brot und getrocknete Früchte und zum Mittagessen reichte ihnen ein kleiner Imbiss, der aus Gemüse, Fisch oder etwas kaltem Fleisch bestehen konnte. Die Hauptmahlzeit war die *cena*, die gegen Abend stattfand. Meist gab es mehrere Gänge, je nachdem, wie reich die Familie war. In allen Schichten aber aß man gerne in Gesellschaft und das Essen erstreckte sich oft über mehrere Stunden.
Aus dem Fußbodenmosaik kann man eine Gewohnheit der Römer ablesen: Bei einem großen Gastmahl wurden Essensreste einfach auf den Boden geworfen.

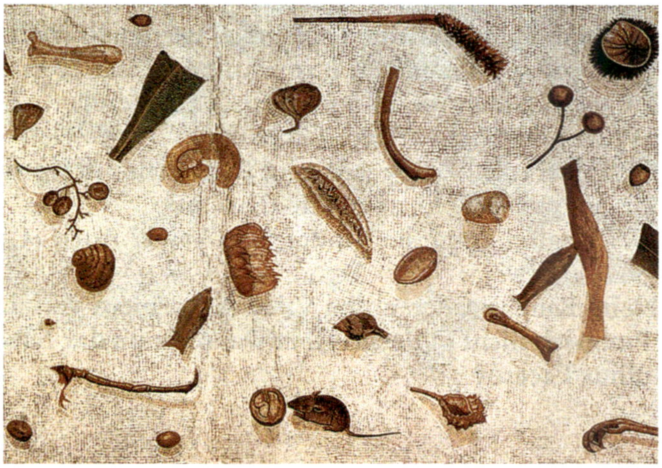

Fußbodenmosaik aus Aquileia, Vatikanische Museen, Rom.

2 Viele der römischen Rezepte entsprechen nicht so recht unserem heutigen Geschmack. Folgende Süßspeise aber könnte euch schmecken:

Backt doch einmal **Heiße Kirschfladen**! Drückt 4 eingeweichte Brötchen gut aus, zerkleinert die Masse und mischt sie mit 3 Esslöffeln Mehl, $^1/_8$ l Milch, 2 Eiern, Honig und Zimt. Gebt ca. 250 g entsteinte Kirschen dazu. Erhitzt Backfett in der Pfanne, gebt den Teig in Form kleiner Fladen hinein und backt sie von allen Seiten goldgelb.

3 So könnte die Speisekarte beim **Schlemmermahl** eines reichen Römers ausgesehen haben.

Gebratene Haselmäuse,
in Honig eingemacht und mit Mohn bestreut
Pfaueneier aus Kuchenteig,
gefüllt mit einer Ammer in gepfeffertem Eidotter
Schweineeuter
Eisgekühlter Pudding, mit Honig übergossen
und mit Erbsen- und Bohnenbrei garniert
Wildschwein, gefüllt mit lebenden Vögeln
Bärenkeule
Ein ganzes Schwein, gefüllt mit Würsten
Quitten, mit Zimt gespickt und
in Form von Igeln garniert

Was davon würdest du essen, was auf keinen Fall?

4 Einkaufen bei den Römern

Ordne die lateinischen den deutschen Bezeichnungen zu. Drei der Nahrungsmittel kannten die Römer noch nicht. Versuche, etwas über ihre Herkunft herauszufinden.

piper – feniculum – persicum – vinum – ostrea – sal – caseus – asparagus – nux – caulis – petroselinum – dactylus – cucurbita – oleum

Öl – Kohl – Spargel – Kartoffel – Käse – Fenchel – Avocado – Wein – Dattel – Nuss – Auster – Pfirsich – Salz – Petersilie – Tomate – Pfeffer – Kürbis

Unus erit victor. – Unser Kultur-Quiz

Wer ist der beste Kenner der römischen Kultur? Ein Wettkampf soll es zeigen. Die ganze Klasse beteiligt sich daran. Es geht dabei um das Wissen, das wir im ersten Lateinjahr erworben haben. Am Ende wird einer gewinnen, eine Schülerin oder ein Schüler. Der Wettkampf geht über vier Runden.

1. Runde:
Alle Teilnehmerinnen und Teilnehmer der Klasse beantworten schriftlich sechs Fragen. Die Antworten werden sofort ausgewertet, indem die Banknachbarn gegenseitig die Ergebnisse feststellen. Die acht Besten nehmen an der weiteren Ausscheidung teil. Bei Punktgleichstand wird durch Los entschieden.

2. Runde:
Die verbliebenen acht Kandidatinnen und Kandidaten werden durch Los in zwei Vierergruppen eingeteilt. Die je vier Vertreterinnen und Vertreter der zwei Gruppen beantworten abwechselnd eine Frage. Jede richtige Antwort ergibt einen Punkt. Bei Punktgleichstand der Gruppen wird durch eine von der Lehrerin oder vom Lehrer mündlich gestellte Zusatzfrage ein Stichentscheid herbeigeführt. An diesem beteiligen sich die beiden Gruppen gleichzeitig. Die Gruppe, die die Antwort schneller gegeben hat, hat gewonnen.

3. Runde:
Die verbliebenen vier Kandidatinnen und Kandidaten werden wieder durch Los in zwei Zweiergruppen eingeteilt. Die je zwei Vertreterinnen und Vertreter der Gruppe beantworten abwechselnd eine Frage. Jede richtige Antwort ergibt einen Punkt. Bei Punktgleichstand Stichentscheid wie oben.

4. Runde:
Die zwei verbliebenen Kandidatinnen und Kandidaten kämpfen gegeneinander um den Sieg: Jeder hat drei Fragen zu beantworten. Bei Punktgleichheit Stichentscheid wie oben. Am Ende steht die Kultur-Quiz-Siegerin oder der Kultur-Quiz-Sieger fest. Sie/er soll, wenn möglich, durch eine Urkunde oder Medaille geehrt und gefeiert werden.

Fragen zur 1. Runde (*schriftlich im Heft oder auf einem Blatt Papier zu beantworten*): Feststellung der acht Besten

1. Welcher Römer hat Gallien erobert?
2. Wie heißen lateinisch die Räuber auf dem Meer?
3. Wer stürzt beim Flug zur Sonne ab?
4. Was fand im Circus Maximus statt?
5. Was trug ein römischer Bürger bei besonderen Anlässen?

Ω

6. Wie heißt der letzte Buchstabe im griechischen Alphabet? (*bei Punktgleichheit Stichentscheid durch Los*)

Fragen zur 2. Runde (*mündlich je eine Frage an die acht Vertreterinnen und Vertreter der zwei Gruppen*): Feststellung der vier Besten

1. Wie nannte man das Festmahl bei den Römern?
2. Wo steht die Porta Nigra?
3. Auf welchen Troianer führten die Römer ihre Abkunft zurück?
4. Was versteht man unter Thermen?

5. Wer rollt vergeblich den Stein den Berg hinauf?
6. Welches lateinische Wort steckt im englischen Verb *to explain*?
7. Wer hat den Krieg um Troia beschrieben?
8. Was ist ein Rhetor?

(*bei Punktgleichheit Stichentscheid durch mündliche Zusatzfragen*)

Fragen zur 3. Runde (*mündlich je zwei Fragen an die je zwei Vertreterinnen und Vertreter der zwei Gruppen*): Feststellung der zwei Besten

1. Was ist eine *stola*?
2. Wie heißt die römische Göttin der Jagd?
3. Wer sind Deukalion und Pyrrha?
4. Wo liegt der Hadrianswall?

5. Wo fanden in Rom die Gerichtsverhandlungen statt?
6. Welches Amphitheater kannst du heute noch in Rom besuchen?
7. Welcher Gott steckt in dem Stier, auf dem Europa sitzt?
8. Wie heißt Griechenlands bekanntester Philosoph?

(*bei Punktgleichheit Stichentscheid wie oben*)

Fragen zur 4. Runde (*mündlich je drei Fragen an die zwei Schlusskandidatinnen oder -kandidaten*): Feststellung der/des Besten

1. In welchem Raum speiste man bei den Römern?
2. Wer ist Pythia?
3. Wie hieß die Filzkappe, die ein Sklave bei seiner Freilassung aufsetzen durfte?

4. Wie nannte man den Kampfplatz der Gladiatoren?
5. Was stellt die „Statue of Liberty“ dar?
6. Was bedeutet *In dubio pro reo*?

(*bei Punktgleichheit Stichentscheid wie oben*)

Laokoon-Gruppe, Vatikanische Museen, Rom.

Der lange Kampf um Troia

Discordia, die Göttin der Zwietracht, war nicht zur Götterhochzeit eingeladen worden; deshalb sorgte sie mit dem goldenen Apfel für Streit zwischen den Göttinnen Juno, Minerva und Venus. Paris, ein Sohn des troianischen Königs Priamus, entschied sich in diesem Streit für Venus, die ihm Helena, die schönste Frau der Welt, versprochen hatte. Er musste diese allerdings aus Sparta entführen. Daraufhin kam es zum Troianischen Krieg: Wie Homer in seinem Epos *Ilias* erzählt, rief König Menelaos, der König von Sparta und Helenas Mann, die anderen Könige Griechenlands auf, mit ihm zusammen die von Paris geraubte Helena aus Troia zurückzuholen. Sie zogen nach Troia und belagerten zehn Jahre lang die Stadt, die von gewaltigen Mauern umgeben war.

Geheim SACHE

Wir belauschen zwei Griechen, die sich am Strand von Troia über einen geheimen Plan des Odysseus (Ulixes, -is) *unterhalten ...*

„Audivi Ulixem novam r-em cogitavisse. Ea r-e Troianos tandem superabimus."

„R-es mihi non placet. Num putas Troianos stultos esse? Periculum eius r-ei mox sentient, ei r-ei non credent."

„Ulixes iam multas r-es eius generis cogitavit, vir est magnae sapientiae et magna vi corporis. Nonne Graecos iam saepe e r-ebus adversis servavit?"

„Ulixes tempus r-erum secundarum destinare non potest, sed Minerva nobis favebit."

a Um welche Geheimsache geht es?

b Lüfte das Geheimnis der neuen Deklination, indem du anhand des Textes eine Deklinationstabelle erstellst. Die beiden fehlenden Formen kannst du als Lateinspezialistin oder -spezialist leicht erschließen.

c Durch welche Kasus werden die Eigenschaften des Odysseus ausgedrückt?

Der Anfang vom Ende

Zehn Jahre hatten die Troianer der Belagerung durch die Griechen standgehalten, da sahen sie eines Morgens das Lager der Feinde verlassen daliegen. Voll Freude verließen sie die Stadt und fanden am Strand ein riesiges hölzernes Pferd. Staunend standen sie davor und wollten es schließlich in die Stadt ziehen, da sie es für ein Weihgeschenk an die Göttin Minerva hielten.

Tum Laocoon sacerdos, vir summae prudentiae, ex urbe in litus accurrit
et procul clamavit:
„O miseri! Quam adversa res! Si hostes decessisse creditis, erratis.
Num putatis Graecos nobis donum reliquisse?
Num spes vos tenet eos dolo ac fraude carere?
Furor est Graecis fidem habere!
Aut viri armaque in equo latent aut alia fraus instat.
Timete Graecos, etsi dona dant! Praecipitate equum in mare!“
Iam homines sententiam sacerdotis probabant,
iam Laocoon spem habebat se civibus persuasisse,
cum subito duo dracones[1] per mare ad litus contenderunt.
Statim Laocoonta[2] et duos filios, qui iuxta eum stabant, petiverunt.
Primo corpora filiorum implicaverunt[3].
Deinde corripuerunt patrem, qui filiis auxilium dabat, et spiris[4] ingentibus ligaverunt[3].
Laocoon, qui magna vi corporis erat, nodos divellere[5] contendit,
sed vires eum defecerunt.
Dracones[1], postquam sacerdotem eiusque filios necaverunt, in templum Minervae discesserunt.
Ea re homines in magno timore erant, incerti in litore stabant.
Tandem Thymoëtes, vir summa auctoritate:
„Nonne ea res vobis oculos aperuit?
Equus est donum Minervae; Graeci eum pro reditu[6] aedificaverunt.
Nonne mihi creditis, cives? Eius rei signum est mors Laocoontis.
Is enim iram Minervae moverat et ob eam rem dea dracones[1] misit.
Proinde dividite[7] muros et ducite equum in urbem!“

1) **dracō, -ōnis** m: Drache, große Schlange 2) **Lāocoonta:** *Akk. zu* Lāocoōn
3) **implicāre/ligāre** (*m. Akk.*): sich wickeln (*um etw.*) 4) **spīra, -ae** f: Windung
5) **nōdōs dīvellere:** die Knoten aufreißen 6) **reditus** (*Abl.* **reditū**): (glückliche) Heimkehr 7) **dīvidere:** einreißen

► Wie versuchen Laokoon und Thymoëtes jeweils, die Bürger von ihrer Ansicht zu überzeugen? Untersuche die Reden auf ihren Inhalt hin. Welche überzeugt dich mehr? Begründe.

► Stelle die Wörter und Wendungen zusammen, die den Überraschungsangriff der Schlangen beschreiben.

1 Hoffnung und Vertrauen – das ist kein Ding!

a Schreibe aus dem Wortschatz 21 alle Substantive der ē-Deklination in dein Heft.

b Welche Wörter haben sich hier versteckt? Gib auch jeweils den Kasus an.

spemfideireirefideresfidesrerumspeifidemrebusspes

2 Bestimme und gib die deutsche Bedeutung an.

-es: habes, eques, vires, breves
-us: animus, incitabamus, rebus, salus, currimus, genus, egimus
-um: forum, liberum, medicorum, virum
-e: mane, fide, amice, edere, mare

3 Menschen mit Eigenschaften

Ordne zu und übersetze.

IS, ...	... EST.
1. qui cuncta scit,	A. summae auctoritatis
2. qui omnibus placet,	B. magnae prudentiae
3. cui cuncti parent,	C. egregiae formae
4. qui omnes superavit,	D. summae humanitatis
5. qui semper auxilium dat,	E. magna vi corporis

4 „Der, die, das" noch mal

a Kannst du das Pronomen *is, ea, id* noch sicher aufsagen? Versucht es im Wettbewerb und auf Zeit.

b Ordne den Substantivformen die passenden Formen von *is, ea, id* zu.

regis – signa – opus – oppidis – curas – rebus – iram – dolo – sententiae – hostium – fraus – muros – fide

ea – eorum – id – eius – eos – eam – ea – eis – eo – eas – ea – ei – in eis

c Bringe die Wortkombinationen aus b in sinnvolle deutsche Sätze.

5 Gesucht: Nomen ...

1. eius sacerdotis, qui Graecis fidem non habuit. – 2. eius regis, cuius filius in Graeciam navigavit. – 3. eius urbis, in qua rex Menelaus vixit. – 4. eius deae, quae pretium formae accepit.

6 Wortarten-Meer

Fische heraus: a Adjektive, b Adverbien.

acer ad ager agere amare arma aut bonus brevis caput cito cum de debere deinde donum dum duo durus ego et etsi felix filius genus gravis hic hodie ire ita iter ius meus miser mittere mortalis mos mox nolle nunc per pons priusquam procul quattuor ripa saepe sedere semper si sol tenere terra trans ubique verus vester

Alles Lüge

1. Diu Troiani dubitaverant equum in urbem trahere. 2. Subito virum Graecum conspexerunt, qui se in magno timore esse contendebat. 3. Eum corripuerunt et ad regem Priamum duxerunt. 4. Postquam rex eum interrogavit: „Tu, quis es? Cur Graeci equum aedificaverunt?", fraude ac dolo respondit: 5. „Ego sum Sinon. Graeci me sacrificare in animo habebant. 6. Ob eam rem ego spem in fuga posui et adhuc latui. 7. Sed tu es vir summae auctoritatis, tibi fidem habeo ..." 8. Postremo: „Si equum in muros vestros duxeritis", inquit[1], „dei Graecos relinquent." 9. Sic Troianis persuasit. 10. Nocte autem Sinon equum aperuit et hostes urbem deleverunt.[2]

1) **inquit:** sagte er 2) **dēlēre** (*Perf.* **dēlēvī**): zerstören

Iram cane, dea, Pelidae Achillis … – Der Troianische Krieg

1 Heinrich Schliemann (1822–90) glaubte, dass das antike Troia unter dem Hügel Hissarlîk im Nordwesten der Türkei liegen müsse. Noch heute wird der Hügel vor allem von deutschen Archäologen intensiv erforscht. Die heutigen Ausgräber stellen sich Troia am Vorabend des Troianischen Krieges (um 1250 v. Chr.) als blühende Handelsstadt vor.

Informiere dich über das Leben Heinrich Schliemanns und stelle ihn in einem Kurzvortrag vor.

Rekonstruktion des Stadtbildes von Troia für die Zeit um 1300 v. Chr.

2 Der griechische Dichter Homer, der vielleicht um die Mitte des 8. Jh.s v. Chr. lebte, schildert in seiner *Ilias* 50 Tage aus dem sagenhaften zehnjährigen Krieg der Griechen gegen die Troianer. In der Antike kannte jeder die Geschichten vom Parisurteil und vom Troianischen Pferd. Daher kann sich Homer auf den kleinen Zeitausschnitt beschränken, als es zu einem Streit zwischen zwei griechischen Anführern gekommen war: dem Helden Achill und dem König Agamemnon. Beleidigt zog sich Achill vom Krieg zurück und trat in den Streik. Daraufhin gewannen die Troianer die Oberhand, viele Griechen verloren ihr Leben. Erst als sein bester Freund Patroklos gefallen war, stürzte sich Achill wieder in die Schlacht. In blinder Wut tötete und verstümmelte er den Troianer Hektor, einen Sohn des Königs Priamus. Doch am Ende, als Priamus ganz allein zu Achill geht und ihn um den Leichnam seines Sohnes bittet, damit er ihn begraben kann, und beide weinend das grausame Schicksal der Menschen beklagen, spürt man die Menschlichkeit und Friedenssehnsucht in Homers Dichtung.

Was ist auf dem griechischen Vasenbild (6. Jh. v. Chr.) zu sehen?
Wie stellt der Maler die Hauptfiguren dar?

Amphore aus Athen, um 540 v. Chr.

3 Der erste von 15 693 Versen der *Ilias* lautet auf Griechisch und in einer sehr wörtlichen lateinischen Übersetzung des 16. Jh.s so:

ΜΗΝΙΝ ΑΕΙΔΕ, ΘΕΑ, ΠΗΛΗΙΑΔΕΩ ΑΧΙΛΛΗΟΣ …
Iram cane, dea, Pelidae Achillis …
Die Wut besinge, Göttin, des Peleussohnes Achilleus …

Eine Heimfahrt auf Umwegen

Die Zauberin Circe mit einem Gefährten des Odysseus, Vase aus Athen, um 460 v. Chr.

Nach zehn Jahren hatten die Griechen endlich Troia erobert. Unter den siegreichen Männern befand sich auch Odysseus, der König von Ithaka, einer Insel im Westen Griechenlands. Odysseus war dafür bekannt, dass er mit seiner Schlauheit und Beredsamkeit stets einen Ausweg aus Gefahren fand. Der Dichter Homer beschreibt in seinem Epos *Odyssee*, wie es Odysseus gelang, auf der zehn Jahre dauernden Heimfahrt große Abenteuer zu bestehen. Auch als er Ithaka erreicht hatte, war er noch nicht in Sicherheit; denn er traf in seinem Palast auf viele junge Adlige, die seine Frau Penelope umwarben und nach der Herrschaft über die Insel strebten. Mithilfe der Göttin Athene gelangte Odysseus in den Palast. Er mischte sich als Bettler verkleidet unter die Adligen, die sein Vermögen verprassten, und nahm an ihnen Rache.

Was sieht Kassandra – ADJEKTIV oder ADVERB ?

Nicht nur Laokoon warnte die Troianer. Auch die troianische Seherin Kassandra sagte Schlimmes voraus:

Rem gravem vobis narro.

Mors misera vobis instat.

Graeci acr- iter nos petent.

Num libentes servi laborare vultis?

Acres sunt hostes.

Miser- e peribitis.

Hostes ver- e non dicunt.

Num libent- er Troiam Graecis traditis?

Ego veris verbis vos appello, Troiani.

Grav- iter hostes nos opprimemt.

a Wiederhole die Einteilung der Adjektive nach Deklination und Anzahl der Endungen.
b Ordne Kassandras Adjektive der richtigen Gruppe zu.
c Formuliere nun für jede Gruppe eine Regel, nach der ihre Adverbien gebildet werden. Kassandras Voraussagen helfen dir dabei.

Fauler Zauber

Auf dem Weg in die Heimat war Odysseus auf die Insel Aiaia verschlagen worden. Bei einem Erkundungsgang über die Insel erblickte er Rauch, doch er kehrte zum Schiff zurück. Durch das Los wurde Eurylochus dazu bestimmt, mit der Hälfte der Männer die Insel zu erkunden. Nur widerstrebend zogen die Männer los.

Mox Eurylochus solus rediit et: „Horreo“, inquit, „eas res narrare, quae acciderunt, sed recte et vere narrabo:
Ad magnam regiam[1] veneramus.
Subito mulier pulchra apparuit, nos verbis blandis in regiam[1] invitavit.
Ego ad portam constiti, quod fraudem atque insidias metuebam.
Mulier sociis praebuit potionem[2], quam libenter acceperunt.
Statim se in sues[3] verterunt.“
Ulixes, ubi has res audivit, gladium sumpsit et ad regiam[1] contendit.
Ei occurrit Mercurius:
„Hunc locum non salvus relinques,
hac ex insula socios non incolumes abduces nisi auxilio deorum.
Proinde hoc remedium tecum porta! Vi huius remedii artes magicas[I] Circae evades.“
Ulixes, ubi ad regiam[1] venit, Circam foras e-vocavit.
Haec statim apparuit, eum intro[4] duxit, potionem[2] praebuit.
Ulixes eam bibere non dubitavit.
Tum Circa: „Abi hinc in haram[5]!“, eumque virga[6] tetigit.
Stupens[7] Ulixem aspexit. Hic figuram[I] suis[3] non sumpsit,
sed acriter gladium strinxit et se eam necare simulavit.
Circa se ei ad pedes proiecit et hoc modo oravit:
„Tene iram, sine me vivere!
Mercurius praedixerat[8] me omnes mortales mutare posse praeter Ulixem.
Si tu es Ulixes, es mihi amicus!“
Ad haec Ulixes, quamquam amore iam ardebat, aspere respondit:
„Qui tibi fidem habere possum? Priusquam tibi amicus sum, iura per Stygem[9]:
‚Desinam tibi nocere sociisque tuis figuras[I] humanas reddam‘.“

1) **rēgia, -ae** f: Palast 2) **pōtiō, -ōnis** f: Getränk; (Zauber-)Trank 3) **sūs, suis** m: Schwein 4) **intrō:** nach innen, hinein
5) **hara, -ae** f: Schweinestall 6) **virga, -ae** f: Stab 7) **stupēns:** verblüfft 8) **praedīcere:** vorhersagen
9) **per Stygem:** beim Styx (*Unterweltfluss*)

- ► Odysseus kann folgendermaßen charakterisiert werden: hilfsbereit – mutig und entschlossen – nicht hochmütig – energisch – klug und überlegt – vernünftig.
Suche Belege dafür aus dem Text.
- ► Beschreibe die Zauberkraft Circes. Wieso wirkt sie bei Odysseus nicht?

1 Wörter-Kombi

a Verbinde die Wortanfänge mit den möglichen Wortenden.

clement- fid- brev- auctoritat- stult- disced- ben- miser- fraud-

e iter itis ite er is

b Ordne die gefundenen Adverbien nach ihrer Bildungsart.

2 Sortiere die Adverbien

nach *Ort, Zeit, Art und Weise* und gib die deutschen Bedeutungen an.

bene – dure – procul – feliciter – graviter – huc – iucunde – numquam – stulte – postremo

aspere – clementer – deinde – diu – mox – egregie – publice

quondam – satis – ubique – ibi – fortasse – saepe – longe – primo – utiliter

Bilde die entsprechenden Adjektive, wo dies möglich ist.

3 Adjektiv oder Adverb oder beides?

Entscheide, begründe und übersetze.

1. Saepe Ulixes cogitat: Fortuna Troianorum (verorum/vere) misera est. 2. Decem annos (acres/acriter) pugnaverunt et viros bonos se praebuerunt. 3. Nunc servi sunt et pro dominis (duris/dure) laborare debent. 4. Et nos multas pugnas (asperas/aspere) pugnavimus. 5. Tandem dolo meo hostes (felices/feliciter) superavimus. 6. Iterum atque iterum me (salvum/salve) e Troia evasisse gaudeo.

4 Dies und das mit KNG

Ordne zu und übersetze.

hac – hae – haec – hanc – has – his – hoc – horum – huic – huius	dolo – fidei – fraudem – ~~hostium~~ – ~~litora~~ – locis – portae – res – spe – sacerdoti

5 Formen-Ping-Pong

Bestimme Kasus und Numerus und setze die Verbindung jeweils in den Singular bzw. in den Plural.

huius viri – has mulieres – hoc consilio – haec fora – hunc pedem – huic hosti – haec res – hi muri

6 Immer nur Befehle

Wandle um und übersetze den Imperativ.

▶ rogo → rogas → roga

aperio – appello – credo – decedo – desino – destino – invado – iubeo – teneo – muto

▶ rogamus → rogatis → rogate

oramus – paramus – perturbamus – promittimus – relinquimus – speramus – tacemus – tangimus – tenemus – videmus

Noch eine List

1. Ulixes, postquam Circam reliquit, multa alia pericula feliciter superavit. 2. Ita cum sociis per mare navigavit atque etiam Sirenis appropinquavit. 3. Hae pulchre ac blande cantare[1] solebant et hac re multos nautas delectare et sollicitare poterant. 4. Sed cum nautae harum insulam intraverant, mors eis certa[2] erat. 5. Itaque omnes homines Sirenas metuebant. 6. Tamen Ulixes has audire voluit et hunc dolum ex-cogitavit: 7. Sociis cera aures obturavit[3] et hi eum vincire[4] debuerunt. 8. Sic praeter[5] insulam navigaverunt et incolumes ex his insidiis evaserunt.

1) **cantāre:** singen 2) **certus, -a, -um:** sicher, gewiss 3) **cērā aurēs obtūrāvit:** er verstopfte die Ohren mit Wachs 4) **vincīre:** fesseln 5) **praeter** (hier): entlang

Held mit List – Unterwegs mit Odysseus

1 Bei den Kyklopen

Auf seiner Irrfahrt gelangte Odysseus auch in das Land der Kyklopen, der Riesen mit einem einzigen Auge auf der Stirn. Sie hausten in großen Höhlen und lebten von der Schafzucht. Mit zwölf seiner Gefährten war Odysseus in die Höhle des Kyklopen Polyphem eingedrungen. Als dieser mit seiner Schafherde in seine Behausung zurückgekehrt war, verschloss er die Höhle mit einem riesigen Felsbrocken – die Griechen waren gefangen und bekamen die Grausamkeit des Kyklopen zu spüren: Er verspeiste morgens und abends je zwei Gefährten. Wieder war eine List des Odysseus die Rettung: Er bot Polyphem Wein an und sagte ihm, er heiße „Niemand". Als der Kyklop betrunken eingeschlafen war ...

Beschreibe anhand der Abbildung, was mit dem schlafenden Polyphem passierte, und informiere dich in einem Sagenbuch, wie das Abenteuer endet.

Polyphem-Gruppe in der Grotte des Kaisers Tiberius in Sperlonga, moderne Rekonstruktion.

Odysseus und die Sirenen (1891), John W. Waterhouse (1849–1917), National Gallery, Melbourne.

2 Die Sirenen

Ein weiteres Abenteuer des Odysseus und seiner Gefährten ist die Begegnung mit den Sirenen.

Beschreibe, was du auf der Abbildung siehst. Informiere dich und erzähle dann die Geschichte. Der Übersetzungstext auf S. 112 kann dir eine Hilfe sein.

Wie sich die Schicksale gleichen.

Nach dem Fall Troias irrte nicht nur der Grieche Odysseus über die Meere: Äneas, einer der überlebenden Troianer, floh aus seiner zerstörten Stadt. Venus, seine Mutter, hatte ihm den Auftrag gegeben, mit seinem Vater Anchises, seiner Frau, die aber auf der Flucht starb, und seinem Sohn Julus eine neue Heimat zu suchen.
Wohin sollten sie jedoch segeln? Eine Weissagung nannte Italien als Ziel. In Vergils Epos *Äneis* wird geschildert, wie die Troianer immer wieder vom Kurs abgebracht wurden; denn Juno, die immer noch hasserfüllt war, befahl Äolus, dem Gott der Winde, die troianische Flotte nicht ans Ziel kommen zu lassen. So landete Äneas' Flotte statt in Italien in Nordafrika.

Dido trifft eine Entscheidung (1989), David Ligare (1945).*

Partizip Perfekt Passiv schon ge-lernt?

1 lernen ⇨ *ge-lernt*

Bilde entsprechend:	besiegen	hören	einnehmen	zurücklassen	befehlen
	⇩	⇩	⇩	⇩	⇩
	supera-t-i	audi-t-a	cap-t-a	relic-t-us	ius-s-um

Woran erkennt man das lateinische PPP? Nach welchem Muster wird es dekliniert?

2 | *Troiani* a Graecis superati sunt. | Die Troianer sind von den Griechen **besiegt worden.** |

Verba Cassandrae audita non sunt. *Troia* dolo Ulixis capta est. *Equus* in litore relictus est. *Quid* ab Ulixe iussum est?

Erschließe aus **2**: Welches Tempus kannst du mit dem PPP und dem Präsens von *esse* bilden? Wonach richtet sich die Endung des PPP? Wie wird die Person, von der die Handlung ausgeführt wird, ausgedrückt?

Die Flucht des Äneas

In Karthago, der mächtigsten Stadt Nordafrikas, wurden Äneas und seine Gefährten freundlich aufgenommen. Die Königin Dido verliebte sich in Äneas. Es dauerte nicht lange und die beiden lebten wie Eheleute miteinander. Äneas vergaß darüber seinen Auftrag. Deshalb entschlossen sich die Götter einzugreifen.

Mercurius a Iove iussus est Aeneam de voluntate deorum monere; mox ducem Troianorum sic appellavit: „Respice novam patriam, quae tibi in Italia destinata est, respice novam gentem, cuius fatum est Italiam ac totum orbem regere. Coge socios ad litus, para classem, naviga!“ Aeneas, quod Didonem relinquere nolebat, animo perturbatus est; dolorem eius et furorem praesentiebat[1]. Tum eum cupiditas fugae invasit. Statim socios ad litus coegit eosque classem parare iussit; Didonem de profectione[2] postea docere constituit. Regina autem dolos praesensit[1] et Aeneam asperis verbis adiit: „Mene fugis, crudelis? Num speravisti te tantum nefas dissimulare[3] et tacitum[4] mea terra decedere posse? Nonne te tenet amor noster neque fides, quam dedisti, neque Dido moritura[5]? Vide has lacrimas et miserere[6], muta, oro te, mentem!“ Aeneas quidem dolore Didonis vehementer tactus est, tamen diu tacebat eiusque oculos vitavit. Tandem: „Tene lacrimas, regina, tene iram! Erras, si credis te a me deceptam esse. Numquam ego tibi nuptias promisi, nihil dissimulare[3] volui. Desine et me et te querelis[7] tuis incendere. Non mea sponte te relinquo; a deis coactus sum abire. Quae dei mandaverunt, ea facere debeo.“

1) **praesentīre:** (im Voraus) spüren, ahnen 2) **profectiō, -ōnis** f: Abreise 3) **dissimulāre:** verheimlichen 4) **tacitus, -a, -um:** stillschweigend 5) **moritūra:** die dem Tod geweiht ist 6) **miserēre:** habe Mitleid, erbarme dich 7) **querēla, -ae** f: Klage

- Gliedere den Text in passende Sinnabschnitte, indem du die handelnden Personen beachtest. Fasse die Abschnitte jeweils kurz zusammen.
- Beschreibe und beurteile das Verhalten des Äneas der Königin Dido gegenüber.

1 Alles PPP?

aetati – alti – amati – arti – clamati – clementi – cuncti – iura – iurata – iussa – iuxta – laetus – liberatus – litus – menti – multi – mutati – paratae – piratae – portatae – salutati – saluti – satis – sitis – sortis – tactum – totum – servati – servituti – vocati – vultis

a Schreibe alle PPPs in dein Heft und führe sie auf den Infinitiv Präsens Aktiv zurück.

b Bestimme die restlichen Formen nach Wortarten und nenne jeweils ihre Lernform.

2 Mach mehr draus – oder weniger.

Vertausche Singular und Plural und übersetze die entstandenen Formen.

vocatus sum – superati sunt – spectatae estis – exspectatus es – iussum est – rogati sumus – explanatae sunt – apportata est – invitatus es

3 Kassandra klagt um Troia.

Setze die PPPs passend ein und übersetze. Das Lösungswort teilt dir Kassandras „Beruf“ mit.

audita (e) – capta (r) – collocatum (e) – decepti (h) – abductae (n) – necati (i) – relictus (s)

1. „Equus ingens in litore Troiae ? est. 2. Graeci dixerunt id donum Minervae ? esse, sed ? estis, Troiani, quod verba mea ? non sunt. 3. Iam Troia ? est, iam viri ? sunt, iam feminae in servitutem ? sunt.“

4 Zuerst die Lernform

Nenne zu den Passivformen jeweils den Infinitiv Präsens Aktiv und übersetze dann.

1. Socii Ulixis a Circa *tacti* et in sues (→ 22 L) *mutati sunt*. 2. Ulixi autem a Mercurio remedium *datum est*. 3. Hoc remedio Circa ab Ulixe *superata est*. 4. Statim ab ea formae humanae sociis *redditae sunt*. 5. Tum insula Circae a Graecis cito *relicta est*.

5 Abräumen

a Ordne den Formen von *errare* jeweils die entsprechende Form von *esse* zu. Notiere die Buchstaben-Zahlen-Kombination und übersetze.

► c 3 (er, sie, es irrte) → d 1 (er, sie, es war)

b Welche Formen lassen sich nicht zuordnen?

c Vier Formen von *esse* fehlen. Welche?

	a	b	c	d
1	errabunt	eras	errabitis	erat
2	eris	errabo	erimus	errabam
3	errabimus	eram	errabat	erunt
4	eratis	errabas	ero	errabis

Weitere Abenteuer des Äneas

1. Postquam Troia deleta[1] est, Aeneas per multas terras et maria errabat. 2. Tandem classis eius ventis secundis in Italiam portata est. 3. Prope[2] Cumas Aeneas a Sibylla ductus est ad inferos[3]. 4. Ibi Anchises, pater mortuus, ei apparuit, qui ei futurum[4] imperium gentis Romanae ante oculos posuit. 5. Deinde Aeneas in Latium venit, ubi a rege Latino acceptus est. 6. Is filiam habebat, quam Turno, regi Rutulorum, promiserat. 7. Sed tum a patre huic hospiti novo in matrimonium data[5] est. 8. Hac re in Turno vehemens ira incensa est. 9. Turnus vehementer cum Aenea armis pugnavit, sed in hac pugna crudeliter necatus est.

1) **dēlēre** (*PPP* **dēlētum**): zerstören
2) **prope** (*m. Akk.*): nahe bei, in der Nähe von
3) **ad īnferōs:** in die Unterwelt
4) **futūrus, -a, -um:** (zu)künftig
5) **in mātrimōnium dare:** (*jmdn. zur Ehefrau geben*) verheiraten mit

Apud inferos – In der Unterwelt

1 *Dido mortua* – Begegnung in der Unterwelt

Nachdem Äneas Dido verlassen hat, schlägt deren Liebe in Hass und Verzweiflung um. Sie verflucht Äneas und nimmt sich das Leben.
Als Äneas zu einem späteren Zeitpunkt in die Unterwelt hinabsteigt, begegnet er dort nochmals Dido. Bei ihrem Anblick bricht er in Tränen aus und spricht liebevoll: „Unglückliche Dido, ich bin die Ursache deines Todes gewesen. Ich schwöre es bei den Göttern: Ungern bin ich weggegangen. Aber die Befehle der Götter trieben mich. Ich ahnte nicht, dass ich dir so furchtbaren Schmerz bereitete. Bleib stehen und lass dich anschauen! Geh nicht weg!“ Dido aber meidet seinen Blick und läuft fort.

a Wie wird die Verstorbene dargestellt?
b Inwiefern ergibt sich hier eine Umkehrung der Abschiedsszene im Lektionstext?

2 Wie sieht die Unterwelt aus?

Deckengemälde (Ausschnitt) von Luca Giordano (1632–1705), Palazzo Medici-Riccardi, Florenz.

An der Pforte der Unterwelt wacht der dreiköpfige Höllenhund Zerberus.
Um dorthin zu gelangen, müssen die Verstorbenen zuerst den Totenfluss Acheron überqueren. Charon, der Fährmann, bringt die Toten ans andere Ufer zum Tor der Unterwelt. Als Fährgeld verlangt er einen *obolus*, eine Geldmünze, die die Menschen ihren Verstorbenen unter die Zunge legen.
Als besonders heilig gilt der Fluss **Styx**.

In der Unterwelt gibt es verschiedene Bereiche:

Tartarus
In der Burg des Tartarus müssen Verbrecher wie Sisyphus streng bewacht hinter Mauern ihre Strafen verbüßen.

lugentes campi **– Felder der Trauer**
Hier verweilen die Seelen derer, die zu früh verstorben sind, z. B. Kinder und Selbstmörder.

sedes beatae **– Elysium**
Im Elysium dürfen alle Helden und Frommen ihr glückliches Dasein genießen.

a In welcher Gegend trifft Äneas Dido?
b Auf der Abbildung ist eine Darstellung der Unterwelt zu sehen. Beschreibe, was du darauf erkennst.

Roms göttlicher Ursprung

Die Römer sahen im Troianer Äneas, dem Sohn der Venus, ihren Stammvater; denn er hatte einen Teil der überlebenden Einwohner Troias nach Italien geführt, wo sein Sohn Julus schließlich die Stadt Alba Longa gründete. Dort herrschten mehrere Jahrhunderte friedlich die Nachkommen des Äneas, bis König Numitor von seinem Bruder Amulius vertrieben wurde. Numitors Tochter Rea Silvia gebar, obwohl sie als Vestalin jungfräulich sein sollte, dem Gott Mars die Zwillinge Romulus und Remus. Diese wurden von Amulius auf dem Tiber ausgesetzt, aber von einer Wölfin gerettet. Die Zwillinge zogen, als sie herangewachsen waren, gegen Amulius in den Krieg und töteten ihn.

Die erste Siedlung auf dem Palatin, 8. Jh. v. Chr., moderne Rekonstruktion.

Tausche im Passiv.

	Präsens	⇘	Imperfekt	⇘	Futur I.
Aeneas a Mercurio	monitus est	⇘	erat	⇘	erit.

Tausche die *esse*-Formen aus und versuche zu übersetzen. Welche Tempora ergeben sich jeweils? Formuliere Regeln, wie sie gebildet werden.

Tausche Komma gegen ⇘ Punkt.

Dido lacrimis suis non movit AENEAM, ⇘ . QUI socios iam iusserat classem parare.

Übersetze vor dem Tausch. Um welche Satzarten handelt es sich? Was ändert sich daran nach dem Tausch? Finde eine passende Übersetzung für QUI.

Eine Stadt wird gegründet.

Nachdem Romulus und Remus das Volk von Alba Longa dazu gebracht hatten, ihren Großvater Numitor wieder als König anzuerkennen, verließen sie die Stadt.

Romulus et Remus in eis locis, ubi expositi erant, urbem condere cupiverunt.
In eo loco, in quo a lupa[1] inventi et nutriti[2] erant, moenia exstruere constituerunt.
Iam summo studio in opere occupati erant, cum Remus rogavit:
„Uter novae urbi nomen dabit? Uter hanc urbem reget?“
Mox fratres vehementer inter se certaverunt, quod de his rebus non consentiebant;
nam uterque cupiditate regni captus erat.
Postremo alter ex fratribus:
„Quoniam inter nos non convenit, auxilio deorum nobis opus est.“
Itaque ambo augurium[3] egerunt – Romulus in Palatio, in Aventino Remus.
Priori Remo sex vultures[4] apparuerunt.
Qui statim clamavit: „Ego sum rex!“
Sed paulo post duplex[5] numerus vulturum[4] se ostendit Romulo.
Qui regnum sibi vindicare non dubitavit et:
„Non probo“, inquit, „augurium[3] tuum, frater.
Numerus enim avium momentum facit, non tempus.
Qua de causa ego urbi nomen dabo,
ego regam urbem, ubi moenia exstructa erunt.“
Tum Remus ira commotus est et fratrem irrisit.
„Quemadmodum“, inquit, „urbem a periculis defendes,
si muris tam parvis circumdata erit?“,
et novos muros transiluit[6].
Quam ob audaciam iratus frater eum interfecit.
Ita solus obtinuit regnum Romulus,
ita urbs nova nomine Romuli appellata est Roma.

1) **lupa, -ae** f: Wölfin 2) **nūtrīre:** säugen, ernähren
3) **augurium, -ī** n: Augurium (*Beobachtung und Deutung von Vorzeichen, insbesondere des Vogelflugs*)
4) **vultur, -uris** m: Geier 5) **duplex, -plicis:** doppelt (so groß) 6) **trānsilīre** (*Perf.* **trānsiluī**): überspringen

- ▶ Suche aus dem Text Wörter und Wendungen, die zum Sachfeld „Stadtgründung“ gehören. Achte darauf, wo dieses Sachfeld im Text gehäuft vorkommt. Versuche daraufhin, die Themenschwerpunkte des Textes zu erkennen.
- ▶ Mit welchen Argumenten beansprucht jeder der beiden Brüder die Herrschaft über Rom für sich?

1 Plusquamperfekt – Perfekt – Futur II

Bilde jeweils die drei Tempora, indem du die fehlenden Formen von *esse* hinzusetzt. Übersetze alle Formen.

mutatus erat / ? / ? – missi sumus / ? / ? – abducti estis / ? / ? – aedificata erunt / ? / ? – quaesita eras / ? / ? – monitus sum / ? / ?

2 Wer könnte das gedacht haben?

1. Si Graeci superati erunt, nos tandem felices erimus. – 2. Si e servitute servata ero, amicas meas conveniam. – 3. Si oppidum aedificatum erit, a me regetur. – 4. Si alius vir ab uxore mea acceptus erit, valde maestus ero. – 5. Si a viro Troiano relicta ero, numquam alium virum amabo.

3 Anschluss gesucht

Setze das passende Relativ-Pronomen ein und übersetze.

1. Menelaus Helenam in Graeciam reduxit. ? a Paride abducta erat. – 2. Troiani equum in urbem traxerunt. ? a Graecis aedificatus erat. – 3. Aeneas ex oppido fugit. ? a Graecis captum erat. – 4. Ulixes socios servavit. ? a Circa mutati erant. – 5. Aeneam de voluntate deorum Mercurius monuit. ? ab Iove missus erat.

Z 6. Dido secum: „Decipior et relinquor ab Aenea. ? amore tamen capta sum. 7. Is se a deis cogi contendit. ? profecto procul sunt. 8. Num tu a deis servaris, Aenea? 9. ? ceteros Troianos necari voluerunt."

4 Verben-Würfel

Bastelt zwei Verben-Würfel (z. B. durch Bekleben).

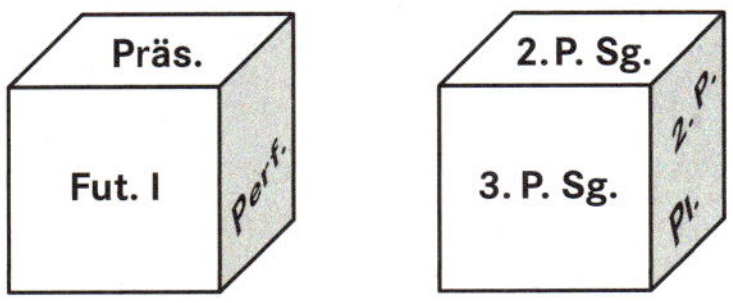

Würfelt Formen zum Bilden aus, z. B. zu *monere, relinquere, dare, ire, velle*.

5 Der Raub der Sabinerinnen

Übersetze und gib die Art des Gliedsatzes an.

1. Urbs, postquam condita est, cito crevit, nam Romulus omnes, qui patriam novam quaerebant, in urbem novam accepit. 2. Sed viri soli venerunt. 3. Qui quoniam neque feminas neque filios filiasque habebant, uxores in urbem ducere voluerunt. 4. Sed ceterae civitates, quamquam saepe a Romulo rogatae erant, negaverunt. 5. Itaque Romulus dolum paravit Romanisque dixit: 6. „Nisi nobis puellas dare volunt, nos eas abducemus. 7. Spectacula dabimus omnesque invitabimus. 8. Ubi vobis signum datum erit, con-currite virginesque abducite!" 9. Et profecto Romani, dum ii, qui invitati erant, per urbem ambulant, accurrerunt virginesque abduxerunt.

Ein versöhnliches Ende

1. Sabini, quod filiae eorum a Romanis abductae erant, bellum paraverunt. 2. Nam hac re vehementer laesi erant. 3. Post paucos[1] menses in agros Romanorum invaserunt eosque armis petiverunt. 4. Diu et acriter pugnatum est. 5. Tum filiae Sabinorum – nunc uxores Romanorum – hanc pugnam finire[2] voluerunt, quod mortem aut patrum aut virorum suorum metuebant. 6. Quam ob rem in eum locum cucurrerunt, ubi viri certabant, et cum lacrimis oraverunt: „Desinite pugnare! 7. Mox eritis aut avi aut patres liberorum[3] nostrorum. 8. Si vos interfecti eritis, liberi[3] nostri non habebunt aut avos aut patres." 9. Quibus verbis viri commoti sunt et pacem[4] fecerunt. 10. Sic ambo populi audacia feminarum in unam civitatem coniuncti[5] sunt.

1) **paucī, -ae, -a:** wenige 2) **fīnīre:** beenden
3) **līberī, -ōrum** m: Kinder 4) **pāx, pācis** f: Frieden
5) **coniungere** (*PPP* **coniūnctum**): verbinden, vereinigen

Die Etrusker – Eine geheimnisvolle Kultur

Reichtum und Luxus

In einer an Bodenschätzen reichen, fruchtbaren Landschaft entwickelten die Etrusker eine blühende Stadtkultur. Der Handel ermöglichte der etruskischen Oberschicht ein Leben in Reichtum und Luxus.

Rom und die Etrusker

Rom wurde in der Frühzeit zeitweilig von Etruskern beherrscht. Zwei Könige Roms trugen den etruskischen Namen Tarquinius. Die Vertreibung des letzten Königs Tarquinius Superbus war vielleicht eine Befreiung von etruskischer Herrschaft. Nach langen Kriegen konnten die Römer 396 v. Chr. die etruskische Nachbarstadt *Veii* erobern. Das Gebiet der Etrusker geriet nach und nach in den römischen Machtbereich. Im 1. Jh. v. Chr. verschwand die selbstständige etruskische Kultur.

Totenkult

Die Etrusker glaubten an ein Leben nach dem Tod. Sie errichteten für ihre Verstorbenen aufwändige Totenstädte. Die reich ausgemalten Gräber der Etrusker berichten viel über den Alltag dieses Volkes.

a Von luxuriöser Lebensweise zeugt die abgebildete Tänzerin vor allem durch ihre raffinierte Kleidung. Beschreibe sie.

b Die Chimäre aus Arezzo zeigt die dunkle, bedrohliche Seite der etruskischen Religion. Beschreibe, wodurch diese Wirkung erreicht wird.

Etruskische Tänzerin, Abzeichnung von einer Grabmalerei in Tarquinia, 5. Jh. v. Chr.

Chimäre aus Arezzo, Bronze, um 400 v. Chr.

Toskana

Die Etrusker lebten vor allem in Mittelitalien im Gebiet der Flüsse Arno und Tiber. Bei den Griechen hießen sie *Tyrrhenoi*, bei den Römern *Etrusci* oder *Tusci*. Ein Teil ihres ehemaligen Gebietes heißt heute Toskana und das Meer davor das Tyrrhenische Meer.

Informiere dich im Internet oder mit einem Reiseführer über Städte in der Toskana, die eine etruskische Vorgeschichte haben, z. B. Volterra, Cerveteri, Vulci, Tarquinia, Arezzo.

Zeus' Söhne und andere Helden

Von den folgenden Helden gibt es viel zu erzählen. Unten findet ihr schon einige Hinweise auf ihre Geschichten. Lest diese angefangenen Geschichten in einem Sagenbuch nach und erzählt sie der Klasse. Besprecht, wie man eine mündliche Erzählung am besten gestaltet.
Arbeitet in Gruppen und teilt euch die Geschichten auf.
Fertigt zu jedem Helden einen Steckbrief an, auf dem zu lesen ist, wer seine Mutter war, welche besonderen Erlebnisse er in der Kindheit hatte, welche Abenteuer er bestehen musste, wen er dabei traf und wie sein Leben zu Ende ging.

1 Herkules

Herkules (*griech.* Herakles) ist besonders dadurch bekannt, dass er zwölf Arbeiten verrichten musste. Eine davon war das Ausmisten eines riesigen Stalles. In diesem Stall des Königs Augias hatte sich ein solcher Schmutz angesammelt, dass man nicht glaubte, dass ein Mensch diesen Stall jemals wieder sauberbekommen könne.

Herkules reinigt den Augias-Stall, Metope vom Zeus-Tempel in Olympia, um 460 v. Chr.

2 Theseus

Theseus reiste als junger Mann nach Athen zu seinem Vater. Auf dem Weg dorthin vollbrachte er einige Taten.

Theseus mit dem besiegten Minotaurus, Schale, um 440 v. Chr.

Er befreite die Stadt Athen von einer schlimmen Plage. Denn die Athener mussten jedes Jahr dem König Minos auf Kreta 14 junge Leute (je sieben junge Frauen und junge Männer) schicken, die dem Minotaurus geopfert wurden. Der Minotaurus lebte in einem Labyrinth, aus dem man nicht mehr herausfand. Ariadne aber, die Tochter des Königs Minos, hatte eine gute Idee …
Möglicherweise hat sie es später bereut, dass sie Theseus geholfen hat. Und Theseus hat es bestimmt bereut, dass er auf der Rückfahrt nach Athen vergessen hatte, weiße Segel zu setzen.

3 Perseus

Perseus wurde die Aufgabe übertragen, das Haupt der Medusa zu bringen.

Medusa (1590), Caravaggio (1573–1610), Uffizien, Florenz.

Die Gefährlichkeit dieser Aufgabe bestand darin, dass der Blick der Medusa alle, die sie ansah, versteinerte. Perseus gelang es, der Medusa den Kopf abzuschlagen.

Perseus (um 1550), Statue von Benvenuto Cellini (1500–1571) in Florenz.

Dioskuren auf dem Kapitol in Rom.

4 Kastor und Pollux, die Dioskuren

Die Römer haben eine besondere Beziehung zu den Dioskuren, den unzertrennlichen Brüdern:
Auf dem Forum Romanum gibt es einen Kastor-und-Pollux-Tempel.
Kastor soll sterblich, Pollux dagegen unsterblich gewesen sein. Als Kastor bei einem Streit mit zwei Königssöhnen ums Leben kam, machte Pollux Zeus einen ungewöhnlichen Vorschlag.

Über folgende Begriffe und Themen weißt du nun Bescheid:

- ▶ Homer, Ilias; Priamus, Achill; Heinrich Schliemann, Troia
- ▶ Odysseus (Kyklopen, Sirenen)
- ▶ Äneas, Dido
- ▶ Orte und Gestalten der Unterwelt
- ▶ Etrusker
- ▶ Gründungssage Roms
- ▶ Herkules, Theseus, Perseus, Dioskuren

7 – 5 – 3: Kroch Rom da wirklich aus dem Ei?

Schon lange bevor Livius sein Geschichtswerk schrieb, versuchten römische Historiker, das Gründungsjahr der Stadt Rom festzulegen. Sie stellten mehrere Berechnungen an. In der Kaiserzeit setzte sich schließlich als Gründungsjahr Roms das Jahr 753 v. Chr. durch. Freilich war bekannt, dass die Latiner schon lange vor diesem Datum auf den Hügeln am Tiber siedelten. Erst als das uralte Volk der Etrusker ihr Herrschaftsgebiet nach Süden ausdehnte, wurden die Siedlungen der Latiner zu einer Stadt vereinigt, die den Namen Rom erhielt. In dieser Stadt sollen 244 Jahre lang Könige geherrscht haben. Der letzte König war Tarquinius Superbus.

Bildnis eines Redners namens Aulus Metellus, um 100 v. Chr., Museo Archeologico, Florenz.

1. Relativsatz
2. Temporalsatz
3. Kausalsatz
4. Konzessivsatz

Dem PARTIZIP auf der Spur

PC

1	*Romulus et Remus*	, qui a lupa[1] inventi et servati erant,	urbem novam condiderunt.
		a lupa[1] inventi et servati	
2	*Urbs Roma*	, postquam a Romulo condita est,	cito crevit.
		a Romulo condita	
3	*Urbs Roma*	, quod muris circumdata erat,	in periculis non erat.
		muris circumdata	
4	*Urbs Roma*	, quamquam ab hostibus petita erat,	capta non est.
		ab hostibus petita	

1) **lupa, -ae** f: Wölfin

a Übersetze die Sätze **1 – 4**, folge dabei zunächst der grünen Spur und stelle fest, um welche Satzarten es sich im grauen Kasten jeweils handelt.
b Decke nun jeweils die grüne Spur ab, verfolge die blaue Spur und übersetze genauso.
c Übersetze folgenden Satz auf vier verschiedene Arten, indem du nacheinander allen grünen Spuren folgst. Geben alle einen Sinn?

Urbs nova etiam a Remo condita nomine Romuli appellata est.

Wer zuletzt lacht . . .

Tarquinius Superbus hatte mithilfe Tullias, seiner Geliebten, deren Mann und seine eigene Frau umgebracht. Tullia hatte auch ihren Vater, den König von Rom, beseitigen lassen. Daraufhin war Tarquinius in der Stadt an die Macht gelangt. Er lebte jedoch in ständiger Angst vor Racheakten und scheute vor nichts zurück, wenn es darum ging, seine Herrschaft zu erhalten.

Tarquinius rex superbe ac crudeliter imperabat; itaque Superbus appellatus erat. Quem plebs ad magnos labores coacta non amabat. Etiam multi patres a muneribus publicis prohibiti ei inimici erant. Tarquinius timore insidiarum motus principes civitatis sustulit. Etiam nepotes suos timebat: alterum interfecit, vitae alterius pepercit, quia nullum periculum ab eo instare putabat. Qui se stultum esse simulaverat et iniurias regis aequo animo sustinuerat. Etiam cognomen Bruti[1] non abnuerat[2]. Itaque a Tarquinio non perspectus vitam tutam vivebat. Sed quodam[3] die rex portento[4] terribili sollicitatus Brutum sic appellavit: „Statui duos filiorum meorum Delphos mittere; oraculum de sorte mea consulent. Tu, Brute, comes eorum eris.“ Brutus magno gaudio affectus nihil dixit. Mox filii regis cum Bruto Delphos contenderunt. Postquam eo venerunt, mandata patris perfecerunt. Deinde fratres oraculum de sorte sua consulere cupiverunt. Coram[5] Bruto alter ex eis: „Uter nostrum[6]“, inquit, „aliquando summum imperium Romae habebit?“ Vix finiverat, cum hoc responsum est: „Is, o iuvenes, summum imperium Romae habebit, qui primus vestrum[6] matri osculum[7] dederit.“ Statim fratres magna spe agitati Romam properare constituerunt. Subito Brutus ad terram cecidit eamque ore tetigit. Quam ob rem filii regis Brutum irriserunt, is autem molliter subrisit[8]. Paulo post Tarquinios pepulit et summum imperium ad eum venit.

1) **cognōmen Brūtī:** den Beinamen Brutus (*d. h. der Schwachsinnige*) 2) **abnuere** (*Perf.* **abnuī**): zurückweisen
3) **quīdam** (*Abl.* **quōdam**): ein (gewisser) 4) **portentum, -ī** n: (Wunder-)Zeichen der Götter
5) **cōram** (*m. Abl.*): in Anwesenheit (*von*) 6) **nostrum/vestrum:** von uns/von euch
7) **ōsculum, -ī** n: Kuss 8) **subrīdēre:** lächeln

- Trage die Wendungen zusammen, die die Herrschaft des Tarquinius beschreiben. Achte darauf, wo du sie findest. Welchen weiteren inhaltlichen Schwerpunkt kannst du feststellen?
- Warum ist der Beiname Brutus für diesen Neffen des Tarquinius höchst unpassend?

1 PC gesucht!

Schreibe die Sätze in dein Heft. Unterstreiche jeweils das PPP ohne *esse* und zeichne einen Pfeil zu seinem Bezugswort. Übersetze die Sätze und gib verschiedene Übersetzungsmöglichkeiten an.
1. Romulus et Remus fratres ab Amulio expositi tandem a lupa[1] inventi sunt. 2. Fratres a lupa[1] servati in eo loco urbem condiderunt. 3. Qui cupiditate regni capti vehementer certaverunt. 4. Tandem auxilium a deis missum accipere volebant. 5. Romulus autem augurium[2] a fratre actum non accepit: 6. „Ego urbi moenibus circumdatae nomen dabo!“ 7. Remus autem moenia a fratre exstructa irrisit.

1) **lupa, -ae** f: Wölfin 2) **augurium, -ī** n: Prophezeiung

2 Das Partizip-Chamäleon

Finde für die Partizip-Konstruktionen möglichst viele sinnvolle Übersetzungen.
1. Mercurius a Iove missus Aeneam de voluntate deorum monuit. 2. Aeneas animo perturbatus Didoni consilia deorum non aperuit. 3. Sed cupiditate fugae incensus socios classem parare iussit. 4. Regina autem magnis curis sollicitata eum adiit. 5. Sed Aeneas dolore Didonis commotus oculos eius vitavit. 6. Tandem dixit: „Magno amore motus tamen te relinquere debeo.“

3 Wähle das passende PPP und übersetze.

1. Plebs ad magnos labores (coacta/coactus/coactos), sed a muneribus publicis (prohibitus/prohibita/prohibitis) Tarquinio inimica erat. 2. Etiam principes civitatis irati erant, quod rex timore insidiarum (moto/motus/motarum) multos eorum interfecerat. 3. Vita autem Bruti ab omnibus (irrisi/irrisus/irrisa) tuta erat. 4. Aliquando Tarquinius signo deorum (sollicitato/sollicitatus/sollicitatorum) filios suos Delphos misit. 5. Delphis autem filii regis non modo mandata perfecerunt, sed etiam curis (agitata/agitati/agitatas) oraculum consuluerunt.

4 Da stecken PPPs drin.

a.Chr.n. Datum
p.S.
a.u.c.

5 Zurück in die Gegenwart!

Gib – wo dies möglich ist – das Tempus-Zeichen an, führe auf den Infinitiv Präsens Aktiv zurück und übersetze dann die finite Form.

contenderant – audiebatis – posuit – prohibuerint – coegimus – praebebunt – traxeram – posces – censuistis – terrebam – necaverunt – abducam

Gleiches Recht für alle!?

1. Tarquinius Superbus ex urbe pulsus ad Etruscos fugit. 2. Civitas autem Romana a Bruto liberata feliciter crevit, sed multos hostes habebat. 3. Cum quibus Romani saepe contendebant. 4. Non modo patres, sed etiam plebs urbem fortiter[1] defendit. 5. Plebs autem a patribus superbis despecta[2] aliquando iura scripta petivit. 6. Sed patres hoc negaverunt. 7. Quam ob rem plebs ex urbe decessit nec redire voluit. 8. Tum Menenius Agrippa a patribus ad plebem missus fabulam de stomacho[3] et membris[4] narravit: Ut corpori et pedibus et stomacho[3] opus est, ita civitati et plebe et patribus opus est. 9. Hac fabula commoti homines in urbem redierunt.

1) **fortis, -is, -e:** tapfer 2) **dēspicere** (*PPP* **dēspectus**): geringschätzen, verachten 3) **stomachus, -ī** m: Magen 4) **membrum, -ī** n: Glied, Körperteil

res publica Romana – Die römische Republik

res publica libera – Die neue Staatsordnung der Römer

Nach der Vertreibung des letzten Königs entfaltete sich eine neue Staatsordnung: die ***res publica libera***. In der Frühzeit der Republik lag die Macht in den Händen des Adels (Patrizier), erst allmählich erlangten auch die Nichtadligen (Plebejer) Zugang zu politischen Ämtern. Es wurden sogar besondere Volksvertreter, die Volkstribunen (*tribuni plebis*), eingesetzt.

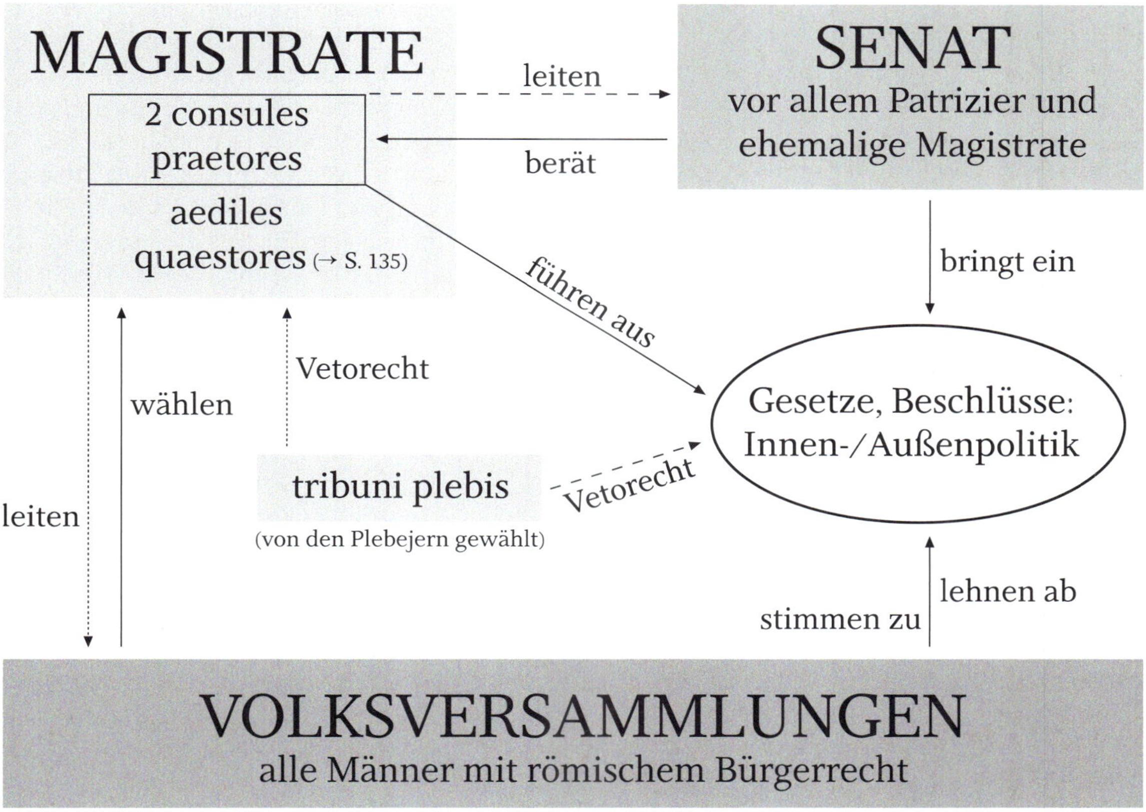

a Welche Bevölkerungsgruppen wurden von der Politik gänzlich ausgeschlossen?

b Wenn ein Amtsträger Einspruch erheben wollte, rief er „*veto*“. Übersetze und informiere dich anhand des Schaubildes, wer dieses Recht besaß.

c Die Abkürzung **SPQR**, d. h. *senatus populusque Romanus*, wurde zum Inbegriff der römischen Verfassung und Macht. Erläutere dies mithilfe des Schaubildes.
Das Kürzel findet sich auch heute noch, hier z. B. auf einem Kanaldeckel in Rom.

Die Gallier kommen!

Der römische Staat, die *res publica libera*, war von Anfang an großen Spannungen im Inneren ausgesetzt. Zu Beginn lagen Macht und Regierung in den Händen alter Adelsfamilien, das einfache Volk strebte aber zunehmend nach mehr Einfluss. Zu den inneren Unruhen kamen um 400 v. Chr. große Gefahren von außen. Gallier hatten sich – möglicherweise infolge einer Hungersnot in ihrer Heimat – auf die Suche nach einem neuen Siedlungsgebiet gemacht und waren bis nach Mittelitalien vorgedrungen. Lange Zeit hatten die Römer diese Eindringlinge kaum beachtet. Als sie sich ihnen schließlich entgegenstellten, erlitten sie an der Allia, einem Nebenfluss des Tibers, eine schreckliche Niederlage. Dieser Unglückstag ging als *dies ater* („schwarzer Tag“) in die Geschichte ein. Die Gallier griffen nach ihrem Sieg sogar Rom an.

Die Gänse vom Kapitol, Reliefbruchstücke aus Ostia.

Passiv im Präsens-STAMM

servor servaris servatur servamur servamini servantur servari terreor terreris terretur terremur terremini terrentur terreri audior audiris auditur audimur audimini audiuntur audiri ducor duceris ducitur ducimur ducimini ducuntur duci capior caperis capitur capimur capimini capiuntur capi servabar servabaris servabatur servabamur servabamini servabantur terrebar terrebaris terrebatur terrebamur terrebamini terrebantur audiebar audiebaris audiebatur audiebamur audiebamini audiebantur ducebar ducebaris ducebatur ducebamur ducebamini ducebantur capiebar capiebaris capiebatur capiebamur capiebamini capiebantur servabor servaberis servabitur servabimur servabimini servabuntur terrebor terreberis terrebitur terrebimur terrebimini terrebuntur audiar audieris audietur audiemur audiemini audientur ducar duceris ducetur ducemur ducemini ducentur capiar capieris capietur capiemur capiemini capientur

a Nenne die Person-Zeichen des Passivs im Präsens-STAMM.
b Gelten die Tempus-Zeichen, die du vom Aktiv her kennst, auch im Passiv? Kontrolliere.
c Inwiefern tanzen die gekennzeichneten Formen aus der Reihe? Übersetze sie. Was haben sie gemeinsam?

Die kapitolinischen Gänse

Dem Angriff der Gallier war das römische Heer nicht gewachsen. Es wurde besiegt, die Gallier verfolgten die Reste der Truppen bis Rom und drangen schließlich in die Stadt ein. Der Teil der Bevölkerung, der die Stadt nicht verlassen hatte, und die Truppen zogen sich auf den mons Capitolinus, *ein steil aufragendes Felsplateau, zurück. Die Gallier begannen daraufhin die Belagerung.*

Tum arx Romae Capitoliumque in ingenti periculo erant.
Nam Galli, quoniam urbem ceperant, etiam montem Capitolinum expugnare studebant.
Cives autem Romani se natura loci in arce tutos putabant.
Saepe haec verba audiebantur:
„Quare tot vigiliae ponuntur? Cur arx tam diligenter custoditur?
Aditus[1] ad arcem angustus est; hostes a paucis facile prohibebuntur.
Arx natura loci munita expugnari non potest.
Cur vigilias agere cogimur? Cur somno privamur?“
Quadam[2] autem nocte Galli magno silentio ad montem successerunt.
Tandem saxum ascensui[3] idoneum animadverterant.
Unus ex eis viam temptavit, ceteri post eum ascenderunt:
Sublevabant invicem[4] et alii alios trahebant, ut locus poscebat.
Ita in summum[1] pervenerunt.
Iam se vigilias, immo canes fefellisse censebant,
cum anseres[5] Iunonis sacri clamaverunt.
Qui in summa inopia cibi mactati[6] non erant.
Clamore anserum[5] excitatus M. Manlius, vir fortis et acer, arma rapit
et his verbis in hostem ruit:
„Sumite arma, iuvenes, accurrite! A Gallis oppugnamur!
Defendite mulieres ac liberos! Defendite patriam!
Cur cessatis? Num a Gallis terremini?
Arx capietur, vos necabimini, in servitutem abducemini, nisi properabitis!
Ego periculo mortis non terreor!“
Tum Gallum primum, qui iam in summo[1] constiterat, de arce praecipitat.
Cuius casu[7] tota acies Gallorum in praeceps delata est[8].

1) **aditus:** Zugang 2) **quaedam** (*Abl.* **quādam**): eine (gewisse) 3) **ascēnsuī:** für den Aufstieg
4) **sublevāre invicem:** sich gegenseitig hochschieben 5) **ānser, -eris** m: Gans 6) **mactāre:** schlachten
7) **cāsus** (*Abl.* **cāsū**): Fall, Sturz 8) **in praeceps dēferre** (*PPP* **dēlātum**): in die Tiefe reißen

- Welche Gefühle beherrschen die römischen Bürger auf dem Kapitol? Gib Gründe und Belege dafür an.
- Gliedere den Text in Abschnitte und formuliere jeweils eine passende Schlagzeile.

1 Präsens – Imperfekt – Futur

Ordne die Passivformen nach den drei Tempora und übersetze.

finiebatur – caperis – irridebimini – audimur – audiar – regebantur – apportamini – cogimur – ponetur – spectabar – capiemini – mittebaris – prohibemur – tangentur – tenebar

2 Infinitiv Präsens Passiv immer dabei!

Unterscheide, führe auf den Infinitiv Präsens Aktiv zurück und übersetze.

reddi – reddidi – relinqui – reliqui – timori – timeri – perfici – perfeci – mitti – missi – exstrui – exstructi – posci – poposci – cogi – coegi – clamori – clamari – sumi – summi

3 Das Multi-*i*

Erkläre an den fünf Beispielen, wofür der Buchstabe *-i* am Wortende stehen kann. Achtung: Einige der Beispiele sind mehrdeutig!

amici
duci
regi
audi
dixi

4 Exklusivreportage vom Kapitol

Du stehst als Reporter auf dem Kapitol und berichtest live vom Angriff der Gallier. Verändere die Verbformen dementsprechend und trage deine Reportage der Klasse vor.

Roma magno in periculo erat. Romani a Gallis valde territi sunt, nam urbs capta est. In arce ubique vigiliae positae sunt, tamen arx non satis custodiri potuit. Capitolium a Gallis petitum est. Subito ibi clamores anserum (→ 26 L) auditi sunt. Omnes ad arma vocati sunt. Statim a M. Manlio arma rapta et mulieres liberique fortiter defensi sunt. Galli primi, qui montem ascenderant, de arce praecipitati sunt. Summis viribus acies Gallorum oppressa et patria Romanorum servata est.

5 Durchhalteparolen auf dem Kapitol

Übersetze und nenne zu den Passivformen jeweils den Infinitiv Präsens Aktiv.

1. Timore non frangemur, Romani.
2. A viris nostris Capitolium bene custodietur. 3. Hic locus a Gallis terribilibus numquam capietur. 4. Urbs ab eis oppugnata est, sed arx nostra non expugnabitur.

6 DEKLINATIONEN – Aufräumaktion

Leere den Kasten und ordne die Substantive nach Kasus und Numerus in eine Tabelle ein. Ergänze die restlichen Formen.

mulier – porta – litoris – viri – modo – spem – comite – voto – victores

Eine getäuschte Verräterin

1. Sabinos quondam hostes Romanorum fuisse audivimus. 2. Eo tempore in urbe Roma Tarpeia virgo vivebat, de qua haec fabula narratur: 3. Dum urbs a Sabinis oppugnatur, Tarpeia tamen saepe oppidum relinquit, quod aquam extra[1] urbem petere[2] solet. 4. Ibi non paucos Sabinos convenit, in quorum bracchio[3] sinistro pulchra ornamenta[4] aurea[4] animadvertit. 5. Puella cupiditate auri[5] commota hostibus promittit: „Si mihi ea, quae in bracchio[3] sinistro habetis, dederitis, a me nocte in arcem munitam ducemini.“ 6. Hoc Sabinis placet. 7. Ita hostes a puella Romana in oppidum custoditum ducuntur. 8. Sed Tarpeia ab hostibus fallitur; neque enim ornamenta[4] virgini dantur. 9. Immo scuta[6], quae Sabini bracchio[3] sinistro tenent, in eam mittuntur. 10. Ita Tarpeia crudeliter interficitur et urbs a Sabinis expugnatur.

1) **extrā** (*m. Akk*): außerhalb 2) **petere** (hier): holen
3) **bracchium, -ī** n: Arm
4) **ōrnāmentum (-ī) aureum (-ī)** n: goldenes Schmuckstück 5) **aurum, -ī** n: Gold
6) **scūtum, -ī** n: der Schild (eines Soldaten)

Vae victis! – Rom erobert Italien.

1 Zunächst hatten die Gänse die Gefahr vom Kapitol noch einmal abgewendet. Doch die Belagerung dauerte noch Monate, sodass schließlich Hunger und Erschöpfung auf beiden Seiten zu Verhandlungen zwangen. Die Gallier waren gegen eine vereinbarte gewaltige Menge Gold zum Abzug bereit. Man trug das Gold zusammen, doch die Gallier wogen mit falschen Gewichten. Ein Tribun protestierte gegen die Ungerechtigkeit. Darauf ließ der Anführer der Gallier Brennus noch sein Schwert in die Waagschale der Gewichte legen mit den Worten: „*Vae victis* – Wehe den Besiegten!“

Erkläre mit deinen Worten, was der Ausspruch *Vae victis* bedeutet. Findest du in unserer heutigen Welt Beispiele dafür, dass er immer noch gilt?

2 Die Kette der Kriege der Römer gegen ihre Nachbarvölker riss nicht ab. Teilweise mussten sie schwere Niederlagen hinnehmen. Doch am Beginn des 3. Jh.s v. Chr. beherrschten sie Mittelitalien und dehnten ihre Macht weiter nach Süden aus. Schon hatten sie Italiens Südküste erreicht und einige der alten Griechenstädte erobert. Doch die reiche Handelsstadt Tarent leistete Widerstand. Die Tarentiner riefen den König Pyrrhus von Epirus von der anderen Seite des adriatischen Meeres zu Hilfe. Pyrrhus kam und mit ihm 25 000 Söldner und 20 Elefanten. In der ersten Schlacht errang Pyrrhus einen sicheren Sieg. Auch eine zweite Schlacht konnte er für sich entscheiden. Aber angesichts seiner großen Verluste soll er ausgerufen haben:

„Wenn ich noch einen solchen Sieg erringe, bin ich verloren.“

Im Jahr 275 endete das italische Abenteuer des Königs mit einer völligen Niederlage bei Benevent. Drei Jahre später war Tarent Teil des römischen Machtbereichs.

Porträt des Königs Pyrrhus von Epirus.

Erkläre mit eigenen Worten, was ein „Pyrrhus-Sieg“ ist.

vorne: *Kopf der Göttin Juno.*

Goldmünze aus Tarent:

hinten: *Einer der Stadtgründer.*

Themistokles denkt voraus.

Fast 100 Jahre vor dem Angriff der Gallier auf Rom war auch das demokratisch regierte Athen in größter Gefahr. Als die Perser ihr Großreich nach Westen ausdehnen wollten, war Themistokles der führende Mann in Athen. Er ließ 200 neuartige Schiffe bauen, die ca. 37 m langen und nur 5 Meter breiten Trieren, wo auf drei Ruderdecks 170 Ruderer saßen. Diese wurden speziell trainiert, um die feindliche Flottenreihe zu durchbrechen und dabei die gegnerischen Schiffe manövrierunfähig zu machen, indem sie deren Ruder abbrachen. Mit dem metallenen Rammsporn am Bug konnten sie auch Schiffe versenken. Bald sollte die Strategie des Themistokles für Athen sehr nützlich sein …

Athener Triere, moderne Rekonstruktion.

HOC et ILLUD – dieses und jenes über römische Heere

hic exercit-us

Dux huius exercit-us fortis est. Et dux illius exercitus?
Huic exercit-ui hostes cedent. Et illi?
Hunc exercit-um cuncti metuent. Et illum?
Hoc exercit-u hostes superabimus. Et illo?
Haec acies honorem sibi parabit. Et illa?

ille exercit-us

Was denkt der Kaiser?

Hostes exercit-us meos timent, nam vim exercit-uum meorum iam saepe cognoverunt. Quam ob rem meis exercit-ibus fidem habeo, nam exercit-us mei hostibus non parcent. His exercit-ibus cunctos populos superabo.

Stelle anhand der Sätze zwei „Schlachtreihen“ auf: eine für das Demonstrativ-Pronomen ille und eine für das Substantiv exercit-us der neuen Deklination. Gib dieser einen Namen nach dem Vokal, der in ihren Signalteilen am häufigsten vorkommt.

Hölzerne Mauern

Gegen die zu Wasser und zu Land anrückenden Perser hatten die griechischen Stadtstaaten gemeinsame Truppenverbände aufgestellt. Während die gewaltige Flotte der Perser Athen ansteuerte, vernichteten ihre Heere die griechische Abwehr bei den Thermopylen, einem Gebirgspass in Nordgriechenland.

Statim Xerxes, magnus ille rex Persarum, exercitus suos Athenas duxit.
Ibi Themistocles exercitui classique praeerat.
Hic civibus impetum illius sustineri non posse persuasit.
Itaque Athenienses urbem reliquerunt seque Salamina[1] receperunt,
ubi communis Graeciae classis constituta erat.
Xerxes, postquam Athenas pervenit, non modo urbem incendio delevit,
sed etiam illam arcem Minervae sacram.
Tum classiarii[2], ubi flammas viderunt, metu territi domum discedere parabant.
Sperabant enim se moenibus defendi posse.
Themistocles unus restitit:
„Manete!“, inquit, „dispersi[3] nos omnes peribimus.
Non pares illis esse poterimus nisi universi.
Cogitate illud oraculum a Pythia editum:
‚Munite vos moenibus ligneis[4]!‘
Nonne intellegitis navem significari murum ligneum[4]?
Proinde ponite spem salutis non in moenibus vestris, sed in navibus nostris!
Non superabimus, nisi in angusto mari, opportuno nobis loco, cum Persis pugnabimus.“
Sed ceteris ducibus non persuasit.
Itaque media nocte ad Xerxem misit servum fidelissimum[5]
eumque iussit illi haec nuntiare:
„Adversarii tui fugere parant.
Si discesserint, eos singulos cum exercitibus tuis superare cogeris.
Sin brevi tempore vincere vis, statim committe proelium cum universis.“
Persae profecto postridie[6] iniquo sibi loco cum Graecis conflixerunt[7].
Hi moenibus ligneis[4] muniti magnam victoriam pepererunt,
illi, quia multitudinem navium explicare[8] non potuerant, cladem gravem acceperunt.
Sic unius viri prudentia Graecia omnis liberata est.

1) **Salamīna:** *Akk. zu* **Salamīs** (*Insel und Stadt gegenüber von Athen*) 2) **classiāriī, -ōrum** m: Flottenbesatzungen 3) **dispergere** (*PPP* **dispersus**): zerstreuen 4) **līgneus, -a, -um:** hölzern 5) **fīdēlissimus, -a, -um:** überaus treu 6) **postrīdiē:** am nächsten Tag 7) **cōnflīgere** (*Perf.* **cōnflīxī**): den Kampf beginnen 8) **explicāre:** entfalten, wirksam einsetzen

► Untersuche die Rede des Themistokles. Wie versucht Themistokles, die anderen Flottenbesatzungen zum Bleiben zu bewegen? Achte auf die Form der Prädikate, ihr Tempus und die Personen.

► In welchen Handlungen zeigt sich die Klugheit des Themistokles?

1 Immer zu dritt

Ordne die Formen von *exercitus – socius – imperator* nach Kasus und Numerus zu Dreiergruppen.

imperatorum – sociis – exercitu – socium – socio – exercitibus – imperatore – socii – exercitum – imperatorem – imperatoribus – exercituum – exercitus – imperatoris – sociorum

2 Partnersuche

Setze die passende Form von *ille* zu den Substantiven.

illius – illum – illae – illorum – illi – illa – illis – illo – illam – illi	dominam – servis – equum –canum – iudicis – amico – aetate – tempore – horae – anni

3 Ein großes Heer ist verschwunden ...

Setze die Formen von *magnus* und *exercitus* zu einem Deklinationsschema zusammen. Welches Paar fehlt?

magni – magnis – magnum – magnorum – magno – magnus – magno – magni – magnis

exercitui – exercituum – exercitus – exercitibus – exercitum – exercitu – exercitibus – exercitus – exercitus

4 Alle mal hersehen!

Übersetze. Lege dir zwei Blätter mit der Bezeichnung der beiden Tempel hin, lies den Text laut und zeige jeweils auf die Tempel.

Spectate forum Romanum! Videtis multa templa[1]. Hic est templum[1] deae Vestae, ibi est templum[1] Iani dei. Hoc templum[1] a rege Numa Pompilio aedificatum est, illud templum[1] etiam e temporibus regum constare[1] apparet. Hoc templum[1] intrare nemini nisi virginibus Vestae licet, illi templo[1] duae portae sunt, quod Ianus in utramque partem[2] spectat. Ex hoc templo[1] feminae Romanae initio[3] anni novam flammam petunt, illud templum[1] clauditur[4], cum toto orbe terrarum bella finita sunt.

1) **cōnstāre:** bestehen 2) **pars, partis** f: Seite, Richtung 3) **initium, -ī** n: Anfang 4) **claudere:** schließen

5 Einpassen

Wähle jeweils das nach Inhalt und Form passende Substantiv aus und übersetze.

arcis – consuli – patriam – hostem – hominum – equis – liberis – hostibus

1. Magna multitudo ? capta est.
2. ? nuntiatum est hostes urbem petere.
3. Defendite ?!
4. Oppidum a/ab ? oppugnatum est.

6 KNG muss passen.

Ordne die Substantive und Adjektive zu Paaren, die in KNG zusammengehören.

dominis – homo – mulierum – sorte – regi – gentem – res – itinera – tempus – victorem

Romanam – diligens – communes – fortium – clementibus – felicem – difficilia – breve – communi – crudeli

Undank des Vaterlandes

1. Xerxes, ille rex Persarum, postquam consilio Themistoclis victus est, cum universo exercitu suo in Asiam rediit. 2. Deinde Themistocles urbem Athenas muris altis munire volebat. 3. Hoc enim modo impetus omnis generis ab urbe prohiberi posse sperabat. 4. Sed huic rei principes urbis Spartae vehementer restiterunt, quia potentiam[1] et Athenarum et Themistoclis metuebant. 5. Deinde etiam cives Athenarum, quod auctoritatem Themistoclis timebant, eum ex urbe pepulerunt. 6. Qui metu mortis commotus per multa loca fugiebat. 7. Postremo autem ad regem Persarum, filium illius regis, quem vicerat, venit eique vitam suam commisit. 8. Et ab illo ut amicus receptus est.

1) **potentia, -ae** f: Macht

Regnum Persarum – Das Großreich im Osten

1 Kyros (6. Jh. v. Chr.)

Herrschaft über die Persis (heutiger Iran). Eroberung des Meder- und dann des Lyderreiches unter dessen König Kroisos (*lat.* Croesus).

Das Orakel von Delphi an Kroisos:
„Kroisos, wenn du den Halys überschreitest, wirst du ein großes Reich zerstören."

a Informiere dich, was dieses Orakel für Kroisos bedeutete.

b Wodurch ist Kroisos berühmt geworden?

2 Dareios (6./5. Jh. v. Chr.)

Organisator eines Großreiches, das vom heutigen Bulgarien bis Indien, vom Kaukasus bis Ägypten reicht. Einheitliche Verwaltung der Völker in Provinzen (Satrapien). Gut funktionierendes Fernstraßennetz. Einheitswährung: Dareikos. Neue Hauptstadt Persepolis mit riesigem Palast.

Dareios' Ausgreifen nach dem Westen endet in der Niederlage bei Marathon 490 v. Chr. Hier erstmals – bereits nach antiker Vorstellung – Auseinandersetzung zwischen Asien und Europa.

Inwiefern muss man die Leistung des Dareios bei der Organisation seines Reiches als großartig bezeichnen?

3 Xerxes (5. Jh. v. Chr.)

Sein Versuch, die Niederlage der Perser zu rächen, endet 480 v. Chr. mit der Vernichtung der persischen Flotte bei Salamis.

4 Eroberung des Perserreiches

im 4. Jh. v. Chr. durch Alexander den Großen, der – wie ein antiker Autor berichtet – nach „einer doppelten Herrschaft, über Europa und Asien" strebte.

Informiere dich, warum und wie es zum Marathonlauf gekommen ist.

Der Marathonlauf, heute eine Wettkampfdisziplin.

Ein Fluch erfüllt sich.

Der Eid des Hannibal, Gemälde von Jacopo Amigoni (1682–1752).

Als Äneas Karthago verließ, hatte Dido den Fluch ausgesprochen, zwischen seinen und ihren Nachkommen solle ewige Feindschaft bestehen. Im Jahre 264 v. Chr. wurde der mythische Fluch geschichtliche Realität: Rom und Karthago standen sich im Ersten Punischen Krieg als Feinde gegenüber – die Landmacht Rom gegen die Seemacht Karthago.
Zu dieser Auseinandersetzung kam es, als die Römer ihre Herrschaft nach Süden ausdehnten und dort auf Karthago trafen, die führende Handelsmacht im westlichen Mittelmeerraum. Auf der Insel Sizilien stießen die Machtinteressen beider direkt aufeinander. Wie die Griechen in der Auseinandersetzung mit den Persern auf den Bau einer Flotte gesetzt hatten, so baute nun Rom erstmals eine Flotte – und gewann den Seekrieg. Karthago verlor seine Macht auf Sizilien.

Partizip Präsens Aktiv learn-ing spiele-nd

specta-ns
audie-ns
gaude-ns
lege-ns
capie-ns

a Erkläre, wie das lateinische Partizip Präsens gebildet wird.
b Wähle das lateinische Partizip, das dir am besten gefällt, und dekliniere es nach dem Muster *diligens*, *diligentis*. Vorsicht, eine Form unterscheidet sich. Finde sie mithilfe der Begleitgrammatik.
c Für die Übersetzung gibt es dieselben Möglichkeiten wie beim PPP. Wende Gelerntes an und übersetze auf verschiedene Weise:

Galli arcem cum paucis viris custodientes nocte invaserunt.

WELCHE Pronomina sind das?

QUIS exercitus suos Athenas duxit?
QUI rex exercitus suos Athenas duxit?

QUID ille rex ibi delevit?
QUOD aedificium ille rex ibi delevit?

a Beantworte alle Fragen.
b Die Formen des neuen Pronomens müssten dir bekannt vorkommen. Mit welchem Pronomen stimmen sie überein? Übrigens gilt das für alle Formen! Wiederhole sie und stelle deinen Klassenkameraden lateinische Fragen mit dem neuen Pronomen.

Der Schwur

Die Karthager sannen auf Rache. Hamilkar Barkas, der Feldherr der Karthager, wollte sein Heer nach Spanien übersetzen, um sich dort eine Ausgangsbasis für den Kampf gegen die Römer zu schaffen. Am Vorabend seines Aufbruchs …

Obscura luce columnae[1] templi[1] Iovis Optimi Maximi[2] vix cernebantur;
in ara flamma lumen parcum dans micabat[3];
interdum simulacrum dei auro fulgebat[4].
Subito Hamilcar Barcas, vir ingenti corporis magnitudine, apparuit
filium, puerum novem annorum, manu tenens.
Ille hunc consistere iussit et solus ad aram accedens interrogavit:
„Timesne, Hannibal?“ – „Quam ob rem, pater?“ –
„Sumus in aede Iovis Optimi Maximi[2]!“ –
„Non ignoro.“ – „Qua de causa te huc duxi, mi fili[5]?“ –
„Nescio; certe eam mihi aperies.“
At Hamilcar filio diligenter audienti haec dixit:
„Quae gens avaritia ardens omnia rapit?
Cuius gentis senatus parentibus nostris Siciliam Sardiniamque eripuit?
Qui populus ceteris imperare vult?“ – „Sunt Romani, pater.“
„Vere dixisti: Sunt Romani imperium omnium terrarum petentes!
Nos eos ab Africa arcere necesse est.
Itaque exercitus nostros in Hispaniam traiectos contra eos ducam;
in finibus ipsorum[6] cum eis contendam.“
Deinde Hamilcar Iovi Optimo Maximo[2] sacrificare instituit.
Subito filium ardentibus oculis aspiciens rogavit:
„Visne mecum in castris esse?“
Statim Hannibal dignitatem loci neglegens ex-clamavit:
„Duc me, pater, tecum in Hispaniam, fac me militem tuum!“
Tum Hamilcar: „Faciam, si mihi fidem, quam postulo, dederis“,
et Hannibalem ad aram adduxit dicens: „Tange aram sacram!“
Postremo filium aram tenentem sic iurare iussit:
„Numquam ego in amicitia cum Romanis ero.“
Hannibal, ubi verba patris odio ardentis audivit, respondit: „Iuro.“

1) **columna, -ae** f: Säule
2) **Iūppiter (Iovis) Optimus (-ī) Māximus (-ī):** Jupiter, der Beste und Größte (*römischer Name für Baal, den obersten Gott der Karthager*) 3) **micāre:** flackern 4) **fulgēre:** aufleuchten, funkeln 5) **mī fīlī** (*Vokativ*): mein Sohn
6) **ipsōrum:** ihr eigenes

- Wie gelingt es Hamilkar, seinen Sohn dazu zu bringen, Rom für immer ein Feind zu sein?
- Gliedere den Text, indem du die Konnektoren (Verbindungswörter) heraussuchst und beschreibst, was durch sie jeweils zum Ausdruck gebracht wird.

1 Erkannt – bestimmt

Schreibe die PPA-Formen heraus und bestimme sie nach Kasus und Numerus.

cernentes – urbium – libenter – arcentium – eripienti – cuncti – relinqui – dantur – servitus – intellegentes – postulantes – montibus – sentis – committente – ponte – mutante – vincentem – legent – pervenienti – delentibus

2 Lichte den Nebel.

In jeder Reihe versteckt sich ein PPA. Schreibe es heraus und gib den Infinitiv sowie die deutsche Bedeutung an.

contentum – ingentium – rapientium
momenti – moventi – monumenti
sapientia – neglegentia – maria
gens – legens – trans
montis – dantis – mentis

3 Partizip-Klammer

Bilde Substantiv-Partizip-Verbindungen nach folgendem Muster und übersetze:
Athenienses/urbem/relinquere
→ Athenienses urbem *relinquentes*
→ *während/als/weil* die Athener die Stadt verließen

1. civibus/ad aram/accedere
2. Romanis/imperium/petere
3. oculos/furore/ardere
4. cives/pugna/perire
5. filio/verba patris/audire
6. vobis/oraculum/intellegere
7. exercitum/urbem/capere
8. militum/domum/discedere

4 Bitte genauer!

Frage nach und übersetze.

▶ **amicum** invito → Quem amicum invitas?

1. **Amico** occurri. 2. **Epistulam** reddere volo. 3. **Insidias** metuo. 4. **Remediis** medicus me servavit. 5. Ad pedes **imperatoris** me proieci. 6. Consiliis **hominum** nocui.

5 Aus eins mach viele.

a Schreibe die Sätze in dein Heft und zeichne jeweils einen Pfeil vom PPA zu seinem Bezugswort.

b Übersetze die Sätze. Finde dabei für das PC jeweils mehrere Übersetzungen.

1. Themistocles impetum Xerxis timens cives urbem relinquere iubet. 2. Xerxes urbem delens arci Minervae non parcit. 3. Themistocles solus homines desperantes bono animo esse iubet. 4. Spem in navibus ponens magnam victoriam parit.

„Hannibal ad portas!“

1. Hannibal puer cum patre in Hispaniam traiecit. 2. Hanc terram Poeni expugnare studentes multa proelia committebant. 3. Sed Romani libertatem oppidi Sagunti postulantes eis restiterunt. 4. Post mortem patris Hannibal primo equitatui[1], deinde universo exercitui praeerat. 5. Odio Romanorum ardens nec pericula timens etiam patriam hostium petivit. 6. Ita milites suos trans Alpes duxit et in Italiam pervenit. 7. Tum cives Romae ab hoste appropinquante valde territi sunt. 8. Multi iam finem vitae metuentes clamabant: „Hannibal ad portas! Quae fortuna nobis instat?“ 9. At ille urbem neglegens in alias partes[2] Italiae invasit et ad Cannas Romanis ingentem cladem paravit. 10. Sed quia Romam non ceperat, a comite vituperatus[3] est: „Vincere scis, Hannibal, victoria uti[4] nescis.“

1) **equitātus, -ūs** m: Reiterei 2) **pars, partis** f: Teil
3) **vituperāre:** tadeln 4) **ūtī** (*m. Abl.*): (aus)nutzen

Hannibal ante portas! – Rom contra Karthago

Hannibals Entscheidungsschlacht, anonymes Gemälde (um 1521).

Wenn du die Auszüge aus dem Tagebuch eines Römers während des Zweiten Punischen Krieges in die richtige Reihenfolge bringst, ergeben die vier Buchstaben den Namen der Stadt, bei der die Entscheidungsschlacht stattfand.

A ANTE DIEM V IDVS MAIAS

„Hannibal ad portas!" Der Ruf geht durch die ganze Stadt. Die schreckliche Niederlage bei Cannae steht allen noch vor Augen. Nach der Belagerung von Capua ziehen seine Soldaten nun gegen Rom! Wir sind verloren.

A ANTE DIEM III IDVS APRILES

Jetzt müssen wir uns auf eine Belagerung gefasst machen. Der lacus Trasimenus, an dem Hannibal unser Heer geschlagen hat, ist nur etwa C Meilen entfernt. Konsul Flaminius ist tot; wir werden Q. Fabius Maximus zum Diktator ernennen. In der Stadt werden Vorbereitungen zur Verteidigung getroffen; morgen werden die Brücken über den Tiber abgerissen.

Z ANTE DIEM VII KALENDAS NOVEMBRES

In der Stadt sagt man, dass Hannibal seit einigen Tagen am Padus sei. Wie hat er es nur geschafft, mit 50 000 Soldaten und XXXVII Elefanten die montes Alpes[1] zu überqueren? Diese Elefanten sollen ganz lange Zähne haben, an denen sie Säbel tragen.
Bestimmt bringt unser Konsul Scipio einige mit, wenn er nach dem Sieg über Hannibal nach Rom zurückkehrt.

M NONIS SEXTILIBVS

Die Stadt ist wie gelähmt. Trauer und Entsetzen überall. Hannibal hat unsere Heere bei Cannae geschlagen; nicht einmal ein Viertel unserer Soldaten soll diese Schlacht überlebt haben. Was wird nun aus Rom?

secessio plebis – Die Plebejer streiken für Gleichberechtigung

1 Die erste *secessio plebis*

Nach Beendigung der Königsherrschaft übernahmen die Patrizier in Rom die Macht. Der Großteil der freien Bürger (Plebejer) aber, ob reich oder arm, besaß keine politischen Rechte. Ungerechte Verteilung des Besitzes, ständige Kriege sowie die Verweigerung politischer Macht erregten bei den Plebejern Unmut. Geschlossen zogen sie aus Protest auf den „heiligen" Berg außerhalb der Stadt (*secessio plebis* „Weggang/Auswanderung des Volkes"). Da Rom aber gerade wieder Krieg drohte und die Patrizier auf die militärische Hilfe der Plebejer angewiesen waren, schickten sie – so erzählt Livius – Menenius Agrippa zu den Aufständischen. Dieser soll folgende Geschichte erzählt haben:
„Zu der Zeit, als beim Menschen die Körperteile noch nicht wie heute harmonisch zusammenarbeiteten, ärgerten sich die Gliedmaßen über den Magen. Sie warfen ihm vor, er liege faul in ihrer Mitte und verschlinge nur das, was ihm die anderen lieferten, während sich Füße und Hände abrackerten. Sie beschlossen zu streiken. Als der Magen keine Nahrung mehr erhielt, wurde der ganze Körper schwach. Da wurde den Körperteilen klar, dass der Körper nur durch das harmonische Zusammenspiel aller gut funktionieren kann."
Agrippa hatte mit seiner Fabel Erfolg, die Plebejer kehrten nach Rom zurück.

Was wollte Agrippa mit seiner Geschichte den Plebejern klarmachen? Inwiefern hat euch die Geschichte überzeugt? Findet ihr auch Gegenargumente?

2 Warum streikten die Plebejer?

Im Laufe weiterer Auseinandersetzungen, der sog. Ständekämpfe, streikten die Plebejer mehrmals, um ihren Forderungen Nachdruck zu verleihen. Folgendes hätte man auf diesen Demonstrationen vermutlich hören oder lesen können:

3 Was brachte die *secessio*?

Damit die Plebejer nach Rom zurückkehrten, machten die Patrizier Zugeständnisse. Die Gleichberechtigung aber wurde erst im Laufe der andauernden Auseinandersetzungen erreicht.
Wichtige Etappen zwischen dem 5. und 3. Jh. v. Chr. waren:

Das **Eheverbot** zwischen Patriziern und Plebejern **wird aufgehoben.**

Die Plebejer richten eine **eigene Volksversammlung** und das **Volkstribunat** zur Durchsetzung ihrer Interessen ein.

Niemand darf wegen seiner Schulden **versklavt** werden.

Concordia-Tempel: Symbol der Eintracht der römischen Bürger.

Zwölftafelgesetze
Das Recht wird aufgezeichnet und damit für alle kontrollierbar.

Die Plebejer haben **Zugang zu allen politischen Ämtern.**

Plebejer können **Konsul** werden.

4 *cursus honorum* – die Ämterlaufbahn

Seit Ende der Ständekämpfe durchlief ein Politiker die Ämter meist in einer festen Abfolge: dem *cursus honorum*. Dabei wurden die einzelnen Ämter mindestens doppelt besetzt (Kollegialität). Zudem wurde jährlich gewählt (Annuität). Eine Person durfte nie mehrere Ämter zugleich bekleiden und musste je nach Amt ein Mindestalter haben.

a Außerhalb des *cursus honorum* gab es weitere Ämter (Zensor, Diktator). Informiert euch über deren Funktion und gestaltet ein Wandplakat, auf dem alle Ämter zu finden sind.
b Weshalb legten die Römer auf Kollegialität und Annuität großen Wert?

quaestores:
Finanzverwaltung.

aediles:
Polizei, Organisation der öffentlichen Spiele und der Getreideversorgung.

praetores:
Vertretung der Konsuln, Rechtsprechung.

consules:
Staatsleitung, Heerführung,
Vorsitz im Senat.

Über folgende Begriffe, Themen und Sprüche weißt du nun Bescheid:

- res publica libera (*cursus honorum, tribuni plebis*), SPQR
- Punische Kriege, Hannibal
- Pyrrhus-Sieg
- Perser, Marathon, Kroisos

Hannibal ante portas! Vae victis!

Vom Volkshelden zum Staatsfeind

Coriolan vor den Mauern Roms (1750/53), Giovanni Battista Tiepolo (1696–1770), Martin-v.-Wagner-Museum, Würzburg.

Am Beispiel Hannibals zeigt sich, wie stark ein Sohn von seinem Vater beeinflusst werden kann. Ebenso wird in einer anderen Geschichte der Einfluss einer Mutter auf ihren Sohn deutlich. Veturia und Coriolan waren für die Römer das schlagende Beispiel dafür: Als sich Rom von den Volskern bedroht sah, griffen die Römer deren Stadt Corioli an. Gaius Marcius, ein junger Patrizier, eroberte die Stadt schnell. Zur Erinnerung an seine Heldentat bekam er den Beinamen „Coriolanus".
Als in Rom eine Hungersnot ausbrach, machte Coriolan den Vorschlag, das aus dem Ausland gesandte Getreide nur unter der Bedingung an die Plebs abzugeben, dass sie wieder auf das Volkstribunat verzichtete. Darüber war die Plebs wütend. Die Patrizier, die einen bewaffneten Aufstand fürchteten, verbannten Coriolan.

Der ? ? AKTIV

Ordne den lateinischen Sätzen der Reihe nach die Übersetzung der Gliedsätze zu. Die umrandeten Buchstaben lösen die Fragezeichen in der Überschrift auf.

Hannibal spricht zu seinen Soldaten:

Omnes sciunt, quid de Romanis cogit-e-m.	, **dass** Karthago siegt. KTI
Pugnate, ne Romani patriam capi-a-nt!	, **was** ich über die Römer denke. KON
Orate deos, ut Carthago vinc-a-t!	, **dass** ihr Italien angreift. ENS
In Italiam ibimus, ut vim Romanorum fini-a-mus.	, **dass** die Römer uns fürchten. AES
Tam fortes sumus, ut Romani nos time-a-nt.	, **damit** die Römer die Heimat nicht erobern. JUN
Impero, ut Italiam oppugn-e-tis.	, **damit** wir die Gewalt der Römer beenden. VPR

a Beschreibe, wie die neuen Verbformen in den *fünf Konjugationen* aufgebaut sind. Woher kennst du ihre Person-Zeichen? Wie werden sie in den Gliedsätzen übersetzt?
b Um welche Art von Gliedsätzen handelt es sich?

Die Macht einer Mutter

Coriolan war zu den benachbarten Volskern ins Exil gegangen, von wo aus er einen Krieg gegen Rom organisierte. Schon war er mit seinen Truppen vor der Stadt aufmarschiert. Fest entschlossen, sich an Rom zu rächen, hatte er zwei römische Gesandtschaften abgewiesen. Der Krieg schien unvermeidbar.

Tum matronae ad Veturiam, matrem Coriolani,
et ad Volumniam uxorem frequentes convenerunt.
Una ex eis dixit:
„Quoniam viri urbem armis defendere non possunt,
nos Coriolanum adibimus, ut eum ab urbe arceamus.
Vos oramus atque obsecramus, ne nobis auxilium negetis.
Omnis spes in vobis est.
Vos solae et filium et maritum movebitis, ut se armis abstineat.
Adiungite vos ad nos!
Venite nobiscum, ut furorem Coriolani a pernicie civitatis avertamus!“
Neque Veturia neque Volumnia negavit.
Brevi ingens mulierum agmen ad castra Coriolani venit.
Qui neque precibus earum neque lacrimis de consilio suo deductus est.
Subito unus e familiaribus: „Nisi fallor“, inquit, „mater, coniunx, liberi adsunt.“
Coriolanus consternatus[1] de sede sua exsiluit[2] matrique complexum ferebat[3].
Quae vehementer irata: „Priusquam complexum[3] tuum accipio“, inquit, „fac, ut sciam,
utrum ante hostem stem an ante filium,
utrum in castris tuis captiva an mater sim.
Cur senectutem meam infelicem reddidisti?
Cur tam durus es, ut hanc terram, quae te genuit atque aluit, vastes?
Nonne, cum Roma in conspectu fuit, tibi succurrit[4]
‚Intra illa moenia domus ac penates[5] mei sunt, mater, coniunx liberique‘?
Si pergis, filios tuos aut immatura[6] mors aut longa servitus manet.“
Denique verba matris, complexus[3] uxoris ac liberorum, fletus[7] mulierum
animum Coriolani fregerunt.

1) **cōnsternātus, -a, -um:** entsetzt 2) **exsilīre** (*Perf.* **exsiluī**): aufspringen
3) **complexus, -ūs** m: Umarmung/**complexum ferre** (*m. Dat.*): (*jmdn.*) umarmen wollen
4) **succurrere:** einfallen, in den Sinn kommen 5) **penātēs, -tium** m: Penaten
6) **immātūrus, -a, -um:** vorzeitig, zu früh 7) **flētus, -ūs** m: Weinen, Schluchzen

- Bestimme den inhaltlichen Schwerpunkt der Z. 1–10. Suche Wörter und Wendungen heraus, die diesen Schwerpunkt belegen.
- Wie gelingt es Veturia, Coriolan umzustimmen?

1 Scrabble

Suche alle Konjunktivformen heraus. Setze aus ihren zweiten Buchstaben Einleitungen für Gliedsätze zusammen, die den Konjunktiv erfordern. Übersetze die restlichen Formen.

stet – statuet – intras – intres – incipit – incipiet – incipiat – restant – ruant – stat – putent – putant – putabant – pones – imponant – imponunt – petes – petas – petis

2 Akkusativ oder Konjunktiv ...

Führe auf die Lernform zurück.

fugiam/fugam – curram/curam – vitam/vitem – liberam/liberem – ducas/duces – sumas/summas

... oder sogar beides?

vocem – iudices – labores – salutem

3 Ein guter Lateiner SEIN WOLLEN

Ordne den Formen von *esse* der Reihe nach die entsprechenden von *velle* zu. Welche Personen unseres Buches haben etwas mit dem Lösungswort zu tun?

ero – sis – sunt – sim – erit – es
velis (f) – volunt (r) – vis (a) – velim (i) – volam (a) – volet (c)

4 Mama ante portas!

Zweck oder Folge? Übersetze und gib an, welche der Gliedsätze das eine, welche das andere ausdrücken.

1. Veturia: „Te obsecramus, Coriolane, ne Romam armis petas.
2. Quis tam durus esse potest, ut patriam suam opprimat?
3. Venimus, ut perniciem ab urbe avertamus.
4. Uxor tua, liberi tui tam infelices sunt, ut lacrimas non iam tenere possint.
5. Cura, ne Volsci libertate nos privent.
6. Fac, ut Roma tuta sit!“

5 Sag, Coriolan!

Bilde sinnvolle Sätze und übersetze sie.

Dic, Coriolane,

utrum
cur
quae

patria tua sit.
senectutem matris infelicem reddas.
ante hostem an filium meum stem.

6 Subjunktionen

Übersetze und gib jeweils die Sinnrichtung des Gliedsatzes an.

1. Apud Volscos bellum parabatur, cum agmen mulierum castra accessit.
2. Coriolanus, ubi matrem cognovit, cito ei occurrit.
3. Veturia autem, priusquam complexum (→ 29 L) filii accepit, rogavit: „Esne filius meus, quoniam ut hostis nobiscum agis?“
4. Tum Coriolanus, quamquam Volscis fidem dederat, Romam non petivit.

Ein mutiges Mädchen

1. Post multas pugnas Romani cum Etruscis tandem pacem[1] faciunt. 2. Etrusci poscunt: „Date nobis obsides[2], ut pax[1] inter nos firma[3] sit.“ 3. Ita Cloelia cum aliis puellis Porsennae, regi Etruscorum, traditur. 4. Cloelia autem cogitat: „Adhuc nescio, utrum hic maneam an fugiam.“ 5. Sed brevi consilium capit, ut cum aliis puellis fugiat. 6. In equos ascendunt, ut domum redeant, et cum equis per Tiberim natant[4]. 7. Statim rex Porsenna a Romanis postulat, ut puellae reddantur. 8. Et profecto Romani puellas reddunt, ut pacem[1] servent. 9. Magnus autem animus Cloeliae Porsennam ita movet, ut virginem et ceteras puellas Romanis reddat. 10. Romani autem in honorem virginis fortis statuam[5] fecerunt.

1) **pāx, pācis** f: Frieden 2) **obses, óbsidis** m/f: Geisel 3) **firmus, -a, -um:** fest, sicher 4) **natāre:** schwimmen 5) **statua, -ae** f: Statue

Reformen für das Volk – Das Scheitern zweier Brüder

Eine der berühmtesten Frauen der römischen Antike ist **Cornelia**, die Mutter der sog. **Gracchen**. Das schrieb sie an ihren Sohn Gaius:

> Du sagst, du willst Rache haben für den schrecklichen Tod deines Bruders? Das darfst du nicht tun, denn der Staat könnte darunter leiden.
> Bedenke doch, dass mir nur noch eine kleine Spanne Zeit zum Leben übrig bleibt. Kann nicht einmal dies dich daran hindern, den Staat zu zerstören? Wann wird unsere Familie endlich aufhören, sich selbst und andere in Schwierigkeiten zu bringen? Wenn du dich nicht davon abhalten lässt, dann warte mit deiner Bewerbung um das Volkstribunat wenigstens, bis ich tot bin. Dann, wenn ich nichts mehr von all dem merke, kannst du machen, was du willst.

Was war geschehen?

Nach den Kämpfen gegen die Punier und in Griechenland im 2. Jh. v. Chr. hatten sich die sozialen Gegensätze verschärft: Die Bauern verarmten, weil sie wegen des Militärdienstes lange von zu Hause weg waren und ihre Felder nicht bestellen konnten. Viele mussten ihr Land an reiche Politiker verkaufen und zogen nach Rom, um dort als Tagelöhner zu überleben.
Diese Situation beunruhigte einige Politiker, die sich für die Interessen des Volkes einsetzten und deshalb **Popularen** genannt wurden. Einer von ihnen war Tiberius Gracchus, der ältere Bruder des Gaius. Er war im Jahr 133 v. Chr. Volkstribun und schlug ein Gesetz vor, dass jeder nur ein bestimmtes Höchstmaß an Ackerland besitzen darf.

Die Curia Iulia, der Versammlungsort des Senats, auf dem Forum Romanum.

Römische Frau mit ihren Söhnen, vielleicht Cornelia mit Tiberius und Gaius Gracchus (30/20 v. Chr.), Galleria Borghese, Rom.

Damit waren die meisten Senatoren nicht einverstanden, denn die **Optimaten**, wörtlich „die Besten", wollten von ihrem Besitz nichts abgeben. Daraufhin versuchte Tiberius, sein Ziel auch mit nicht legalen Mitteln zu erreichen.
Wie dies für Tiberius endete, geht aus Cornelias Brief hervor.

Informiere dich über das weitere Schicksal des jüngeren Bruders Gaius. Schreibe an seiner Stelle einen Antwortbrief an die Mutter.

Putschversuch in Rom

L. Sergius Catilina – 108 v. Chr. geboren – stammte aus einer verarmten Patrizierfamilie. Um politischen Einfluss zu erlangen, schreckte er weder vor Erpressung noch vor Bestechung zurück. Er wurde Prätor und Statthalter in der Provinz Africa, wo er sich skrupellos bereicherte. Zweimal bewarb er sich vergeblich um das Konsulat. Darauf beschloss er, die Macht gewaltsam an sich zu reißen. 63 v. Chr. gelangten erste Gerüchte zum Senat, dass sich in Etrurien Scharen von Umstürzlern sammelten, die ein Anhänger Catilinas anführe. Kurz darauf sollte der Konsul Cicero ermordet werden, aber er entkam dem Attentat, da er durch einen Informanten aus dem Verschwörerkreis rechtzeitig gewarnt worden war. Sofort berief Cicero den Senat ein.

Catilina vor dem Senat (1882/88), Fresko von Cesare Maccari, Palazzo Madama, Rom.

CORIOLAN und VETURIA

INDIKATIV und KONJUNKTIV

Veturia: Cur patria a filio meo **relicta est**? *Coriolanus:* Tibi dicam, *cur* **relicta sit**. Quid tribuni plebis **fecerunt**? Omnes sciunt, *quid* **fec-erint**. *Veturia:* Et tu, Coriolane, quid plebi **dixisti**? Num negas, *quid* **dix-eris**? *Coriolanus:* Romam **reliqui** et tu, mater, scis, *cur* patriam **reliqu-erim**. *Veturia:* Cur autem bellum a te **paratur**? *Coriolanus:* Civis Romanus non iam sum, sed dux Volscorum, qui postulant, *ut* bellum **par-e-tur**. *Veturia:* Iam exercitus Volscorum Romam **ducuntur**. Visne, *ut* liberi tui ab hostibus in servitutem **abduc-a-ntur**?

a Sortiere alle **Indikativ**-Formen nach Tempora und stelle ihnen den zugehörigen **Konjunktiv** gegenüber.
b Formuliere drei Regeln, wie die Konjunktive jeweils gebildet werden, und nenne die restlichen Formen im Konjugationsschema.
c Übersetze den Text. Wie wird der Konjunktiv wiedergegeben?

Wie lange noch, Catilina?

In dieser Senatssitzung, an der überraschend auch Catilina teilnahm, wandte sich Cicero in höchster Erregung an die Versammelten.

In qua urbe vivimus, patres conscripti[1]? Quam civitatem habemus? In Etruria contra populum Romanum castra collocata sunt, quorum imperator – quanta audacia! – paulo ante in senatum venit. Quaeritisne, quis sit, quod scelus in animo volvat? Iste est princeps coniurationis, cottidie de nostro interitu, de pernicie huius urbis cogitat. Nonne sentis, Catilina, consilia tua patere? Num credis me ignorare, quid proxima nocte egeris, ubi fueris, quos viros convocaveris, quae consilia inita sint? Tu interrogas, qua ratione haec omnia comprerim. Ego et audio et video et sentio, quid a te tuisque cogitetur, quid agatur, cum nihil meam diligentiam fugiat. Neque ignoro, quare in domum M. Laecae multa nocte conveneritis: Iussisti tuos urbem incendio delere, iussisti tuos me in meo lecto paulo ante lucem interficere. Num negare audes? Id agam, ut hostis iudiceris[2], neque quiescam. Iam habeo in te, Catilina, grave senatus consultum. Sed cum concedatur, ut supplicio afficiaris, tamen te interfici non iubebo. Hoc tantum a te postulo: Abi, discede, relinque urbem! Romae te nihil iam delectabit, cum multis praesidiis meis obsidearis. Multorum oculi et aures te semper et ubique custodient. Te undique[3] omnes circumvenerunt. Quousque tandem[4] praesentia tua iram nostram incendes?

1) **patrēs cōnscrīptī:** (*Anrede für die*) Senatoren 2) **hostem iūdicāre** (*m. Akk.*): (*jmdn.*) zum Staatsfeind erklären
3) **undique:** von allen Seiten 4) **quousque tandem:** wie lange eigentlich noch

- Beschreibe, wodurch die Aufregung Ciceros in seiner Rede zum Ausdruck kommt.
- Welche Wirkung auf die anwesenden Senatoren beabsichtigt Cicero?

1 Konjunktiv Präsens oder Perfekt?

Sortiere die Formen in eine Tabelle ein.

Konjunktiv Präsens	Konjunktiv Perfekt
?	?

cogatur – defensus sis – irrideamus – habuerimus – moniti sitis – neglegant – pulsae sint – dimiserim – reddat – vastatum sit – mittam – laboretis – oppugnaverint – inviteris – eamus – duxeritis – ierim

2 Verhör-Protokoll

Lies dir die Fragen des Richters durch, überlege dir eine passende Geschichte und beantworte die Fragen auf Deutsch.

Iudex reum rogat,
- ubi fuerit, quando domum reliquerit,
- quem convenerit,
- quae scelera commissa sint,
- quis ab eo petitus, quis interfectus sit,
- cur nunc taceat,
- cur ab amicis non defendatur,
- quid neget, ubi patronus eius sit,
- a quo causa eius agatur.

3 Cicero macht Witze.

a *Als er seinen nicht besonders groß gewachsenen Schwiegersohn sah, der ein langes Schwert umgebunden hatte:* „Quis generum[1] meum ad gladium alligavit[2]?"

b *Als eine Frau sich etwas jünger machen wollte, indem sie ein falsches Alter angab:* „Verum est, nam hoc viginti[3] annos audio."

1) **gener, generī** m: Schwiegersohn
2) **alligāre:** binden 3) **vīgintī:** zwanzig

4 Cicero = ? Kein Witz!

Was bedeutet der Name „Cicero" wörtlich übersetzt? Löse das Rätsel.

5 Was nun, Konsul?

Was macht Cicero, nachdem diese Geheimbotschaft entdeckt worden ist? Entschlüssele den Code: Welche Buchstaben haben die Verschwörer immer weggelassen? Übersetze.

NCSSSTNSCNSVLMTLLRPAVLANT
LVCMVMINTRFICIMVS

6 Verben sezieren

Übertrage die Verbformen in dein Heft, zerlege sie in ihre Bestandteile (z.B.: Präsens- bzw. Perfektstamm – Tempus-Zeichen – Person-Zeichen) und übersetze.

▶ impera-ba-m: ich befahl
fec-isse: getan haben

volebat – rexerant – audiveras – fuisti – potuit – poteramus – audimini – imperavisse – viceratis – timebit – scripsisse – tacemus – vinci – movebatur

Cicero als Schriftsteller

1. Cicero non tantum magnus orator et consul fuit, sed etiam multos libros[1] scripsit de multis rebus. 2. Praeter libros[1] etiam tot epistulae Ciceronis traditae sunt, ut ex iis multae res aetatis eius adhuc cognosci possint. 3. In rebus adversis Cicero epistulas ad uxorem mittit, ut ei amorem et timorem suum ostendat.
4. Etiam ad Atticum amicum ita scribit, ut ab illo omnes curae cognoscantur.
5. In epistulis amico narrat, ubi fuerit, quid fecerit, quid ante actum sit, quid exspectet, quid timeat. 6. Optat[2] enim, ut ab Attico omnia intellegantur. 7. Ille autem id agit, ut Ciceroni suo consilia utilia det. 8. Omnes epistulae, quas Cicero ad Atticum scripsit, ab his verbis incipiunt: CICERO ATTICO S. D., id est Cicero Attico salutem dicit.

1) **liber, -brī** m: Buch 2) **optāre:** wünschen

Marcus Tullius Cicero – „Wer war Cicero?“

Im antiken Rom hätte man vielleicht folgende Antworten erhalten:

„Das war doch dieser berühmte Anwalt. Ich erinnere mich noch genau, wie er vor Gericht den berüchtigten Verbrecher Verres angeklagt hat. Einzigartig seine Redekunst! Und natürlich hat er den Prozess gewonnen. Dann wechselte er in die Politik, und das, obwohl er aus keiner Politikerfamilie stammte: ein echter *homo novus*.“

„Der war doch 63 v. Chr. mit 43 Jahren Konsul. Dabei wäre er um ein Haar von Catilina umgebracht worden, der sich ebenfalls für dieses Amt beworben hatte.“

„Ließ der nicht, als die Verschwörung Catilinas aufgedeckt worden war, Mitglieder der Verschwörung hinrichten? Dabei hätte er ihnen als römischen Bürgern die Möglichkeit geben müssen, bei der Volksversammlung Berufung einzulegen. Zur Strafe musste er eine Zeit lang ins Exil.“

„Oh, der war ein großer Anhänger der *res publica libera*. Er wollte keinen Alleinherrscher in Rom. Deshalb legte er sich mit vielen Politikern an, sogar mit Cäsar und Marcus Antonius, die die Macht im Staat an sich reißen wollten.“

„Der wurde 43 v. Chr. grausam ermordet. Nach Cäsars Ermordung wollte M. Antonius die Alleinherrschaft und ließ viele römische Bürger auf eine schwarze Liste setzen, darunter auch Cicero. Dieser hatte nämlich gegen Antonius seine enorme Redekunst als Waffe eingesetzt und Antonius in aller Öffentlichkeit mit heftigen Worten angegriffen. Als Cicero gefasst wurde, schlug man ihm Kopf und Hände ab und befestigte sie zur Abschreckung an der Rednerbühne auf dem Forum.“

„Das ist doch der, der so viele Bücher geschrieben hat. Manch einer behauptet, er habe das alles von den Griechen abgeschrieben. Aber auch das wäre schon beachtlich, so viel Philosophie und dann das Ganze auch noch ins Lateinische zu übersetzen.“

a Erstellt einen Lebenslauf, indem ihr die Angaben sinnvoll anordnet.

b Wählt euch zudem jeweils einen Abschnitt aus und informiert euch darüber näher. Stellt euch gegenseitig eure Ergebnisse vor.

c Warum wurden gerade Ciceros Kopf und Hände auf der Rednerbühne ausgestellt? Betrachtet auch die abgebildete Cicero-Statue.

Cäsar und Kleopatra

Kleopatra VII. bestieg 51 v. Chr. mit 18 Jahren den ägyptischen Thron. Da eine Frau nicht allein regieren konnte, musste sie ihren bedeutend jüngeren Bruder Ptolemäus XIII. heiraten. Doch nach drei Jahren wurde sie von dessen Erziehern entmachtet und vertrieben. Cäsar, der einerseits Unruhen im Osten vermeiden, andererseits Schulden des Vaters der beiden eintreiben wollte, versuchte zu vermitteln. Zum Schein stimmte Ptolemäus einem Versöhnungstreffen zu. Tatsächlich aber sollte Cäsar umgebracht werden. Dieser war allerdings durch den Tod des Pompejus gewarnt, der nach seiner Niederlage im Bürgerkrieg vor ihm nach Alexandria geflüchtet und dort heimtückisch getötet worden war. Deshalb ließ Cäsar den Königspalast, in dem er wohnte, streng bewachen.

Cäsar und Kleopatra, Szenenfoto aus dem Film „Julius Caesar", 2002.

QUOUSQUE TANDEM, KONJUNKTIV?

Erinnerst du dich noch an Ciceros Rede gegen Catilina? Hier ist ein kleiner Auszug.

Übersetze.

„Non ignoro, Catilina, quid **egeris**, ubi **fueris**, quos viros **convocaveris**. Id unum ago, ut Roma tuta **sit**, ut tu hostis **iudiceris**. Postulo, ut ex urbe **decedas**, cum coniuratio **aperta sit**."

Cicero blickt zurück ...

Non ignorabam, quid Catilina eg-isse-t, ubi fu-isse-t, quos viros convocav-isse-t. Id unum egi, ut Roma tuta es-se-t, ut Catilina hostis iudica-re-tur. Postulavi, ut ex urbe decede-re-t, cum coniuratio aperta es-se-t.

... und du denkst eine Zeitstufe zurück.

a Vergleiche die beiden Texte und bestimme die Konjunktive in Ciceros Rückblick. Wie werden sie gebildet? Welche Modus-Zeichen erkennst du?

b Vergleiche die Prädikate der Hauptsätze in beiden Texten. Was stellst du fest?

Überraschung

Kleopatra wollte Cäsar unbedingt für sich gewinnen; denn sie hatte erkannt, dass sie nur mit seiner Hilfe wieder an die Macht kommen konnte. Doch wie sollte sie nach Alexandria, geschweige denn in den Palast gelangen?

Caesar adventum Cleopatrae exspectabat, de qua tam mira audiverat. Imperaverat quidem custodibus, ut adventum eius protinus nuntiarent, sed dubitabat, num regina omnino in regiam[1] pervenire posset. Sciebat enim, quanto studio amici Ptolemaei omnes aditus ad regiam[1] clausissent. Incertum autem erat, quid illi suscepissent, ut Cleopatra prohiberetur regiam[1] occulte intrare. Dum talia deliberat, unus e familiaribus accessit dicens: „Audi, Caesar! Haud procul a regia[1] vir e navicula[2] exiens comprehensus est. Magnum onus stragulo[3] involutum[4] portabat. Affirmat se donum Cleopatrae apportare. Quid …?“ Protinus Caesar: „Adduc eum!“ Brevi vir oblongam quandam[5] rem umero portans adductus est. Sine mora onus ante Caesarem deposuit. Tum: „Accipe, Caesar, donum a Cleopatra missum!“ Statim Caesar id revelari[6] iussit. Quam obstupuit[7], cum repente mulierem e stragulo[3] surgentem vidit! Haec eum oculis ardentibus aspiciens clara voce dixit: „Ave, Caesar! Ego sum Cleopatra, regina Aegypti.“ Cum mulier egregia forma esset et margaritis[8] auroque fulgeret[9], Caesarem tanta admiratio incessit, ut diu taceret. Omnibus circumstantibus apparebat, quantopere imperator animo perturbatus esset. Tandem Cleopatra silentium blanda voce rupit: „Veni, ut iussisti; faciam, quod a me petiveris. Sed prius dic mihi: Quid de Aegypto facies?“ Tum Caesar libidine mulieris accensus: „Faciam“, inquit, „quod vis, Cleopatra.“ Haec autem: „Fac, ut sola Aegyptum regam!“

1) **rēgia, -ae** f: Palast 2) **nāvicula, -ae** f: kleines Schiff, Kahn
3) **strāgulum, -ī** n: Decke (*wird – ähnlich einem Laken – aufs Bett gelegt*) 4) **involvere** (*PPP* **involūtum**): einwickeln
5) **oblongam quandam:** ein(e) nicht zu erkennende(s) längliche(s) … 6) **revēlāre:** auswickeln, enthüllen
7) **obstupēscere** (*Perf.* **obstupuī**): staunen, ins Staunen geraten 8) **margarīta, -ae** f: Perle 9) **fulgēre:** glänzen, funkeln

- ▶ Gliedere den Text in Sinnabschnitte und fasse sie kurz zusammen. Achte bei der Gliederung auf die handelnden Personen.
- ▶ Wo liegt der Höhepunkt der Geschichte? Begründe.

1 Signale gesucht und sortiert

Lege eine Tabelle mit den vier Konjunktiven an und sortiere.

audivisset – oraverit – exstruam – tradiderim – haberemus – invitent – amaverint – mansissetis – curreres – conveneris – scripserimus – opprimerent – offendatis – curavisses – habeas

2 Verben-Puzzle

Aus acht Bausteinen kannst du 23 verschiedene Verbformen bilden.

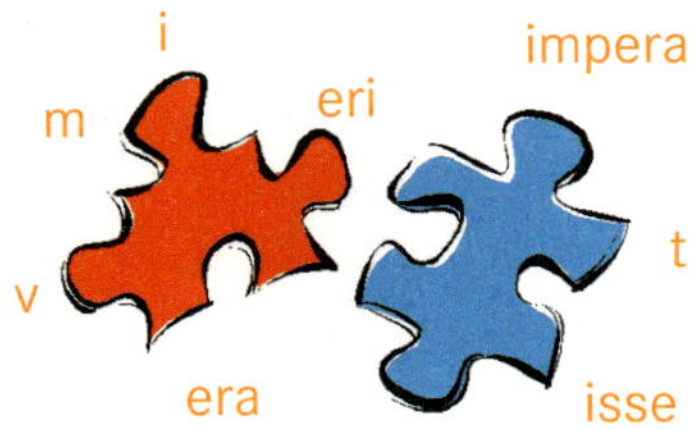

3 Ganz indirekt gefragt

► Übersetze.

1. Senatores quaerunt, quis princeps coniurationis fuerit. 2. Nesciunt, quod scelus in animo volverit. 3. Consul scit, quos viros Catilina convocaverit. 4. Catilina rogat, qua ratione Cicero haec compererit.
5. Cicero sentit, quid ab istis hominibus cogitatum sit. 6. Neque ignorat, quare multa nocte convenerint.

4 EM – IM – AM?

Bestimme und gib die deutsche Bedeutung an.

aciem – adducerem – adiunxissem – aedem – aluerim – arborem – arcem – arcerem – averterim – blandam

certem – concedam – coniugem – decem – diem – diligentem – equitem – familiarem – finiam – fugerim – genueram

infelicem – interfecissem – irrisissem – militem – perniciem – quidem – rexerim – senectutem – vellem – vocem

5 Caesar – bestimmt.

Bestimme die Art der Gliedsätze und übersetze.

1. Caesar custodibus imperaverat, ut adventum Cleopatrae protinus nuntiarent. 2. Amici Ptolemaei multa susceperant, ne Cleopatra Caesarem adiret. 3. Itaque Caesar dubitabat, num regina Alexandriam pervenire posset. 4. Sed magno gaudio affectus est, cum virginem ante oculos haberet.

6 Plus eins!

Hier kannst du andere Wörter basteln, wenn du an den markierten Stellen einen Buchstaben hinzufügst. Gib jeweils die Übersetzung vor und nach der Veränderung an.

► am ? o → ambo; *ich liebe – beide*

medi ? us – duci ? – ? egi – ? pes – ver ? o – sol ? – ? ex – par ? – ? ora – i ? ter – ? alis – d ? es – ? res – ? i

Cäsar – unerschrocken

1. Suetonius narravit, quanta audacia Caesar fuisset. 2. Qui cum Alexandriae pontem vi capere vellet, hostes repente impetum fecerunt; protinus in navem desiluit.[1] 3. Sed cum etiam multos adversarios in navem suam desiluisse[1] vidisset, in mare se praecipitavit, ut ad aliam navem suorum nataret[2]. 4. Natans[2] autem manu sinistra litteras, quas secum habebat, supra[3] caput tenebat, ne aqua maris delerentur. 5. Et paludamentum[4] suum ore tenebat, ne hostes summum imperatoris signum caperent. 6. Ita se et dignitatem civitatis Romanae servavit.

1) **dēsilīre:** herab-, hinabspringen
2) **natāre:** schwimmen 3) **suprā** (*m. Akk.*): über
4) **palūdāmentum, -ī** n: Feldherrnmantel

Die Alexandria-Homepage

Alexandria

Alexandria war in der Antike die wichtigste Großstadt im östlichen Mittelmeerraum. Hier lebten mehr als eine Million Menschen: Griechen, Ägypter, Syrer und natürlich Römer bildeten ein buntes Völkergemisch. Weithin sichtbares Symbol des Hafens von Alexandria war der Leuchtturm auf der Insel Pharos, eines der antiken Weltwunder. Heute heißt Alexandria El-Iskandarija und ist die zweitgrößte Stadt Ägyptens.

Leuchtturm von Alexandria (1954), Salvador Dalí (1904–1989).

Mouseion

Das Heiligtum für die Musen (ΜΟΥΣΕΙΟΝ, *lat.* museum) entwickelte sich zur bedeutendsten Universität des Altertums. Ptolemäus I. und seine Nachfolger versammelten hier die berühmtesten Gelehrten und Wissenschaftler ihrer Zeit. Zum Mouseion gehörte auch die größte Bibliothek der antiken Welt. Ungefähr 700 000 Buchrollen soll es hier gegeben haben!

Feuer im Mouseion

Im Jahr 48 v. Chr. gelangte Cäsar nach Alexandria. Als er sich in ägyptische Thronstreitigkeiten mischte, geriet er in eine gefährliche Lage, weil er nur über ein recht kleines Heer verfügte. Um sich zu retten, ließ er Kriegsschiffe seiner Gegner im Hafen und in den Werften in Brand stecken. Einer antiken Überlieferung zufolge soll dabei auch die berühmte Bibliothek in Flammen aufgegangen sein.

Bibliotheca Alexandrina

Die Erinnerung an das antike Zentrum der Wissenschaft lebt wieder auf: Im Jahre 2000 wurde die neue Bibliotheca Alexandrina fertiggestellt, die einmal Platz für 7,5 Millionen Bücher bieten und eine der größten Bibliotheken der Welt werden soll.

Die neue Bibliotheca Alexandrina.

a Informiert euch über das Aussehen antiker Bücher. Gestaltet selbst ein solches Buch und probiert aus, wie man darin liest.

b Wie viele Bücher umfasst eine Bibliothek in eurer Nähe (z. B. die Stadtbibliothek)?

Alexander will die Welt erobern.

Als 336 v. Chr. Philipp II., König von Makedonien, ermordet wurde, übernahm sein Sohn die Herrschaft. Alexander war gerade 20 Jahre alt und voller Tatendrang. Schnell erlangte er die Führung bei den Griechen, auch unter Einsatz von Gewalt. Zwei Jahre nach seiner Thronbesteigung führte Alexander Griechen und Makedonen gemeinsam in den Krieg gegen die Perser. Bei der Eroberung der kleinasiatischen Städte bewies er diplomatisches Geschick: Er gab sich als Befreier und schenkte den Städten ihre Freiheit. 333 v. Chr. kam es bei Issos zur Schlacht zwischen dem Perserkönig Dareios und Alexander. Alexander gewann, und als ihm Dareios das halbe Perserreich im Tausch gegen einen Friedensschluss anbot, lehnte er ab und verlangte, künftig „König von Asien“ genannt zu werden.

Alexander in der Schlacht gegen Dareios, Mosaik aus einem Haus in Pompeji (2. Jh. v. Chr.) nach einem griechischen Gemälde.

Kleopatras Träume – was wäre, WENN …

1 WENN Cäsar noch **lebte**,
SI Caesar adhuc **viveret**, Romae regina **essem**.
wäre ich Königin in Rom.

WENN Cäsar mich **geheiratet hätte**,
SI Caesar me uxorem **duxisset**, Romae **rexissem**.
hätte ich in Rom **regiert**.

2 … und WENN NICHT?

Romanos iam **vicissemus**, NISI Octavianus exercitibus **imperaret**.
Aegyptus a Romanis non **peteretur**, NISI Caesar **interfectus esset**.

a Hat Kleopatra eine *reale* Chance, in Rom Königin zu werden?
b Übersetze nach dem Muster von **1**. Vorsicht, ein Satz steht im Passiv!
c Fasse zusammen: Was drücken der **Konjunktiv Imperfekt** und der **Konjunktiv Plusquamperfekt** hier jeweils aus?

Gift im Becher?

Alexander war nach einem Bad in eiskaltem Wasser schwer erkrankt und verlangte nach einem schnell wirkenden Medikament. Doch nachdem keines der üblichen Heilmittel gewirkt hatte, war kein Arzt bereit, ihm ein noch unerprobtes Mittel zu verabreichen. Denn der Perserkönig Dareios hatte eine riesige Prämie auf Alexanders Kopf ausgesetzt und niemand wollte den Anlass für einen Verdacht bieten.

Inter nobiles medicos, quos Alexander secum ducebat, erat Philippus.
Is regem valde diligebat eumque cum fide colebat.
Solus e medicis ei spem proposuit his fere verbis:
„Tu, rex, remedia celeria poposcisti.
Quam beatus essem, si morbum tibi celeriter levare[1] possem!
Id facere non potero nisi remedio strenuo. Ergo potionem medicabo[2].
Hanc quidem tres dies fervere[3] necesse est, aliter salubritatem[4] non faciet,
immo tibi noceret, si praeceps adhiberetur."
Alexander, etsi tanta mora contentus non erat, diem destinatum exspectavit.
Interim litteras a Parmenione, fidissimo purpuratorum[5], accepit.
Quas legens perterritus est:
„Cave Philippum, rex! Insidias tibi componit.
Dareus eum mille talentis[6] corrupit;
praeterea ei nuptias sororis suae proposuit."
Alexander nesciens, quid ageret, haec deliberabat:
„Talem epistulam, nisi a Parmenione scripta esset, neglexissem.
Nunc autem incertus sum, utrum metui an spei parerem. At metu non opprimar.
Nam si di me in tabernaculo[7], non in acie occidere vellent,
non tot opportunas occasiones praetermisissent."
Die destinato Philippus cum poculo, in quo medicamentum[1] diluerat[8], intravit.
Alexander epistulam Parmenionis sinistra manu tenens poculum accepit
et bibit in-territus.
Tum Philippum epistulam legere iussit neque a vultu legentis oculos avertit
existimans se aliquas conscientiae notas[9] in ore eius posse deprehendere.

1) **levāre:** mindern, erleichtern 2) **pōtiōnem medicāre:** einen Heiltrank aus Kräutern brauen 3) **fervēre:** köcheln
4) **salūbritās, -ātis** f: Gesundheit 5) **fīdissimus purpurātōrum:** der treueste unter den Hofbeamten
6) **talentum, -ī** n: Talent (*griechische Geldeinheit, sehr großer Betrag*) 7) **tabernāculum, -ī** n: Zelt
8) **dīluere** (*Perf.* **dīluī**): zurechtmachen 9) **aliquās cōnscientiae notās:** irgendwelche Anzeichen von schlechtem Gewissen

- ▶ Welche Gefühle kämpfen in Alexander gegeneinander? Wie würdest du dich an Alexanders Stelle verhalten? Begründe.
- ▶ Untersuche, welches Sachfeld in Z. 1–8 vorherrscht. Welcher inhaltliche Schwerpunkt liegt somit in diesen acht Zeilen?

1 Konjunktive aller Klassen

Führe auf den Infinitiv Präsens Aktiv zurück und sortiere in die Konjugationsklassen.

convocavisset – responderetur – luserimus – dictum esset – moniti sint – abduceremur – superemini – statuatur – studuisses – mutatus essem – aperiretur – capiantur

2 Wenn das Wörtchen „wenn“ nicht wär’ ...

Bestimme die Verbformen und übersetze die Sätze.

1. Caesar Cleopatram reginam Aegypti non fecisset, nisi amore eius captus esset. – 2. Si Caesar adhuc viveret, multa de vita Romana ex eo quaerere possemus. – 3. Fortasse Romani essemus, si Caesar Germaniam expugnavisset. – 4. Quid de Romanis comperissetis, nisi magister[1]/ magistra[1] de vita Romana disseruisset?

1) **magister, -trī** m/**magistra, -ae** f: Lehrer/in

3 Wenn ich ... wäre, dann ...

Arbeitet zu zweit oder zu dritt. Überlegt euch, was ihr ***tun würdet*** oder ***getan hättet***, wenn ihr eine berühmte Persönlichkeit der Antike (gewesen) wärt. Beginnt jeweils mit

„Ego, si essem/fuissem *Caesar, Cleopatra, Coriolanus, Romulus, Remus, Ulixes, Aeneas, Dido, Xerxes, Hannibal, Catilina, Cicero ...*“ und vervollständigt den Satz jeweils lateinisch. Tragt eure Sätze der Klasse vor.

Natürlich dürft ihr auch andere Personen wählen. Werft doch einen Blick in das Eigennamenverzeichnis!

4 Aber bitte mit Konjunktiv!

Suche alle Wörter heraus, die den Konjunktiv nach sich haben können. Gib auch ihre deutsche Bedeutung an.

cum – tum – postquam – quoniam – si – quamquam – ne – quod – num – nam

5 Kleopatras Geheimbotschaft an Cäsar

Entziffere die Botschaft. Lies die Papyri jeweils von oben nach unten.

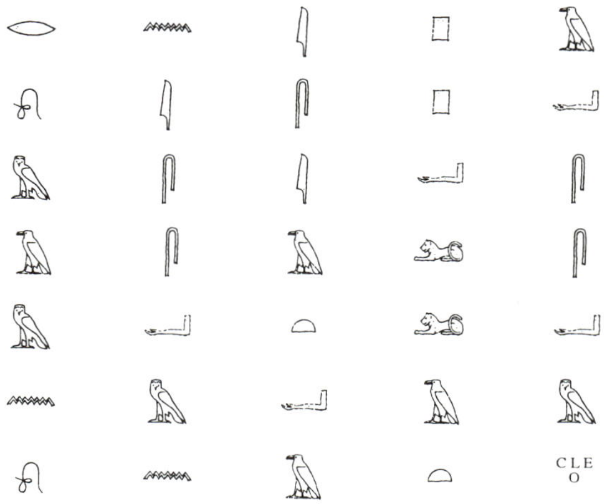

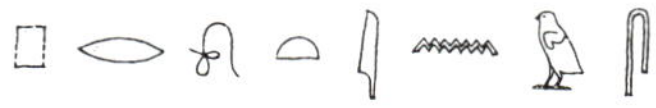 = *lat.* sofort

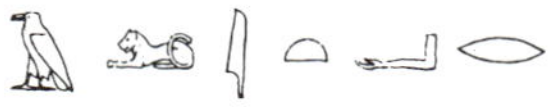 = *lat.* anders

 = *lat.* inzwischen

Der selbstbewusste Prinz

1. Aliquando Philippus Alexandrum Homerum legentem interrogavit: 2. „Vellesne, si posses, Agamemno vel Achilles esse?“ 3. Tum Alexander: „Numquam me cum illis viris comparavissem[1], nisi tu, pater, me interrogavisses. 4. Nunc autem affirmo me illos virtute[2] superare. 5. A me certe, si tum exercitum Graecum in Troianos duxissem, urbs Troia uno anno expugnata esset. 6. Praeterea ego quidem numquam imperiis aliorum regum parerem, si Achilles essem.“ 7. Tum Philippus: „Nonne, mi fili[3], imperio meo regeris?“ 8. Alexander autem respondit: „Tibi pareo ut patri, non ut regi.“

1) **comparāre:** vergleichen 2) **virtūs, -ūtis** f: Tapferkeit 3) **mī fīlī** (*Vok.*): mein Sohn

Alexander – Stationen eines Eroberungszuges

Der Knoten

Alexander marschierte nach Gordion, wo sich ein alter Königswagen mit einem gewaltigen unauflösbaren Knoten an der Deichsel befand. Ein Orakel besagte: „Wer den Knoten lösen kann, wird die Herrschaft über ganz Asien erlangen." Ohne zu zögern durchschlug Alexander den **„Gordischen Knoten"** mit dem Schwert.

Massenhochzeit

In **Susa** nahm Alexander eine Tochter des Perserkönigs Dareios zur Frau. Gleichzeitig heirateten viele seiner Freunde und 10 000 Angehörige seines Heeres Perserinnen als Zeichen der Völkerverschmelzung.

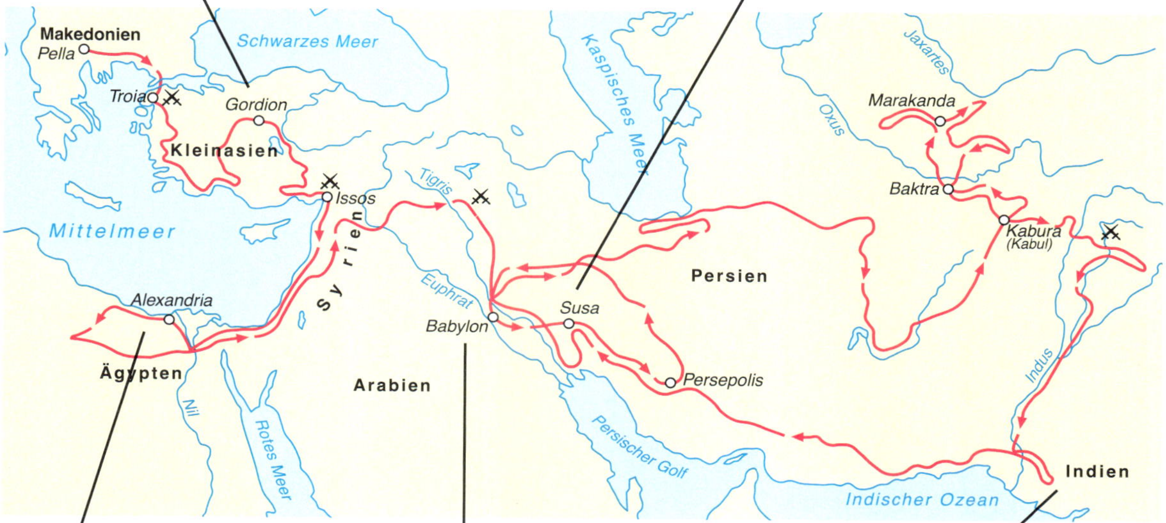

Am Nil

In **Ägypten** wurde Alexander zum Pharao ausgerufen und gründete die Stadt **Alexandria.**

Das Ende

Nach der Eroberung des Perserreiches machte Alexander **Babylon** zur Hauptstadt seines neuen Imperiums. Nun wollte er den Westen erobern, doch er erkrankte an Fieber.

Meuterei

Als Alexander bis nach **Indien** gelangt war, meuterten seine Soldaten, weil sie nach acht Jahren Eroberungszug endlich nach Hause wollten.

Porträt des jungen Alexander, 338 v. Chr.

a Folge den Pfeilen und finde mithilfe einer Weltkarte heraus, durch welche heutigen Länder Alexanders Eroberungszug führte.

b Du hast in dieser Lektion viel über Alexander erfahren, der auch „der Große" genannt wird. Hältst du diese Bezeichnung für gerechtfertigt? Begründe.

Die Exkursion – Ein Höhepunkt im Schuljahr

Zur Vorbereitung

Eine gelungene Exkursion beginnt mit einer guten **Vorbereitung**. Wenn ein geeignetes Ziel und ein Thema für die Exkursion gefunden sind, sammelt gezielt Informationen, denn: *Man sieht nur, was man weiß.* Fast jedes Museum stellt sich im Internet vor. Eltern und Lehrkräfte helfen, Reiseführer und Sachbücher zu finden. Wählt für verschiedene Themen Spezialistenteams in eurer Klasse, die Arbeitsblätter gestalten und Referate vorbereiten.

Die Ausrüstung

Zur geeigneten Ausrüstung für eine Exkursionsfahrt gehören:

- ein Skizzenblock oder unliniertes Notizbuch und Stifte zum Schreiben und Zeichnen;
- ein Fotoapparat (bei dem man das Blitzlicht ausschalten kann);
- die vorbereiteten Arbeitsblätter.

Am Ziel eurer Fahrt

Beachtet die folgenden Tipps:

- *Orientierung und Überblick:* Klärt, wo ihr was findet, und teilt eure Zeit gut ein.
- *Auswahl statt Masse:* Wer alles sehen will, sieht am Ende gar nichts.
- *Sehen statt hören oder lesen:* Wer gut vorbereitet ist, braucht vor Ort nur noch kurze Erklärungen und hat Zeit zum Beobachten.
- *Erst sehen, dann erklären:* Nur ein Objekt, das ihr genau beobachtet habt, könnt ihr richtig erklären.

Colonia Ulpia Traiana (beim heutigen Xanten): rekonstruierte Stadtmauer.

- *Fehlendes ergänzen:* Ein Ausstellungsstück im Museum ist jetzt nicht mehr an dem Ort, an dem es sich früher befand, erfüllt nicht mehr seine ursprüngliche Aufgabe oder ist vielleicht nicht vollständig erhalten. Deshalb müsst ihr das Fehlende in eurer Phantasie ergänzen.
- *Dokumentieren:* Eure Beobachtungen solltet ihr durch Notizen, Skizzen oder Fotos festhalten.
- *Arbeiten im Team:* Acht Augen sehen mehr als zwei.

Denkt daran: Verhaltet euch so, dass die kostbaren Objekte nicht gefährdet werden. Fotografiert nur ohne Blitzlicht. Stört andere Museumsbesucher nicht und vergesst nicht, kleinere Pausen einzulegen.

Grabmal des Lucius Poblicius und seiner Familie im Römisch-Germanischen Museum Köln, um 30/40 n. Chr., etwa 15 m hoch (Teilansicht).

Nachbereitung

Gestaltet eine Exkursionsmappe und/oder eine Ausstellung im Schulhaus mit Texten, Skizzen und sorgfältig beschrifteten Fotos. Ladet Eltern oder andere Schülerinnen und Schüler zu einem Erlebnisbericht ein.

Exkursionsziele

Eure Exkursion kann euch zu römischen Bauten, örtlichen Römermuseen oder zentralen Antikensammlungen führen.

1 **Römische Bauten** sind oft nur teilweise erhalten oder wieder aufgebaut. Phantasie ist gefragt. Ihr erlebt, wie groß römische Gebäude waren und wie sie in der Landschaft lagen. Hier könnt ihr auch selbst einmal Römer sein, etwa als Opferpriester vor einem Tempel, als Bauern in einer römischen Villa, als Grenzwache an einem Limesturm.

2 In **örtlichen Römermuseen** werden Funde aus der Umgebung ausgestellt. Um etwas über die ursprüngliche Funktion der Ausstellungsstücke zu erfahren, helfen Schautafeln und Modelle. Am besten ist es, wenn euch hier eure Arbeitsblätter oder Erläuterungen eines Spezialistenteams weiterhelfen.

3 In einer **zentralen Antikensammlung** sind Funde aus allen Bereichen des Römischen Reiches ausgestellt. Man kann hier berühmte Meisterwerke der griechischen und römischen Kunst entdecken und Objekte ganz verschiedener Herkunft miteinander vergleichen.

Großer Altar von Pergamon, 2. Jh. v. Chr., wieder aufgebaut im Pergamonmuseum Berlin.

Über folgende Begriffe und Themen weißt du nun Bescheid:

- ▶ Gracchen, Optimaten, Popularen
- ▶ Cicero, *homo novus*
- ▶ Alexander der Große
- ▶ Alexandria, *Mouseion*

Cäsars Adoptivsohn

Nach Cäsars Tod (44 v. Chr.) war in Rom der Kampf um die Macht entbrannt, aus dem Gaius Iulius Caesar Octavianus als Sieger hervorging. Nach 13 Jahren Bürgerkrieg war es ihm gelungen, Rom und Italien den lang ersehnten Frieden zu geben. Für die „Errettung der Bürger" wurde er vom Senat mit der „Bürgerkrone" (*corona civica*) ausgezeichnet. Viele Ämter und Titel kamen hinzu, so auch der des *Augustus* („der Erhabene"). Obwohl er den Verdacht vermeiden wollte, er strebe nach der Alleinherrschaft, lag bald alle Macht in den Händen des „ersten Mannes im Staate", des *princeps*. Am Ende seiner über 40-jährigen Herrschaft konnte er in seinem „Tatenbericht" schreiben: *Fines auxi.* – „Ich habe das Staatsgebiet erweitert." Und seine Zeitgenossen rühmten ihn: *Terris pacem dedit.*

Augustus von Prima Porta, frühes 1. Jh. n. Chr., Vatikanische Museen, Rom.

Was trägt die Karawane?

a Wie lautet die Stammformenreihe von fer-re?
b Arbeitet in Gruppen. Jede Gruppe erstellt eine Übersicht zu den Formen von fer-re. Teilt die Gruppen nach Präsens- und Perfektstamm, Aktiv und Passiv, Indikativ und Konjunktiv ein. Kontrolliert eure Ergebnisse mithilfe der Begleitgrammatik.

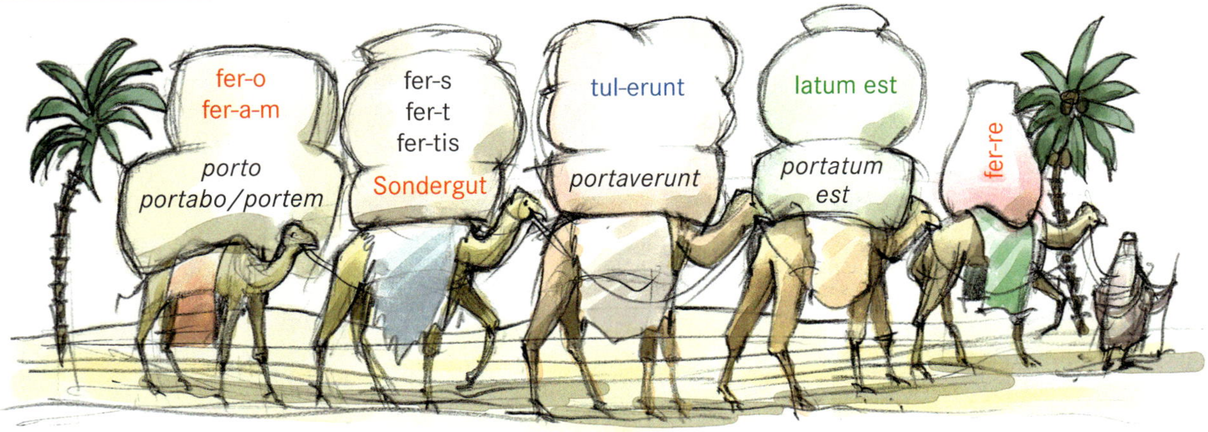

Ein Schock für den Kaiser

In den Jahren 4 und 5 n. Chr. waren in zwei Feldzügen weite Teile Germaniens erobert worden. Augustus wollte das Gebiet des Römischen Reiches nach Norden erweitern und plante, die Reichsgrenze vom Rhein an die Elbe zu verlagern. Doch im Jahr 9 n. Chr. erreichte ihn eine schreckliche Nachricht.

Augustus post cenam in lecto quiescebat, cum subito custos cubiculi[1] intravit:
„Ignosce mihi, si quietem tuam interrupi.
Aemilius Patavinus tribunus aditum ad te postulat dicens rem moram non habere[2].“
Augustus diu tacebat. Tandem: „Quid affert?
Quae res tanti momenti est, ut non in crastinum[3] diem differri possit?“
Protinus custos: „Nescio. Ille quidem affirmat se ex Germania nuntium malum ferre.“
Tum Augustus surrexit dicens: „Adduc eum!“
Vix tribunus intraverat, cum Augustus rogavit:
„Qua ex parte Germaniae venisti? Quos terrores affers?“
Statim tribunus: „Veni ex oppido Ubiorum.
Sed animus horret referre, quid in Germania …“
„Quid de Germania? Nonne eam terram pacavi?
Nonne gentes Germanorum per legatos pacem et amicitiam populi Romani petiverunt?“
„Illis barbaris fidem ferri non oportet.
Quintilius Varus quidem eis nimiam fidem tulit.“
„Quid accidit? Refer!“
„Germani Varum rogaverunt, ut nonnullas lites[4] iudicaret.
Quoniam iustitiam Romanam blandis laudibus efferebant,
Varus sine ulla[5] suspicione cum exercitu iter in mediam Germaniam fecit.
Nuntius ad nos perlatus est
eum insidias Germanorum intravisse et cum tribus legionibus caesum esse.“
Tum Augustus manus ad caelum tendens:
„O Iuppiter“, inquit, „fac, ut hanc calamitatem perferam!“
Eum adeo perterritum esse ferunt,
ut multos menses per domum intonsus[6] erraret
et interdum caput ad fores[7] offenderet clamans:
„Quintili Vare, legiones redde!“

1) **cubiculum, -ī** n: Ruheraum 2) **habēre** (*hier*): dulden 3) **crāstinus, -a, -um:** morgig 4) **līs, lītis** f: Rechtsstreit
5) **ūllus, -a, -um:** irgendein 6) **intōnsus, -a, -um:** unrasiert und mit langem Haar
7) **foris, -is** f: Tür, *Pl.* zweiflügelige Tür

- Wodurch ändert sich innerhalb der Erzählung die Stimmung des Augustus?
- Welche Vorstellung vermittelt der Text von den Germanen?

1 *ferre*-Formen

Bestimme und übersetze.

fert – feram – tulerant – ferebamus – (si) ferret – tuleras – ferimus – lata sum – tulisti – ferri – feruntur – ferentes – latus erat – (si) tulissent – (ut) feratis – latum esse

2 Ehrenschild für Augustus

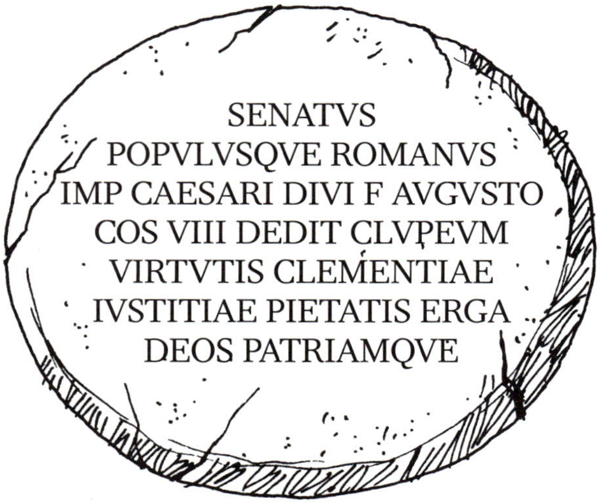

a Übersetze mithilfe der Erklärungen die Aufschrift. Tipp: Gehe systematisch vor und suche zuerst das Prädikat.

b Schreibe die 3. Zeile aus.

Es gibt einige in Inschriften häufig auftretende Abkürzungen. Ihren Kasus musst du aus dem Textzusammenhang erschließen.

IMP = imperator
F = filius
COS = consul (Die Zahl gibt an, wie viele Male jemand Konsul war.)
DIVI (von *divus, -a, -um*, Adj. zu *deus*): gemeint ist Julius Cäsar

clupeus, -ī m: der Schild
virtus, -ūtis f: Tugend, Tapferkeit
clēmentia, -ae f: Milde
pietās, -ātis f: Pflichtbewusstsein
ergā (*m. Akk.*): gegenüber

3 *ferre*-Verbindungen

Suche angemessene Übersetzungen.

1. Amicis auxilium feram.
2. Canis mihi metum affert.
3. Multos homines a Romanis victos servitutem pertulisse scimus.
4. Milites se in castra referunt.
5. Nuntius senatoribus allatus est.
6. Iter in alium diem differemus.

4 Dativ-Erinnerung

Führe zurück auf den Nominativ Singular.

populo – civibus – diebus – hospitibus – oppidis – exercitui – iudicibus – deae – corpori – patribus – sententiis – gentibus – puero – hominibus – oratori – adversariis – rei – signo – operibus

5 Eines ist keines.

Welche der beiden Formen ist kein PPP?

deleto, delebo – misi, missi – munitam, muniam – incensis, incendis – datam, dabam – reliqui, relicti – instituis, institutis – vici, victi

Ihr Götter, gebt mir meine Frau zurück!

1. Nondum nuntius de morte Eurydicae perlatus erat, cum Orpheus uxorem morte ablatam[1] ad loca mortalium referre studuit. 2. Qui cum ad inferos[2] descendisset, animos eorum carminibus[3] suis movit. 3. Et preces suas etiam ad Plutonem et Proserpinam attulit: 4. „O di, quibus est imperium inferorum[2], uxorem amatam mors repentina[4] abstulit[1]; sed sine amore vitam non perferam. 5. Fatum ferre volui, sed vicit amor. 6. Oro et obsecro vos, ut differatis tempus mortis Eurydicae! 7. Si tempus differri non siveritis, gaudete morte duorum!“ 8. Quid de sorte Orphei et Eurydicae fertur?

1) **auferre (auferō, abstulī, ablātum):** rauben
2) **īnferī, -ōrum** m: die Unterirdischen, Unterwelt
3) **carmen, -minis** n: Lied 4) **repentīnus, -a, -um:** plötzlich

Der Limes – Grenze zwischen Römern und Germanen

Augustus hat nach der Niederlage des Varus mit der Sicherung der Grenze zu den Germanen begonnen. Unter den Kaisern Trajan und Hadrian wurde der Limes gebaut. Dieser Grenzwall erstreckt sich über 500 km und noch heute sind an vielen Orten Reste der Befestigungsanlage zu sehen.

Suche dir einen der Orte am Limes aus und erstelle einen Prospekt über die zu besichtigenden Spuren aus der Römerzeit für Touristen. Informationen findest du insbesondere im Internet auf der Homepage des Ortes.

Saalburg, Haupttor.

Erkertshofen, Wachturm (Rekonstruktion).

Aalen, Grundmauern des Kastells.

Weißenburg, Kastell Biriciana, Nordtor.

+ HADRIANSWALL BEREITS WELTKULTURDENKMAL +++ JETZT AUCH OBERGERMANISCH-RÄTISCHER LIMES IN UNESCO-LISTE

Ein Löwe in Athen

Athen war im 5. Jh. v. Chr. die Bühne für große und kleine Stars aus Politik, Wissenschaft und Kunst. Junge Männer aus ganz Griechenland strömten dort zusammen und einigen gelang es, ins Rampenlicht zu treten und die Masse zu faszinieren. Einer von ihnen war Alkibiades, ein junger Adliger: tapfer, redegewandt, reich, großzügig und gut aussehend. Überall wollte er der Erste sein und akzeptierte keine Grenzen und Regeln. Als ihm im Ringkampf einmal die Niederlage drohte, biss er seinen Gegner in die Hand. „Du beißt wie ein Weib!“, schrie dieser, doch Alkibiades schrie zurück: „Nein, wie ein Löwe!“ Und in der Tat: Wie ein Löwe trat er auch auf der politischen Bühne auf – stolz und gefährlich. Von vielen wurde er bewundert, nicht wenigen war er verhasst.

Alkibiades,
Porträt auf einem römischen Mosaikfußboden in Sparta.

ABSOLUT VERKÜRZT!

1 Exercitus Vari deletus erat. Augustus clamavit:

2 Cum *exercitus* Vari *deletus esset*, Augustus clamavit:

3 Exercitu Vari deleto Augustus clamavit:

a Übersetze **1** und **2**. Achte in **2** auf das Tempus im Gliedsatz.
b Übersetze **3** genauso wie **2**. Was ist in der neuen Partizip-Konstruktion aus Subjekt und Prädikat des Gliedsatzes in **2** geworden? Was hat sich noch verändert?
c Teste dich und übersetze. Wähle eine passende Subjunktion für den Gliedsatz:

Gentibus Germanorum ab Augusto pacatis Varus se tutum putavit.

Rückkehr eines Stars

Athen und Sparta, die mächtigsten griechischen Städte, stritten sich im 5. Jh. v. Chr. um die Vormacht in Griechenland. 431 kam es schließlich zu einem langen Krieg zwischen den beiden Städten, dem so genannten Peloponnesischen Krieg, in dem Alkibiades eine wichtige Rolle spielte.

Alcibiades ceteris et vitiis et virtutibus praestabat. Etsi nimis libere vivebat et interdum se superbe gerebat, vir erat splendidus[1] atque egregius ingenio usuque belli. Bello diu gesto ille ab Atheniensibus dux factus est. Sed dum copias in Lacedaemonios ducit, Athenis ab inimicis sacrilegii[2] accusatus et capitis[3] damnatus est. Hac re cognita ad hostes profugit eisque operam suam obtulit. Qui eum libenter urbe receperunt. Multis rebus bene gestis tanti honores ei tributi sunt, ut haud paucis invidiae odioque esset. Itaque timore insidiarum permotus Lacedaemonios deseruit seque ad classem Atheniensium contulit. Ibi magno cum gaudio receptus et dux factus est. Statim Atheniensibus auxilio venit Lacedaemoniosque proelio navali[4] vicit. Qua victoria parta ei Athenas redire licebat. Adventu eius nuntiato universa civitas in Piraeum portum descendit et multis navibus appulsis ad navem Alcibiadis solam con-currit, ut eum viseret laudibusque efferret. Qui in prora[5] stabat et turbam iterum atque iterum clamantem audiebat: „Macte[6], Alcibiade!" Valde commotus e nave descendit seque turbae inseruit[7]. Cum tamquam victor Olympiae etiam ramulis olivae[8] donaretur, lacrimas non tenuit. Omnes eum summa cum alacritate in urbem duxerunt, omnibus erat admirationi. Tantis honoribus acceptis secum cogitavit: „Quanto furore cives me nuper damnaverunt, quanto ardore me nunc recipiunt! Quam varium est vulgus, quam mobile!"

1) **splendidus, -a -um:** glänzend 2) **sacrilegium, -ī** n: Verbrechen gegen die Religion 3) **capitis:** zum Tode
4) **nāvālis, -is, -e:** See- 5) **prōra, -ae** f: Vorderdeck, Bug 6) **macte!:** es lebe! bravo!
7) **sē īnserere** (*Perf.* **īnseruī**) (*m. Dat.*): eintauchen (*in*) 8) **rāmulus** (**-ī** m) **olīvae:** Ölzweig

- ► Charakterisiere Alkibiades und gib Belege aus dem Text an.
- ► Vergleiche das Verhalten des Alkibiades mit dem des Volkes. Beachte dabei besonders den letzten Satz: *„Quam varium est vulgus, quam mobile!"*

1 Inkognito

Gib die Ablativi absoluti als temporale, kausale oder konzessive Gliedsätze wieder und erfinde mögliche Fortsetzungen.

▶ nuntio allato → Als die Nachricht überbracht worden war, *erhob sich Augustus.*

terra pacata – hominibus perterritis – bellis gestis – Hannibale duce facto – re cognita – victoria parta – honoribus acceptis – calamitate relata – pace facta – auxilio lato

2 Füge zusammen.

a Übersetze die Ablativi absoluti.

b Übersetze die Sätze A-D.

c Kombiniere die Ablativi absoluti sinnvoll mit den Sätzen.

1. Hac calamitate nuntiata
2. Iustitia Romana laudibus elata
3. Terris barbarorum pacatis
4. Victoria de Romanis parta

A. Romanos pericula cavere oportebat.
B. Varus sine suspicione exercitum in Germaniam duxit.
C. Germani superbe se gerebant.
D. Augustus flebat.

3 Wer war's?

Übersetze und notiere dir von jedem Lösungswort den Buchstaben in Klammern.

1. Artes magicae[1] illius mulieris multis viris perniciei erant. (1) – 2. Amor Aeneae illi feminae magno dolori erat. (2) – 3. Mors fratris illi viro honori non erat. (5) – 4. Ille rex superbus populo Romano magno odio erat. (1) – 5. Illi arci aves saluti fuerunt. (2) – 6. Victoria de Persis parta illi viro laudi data est. (5) – 7. Odium Romanorum illi viro semper magnae curae erat. (3) – 8. Illa mulier Caesarem sibi[1] usui esse putabat. (9)

1) **sibī** *(hier)*: ihr/für sie

Wenn du die gefundenen Buchstaben in die richtige Reihenfolge bringst, erhältst du *nomen illius viri, qui civitati Romanae periculo erat.*

4 Was passt?

Quis potest patria **?** beatus esse?

fracta – victa – oppressa – ducta – finita – relicta

5 Was ergibt Sinn?

Rebus bene gestis ...
Domibus incensis ...
... homines e moenibus profugerunt.

6 Vom Ablativ, da komm ich her.

Führe die Wortverbindungen auf den Nominativ Singular zurück. Übersetze dann die Ablative.

ceteris comitibus – amicis audientibus – consule mortuo – nonnullis diebus – urbe ardente – omni nocte – sole occidente – paucis incendiis – omnibus rebus nuntiatis – civibus comprehensis

Worauf es ankommt

1. Simonides poeta[1] in multas terras venerat et arte sua magnam pecuniam[2] fecerat. 2. His rebus gestis in patriam suam redire voluit. 3. Cum autem in mari magna tempestas instaret, Simonides nihil fecit. 4. Tum unus: „Nonne tu ut ceteri res tuas servare vis, Simonide?" 5. At ille: „Omnia mea mecum porto." 6. Nave deleta pauci ad portum appelluntur, inter quos etiam Simonides. 7. Omnibus rebus amissis[3] turba mendicare[4] debet, ille autem, cum ibi ars eius omnibus admirationi esset, multis rebus donatur. 8. Ceteri eum interrogant: „Quo modo hoc fecisti?" 9. „Dixi vobis", inquit, „me omnia mea mecum portare."

1) **poēta, -ae** m: Dichter 2) **pecūnia, -ae** f: Geld
3) **āmittere** (*PPP* **āmissum**): verlieren
4) **mendīcāre:** betteln

Athen – Treffpunkt großer Künstler und Denker

431 v. Chr. – Athen ist das geistige und kulturelle Zentrum Griechenlands und steht auf dem Höhepunkt seiner politischen Macht. Nun aber droht die große Auseinandersetzung mit Sparta. Am Vorabend dieses Krieges unterhält sich der Athener Sosikles mit seinem Gastfreund Chairestratos:

S: Perikles will den Krieg. Und so, wie ihm gestern das Volk zugejubelt hat, wird es wohl auch bald dazu kommen. Aber lassen wir das, freuen wir uns lieber auf das große Dionysosfest, das übermorgen beginnen wird. Die neue Tragödie, die Sophokles dort aufführen wird, soll ja wieder ganz großartig werden!
C: Das habe ich auch schon gehört. Es ist tatsächlich erstaunlich, was er mit seinen fast siebzig Jahren noch auf die Beine stellt. Übrigens, heute Morgen war ich kurz auf der Akropolis. Der Parthenon, euer neuer Athene-Tempel, ist ja wirklich ein Wunderwerk! Jetzt ist mir auch klar, weshalb euch ganz Hellas darum beneidet: Von der untersten Stufe bis zum Dach – alles aus Marmor! Und erst die phantastische Athene-Statue aus Gold und Elfenbein! Dieser Phidias ist schon ein genialer Bildhauer!
S: Apropos genial: Hast du Lust, heute Abend mit zum Vortrag des Protagoras zu kommen?
C: Meinst du den Redner, der sich selbst „Weisheitslehrer“ nennt? Und der behauptet, dass der Mensch das Maß aller Dinge sei und nicht die Götter?
S: Genau den. Das wird sicher eine heiße Diskussion geben, Sokrates wird bestimmt auch da sein. Er hält ja gar nichts von dieser These. Er meint doch, dass der Mensch nur dann richtig handeln kann, wenn er weiß, was gut ist.
C: Aber wie erkennt man, was „das Gute“ ist?

a Informiert euch in einem Lexikon genauer über die in dem Gespräch genannten Persönlichkeiten.
b Gestaltet in Partnerarbeit ein Plakat mit einer Art Steckbrief.

Die Akropolis mit dem Parthenon im heutigen Athen.

Roms große Hoffnung

Im Alter von 16 Jahren wurde Nero 54 n. Chr. als letzter Verwandter des Augustus Kaiser von Rom. Seine Vorgänger Tiberius, Caligula und Claudius hatten oft für Aufregung und Besorgnis in der Bevölkerung gesorgt, nicht zuletzt aufgrund von Intrigen und Morden am Hof. Der junge Nero jedoch galt als die große Hoffnung: Mit ihm – so glaubten die Römer – würde ein gebildeter und milder Herrscher regieren. Sie hatten auch allen Grund zu dieser Annahme, denn Nero hatte eine hervorragende Ausbildung genossen. Der berühmte Philosoph Seneca hatte ihn persönlich unterrichtet und stand ihm nun auch als Berater zur Seite. Und tatsächlich erfüllte Nero in den ersten Regierungsjahren alle Erwartungen. Roms Glück schien perfekt. Doch dann veränderte sich Neros Wesen zunehmend.

Nero musiziert, Szenenfoto aus dem Film „Quo vadis", 1951.

4 Me imperatore
semper pax erit.

ABLATIVUS ABSOLUTUS unter Kaiser Augustus

1 Cum Augustus imperaret, pax facta est.

2 Augusto imperante pax facta est.

3 Augusto **imperatore** pax facta est.

a Übersetze **1**. Welches Zeitverhältnis besteht zwischen Glied- und Hauptsatz?

b Übersetze **2** genauso wie **1**. Vergleiche den Ablativus absolutus in **2** mit der Einführung zu Lektion 34 und stelle eine Regel auf: Wann wird das PPP, wann das PPA verwendet?

c Wodurch kann das PPA ersetzt werden (**3**)? Übersetze mit einer präpositionalen Verbindung. Finde auch eine passende Übersetzung für die Gedanken des Augustus (**4**).

Rom brennt.

Brände waren in Rom, insbesondere in den dicht bebauten Armenvierteln, keine Seltenheit. Eine besonders schwere Brandkatastrophe ereignete sich während der Regierungszeit Neros. Welche Rolle der Kaiser dabei gespielt hat, ist bis heute unklar.

Imperator Nero cum nonnullis comitibus per domum regiam ambulabat
et de Graecorum tragoediis[1] disserebat ceteris audientibus.
Tum versus Graeci recitabantur, cum subito Nero ad fenestram adiit.
In urbem despiciens: „Valde“, inquit, „oculi mei hoc aspectu offenduntur.
Quam deformia[1] sunt haec vetera aedificia, quam angusti hi vici viaeque!“
Cum unus ex comitibus recitaret: „Me mortuo terra flammis consumatur[2]!“,
Nero: „Immo“, inquit, „me vivo!“
Ac profecto paucis diebus post Roma incendio ardebat.
Flammis per sex dies septemque noctes saevientibus
incendium omnes fere partes urbis comprehendit
periculumque erat, ne tota urbs igne deleretur.
Nero autem omnibus noctibus ex turri alta urbem occidentem spectabat
et pulchritudine flammarum delectatus excidium[3] Troiae canebat.
Sed populus, cum ea clade tam diu tamque vehementer premeretur,
omnibus rebus ad vitam necessariis carebat.
Itaque Tigellinus, familiaris Neronis, timebat, ne seditio plebis moveretur.
Eo suadente Nero hortos suos aperuit, subitaria[4] aedificia exstruxit,
pretium frumenti minuit.
Civibus summam inopiam deplorantibus[5]
tamen simul iussit domum auream sibi[6] aedificari.
Qua de causa fama per urbem serpebat[7] incendium Nerone auctore factum esse.
Itaque princeps suspicionem a se re-movere studebat
et crimen incendii in Christianos vertit.
Quos capitis[8] damnavit et in hortis suis poenis crudelibus affecit.

1) **dēfōrmis, -is, -e:** hässlich 2) **flammīs cōnsūmātur:** (sie) soll in Flammen aufgehen 3) **excidium, -ī** n: Untergang 4) **subitārius, -a, -um:** schnelle Behelfs-/Not- 5) **dēplōrāre:** laut beklagen 6) **sibī** (*hier*): ihm/für ihn 7) **serpere:** kriechen 8) **capitis:** zum Tode

- Gliedere den Text, indem du auf die Verwendung der Tempora achtest. Was bringen sie jeweils zum Ausdruck?
- Beschreibe, wie Nero in dem Text dargestellt wird. Belege deine Aussagen anhand des Textes.

1 Im falschen Topf!

a Sortiere alle Formen aus, die nicht PPA sind, und nenne ihre Lernform. Führe die Partizipien auf den Infinitiv Präsens Aktiv zurück.

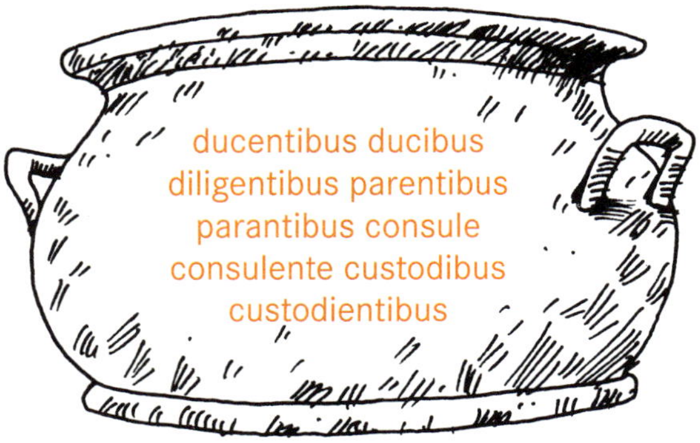

b Bei zwei Formen weißt du nicht, ob du sie im Topf lassen oder aussortieren sollst. Bei welchen?

2 Neros Phantasien

a Schreibe die Ablativi absoluti in dein Heft.

b Übersetze die Sätze.

1. Roma ardente de Capitolio flammas spectabo. 2. Flammis tota urbe saevientibus carmina[1] Graeca recitabo. 3. Me carmina[1] recitante urbs flammis delebitur. 4. Flammis aedificia delentibus novam Romam aedificare cogitabo.

1) **carmen, -minis** n: Lied

3 Rom in Gefahr!

a Übersetze die Ablativi absoluti.

b Übersetze die Sätze A-D.

c Kombiniere die Ablativi absoluti sinnvoll mit den Sätzen.

1. Gallis urbem oppugnantibus
2. Hannibale Romae appropinquante
3. Caesare mortuo
4. Nerone imperante

A. Cuncti timore capti sunt.
B. Tota fere urbs igne deleta est.
C. Romani moenia non satis bene custodiverunt.
D. Civitas libera in periculo erat.

4 Sätze mit *ne* – keine Gefahr!

Übersetze.

1. Quis non audivit Neronem imperavisse, ut Roma incenderetur? – 2. Saepe enim petiverat, ut Troiam ardentem caneret. – 3. Cum multa iam aedificia Romae igne deleta essent, periculum erat, ne flammae totam urbem delerent. – 4. Nero Romanis hortos suos aperuit, ne seditio plebis moveretur. – 5. Nonnulli timebant, ne crimen incendii a Nerone in Christianos verteretur. – 6. Profecto imperator id egit, ut Christiani accusarentur supplicioque afficerentur.

5 Ein guter Fang!

Angle dir alle Demonstrativ-Pronomina heraus. Elf müssen anbeißen.

sui – quis – quorum – sibi – cuius – eius – ei – hoc – illos – quae – nos – eorum – quod – quid – te – has – hunc – illud – quae – se – meum – eo – tibi – istos – vestram – isti

Erziehung gescheitert

1. Etiam apud Romanos philosophia[1] in honore erat. 2. Nomen Graecum „philosophiae[1]" significat Latine[1] „amorem sapientiae". 3. Nero puer a Seneca philosopho[1] educatus est[2]. 4. Imperatore Claudio mortuo Nero imperium accepit. 5. Eo imperante Seneca primo per quinque annos simul imperium regebat. 6. Quod tempus erat quasi[3] aetas aurea imperii Romani. 7. Sed tum Nero iuvenis virtutes magistri[4] despicere et contra omnes, quos inimicos putabat, saevire coepit. 8. Seneca vivo imperator multos homines interfici iussit, quod timebat, ne coniurationi interessent. 9. Postremo etiam Senecam, magistrum[4] veterem, tollere voluit eumque se ipsum[5] necare iussit.

1) **Latīnē:** auf Latein 2) **ēducāre:** erziehen
3) **quasi:** gleichsam, sozusagen
4) **magister, -trī** m: Lehrer 5) **ipse, ipsa, ipsum:** selbst

Jahrgang II a. d. IX Kal. Aug. anno a.u.c. DCCCXVI

VOX ROMANA

III. Sonderausgabe zum Großbrand in Rom

Rom im Schockzustand – Ganze Stadtteile vernichtet

Sechs Tage wütet nun schon der gewaltige Brand, der in einem Laden des *Circus Maximus* ausbrach und von dort auf die Stadt übergriff. Zehn Stadtteile sind inzwischen stark betroffen, drei davon völlig zerstört. Über 3000 *insulae* und 100 *domus* sind bereits niedergebrannt. Bleibt zu hoffen, dass die vier Stadtbezirke, die bislang noch verschont blieben, dem Flammenmeer nicht auch noch zum Opfer fallen …
mehr auf Seite II

Interview mit Feuerwehrhauptmann L. Drusus

Salve, Druse, wie laufen die Löscharbeiten?
Unsere Leute sind rund um die Uhr im Einsatz. Aber eine so fürchterliche Brandkatastrophe hat Rom noch nicht erlebt, seit Augustus die Feuerwehr eingerichtet hat. Überall irren in den Straßen weinende Frauen und Männer, schreiende Kinder umher. Dazwischen Tote, Verletzte …

Helft den Brandopfern!
Bringt Kleider, Decken, Wasser und Nahrungsmittel zum Marsfeld!

Es wird gemeldet, dass die Löscharbeiten teilweise behindert werden. Vereinzelt sollen Brandsätze geworfen worden sein.
Steht die Brandursache schon fest?
Nein, es gibt noch keine gesicherten Erkenntnisse. Manche meinen, die Christen seien schuld. Andere behaupten, man habe gesehen, wie der Kaiser auf den Dächern des Palastes gesungen habe. Aber das ist alles Spekulation.
Vale, Druse. Danke für das Interview und viel Erfolg bei deinem weiteren Einsatz.

Haus und Heim

Führende Politiker fordern strengere Richtlinien für den Feuerschutz. So müssten die Straßen breiter gebaut und die Stockwerkzahl der Häuser beschränkt werden …
mehr auf Seite III

Neues aus dem Palast

Wie soeben bekannt wurde, will Kaiser Nero das Marsfeld und seine eigenen Parkanlagen für die Opfer des Großbrands freigeben. Ab sofort soll auch der Preis für das Getreide deutlich gesenkt werden
… *mehr auf Seite IV*

Ihr habt die III. Sonderausgabe zum Brand Roms in den Händen. Gestaltet die I. Sonderausgabe.

Schmelztiegel der Kulturen

Wer nach Sizilien kommt, den erwartet eine Zeitreise durch die Jahrhunderte. Denn die Mittelmeerinsel war wegen ihrer Lage und ihres fruchtbaren Bodens stets sehr begehrt. Wer immer hierher kam, ob als Händler oder als Eroberer, hinterließ seine Spuren. Hier kann man Tempel und Theater der Griechen, römische Villen, mittelalterliche Kirchen der Normannen, Burgen und Schlösser bestaunen. Vor allem die Griechen gründeten hier und in Süditalien seit dem 8. Jh. v. Chr. viele Städte und Kolonien und nannten ihre neue Heimat *Magna Graecia* (Großgriechenland). Die mächtigste antike Stadt auf Sizilien war Syrakus, das lange Alleinherrscher mit unbeschränkter Macht, Tyrannen genannt, regierten. Der wohl bekannteste von ihnen war Dionysius, der im 4. Jh. v. Chr. 38 Jahre lang herrschte.

Das Schwert des Damokles (1842), Karikatur von Honoré Daumier (1808–1879).

Ist Nero SELBST der Brandstifter?

Nach dem Brand Roms hört man in den Straßen allerlei Gerüchte …

a Welche der Formen des Demonstrativ-Pronomens ipse, ipsa, ipsum wird nicht nach der o- bzw. ā-Deklination dekliniert? Wie lautet wohl der Genitiv Singular? Informiere dich in der Begleitgrammatik, ob du richtig getippt hast.
b Nenne alle Formen des Pronomens im Singular und Plural.

Tyrannenglück

Ein Leben als Tyrann bedeutet Macht und Reichtum. Dass ein solches Leben jedoch auch seine Schattenseiten hat, musste der Tyrann Dionysius erfahren.

Dionysius iam adulescens Syracusanorum dominus esse cupiverat.
Summa potentia denique parta se talem tyrannum[1] praebuit,
ut cives eo invito nihil agere, nihil dicere auderent.
Sibi ipsi autem omnia licere existimabat.
Ultro vitam per luxum[1] agebat et divitiis abundabat:
Erant ei triclinia[2] aurea, vasa argentea[3], tabulae pulchrae, statuae[1] praeclarae.
Itaque omnibus vita eius invidiae erat, multi eum beatum appellabant.
Tamen Dionysius rebus florentibus semper servos custodiae causa circum se habebat.
Ipse enim sentiebat, quam esset beatus.
Cum Damocles, unus ex comitibus, in sermone divitias eius, opes,
magnificentiam[4] domus regiae memoraret eiusque vitam beatam laudaret,
„Visne igitur“, inquit, „o Damocle, ipse hanc vitam cognoscere
fortunamque meam temptare?“
Protinus Damocles se id ipsum cupere dixit.
Itaque Dionysius eum in aureo lecto collocari iussit.
Mensa epulis exquisitissimis[5] exstructa et odoribus[6] incensis
pueri forma egregia ad mensam constiterunt et diligenter ministraverunt[7].
Damocles se beatum putabat.
Modo manum in mensam porrigebat,
cum super se gladium saeta equina aptum[8] conspexit.
Hic gladius Dionysio auctore ita demissus[9] erat,
ut collo illius impenderet.
Qua re Damocli tantus terror illatus est,
ut nihil iam aliud faceret nisi oculos in gladium figeret.
Denique tyrannum[1] oravit, ut abire liceret.
„Satis“, inquit, „mihi demonstravisti, qualis esset vita tua.
Tali modo ego beatus esse nolo.“

1) **per lūxum:** in verschwenderischer Pracht 2) **triclīnium, -ī** n: Liege (im Speisezimmer)
3) **argenteus, -a, -um:** silbern, aus Silber 4) **māgnificentia, -ae** f: Pracht
5) **epulīs exquīsītissimīs:** mit den erlesensten Speisen 6) **odor, -ōris** m: Geruch; *Pl. auch* wohlriechende Stoffe
7) **ministrāre:** bedienen 8) **saetā equīnā aptum:** an einem Pferdehaar befestigt
9) **dēmittere:** von oben mit der Spitze nach unten aufhängen

- ▶ Charakterisiere anhand des Textes Dionysius und gib Belege aus dem Text an.
- ▶ Welche Erfahrung macht Damokles?

1 Höchstpersönlich!

Setze die jeweils passende Form von *ipse* zu den Substantivformen.

civibus – coniugis – imperatorem – militum – parentes – reginae – soror – puero	ipsius– ipsi – ipsorum – ipsa – ipsis – ipso – ipsi– ipsum

2 „Zu Dionys, dem Tyrannen, schlich ...“

Der Tyrann Dionysius, der das Schwert über Damokles hatte aufhängen lassen, war ein grausamer Herrscher. Ein Erlebnis allerdings soll ihm sehr nahe gegangen sein: Die Geschichte zweier Freunde. Diese Geschichte hat der römische Autor Hygin aufgeschrieben und der deutsche Dichter Friedrich Schiller hat im 18. Jh. aus dem Stoff eine Ballade gedichtet.

a Vergleiche den Anfang des lateinischen Textes mit der ersten Strophe der Ballade. Welche inhaltlichen und sprachlichen Unterschiede fallen dir auf?

b Finde heraus: Wie geht Schillers Ballade „Die Bürgschaft“ aus?

Cum in Sicilia Dionysius tyrannus crudelissimus[1] esset suosque cives cruciatibus[2] interficeret, Moerus tyrannum studuit interficere. Quem cum custodes deprehendissent armatum[3], ad regem duxerunt. Rogatus respondit se regem studuisse interficere. Quem rex iussit crucifigi[4].

1) **crūdēlissimus, -a, -um:** sehr grausam
2) **cruciātus, -ūs** m: Folter, Qual
3) **armāre:** *Verb zu* **arma, -ōrum** n
4) **crucifīgere:** kreuzigen

Zu Dionys, dem Tyrannen, schlich
Damon, den Dolch im Gewande;
Ihn schlugen die Häscher in Bande.
„Was wolltest du mit dem Dolche, sprich!“
Entgegnet ihm finster der Wüterich.
„Die Stadt vom Tyrannen befreien!“
„Das sollst du am Kreuze bereuen.“

3 Stimmt ja gar nicht!

Übersetze alle Sätze. Stelle dann auf Deutsch die Zeitangaben richtig.

1. Remo mortuo Aeneas patriam reliquit. – 2. Augusto imperante Romulus urbi nomen dedit. – 3. Imperio Albae Longae regi Numitori reddito Christus natus est. – 4. Vespasiano imperatore Roma condita est. – 5. Urbe Roma condita statim Colosseum aedificatum est. – 6. Oppido Troianorum deleto Romani feminas quaesiverunt.

4 Rätselhafte Reiseziele

In welchem dieser Länder würdest du gerne Urlaub machen? Löse den Rebus.

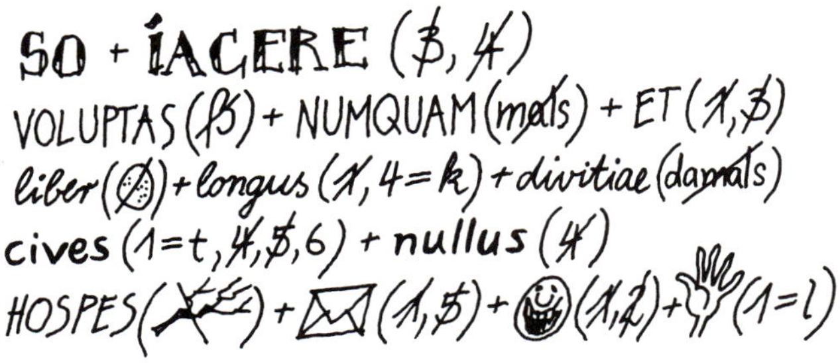

Raub der Proserpina

1. Filia Iovis et Cereris, deae frugum[1], erat Proserpina. 2. Quam Pluto Cerere matre invita uxorem ducere volebat. 3. Tandem matre nuptias aspere recusante filiae in insula Sicilia insidias paravit. 4. Ea in agro ludente terram aperuit et virginem in regnum sub terra situm abduxit. 5. Ceres autem filiam, cum domum non redisset, quaesivit. 6. Taedis[2] igne Aetnae incensis per totam Siciliam erravit. 7. Filia non inventa mater maesta officium[3] suum ita neglexit, ut nihil iam in agris cresceret. 8. Ita periculum erat, ne homines inopia cibi laborantes perirent. 9. Postremo Pluto Iove auctore Cereri concessit, ut filia duas partes anni in terra, unam sub terra viveret. 10. Ita accidit, ut Cerere a filia deserta agri fruges[1] non ferrent.

1) **frūgēs, frūgum** f: Feldfrüchte
2) **taeda, -ae** f: Fackel 3) **officium, -ī** n: Pflicht

Sicilia – Insel des Lichts, Insel der Götter

Sizilien – Fruchtbare Täler mit Zitronen- und Olivenhainen, graue Lavafelder des Berges der Berge, des ewig rauchenden und Feuer speienden Ätna, tiefblaues Meer und malerische Küsten.

Sizilien – Geburtsstätte zahlreicher Mythen und Erzählungen: Hier soll Odysseus den Polyphem geblendet, hier soll Pluto Proserpina geraubt, hier sollen Skylla und Charybdis unzählige Seeleute in den Tod gerissen haben.

Das „Ohr des Dionysius".

Syrakus war zeitweilig die größte Stadt der Antike, viel größer als das heutige Syrakus mit seinen 120 000 Einwohnern. Berühmt sind die unterirdischen Steinbrüche bei Syrakus. In der Höhle, die man „Ohr des Dionysius" nennt, wird jedes Geräusch 42fach verstärkt: Eine Legende behauptet, der Tyrann Dionysius habe hier Gegner gefangen gehalten und ihre Gespräche belauscht.

Der sog. Concordia-Tempel in Agrigent.

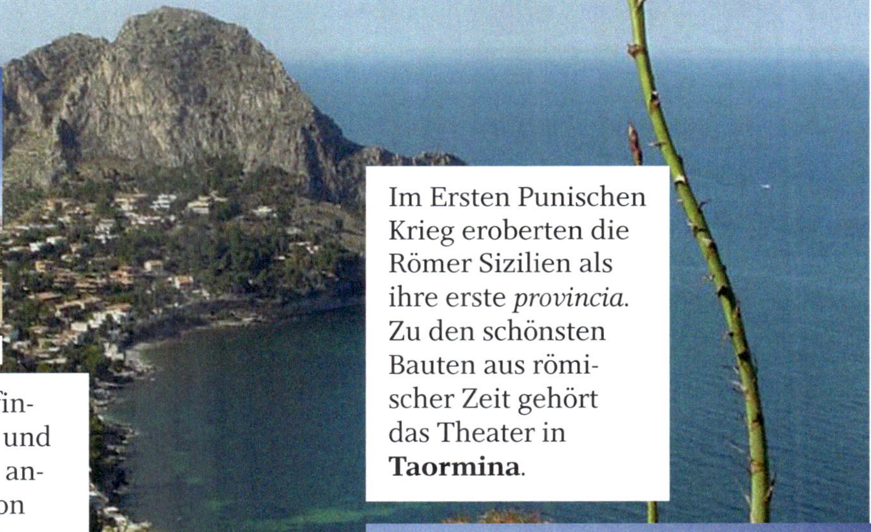

In **Agrigent** und **Selinunt** findet man die besterhaltenen und größten Tempel der ganzen antiken Welt. Die Bewohner von Agrigent, berühmt für ihre luxuriöse Lebensweise, errichteten allein im 5. Jh. v. Chr. nicht weniger als zehn Tempel.

Im Ersten Punischen Krieg eroberten die Römer Sizilien als ihre erste *provincia*. Zu den schönsten Bauten aus römischer Zeit gehört das Theater in **Taormina**.

Das Theater von Taormina mit dem Vulkan Ätna im Hintergrund.

Stell dir vor, du arbeitest als Reiseleiter. Suche alle Orte auf einer Karte und plane eine Route. Informiere dich über Palermo und Cefalù, diese Orte sollen im Programm nicht fehlen. Für ein paar Badetage eignen sich die Strände im Osten und Süden der Insel. Nun begrüßt du deine Reisegruppe und erläuterst in einem kurzen Vortrag das Programm.

Keine Angst vor langen Sätzen: Satzperioden analysieren

Die Sätze werden immer länger? Halb so schlimm! Hier zeigen wir dir zwei Methoden, die sich bei der Analyse von **Satzperioden** besonders gut bewährt haben. Eine Satzperiode ist ein **komplexes Satzgefüge**, das aus einem Hauptsatz und mehreren Gliedsätzen besteht.

1. „Verrückte" Sätze: Die Einrückmethode

Als **Grundregel** gilt:

- ▶ Alle zum Hauptsatz (HS) gehörenden Teile stehen ganz links. Die Gliedsätze (GS) werden **je nach dem Grad der Abhängigkeit vom Hauptsatz** (HS) verschieden weit von links nach rechts **eingerückt**.
- ▶ Zusammengehöriges und Strukturgleiches werden untereinander in die gleiche Spalte gesetzt.
- ▶ Es genügt meist, nur die wichtigsten Wörter eines Satzes (HS oder GS) im Analyseschema anzugeben: z.B. erstes Wort, Konjunktion, Subjekt, Prädikat.

Periodenbeispiel:

> Dionysius, postquam, cum Syracusanorum dominus esse cuperet, regnum vi accepit, se talem tyrannum[!] praebuit, ut cives semper timerent, ne ab eo in custodiam conderentur.

Analyseschritte:

1. Beginne mit dem ersten Teilsatz (bis zum ersten Komma: in unserem Beispiel nur ein Wort).
   - ▶ Gehört er zum HS? Dann stelle das Wort oder die Wortgruppe ganz nach links.
   - ▶ Enthält er die Konjunktion eines GS? Dann rücke ihn ein Stück nach rechts ein.
2. Rücke alle nachfolgenden Gliedsätze um ein oder mehrere Stücke ein, je nach dem Grad der Abhängigkeit.
3. Stelle alle weiteren Teile, die zum HS gehören, nach links.
4. Übersetze zunächst den HS und gib dann die Gliedsätze je nach Zugehörigkeit an der entsprechenden Stelle wieder.

Graphische Analyse:

Dionysius,
    postquam,
        cum ... dominus esse cuperet,
    regnum vi accepit,
se talem tyrannum praebuit,
    ut cives semper timerent,
        ne in custodiam conderentur.

Wörtliche Übersetzung:

Dionysius hat,
    nachdem er,
        da er Herr der Syrakusaner sein wollte,
    gewaltsam die Herrschaft an sich gerissen hatte,
sich derart als Tyrann gezeigt,
    dass die Bürger immer Angst hatten,
        dass sie ins Gefängnis gebracht würden.

2. Gut sortiert ist halb übersetzt: Die Kästchenmethode

Als **Grundregel** gilt:
- Der Hauptsatz und die Gliedsätze werden der Reihe nach in Kästchen eingeordnet.
- Die Kästchen in der obersten Zeile enthalten den **Hauptsatz.**
- **Gliedsätze** stehen auf den Ebenen darunter je nach Abhängigkeitsgrad höher oder tiefer.

► Beachte: In die Kästchen werden nur die für das Erschließen der Periode wichtigsten Wörter eingetragen: Subjekt, Prädikat, Konjunktionen. **Satzwertige Konstruktionen** werden, wo der enge Raum es erzwingt, an der entsprechenden Stelle durch Symbole angedeutet, z. B.:

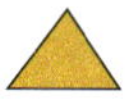 = PC,  = Abl. abs.,  = AcI.

Periodenbeispiel:

Summa potentia parta Dionysius, cum se talem tyrannum! praeberet, ut omnes eum timerent, odio et invidia civium sollicitatus arcem suam ita munivit, ut nemo, qui se eum pellere posse putabat, invadere posset.

Analyseschritte:
1. Beginne mit dem ersten Teilsatz (bis zum ersten Komma): Stelle fest, ob es sich um den Hauptsatz (HS) oder einen Gliedsatz (GS) handelt. Schreibe die Wörter in ein Kästchen: die des **Hauptsatzes auf die Linie**, die eines **Gliedsatzes unter die Linie** (hier HS: *Dionysius*).
2. Stelle fest, ob der folgende Teilsatz GS oder HS ist, und schreibe die Wörter in ein weiteres Kästchen: bei einem **HS auf**, bei einem **GS unter die Linie** (hier GS: *cum ... praeberet*).
3. Verfahre ebenso mit den folgenden Teilsätzen. Beachte dabei:

► Enthält der Teilsatz eine **Subjunktion**, ist er **untergeordnet** (GS 1, GS 2, GS 3 ...) und wird in ein Kästchen auf der nächsttieferen Ebene geschrieben (hier: *cum ...; ut ...*).

► Enthält er **keine Subjunktion**, ist er sehr wahrscheinlich übergeordnet und schließt einen noch offenen HS oder GS. Gib einen solchen Restsatz auf der entsprechenden Ebene verkürzt an (bes. das Prädikat) (hier: *arcem ... ita munivit*).

4. Verbinde, was zusammengehört: HS oder GS, die durch Gliedsätze unterbrochen sind, werden durch gestrichelte Linien gekennzeichnet.
5. Finde die satzwertigen Konstruktionen (PC, Abl. abs., AcI) und füge an den jeweiligen Stellen das entsprechende Symbol ein (hier: ▼ *summa ... parta,* ▲ *odio ... sollicitatus,* ▬ *se ... posse).*

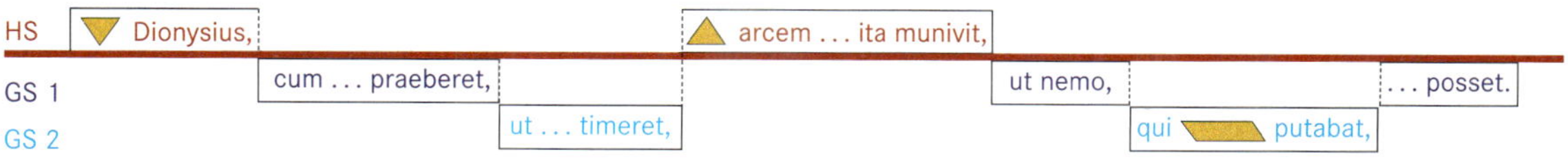

Wörtliche Übersetzung:

Nach dem Erwerb der höchsten Macht hat Dionysius, da er sich so als Tyrann zeigte, dass alle ihn fürchteten, vom Hass und Neid der Bürger beunruhigt, seine Burg so befestigt, dass niemand, der glaubte, er könne ihn vertreiben, eindringen konnte.

Aufgabe: Stelle den durch die Einrückmethode analysierten Satz (S. 176) mit der Kästchenmethode dar.

Gewusst wo und wer – Unser Städte- und Personenrätsel

a

Wo trauerte wer um den geflohenen Geliebten? (2. Buchstabe)

b

Wo sang wer beim Anblick einer brennenden Stadt? (1. Buchstabe)

e

Wo hatte wer im Speisesaal seines Palastes ein gefährliches Schwert hängen? (9. Buchstabe)

Aufgaben:

1. Ordne zunächst die Abbildungen den entsprechenden Orten auf der Mittelmeerkarte zu.
2. Stelle dann fest, welche Person auf dem jeweiligen Bild gesucht ist.

c

Wo wollte wer ein „Löwe“ auf der politischen Bühne sein?
(9. Buchstabe)

d

Wo warnte wer vergeblich seine Landsleute vor einem Verderben bringenden Geschenk?
(2. Buchstabe)

f

Wo regierte wer und starb dort durch Selbstmord?
(3. Buchstabe)

3. Bring die Namen der Personen in die Reihenfolge der Bezifferung (1.–6.), die bei den Städten angegeben ist.

4. Nimm schließlich der Reihe nach die Buchstaben innerhalb eines Personennamens, die bei den Fragen unter den Abbildungen in Klammern angegeben sind.

Daraus ergibt sich als Lösungswort ein Titel, der die Herzen der stolzen Römer höher schlagen ließ.

Antiker Tourismus in Griechenland

In der Kaiserzeit waren Fernreisen nichts Ungewöhnliches. Hadrian selbst sagte man nach, er habe den ganzen Erdkreis besucht. Zur Vorbereitung der Reisen standen den Römern Reisebeschreibungen und -führer zur Verfügung, von denen heute noch das Werk des Pausanias („Die Beschreibung Griechenlands“) erhalten ist. Griechenland galt als beliebtes Reiseziel, vor allem zu Studienzwecken.
Höhepunkt einer solchen Reise war sicherlich Athen, aber auch andere Stätten wie Epidauros, Delphi und Korinth zogen die Touristen an. Eine weitere Attraktion war Olympia, ein heiliger Ort im Süden Griechenlands: Denn hier befand sich das wichtigste Heiligtum des Zeus mit der berühmten Statue des Phidias, einem der sieben Weltwunder der Antike. Hier wurden seit 776 v. Chr. fast 1200 Jahre lang zu Ehren der Götter regelmäßig Wettkämpfe ausgetragen.

Eine Schauspielerin als Hohepriesterin mit einem Ölzweig vor dem olympischen Feuer, Athen 2004.

a Hier sind Türme miteinander verglichen. Stelle fest, welche Kennbuchstaben dem deutschen und englischen *-er* für den **Komparativ** (Höherstufe), welche dem deutschen *-sten* bzw. dem englischen *-est* für den **Superlativ** (Höchststufe) entsprechen. Inwiefern unterscheiden sie sich im Superlativ?

b Haec turris **pulchrior** est **quam** illa.
Was muss **quam** innerhalb eines Vergleichs bedeuten?

Reiseziel Olympia

Nach Griechenland zu reisen, war ein Muss für einen gebildeten Römer. Fast alle waren begeistert von ihrer Reise, wie auch der folgende Bericht zeigt.

Decimo die itineris Olympiam pervenimus, in illum locum clarum ac sanctum. Quam iucundus est lucus[1], quam latum stadium[2]! Quam pulchra sunt templa', simulacra, statuae'! Imprimis aedis Iovis nobis maximae admirationi fuit. Cella[3] eius ornata est effigiebus[4] Herculis illos duodecim labores subeuntis. Neque umquam memoriam meam fugiet simulacrum Iovis ibi collocatum, quod a Phidia ebore[5] atque auro factum est. Satis apparet, quare Graeci eum locum pulcherrimum atque sanctissimum omnium putaverint, quare hic in Iovis honorem quinto quoque anno[6] ludos clarissimos egerint. Didici autem ex libro quodam[7] Herculem ludos Olympios' instituisse, ut omnibus Graecis beneficium tribueret. Cum enim urbes Graeciae diu inter se bella gererent, vim odiumque hominum finire volebat. His ludis institutis effecit, ut ex tota Graecia iuvenes optimi ac fortissimi Olympiam convocarentur, ut non armis, sed corporibus inter se contenderent. Ibi unusquisque acerrime cupiebat fortius luctari[8], celerius currere, discum' longius mittere quam ceteri, immo summis viribus studebat meliorem se praebere illo Hercule. Olympia autem vincere athletis' laudi et usui erat; nam in patria summis honoribus recipiebantur, a poetis[9] praeclaris carminibus celebrabantur, etiam magna pecunia donabantur. Omnes quidem urbes vehementissime cupiebant quam plurimos victores Olympiae habere; undique plurimi cives Olympiam convenerunt, ut iuventutem Graeciae de victoria certantem spectarent. Quod ut fieri[10] posset, urbes Graeciae legem sibi statuerunt optimam. Quae prohibebat bellum gerere, dum ludi Olympii' agebantur.

1) **lūcus, -ī** m: (*der einer Gottheit heilige*) Wald, Hain 2) **stadium, -ī** n: Stadion
3) **cella, -ae** f: Innenraum (*eines Tempels*) 4) **effigiēs, -ēī** f: Abbildung, Gestalt 5) **ebur, eboris** n: Elfenbein
6) **quīntō quōque annō**: alle vier Jahre 7) **quōdam**: einem 8) **luctārī**: ringen 9) **poēta, -ae** m: Dichter 10) **fierī**: geschehen

- ▶ Welchen Sinn und welchen Zweck hatten die antiken Olympischen Spiele? Welche Voraussetzung musste für ihre Durchführung erfüllt sein?
- ▶ Wodurch versucht der Autor dieses Reiseberichtes, den Ort Olympia für seine Leser interessant zu machen?

1 Gesteigert oder nicht?

Suche alle Komparativformen heraus.

acrioris – altior – arbor – ardoris – asperior – aspicior – celeres – clamoris – clarius – consilio – crudelius – difficiles – digniores – dolores – facilius – furoris – generis – gravem – ipsius – liberorum – longius – miserrima – necessaria – pulchrorum – varius

2 Steigerung mit Lücken

Übertrage die Tabelle in dein Heft und ergänze die fehlenden Steigerungsformen.

clarus	?	?
?	pulchrior	?
?	?	fortissimus
grave	?	?
?	asperiores	?
?	?	altissimam
bonae	?	?
?	maioris	?

3 Erinnerung des Damokles

Schreibe aus den folgenden Sätzen jeweils die Steigerungsform heraus, entscheide, ob es sich um Komparativ oder Superlativ handelt, und übersetze die Sätze.

1. Neminem beatiorem esse quam Dionysium putavi.
2. Erat ei villa pulcherrima, erant ei res optimae.
3. Tamen crudelissime in cives agebat.
4. Etiam fortissimi civium nihil contra eum dicere audebant.
5. Existimabam eius vitam meliorem esse vita mea.
6. Tum autem intellexi eum vitam miserrimam agere.

4 Mehr geht nicht.

Nenne die deutsche Bedeutung aller Adjektive. Welche sind nicht steigerbar?

dexter – iucundus – terribilis – aureus – incolumis – difficilis – mortalis – celer – strenuus – clarus – singulus – diligens – mollis – asper – totus – alter – vetus – utilis – altus – medius – tutus

5 Wem geweiht?

I·O·M

Diese Abkürzung kann man auf römischen Gedenksteinen finden. Was „I“ bedeutet, erfährst du, wenn du die angegebenen Buchstaben der deutschen Bedeutungen hintereinander liest. „O“ und „M“ sind Superlativformen.

libertas (7.) – spes (2.) – crimen (1.) – ops (2.)

6 Aktiv-Passiv

Schreibe die 3. P. Sg. Aktiv und Passiv aller Tempora und Modi von *movere* und *regere* in dein Heft. Kontrolliere und (wenn nötig) ergänze mithilfe der Tabellen in der Begleitgrammatik.

Vor Neid geplatzt

1. Quondam rana[1] conspexit bovem[2]. 2. Invidia tantae magnitudinis tacta se inflavit[3]. 3. Tum liberos suos interrogavit: „Egone latior sum bove[2]?“ 4. At illi: „Non es!“ 5. Maximo impetu pellem[4] intendit[5] et iterum rogavit: „Nonne nunc sum maior?“ 6. Illi negaverunt. 7. Brevissimo tempore rana, dum irata fortius se inflare[3] vult, corpore rupto iacuit. 8. Sic perit, qui potentiori[6] par esse vult.

1) **rāna, -ae** f: Frosch 2) **bōs, bovis** m/f: Rind
3) **īnflāre**: aufblähen 4) **pellis, -is** f: Haut
5) **intendere** (*Perf.* **intendī**): anspannen, dehnen
6) **potēns, -ntis**: mächtig

Citius, altius, fortius – Die Olympischen Spiele

Olympische Spiele der Neuzeit

1892 rief der Franzose Pierre de Coubertin ein internationales Sportfest zur Förderung der Völkerverständigung ins Leben. Dieses sollte nach den berühmtesten Spielen der Antike benannt werden. 1896 fanden in Athen die ersten Olympischen Spiele der Neuzeit statt. In Anlehnung an die Antike nahmen nur Männer daran teil.

Muriel Hurtis (li.), 200-m-Lauf in St. Denis, Paris 2002.

Dabei sein ist alles?

Diese Devise galt zumindest nicht in Olympia. Die Athleten – meist Profis – kämpften um den Sieg. Denn der Erste erhielt nicht nur den geweihten Zweig vom Ölbaum: Sieger zu sein, bedeutete Ansehen und Reichtum, was auch damals schon manchen zum Betrug verleitete.

Olympische Spiele – eine reine Männersache?

Als Zuschauerinnen waren Frauen in der Antike zugelassen, solange sie unverheiratet waren. Aktiv teilnehmen durften sie jedoch nur am Wettlauf der Frauen. In drei Altersklassen liefen sie ca. 160 Meter in einem langen Gewand.

Lauf der Männer, attische Vase, 5. Jh. v. Chr.

Waffenlauf, Vase, 6. Jh. v. Chr.

Religiöse Spiele

Die antiken Spiele waren ursprünglich ein religiöses Fest. Man begann mit einem Opfer vor dem Altar des Zeus, wo ein heiliges Feuer brannte. Dann folgte der Schwur der Athleten. Zum Abschluss der Spiele fand eine Prozession zum Zeus-Tempel mit Opfer und Festmahl statt. Im Jahre 393 n. Chr. ließ Kaiser Theodosius, ein Christ, die Spiele verbieten.

Olympische Spiele – ein Friedensfest?

Die *Ekecheiría*, der heilige Frieden, wurde von den Boten des Zeus in allen griechischen Städten verkündet und dauerte bis zu drei Monate, damit Sportler, Künstler und Zuschauer sicher reisen konnten. Wer den Frieden verletzte, wurde bestraft. Nach dem antiken olympischen Friedensideal strebt auch die Moderne: Im Jahr 2000 wurde das Internationale Zentrum für den Olympischen Waffenstillstand gegründet.

a Worin unterscheiden sich die modernen Spiele von den antiken?
b Welche Elemente der heutigen Spiele erinnern an ihren religiösen Ursprung?

Ein bedeutender Erfinder

Der von Tieren gezogene Pflug, Wagen und Segelschiffe waren schon vor der Zeit der Griechen und Römer erfunden worden. Doch die theoretische „Grundlagenforschung“ von griechischen Mathematikern, wie z. B. Thales im 6. Jh. v. Chr., trug dazu bei, die Arbeitskraft von Menschen und Tieren besser auszunutzen: Flaschenzüge und Kräne wurden entwickelt, Mühlen, Be- und Entwässerungsanlagen, ja richtige mechanische Geräte (*machinae*) wie komplizierte Wurfmaschinen für die Kriegsführung oder Orgeln.
In Syrakus auf Sizilien lebte im 3. Jh. v. Chr. Archimedes, ein sehr bedeutender Mathematiker und Physiker. Er fand unter anderem für die zur Berechnung des Kreisumfangs nötige Zahl Pi (π) den sehr guten Näherungswert $3\frac{10}{71} < \pi < 3\frac{1}{7}$. Auch als Erfinder von Verteidigungsmaschinen war er berühmt. Dafür war ihm seine Heimatstadt auch noch nach der Eroberung durch die Römer dankbar.

Werbung für ein Internetcafé in der Altstadt von Syrakus.

ABLEGER-VERBEN

1. Qui homines ludis interesse **temptant** ?
2. Quid Graeci inter ludos **timebant** ?
3. Qui imperator monumentum victoriae **exstruxit** ?

A. Nero monumentum victoriae **molitus est** .
B. Iuvenes et virgines ludis interesse **conantur** .
C. Graeci periculum belli inter ludos **verebantur** .

a Ordne den Fragen die richtigen Antworten zu. Die Verbformen haben dieselbe Bedeutung. Worin unterscheiden sie sich jedoch?
b Diese Verben nennt man **DEPONENTIEN**. Was haben sie „abgelegt“? Wie muss also der Infinitiv Präsens der Formen jeweils lauten?

„Störe meine Kreise nicht!“

Anlässlich einer Geschäftsreise nach Syrakus nutzen C. Fulvius Mus und sein junger Geschäftspartner M. Rutilius Glaber, zwei Kaufleute aus Rom, die Gelegenheit, sich die Stadt anzuschauen, und kommen an das agrigentinische Tor, wo es zahlreiche Gräber gibt.

G: Quae est ista columella[1], quae cetera sepulcra superat?

M: Nescio. Quin accedimus? Nemo nos eam contemplari prohibet.

G: *(paulo post)* Quid video? In summo monumento sphaera[2] cum cylindro' posita est.

M: Hercule'! Nos ante sepulcrum Archimedis stare opinor.

G: Fateor me hoc nomen iam audivisse. Tune scis, cur Syracusani monumentum eiusmodi ei fecerint?

M: Hoc est monumentum et prudentiae eius et gratiae civium. Magnam enim Archimedes peperit gloriam, quod bellica tormenta[3] non tantum invenerat, sed etiam molitus erat.

G: Et ea tormenta[3] Syracusanis dono dedit. Nonne propter ea vitam amisit?

M: Verba tua me hortantur, ut tibi narrem, quem casum expertus sit. Nonnullis saeculis ante maiores nostri Claudio Marcello duce hanc urbem magno navium numero oppugnabant. Et res fortunam habuisset, nisi Syracusis eo tempore fuisset Archimedes. Is tormenta[3] variae magnitudinis in muris disposuerat[4], quibus saxa ingentia in naves e-mittebat. Marcellus urbem expugnare frustra conatus totis viribus in terra impetum fecit. Sed in ea quoque parte tormenta[3] omnis generis disposita[4] erant. Tertio denique anno Marcellus urbe potitus est eamque militibus diripiendam[5] dedit. Cum prudentiam Archimedis valde admiraretur, milites ei parcere iussit, etsi eum victoriam diu moratum esse senserat. At is militi, qui domum invaserat et stricto gladio interrogabat, quis-nam esset, nomen non indicavit.

G: Nonne verebatur, ne interficeretur imperium militis neglegens?

M: Fortasse non bene audivit; nam animo oculisque in terra fixis formas geometricas' describebat[6]. Pulverem[7] manibus protegens hoc tantum dixit: „Noli[8] istum disturbare[8]!“

G: Et formae sanguine eius disturbatae[8] sunt.

1) **columella, -ae** f: kleine Säule 2) **sphaera, -ae** f: Kugel 3) **(bellicum) tormentum, -ī** n: Geschütz
4) **dispōnere**: verteilen 5) **dīripiendam**: zur Plünderung 6) **dēscrībere**: zeichnen 7) **pulvis, -veris** m: Staub; Sand
8) **disturbāre**: in Unordnung bringen – **nōlī disturbāre!**: bringe nicht in Unordnung!

- Suche aus dem Text alle Wörter, die zum Sachfeld „Stadteroberung“ gehören.
- Welche Charakterzüge werden an Archimedes hervorgehoben? Inwiefern passen sie nicht zusammen?

★1 Die ORaupe

Suche aus der folgenden „Wörter-Raupe" alle Einzelwörter heraus und sortiere sie nach deklinierbaren und konjugierbaren Wörtern. Wie viele Deponentien findest du?

VICTORSUPERORPONOROPINORCON
ORMAIORPROHIBEORHORTORMOLI
ORAUDIORVINCORMORORORNORC
RUDELIORFALLORCONTEMPLORPRI
ORACRIORFATEORMELIOR

★2 Bilde Paare.

Je zwei Formen haben eine ähnliche Bedeutung.

cognoscis – conabimur – contemplentur – experiris – exstrueretis – hortare – hortor – moliremini – mone – moneo – spectent – temptabimus – timeatis – vereamini

★3 Setze ein und übersetze.

admirantur – contemplantur – moliti sunt – verebantur – opinabantur – experti erant

1. Olympiae homines multa aedificia ? . 2. Imprimis maximam aedem Iovis ? . 3. Graeci id templum[1] ad maiorem gloriam maximi dei ? . 4. Illis temporibus omnes fere homines illum deum ? . 5. ? enim Iovem plurimum valere. 6. Potentiam Iovis Optimi Maximi (⟶ 28 L) saepe ? .

★4 Alles Passiv?

1. Pater puerum hortatus est. – 2. Fur scelus fassus est. – 3. Dominus a servis protectus est. – 4. Imperator oppido potitus est. – 5. Nulla iniuria laesus est. – 6. Diu illo loco morati sumus. – 7. Calamitas sine mora indicata est. – 8. Magna moliti estis.

★5 Achtung, Partizip!

Prüfe verschiedene Übersetzungsmöglichkeiten und entscheide dich für die beste.

1. Glaber diu Syracusis moratus Romam rediit. 2. Ibi ab aliis rogatus multa narravit: 3. „Sepulcrum Archimedis contemplans multa de illo viro Graeco expertus sum. 4. Milites nostri Syracusas oppugnantes artes eius veriti sunt. 5. Marcellus noster tres annos frustra conatus est urbe potiri. 6. Urbe denique potitus milites iussit Archimedi parcere. 7. Is a milite interrogatus nomen non indicavit fortasse timens, ne interficeretur." 8. „Sed tamen interfectus est."

6 Bestimme,

ordne den Konjugationen zu und gib die deutschen Bedeutungen an.

accepit – agatis – ascendere – auditis – capiar – clamavit – damnato – discit – disserit – dixit – finivit – fugiunt – habuit – licebat – offensi – persuaderet – tribuitur – vixerunt

Ein Philosoph in Sizilien

1. Plato philosophus[1] cum Athenienses frustra hortatus esset, ut modeste[1] viverent, Syracusas se contulit. 2. Ibi Dionysium, qui regno potitus erat, philosophia[1] sua regem iustum[2] facere conatus est. 3. Praeclara est illa epistula Platonis, qua fatetur, quid in illa urbe expertus sit. 4. „Eo cum venissem, vita illa, quam multi beatam putabant, plena[3] Italicarum et Syracusiarum mensarum, nullo modo mihi placuit." 5. Verebatur enim philosophus[1], ne talis vita sine temperantia[4] neminem humaniorem redderet, immo multo minus[5].

1) **modestē**: maßvoll 2) **iūstus, -a, -um**: gerecht
3) **plēnus, -a, -um** (*m. Gen.*): voll (*von etw.*)
4) **temperantia, -ae** f: Maßhalten 5) **minus**: weniger

HEUREKA – Ich hab's gefunden!

1 **Die archimedische Schraube** oder **Wasserschnecke** soll Archimedes während seines Aufenthaltes in Ägypten erfunden haben.

Überlege:

a Wie kann eine solche Schnecke angetrieben werden?

b Zu welchem Zweck ist diese Schraube in Ägypten wohl verwendet worden?

Diese Wasserschnecke befindet sich in Plochingen. *„Ein 100 Tonnen schwerer Spezialkran war nötig, um die neue 13,6 m lange und rund 15 Tonnen schwere archimedische Schraube an ihren vorgesehenen Platz zu bringen. Das technische Wunderwerk transportiert Wasser aus dem Neckar ca. 6,5 m hoch über den Hochwasserschutzdamm in den neu angelegten Kanal, der durch das Gelände der Gartenschau fließt. Mit 26 Umdrehungen pro Minute vermag die mit einem zehn Kilowatt starken Motor betriebene Schraube 80 Liter pro Sekunde nach oben zu befördern.“*

2 „Gib mir einen Standpunkt außerhalb der Erde, und ich will sie bewegen“, soll Archimedes stolz gesagt haben. Er hat natürlich das Hebelgesetz nicht erfunden, aber den rechnerischen Weg entdeckt: Das Produkt aus Kraft mal Hebelarm auf beiden Seiten des Drehpunkts muss denselben Wert haben, damit Gleichgewicht entsteht. –

Das kannst du selbst ausprobieren.

3 Eines Tages musste Archimedes herausfinden, ob die Krone seines Königs aus reinem Gold bestand oder ob Silber hinzugemischt worden war. Er durfte jedoch die Krone nicht einfach einschmelzen, um die Goldmenge zu messen. Das spezifische Gewicht von Gold war schon bekannt, aber dieses Wissen nützte nichts, da man die Krone nicht ausmessen konnte, sondern nur wiegen. Um entspannt überlegen zu können, nahm Archimedes ein Bad. Zerstreut ließ er die Wanne bis zum Rand volllaufen. Als er sich hineinlegte, lief das Wasser über.

Da kam Archimedes die Erleuchtung: Wenn er die Krone in Wasser tauchen würde, hätte das verdrängte Wasser das gleiche Volumen wie die Krone selbst. Anhand des Volumens und des Gewichts wäre der Goldgehalt der Krone leicht zu bestimmen. Voller Freude über seine Entdeckung rannte er, nackt wie er war, auf die Straße hinaus und rief: „*Ηὕρηκα, ηὕρηκα.*“ – „Ich hab's gefunden!“

Vor Gericht in Athen

Im Jahr 399 v. Chr. fand in Athen einer der großen Gerichtsprozesse der Geschichte statt. Dem Philosophen Sokrates, der damals etwa siebzig Jahre alt war, wurde vorgeworfen, er erkenne die Götter Athens nicht an, führe neue göttliche Wesen ein und verderbe die Jugend.
In Athen konnte damals jeder Bürger über 30 Jahren Richter werden. Eine juristische Ausbildung gab es nicht, man bewarb sich und hoffte darauf, ausgelost zu werden. Ebenso wenig gab es Anwälte. Kläger und Angeklagter mussten ihre Sache selbst vorbringen. In der ersten Verhandlungsrunde wurde entschieden, ob der Angeklagte schuldig war oder nicht. Danach entschied man über das Strafmaß, wobei Kläger und Beklagter je einen Vorschlag zu machen hatten. Alle Entscheidungen fielen mit einfacher Mehrheit. Bei Sokrates ging es um Leben und Tod...

Der Tod des Sokrates (1787), Jacques-Louis David (1748–1825).

1
Multi dicunt
Archimedem virum egregium
fuisse.

2
Archimedes vir egregius
fuisse
dicitur.

a Beschreibe alles, was sich außer den grünen Formen zwischen Satz **1** und Satz **2** noch verändert hat.
b Die Konstruktion in Satz **2** nennt man NcI (Nominativus cum Infinitivo). Versuche, sie zu erklären.
c Übersetze *dicitur* zunächst mit „man sagt, dass ...“, dann mit „soll ...“.

Konsequent bis in den Tod

Die 501 Richter hatten die Anklagerede gegen Sokrates gehört und warteten gespannt auf seine Reaktion.

Socrates apud iudices defensione[1] sapientissima usus est, neque tamen ei contigit, ut illis se innocentem esse persuaderet. Ita enim pro se ipse dixit, ut non supplex, sed magister iudicum esse videretur. Qui oratione eius ita offensi esse dicuntur, ut eum damnarent. Athenis autem reo damnato licebat poenam suam aestimare. Socrates autem ipse, quam poenam mereret, interrogatus sic locutus est: „Ego merui, ut amplissimis honoribus praemiisque decorarer[2], et maxime eo honore me dignum esse existimo, qui victoribus Olympiae tribuitur, ut mihi victus[3] cottidianus in Prytaneo publice praebeatur.“ His verbis auditis iudices sic exarserunt[4], ut Socratem capitis[5] damnarent. Qui hanc sententiam non modo aequo animo accepit, sed etiam apud iudices alteram orationem habuit; eam his verbis finivit: „Quis me beatior est? Pro certo enim habeo eos, qui iuste vixerunt, in caelum ascendere et ad deos, a quibus profecti sunt, redire. Itaque causa mihi non est, cur vobis irascar. Sed iam tempus est hinc abire me, ut moriar, vos, ut vitam agatis.“ Tum in carcere[6] mortem exspectavit neque fugere voluit, cum familiares eum e custodia e-ducere vellent. Arbitrabatur enim se leges doctrinamque[7] suam sequi debere. Ita supremo vitae die, dum cum amicis sapienter de immortalitate[8] animae[8] disserit, animo forti potionem[9] e manu carnificis[10] accepit. Socrate poculum ad os ad-movente Xanthippe uxor clamavit: „Tune te innocentem perire pateris?“ At ille: „Quid ergo? Num existimavisti mihi melius esse mori nocenti?“

1) **dēfēnsiō, -ōnis** f: Verteidigungsrede 2) **dēcorāre**: ehren, auszeichnen 3) **vīctus, -ūs** m: Nahrung, Speise 4) **exārdēscere** (*Perf.* **exārsī**): in Zorn geraten 5) **capitis**: zum Tode 6) **carcer, -eris** m: Gefängnis 7) **doctrīna, -ae** f: Lehre 8) **immortālitās (-ātis** f**) animae**: die Unsterblichkeit der Seele 9) **pōtiō, -ōnis** f: Gifttrank 10) **carnifex, -ficis** m: Henker

- Gliedere den Text in Sinnabschnitte. Achte auf handelnde Personen und Konnektoren.
- Zeige, inwieweit sich Sokrates vor Gericht als *magister* (Z. 4) erweist.

1 Passiv oder nicht?

Suche alle Passivformen heraus.

arcemini – ardor – aspicior – beatior – caederis – dedi – dimitti – emptum – gaudium – igitur – imponitur – iudicis – laboris – latum – misi – mulieris – nomini – opprimuntur – orator – perfici – reddidi – sceleris – servari – teneris – terror – trahimur – vincitur

★ 2 Zweimal gesagt

Ordne die Formen von *dicere* den Formen von *loqui* zu.

loquor – locuti eratis – loqueretur – locutus erit – loquebatur – locutus sum – loquaris – loquimur – loquentur

dicimus – dixi – diceret – dicent – dicebat – dixeratis – dicas – dico – dixerit

★ 3 Der bekannte Thales

Übersetze und gib an, ob AcI oder NcI verwendet ist.

1. Etiam Thales philosophus[!] praeclarus fuisse dicitur. 2. Scimus hunc fuisse in numero eorum VII virorum, qui tum sapientissimi fuisse dicuntur. 3. Huic philosopho[!] placuit caelum contemplari. 4. Studuit enim cognoscere, quo modo sidera[1] moveri possent. 5. Aliquando ei hoc accidisse dicitur: 6. Dum caelum spectans cum amico ambulat, in puteum[2] cecidit. 7. Traditum est servam ridentem clamavisse: „Caelestia[3] quidem cognoscere vis; quae autem ante pedes sita sunt, non animadvertis.“ 8. Etiam hodie pueri et puellae in ludo rem ab illo philosopho[!] inventam discere solent. 9. Quis dicere potest, quam rem magnam Thales invenerit?

1) **sīdus, -deris** n: Stern, Gestirn
2) **puteus, -ī** m: Brunnen
3) **caelestia, -ium** n: die Dinge am Himmel

4 Welches -RIS ist dies?

RIS: vi- – arbitra- – fue- – ape- – mone- – aucto-

★ 5 Es soll, wie es scheint ...

Wende alle Übersetzungsmöglichkeiten an.

1. Socrates sapientissimus esse *videtur*.
2. Cicero philosophos[!] Graecos admiratus esse *dicitur*.

★ 6 Zurückgeführt

Nenne zu den Verbformen die Infinitive und übersetze die finiten Formen.

adhibentur – admiratus sum – cepi – comprehendis – conatus eras – didicisti – elati sunt – experimini – hortamini – irascitur – morietur – patiantur – pepuleris – pressi sumus – profectus est – proteguntur – timemini – utebamur – vereor – vitabunt

Der erste Philosoph

1. Pythagoras a quibusdam[1] interrogatus est, quam artem sciret; is respondisse dicitur se scire nullam, sed esse ‚philosophum[!]‘. 2. Qui cum novitatem[2] nominis admirarentur, quaesiverunt, quid differret inter philosophos[!] et ceteros. 3. Pythagoras respondit: „Ut Olympiae alii gloriam petunt, alii eo veniunt, ut emant et vendant, sic homines alii gloriae serviunt[3], alii pecuniae. 4. Ut autem alii eo proficiscuntur, ut id solum contemplentur, quid agatur et quo modo, sic viri quidam[1] in hac vita rerum naturam studiose[4] contemplantur. 5. Hos arbitror esse sapientiae studiosos[4], id est ‚philosophos[!]‘.“

1) **quīdam** (*Abl. Pl.* **quibusdam**): gewisse, einige
2) **novitās, -ātis** f: *Subst. zu* novus
3) **servīre:** dienen 4) **studiōsus, -a, -um** (*m. Gen.*): eifrig, eifrig bemüht (*um etw.*)

Sokrates – der unbequeme Frager

Sokrates: *Na du Spaßvogel, du hast wohl noch nicht gehört, dass ich der Sohn einer tüchtigen und tatkräftigen Hebamme bin?*
Theaitetos: *Doch, das habe ich schon gehört.*
Sokrates: *Und dass ich denselben Beruf ausübe, hast du das gehört?*
Theaitetos: *Bisher nicht.*
Sokrates: *Es ist die Wahrheit. Erzähl' es aber den andern nicht weiter! Ich halte es nämlich geheim, mein Freund, dass ich diese Kunst besitze. Die andern wissen es nicht. Sie können mit mir nichts anfangen und behaupten, ich brächte die Menschen völlig durcheinander.*

Sokrates im Gespräch. Schule von Athen (Ausschnitt, 1509/11), Raffael, Vatikan, Rom.

Alles, was wir über Sokrates wissen, haben seine Schüler oder Gegner aufgeschrieben. Sie zeigen einen Mann, der immerzu auf dem Markt oder vor den Toren Athens umherschlendert im Gespräch mit meist jungen Menschen über Themen, über die man sich damals wie heute im Alltag nur wenig Gedanken macht: Was zeichnet einen ‚guten' Menschen aus? Kann der Mensch lernen, ‚gut' zu sein? Was ist Gerechtigkeit? Da er von sich behauptete, selbst nichts Sicheres zu wissen, suchte er Antworten im Gespräch mit anderen und wollte der Geburtshelfer sein für die klugen Gedanken der Gesprächspartner. Er stellte immer nur Fragen, oft bohrende, provozierende, nervende. Die Athener fühlten sich zunehmend verunsichert, bedroht von diesem Quälgeist.

Sokrates behauptete, dass regelmäßig eine innere Stimme, sein *Daimonion*, ihn vor falschen Entscheidungen bewahre. Daraus und aus der Tatsache, dass vor allem junge Menschen am Gespräch mit Sokrates interessiert waren, zimmerten seine Feinde die tödliche Anklage.

Sokrates ist der erste griechische Denker, der ausschließlich den Menschen in den Mittelpunkt seines Erkenntnisstrebens stellte. So wurde er zum Begründer der Ethik.

Der deutsche Philosoph Immanuel Kant (1724–1804) bestimmt die Aufgabe der Philosophie ganz im Sinne des Sokrates mit vier Fragen:
1. Was kann ich wissen?
2. Was soll ich tun?
3. Was darf ich hoffen?
4. Was ist der Mensch?

a Niemand handelt schlecht, der das Gute kennt. Setzt euch mit diesem Gedanken des Sokrates auseinander. Nutzt Beispiele.
b Versucht selbst eine Definition der Gerechtigkeit und prüft genau, ob sie für alle Lebenssituationen zutrifft.

Im Staatsgefängnis Athens fand man kleine Becher. Vielleicht dienten sie der Zuteilung des Giftes für Hinrichtungen.

Wenn Vulcanus schmiedet, speit der Ätna Feuer.

Vulcanus nannten die Römer den Gott des Feuers. Er war gefürchtet, weil er das zerstörende Feuer bringen konnte. In seiner Schmiedewerkstatt im Untergrund des Vulkans Ätna auf Sizilien fertigte der Gott, den die Griechen Hephaistos nannten, mithilfe der Kyklopen u. a. die Blitze für seinen Vater Jupiter. Immer wenn der aktive Vulkan Ätna ausbrach, glaubte man, dass Vulcanus an seiner Esse stand.
Obwohl man wusste, dass auch der Vesuv ein Vulkan war, hielt man diesen seit Jahrhunderten friedlichen Berg für ungefährlich und errichtete an seinen fruchtbaren Hängen viele *villae rusticae*. Die in der Nähe hervortretenden Thermal- und Mineralquellen wurden für Kuren genutzt. Am 24. August 79 n. Chr. geschah dann das Unerwartete …

Vesuvausbruch 79 n. Chr. (1813), Pierre-Henri Valenciennes (1750–1819).

des Fragens,
zum Zuhören, des Lehrens,
zum Erkennen,
durch Lehren

zum SUBSTANTIV machen

GERUNDIUM

Secum cogitat:

1. Mihi a deis ars **rogandi** et **docendi** data est.
2. Multi semper ad **audiendum** et **cognoscendum** parati sunt.
3. Etiam mea sapientia **docendo** crescit.

a Setze für die **roten Formen** die passende deutsche Wendung ein und übersetze die Sätze.
b Diese Formen nennt man **GERUNDIUM**. Sie haben sich aus einem Verb in ein Substantiv verwandelt. Woran kann man bei allen Formen die Verwandlung erkennen?
c In welche Deklination müsste man sie einordnen, wenn es „echte“ Substantive wären?

Ein Berg explodiert.

Ein Einwohner aus Misenum, das ca. 25 km vom Vesuv entfernt liegt, berichtet als Augenzeuge von einer der größten Naturkatastrophen der Antike.

Iam per multos dies terra tremuerat[1].
Tum vero tremor[1] ita auctus est, ut omnia exstingui crederemus.
Magnus metus ruinae nos incessit; itaque e domo egressi in campo consedimus.
Sexta fere hora diei erat,
cum e Vesuvio monte ignes et flammas maximo impetu in altum erumpentes vidimus.
Et e cacumine[2] montis ingentissima nubes[3] in caelum elata est,
e qua magna vis terrae et cineris de-cidebat omniaque tegebat.
Tum nobis non iam erat facultas cessandi et manendi,
sed tempus cedendi et abeundi venerat.
Statim nos fugae damus.
Sequitur vulgus perterritum; nos premit et impellit.
Egressi oppidum consistimus. Mare tremore[1] terrae quasi repelli videmus.
Ne navibus quidem evadere possumus.
Tum nubes[3] atra descendit in terram et mater:
„Parata sum“, inquit, „ad moriendum et bene moriar, si tibi causa mortis non fuero.
Vivendi causa fuge sine me!“
At ego: „Salvus non ero nisi una.“ Et manum eius comprehendo.
Cinis autem semper cadendo solem paulatim obscurat[4]; fugere pergimus.
Respicio: Densa caligo[5] nos sequitur.
Cupidi celerius procedendi de via decedimus, ut turbam vitemus.
Repente nox densa nos opprimit; nobis non iam est potestas cognoscendi loca.
Considimus. Magis magisque cinere tegimur.
Audiuntur ululatus[6] feminarum, fletus[1] liberorum, clamores virorum.
Nonnulli metu mortis mortem precantur.
Nos quoque morti propiores esse sentimus.
Tandem caligo[5] discessit; dies rursus apparuit; etiam sol effulsit[7].
Reliquum diem consumpsimus sperando ac metuendo,
neque enim terra tremere[1] desierat.

1) **tremere** (*Perf.* **tremuī**): beben; *dazu das Subst.* **tremor, -ōris** m 2) **cacūmen, -minis** n: Gipfel
3) **nūbēs, -is** f: (Staub-, Rauch-)Wolke 4) **obscūrāre**: verdunkeln 5) **cālīgō, -ginis** f: Rauch, Qualm
6) **ululātus, -ūs** m: das Jammern 7) **effulgēre** (*Perf.* **effulsī**): hervorleuchten

► Nenne die verschiedenen Phasen des Vesuvausbruchs. Was bewirken diese jeweils bei den Einwohnern der Stadt Misenum?

► Beschreibe, wodurch im Text die Angst der Menschen deutlich wird.

1 Eine gute Gelegenheit . . .

Mache abhängig von *occasio* und übersetze.

contemplari – videre – experiri – credere – parcere – ire – loqui – efferre – dare – proficisci – evadere – munire – sequi

2 De Socrate

Übersetze und unterstreiche in deiner Übersetzung, wie du das Gerundium wiedergegeben hast.

1. Socrates acerrime se defendendo iudices offendit. 2. Ab iudicibus damnatus vir sapiens altera occasione usus est orationem habendi. 3. Eam sic finivit: „Certe iustis occasio dabitur redeundi ad deos. 4. Sed nunc tempus est abeundi." 5. Et ad moriendum abiit. 6. Supremo vitae die cum amicis de moriendo disseruit. 7. Tandem paratus ad pereundum venenum[1] sumpsit.

1) **venēnum**, -ī n: Gift

3 *nt – nd*?

Vervollständige die Wörter, bestimme die Form und gib die deutsche Bedeutung an. Manchmal gibt es zwei Möglichkeiten.

asce ? i – comprehe ? e ? i – co ? idi – inve ? um – co ? e ? o – ince ? io – pare ? es – co ? uli – qua ? o – defe ? e – nu ? ia ? o – adve ? um

acce ? o – dilige ? i – co ? e ? e ? o – accede ? o – invenie ? um – vere ? is – te ? o – parie ? um – noce ? i – ma ? a ? i – no ? um

4 Bilde zehn sinnvolle Kombinationen und übersetze.

occasio – ars
cupiditas
tempus – spes

recte
celeriter – mox
diligenter
bene

libros – hostes
alios – orationem
amicos

fugiendi
legendi
habendi
videndi

5 Treffende Übersetzung gesucht.

▶ studium discendi

→ Lerneifer, Wissbegier

1. Cicero arte dicendi multis praestitit. – 2. Marcus multos libros legit: Vere cupiditate legendi adductus est. – 3. Fur aurum comprehendit libidine habendi motus. – 4. Beate vivendi cupiditate omnes incensi sumus. – 5. Cupiditas nova discendi multos adulescentes movit. – 6. Flavia cupiditate domum redeundi mota multas lacrimas fudit. – 7. Multi auctores Romani de Germanorum modo vivendi scripserunt.

6 Erkennst du es noch?

Schreibe aus folgenden Wortpaaren jeweils die Form heraus, die im Konjunktiv steht, und bestimme sie.

pello/pellam – simus/sumus – times/timeas – servetis/servatis – venires/venies – crederet/credebat – faciamus/faciemus – fugerit/fugit – loquor/loquar – amat/amet – timueritis/timuistis – petent/peterent

Gesundes Leben

1. Qui sane[1] vivendi cupiditate adducitur, is corpus semper exercet ambulando, currendo, ludendo, certando. 2. Atque non modo cottidie multas horas ad quiescendum dat, sed etiam nimiis cibis se abstinet. 3. Saepe cupiditate vires recreandi[2] adductus thermas[1] petit vel in balnea[3] se recipit diu longeque natandi[4] causa. 4. Haud pauci etiam libros legendo vel se studiis dando animos fortiores reddunt et ita corpora exercent. 5. Quibus autem voluptas curandi corpora est, ii certe illud sciunt: „Mens sana[1] in corpore sano[1]!"

1) **sānus, -a, -um**: gesund
2) **recreāre**: wiederherstellen
3) **balneum, -ī** n: (Heil-)Bad
4) **natāre**: schwimmen

Pompeji – Untergang und Ausgrabung

Der rekonstruierte Garten im Vettier-Haus.

Pompeji, eine kleine, aber geschäftige Hafenstadt in der Nähe von Neapel am Schnittpunkt wichtiger Straßen gelegen, war ein Zentrum des Wein- und Ölhandels. Auch Wolle und Wollerzeugnisse aus eigener Produktion, Obst, Tuffsteine und eine berühmte Fischsoße machten viele Bürger reich. Vieles von diesem Reichtum können wir auch heute noch sehen, wenn wir die wieder ausgegrabenen und teilweise rekonstruierten Häuser, Straßen und Plätze besichtigen.

Innerhalb weniger Stunden war in Pompeji im August 79 alles Leben erstarrt, bedeckt von einer mehrere Meter dicken Schicht aus Asche und Schlacke. Niemand versuchte, die Stadt wieder aufzubauen, und so geriet sie in Vergessenheit. Nach einem fast 1700 Jahre langen Dornröschenschlaf wurde Pompeji wieder entdeckt und erst seit 1860 wird die Stadt von Archäologen systematisch ausgegraben. Unter Luftabschluss haben sich farbenprächtige Wandmalereien, Graffiti an den Wänden, Wohnungs- und Werkstatteinrichtungen, ja sogar Nahrungsmittel und die Wurzeln und Samen der Pflanzen in den Gärten erhalten.

Kostenlose Brotverteilung durch einen Politiker, Wandmalerei in Pompeji.

Durch Umwelteinflüsse und den Massentourismus droht Pompeji allerdings ein erneuter Untergang.

Im Internet findest du unter dem Suchwort „Pompeji" eine Fülle von Bildern, Texten und Karten zu dieser antiken Stadt.
Stelle daraus eine virtuelle Führung zusammen, die du in der Klasse als Poster oder PC-Präsentation vorstellst.

Ein verkohltes, aber vollständig erhaltenes Brot.

Blick auf das Gewebemuster: Textanalyse

Stelle dir den **Text** als ein **„Gewebe"** von Wörtern vor, die nach den Regeln der Grammatik in eine bestimmte Ordnung gebracht sind. In einem Text stehen Sätze nicht einfach nebeneinander, sondern sind so „verwoben", dass sich ein **sinnvoller Zusammenhang** ergibt.

Welche sprachlichen Elemente bewirken nun diesen Zusammenhang? Und vor allem: Wie kannst du sie fürs Übersetzen nutzen?
Im folgenden Text sind die wichtigsten dir schon bekannten textaufbauenden Elemente graphisch verdeutlicht. Auf der nächsten Seite werden sie dir noch einmal im Einzelnen erklärt. Die Untersuchung des „Gewebemusters" hilft dir, den Text vorzuerschließen, sodass deine Übersetzung besser gelingt.

Plinius der Ältere beim Vesuvausbruch

Iam per multos dies terra tremuerat[1]. Itaque Stabiis[2] quoque, ubi Plinius apud amicos morabatur, homines valde perturbati erant et metus ruinae eos incesserat. Plinius autem aequo animo erat, quod pericula non timebat. Septima hora diei erat. Motusque[3] terrae paulatim augebatur. Subito e Vesuvio monte ignes et flammae eruperunt et magna vis terrae et cineris de-cidit omniaque texit. Homines timere coeperunt, ne domus corruerent[4]. Statim amici e villa properant, etiam Plinius fugae se dat. Qui omnes navibus evadere cupiunt. Cinis autem semper cadendo solem obscurat[5] eosque viam cognoscere prohibet. Fugientes nox atra opprimit. Tum amici in villam redeunt. Sed Plinius cessat et redire recusat. Nonnulli homines in litore manent. Ibi aut pumicibus[6] caesi aut sulfure suffocati sunt[7]. Postea in eorum numero Plinius exanimis[8] inventus est.

1) **tremere** (*Perf.* **tremuī**): beben 2) **Stabiae, -ārum** f Pl.: *Stadt im Golf von Neapel, unweit von Pompeji gelegen*
3) **mōtus, -ūs** m: Bewegung, Beben 4) **corruere** (*Perf.* **corruī**): einstürzen 5) **obscūrāre:** verdunkeln
6) **pūmex, -icis** m/f: Bimsstein 7) **sulfure suffōcārī:** vom Schwefel erstickt werden 8) **exanimis, -e:** leblos, tot

Die Analyse der textaufbauenden Elemente (s. folgende Seite) bereitet den Weg zur Übersetzung:

Schon viele Tage lang hatte die Erde gebebt. Deshalb waren auch in Stabiae, wo Plinius sich bei Freunden aufhielt, die Menschen sehr beunruhigt und die Furcht vor einer Katastrophe hatte sie befallen. Plinius jedoch blieb gelassen, weil er Gefahren nicht fürchtete. Es war die siebte Stunde des Tages. Und das Beben der Erde nahm allmählich zu. Plötzlich brachen aus dem Vesuv Feuer und Flammen hervor und eine große Masse Erde und Staub fiel nieder und bedeckte alles. Die Menschen begannen zu fürchten, die Häuser könnten einstürzen. Sogleich eilen die Freunde aus dem Haus, auch Plinius begibt sich auf die Flucht. Sie wollen alle auf den Schiffen entkommen. Die Asche jedoch verdunkelt, indem sie ununterbrochen fällt, die Sonne und hindert sie daran, den Weg zu erkennen. Die Fliehenden überfällt schwarze Nacht. Da kehren die Freunde ins Haus zurück. Doch Plinius zögert und weigert sich zurückzugehen. Einige Leute bleiben an der Küste. Dort sind sie entweder von Bimssteinen erschlagen oder vom Schwefel erstickt worden. Unter ihnen hat man später auch Plinius tot aufgefunden.

Textaufbauende Elemente

1. Konnektoren

Stelle fest: Mit welchen Wörtern sind die Sätze zu einer zeitlich und logisch stimmigen Abfolge verbunden?

► Solche **verbindenden Wörter** (Konnektoren) können Konjunktionen und Adverbien sein.

Beispiele im Text: itaque (Z. 1), autem (Z. 3), -que (Z. 4), subito (Z. 4), statim (Z. 6), ...

Du erkennst: Der Text berichtet von einem Geschehen, das rasch und dramatisch abläuft.

2. Personen-Verteilung

Stelle fest: Welche **Personen** begegnen im Text und wie stehen sie zueinander?

Beispiele: Plinius (Z. 1), amicos (Z. 1), homines (Z. 2), Plinius (Z. 3), homines (Z. 6), ...

Du erkennst: Die Personen, die vom Geschehen betroffen sind, sind die Menschen in Stabiae (also die Gesamtheit aller Stadtbewohner) und Plinius mit seinen Freunden (also eine kleine Gruppe daraus, der aber die Hauptrolle zufällt).

3. Tempus-Verwendung

Stelle fest: Mit welchen **Tempora** ist das Geschehen dargestellt? Welche Wirkung auf den Leser wird durch die Verwendung der Tempora beabsichtigt?

► Man unterscheidet den **Geschehenshintergrund** (Imperfekt oder Plusquamperfekt) und den **Geschehensvordergrund** (Perfekt oder dramatisches Präsens).

Beispiele: tremuerat (Z. 1), morabatur (Z. 2), eruperunt (Z. 5), properant (Z. 6), ...

Du erkennst: Zuerst ist der Hintergrund des Geschehens dargestellt (der drohende Vulkanausbruch), dann das Geschehen im Vordergrund (die Vorgänge während des Ausbruchs), wobei das Präsens die Dramatik des Geschehens unmittelbar erleben lässt.

4. Verweiswörter

Stelle fest: Welche Wörter stellen verbindende **Verweise** auf bereits Genanntes dar?

Beispiele: eos (Z. 2) [> homines], qui (Z. 7) und eos (Z. 8) [> amici, Plinius], eorum (Z. 11) [> homines].

Du erkennst: Durch die Pronomina, die sich auf vorher genannte Personen beziehen, ist der Zusammenhang des Textes satzübergreifend hergestellt.

5. Sach- und Bedeutungsfelder

Stelle fest: Welche Wörter oder Begriffe begegnen öfter – etwa als **Leitwörter** – im Text, sodass sich dadurch ein einheitlicher Bedeutungsbereich erkennen lässt?

Beispiele: terra (tremuerat) (Z. 1), metus ruinae (Z. 2), ..., e villa properant (Z. 6), ...

Du erkennst: Leitwörter des Textes sind *terra / cinis* und *fuga / fugere*. Es schälen sich zwei vorherrschende Bedeutungsbereiche heraus:

a) Erdbeben, Ascheregen und andere zerstörerische Folgen des Vesuvausbruchs
b) Furcht und Flucht als Reaktion der Menschen bei der Katastrophe.

Säule und Bogen, Ziegel und Beton – Zur römischen Baukunst

Die römischen Architekten waren aufmerksame Schüler der Griechen. Aber die Römer haben einige Bautechniken und Gebäudetypen auch selbst entwickelt bzw. zur vollen Blüte geführt. Von römischen Villen, Thermen, dem römischen Straßenbau hast du im Lateinunterricht schon gehört. Du hast einen Eindruck vom Circus Maximus, dem Trajansforum oder dem Pantheon.

Apollon-Tempel des C. Sosius, Rom, 1. Jh. v. Chr.

Hier nun wirst du erkennen, wie stark die römische Architektur die spätere Baukunst Europas und nicht nur Europas bis heute prägt. Das Werk des M. Vitruvius Pollio *De architectura* (1. Jh. v. Chr.) war zu allen Zeiten Pflichtlektüre für Architekturstudenten.

1 Säule

Den von Säulen umgebenen Tempel der Griechen haben römische Baumeister weiterentwickelt. Besonders beliebt waren die prachtvollen korinthischen Säulen. Im späten 18. und frühen 19. Jh. ahmten Architekten Europas und Amerikas römische Tempelfronten nach. Das früheste deutsche Beispiel ist die Schlossfassade in Wörlitz.

Schloss Wörlitz (Sachsen-Anhalt), um 1770.

2 Bogen und Gewölbe

Auch Bogen und Gewölbe haben die Römer nicht erfunden, aber zur Vollendung gebracht. Frei stehende Ehrenbögen trugen einst die Statue eines Kaisers, stehend auf einem Triumphwagen. Reliefs feierten den Ruhm seiner Taten. Der Bogen für Kaiser Titus erinnert an die Eroberung Jerusalems im Jahr 70 n. Chr. Von den Kriegen Napoleons kündet der gewaltige Arc de Triomphe in Paris.
Zu den größten technischen Leistungen der Römer gehört die Wasserversorgung ihrer Städte. Kilometerweit wurde das Wasser über Aquädukte herangeführt. Der berühmteste Aquädukt über ein Tal ist der Pont du Gard bei Nîmes (Südfrankreich). Der Pont du Gard war vielleicht Vorbild für die gewaltige aus Ziegeln errichtete Eisenbahnbrücke über das Tal der Göltzsch in Sachsen.

Ehrenbogen für Kaiser Titus, Rom, 81 n. Chr.

Arc de Triomphe, Paris, 1806–1836.

Pont du Gard, Nîmes, 19 v. Chr., Länge: 269 m, Höhe: 48 m.

Göltzschtal-Brücke (Sachsen), 1846–1851, Höhe: 78 m, Material: 26 Millionen Ziegel.

3 Ziegel und Beton

Um große Massen zu bauen, war die Verwendung von Naturstein bald zu aufwändig. Man verwendete gebrannte Lehmziegel oder Beton, das sog. *opus caementicium*: Ein Gemisch aus Steinbrocken und Mörtel wurde mit Wasser vermengt und in Holzschalungen gegossen. Nach dem Aushärten wurde die Schalung entfernt. Mischte man Ziegelbrocken oder Vulkanasche in den Mörtel, wurde das Material sehr leicht und gestattete große Gewölbespannweiten. Das größte „Beton"-Bauwerk der Antike ist die Maxentius-Basilika in Rom. Ohne das römische *opus caementicium* gäbe es vielleicht auch das Hallenbad in Brugg von Heinz Isler nicht mit seiner nur 6–8 cm dünnen (!) Betonkonstruktion.

Wie wäre es mit einem Erkundungsgang in deinem Wohnort oder der nächsten größeren Stadt zum Thema: „Wie leben die Ideen römischer Baumeister weiter?" Das Ergebnis dokumentiert ihr in einer Ausstellung im Klassenraum oder in einer Mappe.

Maxentius-Basilika, Rom, um 310 n. Chr, Länge: 100 m, Breite: 48 m, Höhe der Haupthalle: 48 m.

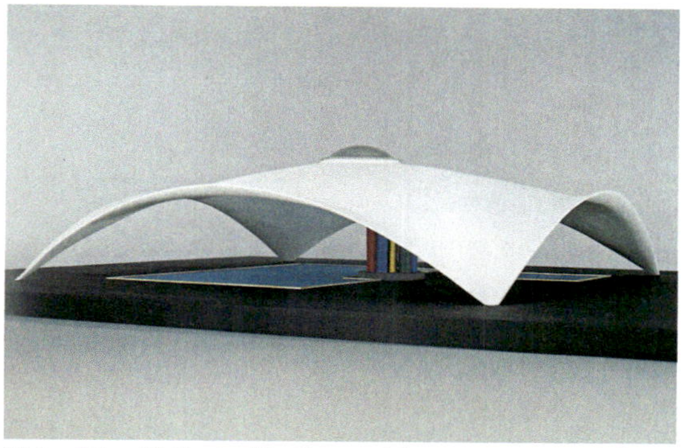

Heinz Isler: Hallenbad in Brugg (Schweiz), 1981 (Modell), Länge und Breite: je 35 m.

Über folgende Begriffe und Themen weißt du nun Bescheid:

- ▶ Olympia, Olympische Spiele
- ▶ Archimedes, Heureka!
- ▶ Sokrates
- ▶ Pompeji
- ▶ römische Baukunst (Triumphbogen, Aquädukt)

Gripus und Trachalio, Szenenfoto aus einer Komödie des Plautus.

Komische Figuren

Die Komödie ist – wie auch die Tragödie – in Griechenland etwa im 5. Jh. v. Chr. entstanden. In Rom hat der Komödiendichter Plautus (254–184 v. Chr.) griechische Texte für den römischen Geschmack bearbeitet; die Namen der Personen und die Schauplätze blieben jedoch griechisch. Bei den Stücken ging es vor allem um Belustigung und einige Handlungsmotive kommen immer wieder vor: Ein Liebespaar muss zusammenfinden, Kinder verschwinden und tauchen überraschend wieder auf, Verwechslungen führen zu Situationskomik. Dabei treten dann auch bestimmte Typen auf: der listige Sklave, der trottelige Alte, der verliebte junge Mann, das hübsche Mädchen; und oft ist auch einer dabei, der sich einen Gewinn erhofft und am Ende mit leeren Händen dasteht. Da am Anfang im Prolog auch der Handlungsverlauf vorgestellt wurde, wusste der Zuschauer mehr als die Bühnenfiguren und konnte sich über deren Verhalten amüsieren.

Was speit der **KONJUNKTIV**–VULKAN?

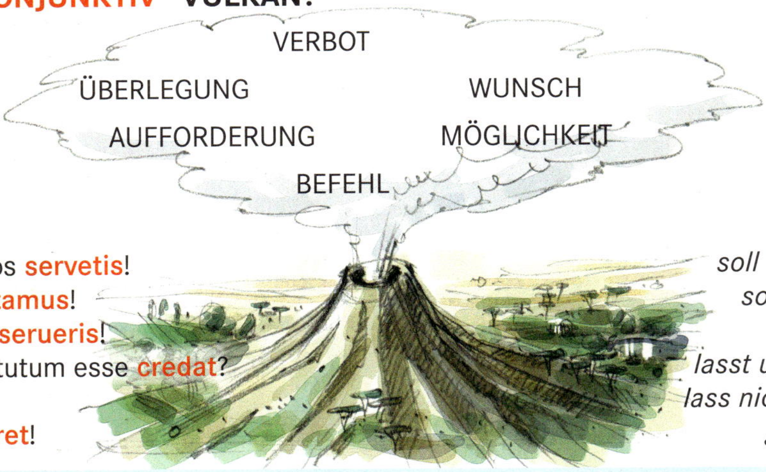

Utinam, di boni, nos **servetis**!
Auxilium a deis **petamus**!
Iuppiter, **ne** nos **deserueris**!
Quis se a periculo tutum esse **credat**?
Quid **faciamus**?
Nemo nunc **desperet**!

soll verzweifeln
sollen wir tun
rettet doch
lasst uns erbitten
lass nicht im Stich
glaubt wohl

a Ordne die lateinischen Sätze der Reihe nach den passenden Übersetzungen der **Konjunktive** zu.
b Übersetze nun alle Sätze und ordne die **Konjunktive** einer der Sinnrichtungen zu, die der Vulkan ausspuckt.
c Erstelle ein Lernplakat. Wirf dazu auch einen Blick in die Begleitgrammatik.

Ende gut, alles gut!

Der Athener Daemones hat eine Tochter, die als Kind entführt worden ist. Daraufhin sind er und seine Frau nach Kyrene in Nordafrika ausgewandert. Dort tauchen eines Tages zwei junge Frauen auf, die Schiffbruch erlitten haben und Daemones um Hilfe bitten: Palaestra, seine Tochter, und ihre Freundin Ampeliska. Die jungen Frauen erzählen von ihrem Schicksal, doch Vater und Tochter erkennen sich nicht.

Dae: Metuo, ne uxor mea me propter vos ex aedibus pellat. Dicat me paelices[1] ante oculos suos adduxisse. Proinde con-fugiatis in aram Veneris!

Palaestra und Ampeliska laufen zum Venus-Heiligtum, das sich direkt neben dem Haus des Daemones befindet, und setzen sich auf den Altar.

Pal: Miserae periimus! – Dae: Ego vos salvas et incolumes esse studebo bona cum Venere. Ne timueritis! Ego vos curabo, quasi meae sitis filiae.

Gripus, ein Sklave des Daemones, kommt mit einem Koffer in der Hand heran, ihm folgt außer sich vor Zorn Trachalio, der Sklave eines jungen Atheners, der sich gerade in Kyrene aufhält.

Gri: O domine, salve! – Dae: Salvus sis. Quid negotii est? De qua re infestissimo animo inter vos litem facitis? Nonne vobis auxilio veniam?

Tra: Iste vidulum[2] habet, qui una cum his virginibus in aequor cecidit nave fracta. Pessimus fur est et improbissimus et…

Dae: Satis verborum, Trachalio! Nunc Gripus loquatur!

Gri: Ego hunc vidulum[2] ex aqua rete[3] comprehendi. Itaque meus est. Et quaecumque in eo insunt, mea sint! Trachalio causas fingit, nam ipse vidulum[2] optat.

Dae: Quid tu ais, Trachalio? – Tra: Vidulum[2] non mihi posco, sed huic virgini, quam tu modo tutatus es. – Dae: Hancne dicis, quae Athenis, ut ipsa aiebat, libera nata est? – Tra: Sic est. – Dae: Vidulum[2] inspiciemus. *zu Palaestra*: At dic mihi ante: Estne tuus hic vidulus[2]? *zu Gripus:* Tace! – Pal: Ita est. – Gri: Utinam Iuppiter dique te perdant! – Dae: Ne indignatus sis, Gripe! Tibi, Palaestra, reddam, quidquid tuum est. Solvamus vidulum[2]! Ne cunctemur! Videamus, quid insit! *Der Koffer wird geöffnet.* – Pal: Sunt crepundia[4], quae infans gerebam. – Dae: Et ego ea video.

Gri: Perii in primo proelio. *Daemones greift in den Koffer und holt ein kleines Schwert heraus.*

Dae: Quid litterarum in eo ensiculo[5] scriptum est? – Pal: Nomen mei patris: Daemones. – Gri: Perii, hercule[1], ego miser. – Dae: Di im-mortales! Hanc esse meam filiam caram oportet. Di me servatum[6] cupiunt. – Gri: At me perditum[6].

Pal: Salve, mi pater insperate! – Dae: Salve, filia dulcissima! Quam libens te complector! – Tra: Voluptas est, quod istud ex pietate vestra vobis contigit.

1) **paelex, -licis** f: Geliebte, Nebenfrau 2) **vīdulus, -ī** m: Koffer 3) **rēte, rētis** n: Netz
4) **crepundia, -ōrum** n: (Kinder-)Klapper, Rassel 5) **ēnsiculus, -ī** m: kleines Schwert 6) *ergänze jeweils* **esse**

- ▶ Wo liegt der Höhepunkt dieser Szene?
- ▶ Lest oder spielt die Szene mit verteilten Rollen. Erarbeitet dafür in Gruppen, wie die einzelnen Personen handeln oder sprechen müssen.

1 Konjunktiv oder nicht?

Suche alle Konjunktivformen heraus und bestimme sie genau.

oremus – habemus – occurremus – simus – perferas – ceperam – misistis – eritis – fueris – amiseritis – rapiet – deseruerimus – geretur – veniat – potestis – fuero – expugnentur – delentur – incipiamus

★ 2 Geschieht ja schon

Antworte auf die Aufforderungen.

▶ Servi laborent! – Iam laborant.

1. Cena paretur! – 2. Epistulam scribat! – 3. Victoribus praemia dentur! – 4. Deos vereatur! – 5. Sacerdos oraculum consulat! – 6. Romam proficiscantur! – 7. Pecunia solvatur! – 8. Verba mea audiat!

★ 3 Wo und wann?

In welchen Situationen könnten folgende Befehle passen?

1. Ne fenestram aperueris! – 2. Ne urbem reliqueritis! – 3. Ne senatorem salutaveritis! – 4. Ne domum redieritis! – 5. Ne veritus sis! – 6. Ne nuntium imperatori attuleris! – 7. Ne verba didiceritis! – 8. Ne finem respexeris! – 9. Ne irati sitis!

★ 4 Lauter gute Wünsche

Bei welchen Gelegenheiten passen diese Wünsche?

1. Sit tibi fausta[1] nox! – 2. Ut longo vivas tempore! – 3. Di tibi omnia, quae optas, dent! – 4. Quidquid agis, prudenter[2] agas et respice finem! – 5. Ut bene sit tibi in vita! – 6. Faciat deus, ut feliciter somnies[3]!

1) **faustus, -a, -um**: glücklich
2) **prūdenter**: *Adv. zu* prūdēns (*Adj. zu* prūdentia)
3) **somniāre**: träumen

★ 5 Eine Überlegung wert

Nenne die Person, die sich die Frage gestellt haben könnte, und ihre Entscheidung.

1. Troiam petam? – 2. Didonem relinquam? – 3. Filios meos Delphos mittam? – 4. Equum in oppidum trahamus? – 5. Paridem non sequar? – 6. Filium tamen complectar? – 7. Oppidum condamus? – 8. Poculum non sumam? – 9. Urbem incendam? – 10. Iunoni praemium dem?

6 Reise-Gründe

Setze Reiseziel und -grund richtig zusammen.

Romam – Athenas – Syracusas – Olympiam – Alexandriam – Augustam Treverorum

. . . proficiscor, quod ibi occasio data est spectandi . . .

bibliothecam[1] – magnam portam – forum – sepulcrum Archimedis – aedem Iovis – arcem claram.

Antigone

1. Oedipus rex, cum Thebas relinqueret, filiis suis imperavit: „Regnum teneat prior Eteocles, anno post accipiat Polynices frater!“ 2. Eteocles autem regno cedere noluit; itaque Polynices sociis convocatis oppidum petivit. 3. Fratres cum inter se certarent, alter alterum necaverunt. 4. Tum Creon rex factus iussit: „Corpus Eteoclis summis honoribus sepelite[1]! Ne sepeliveritis[1] Polynicem! 5. Patriam enim oppugnavit. Qui mihi non parebit, ipse moriatur!“ 6. Sed Antigona, soror iuvenum, secum cogitabat: „Voluntate deorum oportet mortuos sepeliri[1]. 7. Sequar im-mortalium leges an paream edicto[2] tyranni[1]?“ 8. Et ad sororem minorem[3]: „Servemus officium[4]! Uterque frater sepulcro colatur!“ 9. Illa autem timens: „Ne edictum[2] regis neglexeris!“ 10. Itaque Antigona sola fratrem sepelire[1] conata est. 11. Sed a custodibus regis comprehensa et viva in sepulcrum clausa est.

1) **sepelīre**: begraben 2) **ēdictum, -ī** n: Erlass
3) **minor, -ōris**: jünger 4) **officium, -ī** n: Pflicht

Theater – seit Tausenden von Jahren

Haltet – eventuell in Gruppenarbeit – ein Referat über das antike Theater. Hier findet ihr Beispiele für Stichwortzettel. Informiert euch anhand dieser Stichwörter. Besprecht: Worüber würde sich ein antiker Mensch bei einem heutigen Theaterbesuch wundern?

Ursprung

Kulthandlungen: Chor aus 50 jungen Männern führt Tänze mit Gesängen auf, im Frühjahr und im Herbst, zu Ehren des Gottes Dionysos;
ab 5. Jh. v. Chr. die **Dionysien** in Athen, große Staatsfestspiele, mit Tragödien- und Komödienwettbewerb.

Aufführungspraxis

- **Schauspieler**: kein Beruf, sondern Bürger von Athen (→ Bekannte bei den Zuschauern, lautstarke Unterstützung)
- **Eintritt** frei
- **Frauenrollen** von Männern gespielt
- **Kleidung**: Tragödie: lange weiße Gewänder, Masken und Schuhe mit hohen Plateausohlen; Komödie: kurze Gewänder und umfangreiche Lederpolster an Bauch und Hinterteil

Gebäude: Zuschauerränge und Bühne aus Holz, Theater aus Stein erst später

Stücke

Tragödie

Konflikte, ausweglose Situationen, in die hohe Persönlichkeiten durch Schicksal und eigenes Handeln geraten –
Beispiel: griech. Dichter Sophokles, „König Ödipus“: Orakel: Er werde seinen Vater töten und seine Mutter heiraten; tut alles, um dies zu vermeiden, aber Vorausgesagtes tritt ein.

Komödie

Lustige Begebenheiten, zum Lachen, aber auch zur Kritik an der Gesellschaft –
Beispiel: griech. Dichter Aristophanes, „Die Wespen“: Sohn streitet mit Vater, sperrt ihn schließlich ein, weil dieser eine für die Zeit typische unmäßige Lust am Prozessieren hat.

Theatermasken, römisches Mosaik, 2. Jh. n. Chr.

Moderne Aufführung der Antigone, Thalia Theater, Hamburg 1996.

Fortleben (Rezeption)

- Komödien-Stoffe werden später, besonders in Stücken von Shakespeare und Molière, weiterverarbeitet.
- Antike Tragödien werden in moderner Fassung aufgeführt.

Mitreißend

In der Antike musste ein Mensch, der in der Öffentlichkeit stand, die Kunst des Redens beherrschen. Denn durch die Wirkung einer Rede versuchte man in der Politik, vor Gericht und bei feierlichen Anlässen, die Zuhörer emotional mitzureißen und sie so von den vorgetragenen Argumenten zu überzeugen. Wie man durch den Einsatz des Klanges einzelner Buchstaben, durch wohlüberlegte Wahl der Worte, durch deren Anordnung im Satz eine Rede kunstvoll gestaltet, lernten junge Römer in Rhetorenschulen. Uns sind viele Reden überliefert, die gehalten und aufgeschrieben wurden. Doch haben Historiker auch Reden erfunden und sie in ihren Geschichtswerken an Stellen eingefügt, an denen sie historische Ereignisse besonders anschaulich und glaubhaft darstellen wollten.

Vercingetorix und die Belagerung von Alesia, Szenenfotos aus dem Film „Julius Caesar", 2002.

STRANDGUT

Nach einem Seesturm auf dem Grammatik-Ozean werden zwei Koffer an Land geschwemmt. Koffer I enthält Bekanntes, Koffer II Überraschendes.

Worin besteht die Überraschung?

Gegen die Römer!

Am Ende seines Berichts über den Gallischen Krieg lässt Cäsar Critognatus, einen einflussreichen gallischen Adligen, eine flammende Rede halten. Vercingetorix hatte sich mit seinen Truppen, die in ihrem Freiheitskampf gegen die römischen Eroberer schwere Verluste erlitten hatten, in die Stadt Alesia zurückgezogen und war von Cäsars Truppen eingeschlossen worden. Als die erwartete Unterstützung nicht eintraf und die Eingeschlossenen zu verhungern drohten, stimmte auf einer Versammlung der eine Teil für die Kapitulation, der andere für einen Ausfall. Da erhob sich Critognatus:

Mihi quidem sententiae vestrae omnino non placent,
neque eorum, qui se Romanis dedere volunt,
neque eorum, qui eruptionem[1] probant.
Illos omittam, qui turpissimam servitutem falso deditionem nominant.
Cum his mihi res est, qui eruptione[1] se morti offerre audent.
Ista est animi mollitia[2], non virtus: diutius inopiam ferre non posse.
Cur vos non confiditis propinquis consanguineisque[3] nostris,
qui ingentibus copiis ex tota Gallia huc profecti sunt?
Iam cras fieri potest, ut illi adveniant.
Quorum auxilio confisi patiamur labores!
Una cum eis nobis continget, ut obsidionem solvamus.
Tum hostes, qui iam clade Gallorum gaudent, se frustra gavisos esse experientur.
Tum fiet, ut hoc bello vincamus.
Proinde respicite totam Galliam! Ne deserueritis morte vestra vestros amicos!
Facite, quod maiores nostri bello Cimbrorum et Teutonorum facere ausi sunt!
Qui simili inopia coacti corporibus eorum, qui aetate ad bellum in-utiles videbantur, vitam toleraverunt.
Quorum exemplum si libertatis causa imitabimini, id pleno iure facietis.
Cimbri et Teutoni soliti non sunt in finibus eorum manere, quos bello vicerant.
Ita aliquando etiam ex Gallia excesserunt neque umquam reverterunt.
Iura, leges, agros, libertatem nobis reliquerunt.
Romani vero quid aliud petunt aut quid aliud volunt
nisi invidia adducti in agris nostris considere atque nobis aeternam iniungere servitutem?
Neque enim umquam alia condicione bella gesserunt.
Respicite alias regiones et nationes,
quae a Romanis pacatae perpetua premuntur servitute!

1) **ēruptiō, -ōnis** f: Ausfall 2) **(animī) mollitia, -ae** f: (Willens-)Schwäche
3) **cōnsanguineī, -ōrum** m: (Bluts-)Brüder

- Mit welchen Argumenten versucht Critognatus, die Menschen zu überzeugen?
- Welche Stilmittel setzt er dafür ein? Beschreibe ihre Wirkung.

★1 Was passt zusammen?

arbitrati sumus – cunctata est – secuti sunt – locuta es – opinatus eram – patimini – tutati sitis – proficiscendi – egrediuntur

abeundi – cessavit – dixisti – exeunt – existimavimus – protexeritis – putaveram – successerunt – sustinetis

★2 Passiv – Deponens – Semideponens?

Gib die Lernform an und übersetze die finite Form.

affectus es – audebat – audiebatur – confisi sumus – deditus – delectati sumus – fassus sum – imitabantur – indignatus – irascor – reditum est – revertebatur – solitus – usi sunt

★3 *-t* oder *-tur*?

Ergänze die Verben und übersetze.

1. Daemones vere ?, ne propter puellas ex aedibus pella ?. 2. Loqui ? autem: „Ego quidem puellas tutor quasi filias." 3. Tum duo servi veniunt. Alter se vidulum[1] ex aqua comprehendisse fate ?. 4. Itaque eum vidulum[1] suum esse confidi ?. 5. Sed alter irasci ? et indigna ?: 6. „Iste semper semperque alienis malis[2] gaude ?." 7. Nunc Daemones, qui servis numquam confidere sole ?, vidulum[1] inspici ?. 8. Dum ea, quae in vidulo[1] sunt, contempla ?, Palaestram filiam suam esse cognosci ?. 9. Denique pater filiam complecti ?.

1) **vīdulus, -ī** m: Koffer 2) **malum, -ī** n: Übel

★4 Irrläufer

confisus – imitatus – solutus – secutus
profectus – perfectus – passus – molitus
ausus – gavisus – hortatus – solitus
reversus – expertus – locutus
munus – munitus – monitus
obsecror – opinor – omittor

★5 Was passt zu wem?

Ordne die Formen von *fieri* in der gleichen Reihenfolge wie die Formen von *esse*.

sit – fuissent – est – sum – fuit – eratis – fuerim – erimus – essent – fueras

fierent – fio – factus est – fiebatis – facta sim – fiat – fiemus – facti essent – fit – factus eras

★6 Übersetze die Spruchweisheiten.

1. Quod cito fit, cito perit.
2. Nati sunt poetae[1], oratores fiunt.
3. Nihil sine causa fit.
4. Ex nihilo nihil fit.
5. Volenti non fit iniuria.

1) **poēta, -ae** m: Dichter

★7 Sinnvolles Gerundium

Setze aus der Auswahl eine passende Gerundiumform dazu und übersetze.

occasio milites ?
studium libros ?
spes bellum ?
facultas amicas ?
cupiditas alios ?

imitandi
hortandi
inveniendi
finiendi
legendi

Alexander – ein Räuber?

1. Aliquando Alexandri milites, cum e bello acerrimo revertissent, piratam comprehenderunt eumque ad regem duxerunt. 2. Qui comprehensum interrogavit: „Qua ex causa ausus es toto mari improbissime rapinas[1] facere tam saepe, ut mare numquam tutum fiat?" 3. Is libere respondit: „Ex eadem[2] causa, ex qua tu totum orbem terrarum in-tutum facere soles. 4. Sed quia ego id parva nave facio, latro[3] vocor, quia tu magna classe, imperator."

1) **rapīna, -ae** f: Raubzug
2) **īdem, eadem, idem:** der-, die-, dasselbe
3) **latrō, -ōnis** m: Räuber

ARS DICENDI – Die Schule des Erfolgs

Sie sind intelligent?
Sie sind sympathisch?

Sie sind gut ausgebildet?
Sie sind aufgeschlossen?

Was Ihnen fehlt, ist nur der Erfolg?

Dann kommen Sie zur **ARS-DICENDI**-Schule!

Lernen Sie
HOMINUM MENTES TENERE – VOLUNTATES IMPELLERE – PERSUADERE

Wofür die alten Griechen und Römer ihr ganzes Leben brauchten, das lernen Sie in vier Wochen: die **fünf Stufen zur erfolgreichen Rede**

Bald können Sie wie jeder gute Redner:
movere – docere – delectare.

PRONUNTIATIO
Vortrag

MEMORIA
Auswendiglernen

ELOCUTIO
Ausformulierung

DISPOSITIO
Gliederung

INVENTIO
Sammlung des Stoffs

Kurs I Aufbau einer Rede in Einleitung, Hauptteil, Schluss
Kurs II Wirkungsvolle Gestaltung durch Mittel der Sprache und des Stils
Kurs III Einsatz von Mimik und Gestik

Werden Sie ein **zweiter Cicero**! Lernen Sie, das **Wort als Waffe** einzusetzen – DAS bringt Ihnen **Erfolg**, beruflich und privat.

Marcus Tullius Cicero als Redner auf seinem Denkmal, das ihm anlässlich seines 2000-jährigen Todestages in seiner Heimatstadt Arpinum 1957 errichtet worden ist.

Sir Winston Churchill als Redner bei einer Veranstaltung in der Royal Albert Hall, London, 1944.

a Übersetzt zunächst alle lateinischen Wörter und Wendungen auf diesem Werbeplakat.
b Diskutiert: Welche Bezüge gibt es zwischen der Rhetorik und der heutigen Werbung? Ist die Redekunst ein legales Mittel des Überzeugens oder eine Verführung des Zuhörers?

Das Glücksrad dreht sich.

Das Rad der Fortuna, Illustration aus der Handschrift der Carmina Burana, Bayerische Staatsbibliothek, München.

Glücksrad: *„Fortunae rota[1] volvitur: … nimis exaltatus[1] rex sedet in vertice[2] – caveat ruinam! Nam sub axe[3] legimus Hecubam reginam.“*

1) **exaltāre** (*PPP* **exaltātus**): erheben
2) **vertex, -icis** m: Scheitel, Gipfel
3) **axis, -is** m: (Rad-)Achse

Weithin galt sie als glücklich: Hekuba, die Königin von Troia. Mit ihrem Mann und ihren Kindern genoss sie Macht und Ansehen. Doch dann sollte sich das Glück wenden: Als Troia von den Griechen zerstört wurde, verlor Hekuba nicht nur Macht und Ehre, sondern auch den Ehemann und all ihre Kinder. Sie selbst wurde Sklavin. Von der Wechselhaftigkeit des Glücks ist die Schicksalsvorstellung bereits zu Beginn der europäischen Geschichte geprägt. Kroisos dient hierfür als Paradebeispiel. Bis zu seinem Sturz wollte er nicht glauben, dass ein Gott manchem das Glück vor Augen halte und ihn dann ins Unglück stürze. Das Mittelalter hat das Auf und Ab des Menschendaseins im „Glücksrad“, dem Rad der Fortuna, dargestellt. Wen Fortuna heute nach oben trägt, den stürzt sie morgen in die Tiefe.

Vercingetorix denkt an die BEFREIUNG der Heimat.

Gallis est facultas patriae liberandae.
In omnes civitates nuntios misi
ad magnum exercitum cogendum.
Itaque mihi est magna spes Caesaris superandi et
Romanorum e Gallia pellendorum.
Patriae autem servandae causa necesse est
superbiam[1] Caesaris frangere.

Versuche, die nd-Ausdrücke nach dem in der Überschrift angegebenen Muster ins Deutsche zu übertragen. Suche anschließend, soweit nötig, eine passende deutsche Übersetzung.

Macht des Schicksals

Der Philosoph Seneca hat eine Sammlung von Briefen veröffentlicht, die an einen jüngeren Freund namens Lucilius gerichtet sind. In ihnen erteilt er häufig Ratschläge, wie man sich verhalten soll, um ein anständiges und glückliches Leben zu führen. In einem dieser Briefe legt Seneca dar, welche Macht das Schicksal hat und was sich daraus für den Umgang mit Sklaven ergibt.

Seneca Lucilio suo salutem
Libenter ex eis, qui a te veniunt, cognovi te familiariter cum servis tuis vivere.
Hoc prudentiam tuam, hoc humanitatem tuam decet.
Hac quidem re a plerisque differs;
nam superbissimi, crudelissimi, immanissimi in servos sunt
neque eis tamquam hominibus utuntur, sed tamquam iumentis[1] abutuntur[1].
Dicet aliquis: „Servi sunt.“ Hanc opinionem sic refuta[2]:
„Immo sunt homines, sunt contubernales[3], sunt humiles amici.“!
Cur forum et curiam ad amicitias coniungendas petis?
Tibi vero data est facultas amicos domi inveniendi. Tempta, et experieris.
Si quis pergat dicere: „Servi sunt“, responde ei: „Sunt con-servi.“!
Quis-nam ignorat fortunae idem licere in utrosque?
Repete memoriam illius cladis Varianae:
Tum multos iuvenes amplissimis familiis natos,
quibus per militiam magna erat spes senatorii[1] gradus consequendi,
fortuna oppressit; alium ex illis pastorem, alium custodem casae[4] fecit.
Nulla igitur ratio est ullius[5] hominis propter fortunam contemnendi;
nam dum contemnis, in eandem fortunam transire potes.
Num nescis, qua aetate Hecuba servire coeperit, qua Croesus, qua Plato?
Nihil te deterreat[6] cum servis clementer et familiariter vivere sermone et consilio
et victu[7] communicando.
Cogita istos, quos servos tuos vocas, ex eisdem seminibus[8] ortos esse,
eodem caelo frui, aeque spirare, aeque vivere, aeque mori!
In hac re contemplanda diutius te morari nolo.
Hoc tantum praeceptum animi confirmandi causa tibi dabo:
Sic cum inferiore vivas, quemadmodum superiorem tecum vivere velis. Vale!

1) **tamquam iūmentīs abūtī**: als Lasttiere missbrauchen 2) **refūtāre**: (als unwahr) zurückweisen
3) **contubernālis, -is** m: Mitglied der Hausgemeinschaft 4) **casa, -ae** f: Hütte
5) **ūllus, -a, -um** (*Gen.* **ūllīus**): irgendein(e) 6) **dēterrēre**: abschrecken 7) **vīctus, -ūs** m: Nahrung, Essen
8) **sēmen, -minis** n: Wurzel, Ursprung

► Welche Argumente führt Seneca dafür an, dass auch Sklaven Menschen sind?

► Mit welchen Argumenten und Beispielen versucht Seneca, Lucilius in seiner Haltung gegenüber den Sklaven zu bestärken?

1 Einbau-Gerundivum

Übersetze jede Wendung und baue sie in einen passenden deutschen Satz ein.

ad amicos servandos – in libris legendis – ars civitatis gerendae – in libertate defendenda – signum impetus faciendi – consilium urbis condendae – cupiditas orbis terrarum cognoscendi – spes negotii bene gerendi – ad orationem habendam

2 Orpheus, der Sänger

Die Sätze des Textes über Orpheus müssen in die richtige Reihenfolge gebracht werden. Ein Tipp: Achte auf die Satzanfänge. Bei richtiger Reihenfolge ergeben die Buchstaben in Klammern einen berühmten Namen.

(R) Accidit autem, ut uxor eius in ambulando a serpente[1] morsa[2] moreretur.

(C) Ab eo loco dum redeunt, Orpheus cupidus uxoris videndae oculos retro[3] vertit; protinus illa discessit.

(U) Nam tam pulchre canebat, ut non tantum homines, sed etiam animalia[4] saxaque undique venirent ad vocem eius audiendam.

(D) Ibi dominos Tartari, Plutonem et Proserpinam, carminibus canendis movit, ut sibi uxorem redderent.

(A) Ex eo tempore pulcherrima Orphei carmina non iam audita sunt.

(E) Orpheus arte canendi omnibus praestabat.

(Y) Itaque Orpheus spe uxoris reducendae commotus in Tartarum descendit.

(I) Dei autem sic locuti sunt: „Illi licet redire. Sed tu ne uxorem aspexeris, priusquam e Tartaro exieris!"

1) **serpēns, -entis** m/f: Schlange
2) **mordēre** (*PPP* **morsum**): beißen
3) **retrō**: zurück, nach hinten
4) **animal, -ālis** n: Tier

★ 3 Für alle Lebenslagen

Beschreibe Situationen, für die diese Spruchweisheiten passen könnten.

1. Duo cum faciunt idem, non est idem.
2. Idem velle et idem nolle, ea demum[1] firma[2] amicitia est.
3. Quod aliquis intellegit, de hoc potest loqui.
4. Fama crescit eundo.
5. Non omnes eadem admirantur amantque.
6. In eadem es nave.

1) **dēmum**: erst 2) **firmus, -a, -um**: fest

★ 4 Im Wörterbuch

geben abgekürzte Indefinit-Pronomina den Kasus an, den das Verb erfordert. Schreibe aus und übersetze.

▶ pareo alci = alicui – ich gehorche jemandem

contemno alqm – utor alqo – dedo alqm alci – inspicio alqd – persuadeo alci – debeo alci alqd – succedo in locum alcis – adeo ad alqm

5 Relativ einfach

Stelle dir das Deklinationsschema des Relativ-Pronomens vor: Welche Form kommt am häufigsten vor, wie viele gibt es mit drei Buchstaben und wie viele mit sechs?

Der Trinker

1. Vir nobili genere natus iterum atque iterum cupidus vini bibendi erat. 2. Ingenti enim siti[1] semper ardebat. 3. Itaque cottidie plurimis poculis vini fruebatur neque umquam huic cupiditati servire desinebat. 4. Aliquando autem magna febri[2] oppressus domi in lecto iacebat. 5. Cum duo medici arcessiti et de febri[2] et de siti[1] tollenda diu inter se consulerent, ille subito: 6. „Vos", inquit, „febris[2] tollendae munus suscipite! 7. Ego ipse sitis[1] curandae onus sustinebo."

1) **sitis, -is** f: Durst 2) **febris, -is** f: Fieber

Philosophia – eine Hilfe im Auf und Ab des Lebens

„Wozu braucht man die Philosophie, wenn das Schicksal unser Leben bestimmt?" Der Stoiker Seneca antwortete hierauf in einem seiner Briefe: *„Philosophia docebit, ut feras casum."* Die Römer übernahmen von den Griechen die Philosophie als Hilfe zur Lebensgestaltung.

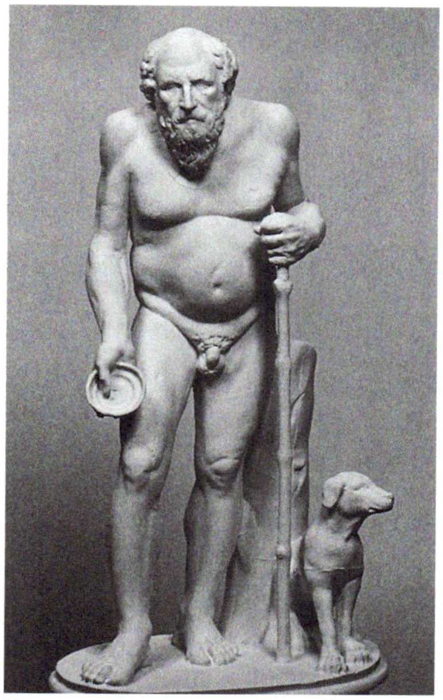

Diogenes, Statuette, 3./2. Jh. v. Chr.

Die Kyniker: Zynismus

Die Kyniker waren überzeugt, dass jeder glücklich werde, wenn er moralisch und natürlich lebe. Denn das Glück hänge weder von Macht, Luxus noch sonstigen Äußerlichkeiten ab. Bildung und Wissen hielten die Kyniker für unnütz. Sie selbst übten keinen Beruf aus, sondern sahen ihre Aufgabe darin, stets die Mitmenschen zu ermahnen, sich nicht von gesellschaftlichen und religiösen Zwängen beeinflussen zu lassen.
Der bekannteste Kyniker war Diogenes, der absolut bedürfnislos lebte und die traditionellen Werte seiner Mitbürger heftig angriff. Wegen seines Bettlerlebens erhielt Diogenes den Beinamen ΚΥΩΝ (*griech.* Hund).

Die Stoiker: stoische Gelassenheit

Die Stoa wurde nach ihrem Sitz, einer Säulenhalle (Stoa) in Athen, benannt. Auch die Stoiker waren überzeugt, dass man Glück (*Eudaimonia*) nicht durch vergängliche Dinge erlangen könne, sondern nur durch eine selbstgenügsame, vernünftige Lebensführung. Die Stoiker glaubten an einen Gott und ein Schicksal, das man mit Gelassenheit zu tragen habe. Die Philosophie sollte helfen, diese Gelassenheit zu erlangen. Die Stoiker forderten u. a., politische Verantwortung zu übernehmen.

Veranstaltet eine Talkshow mit dem Thema „Der sicherste Weg zum Glück". Es sind Vertreter aller drei philosophischen Gruppen dazu eingeladen.

Bunte Halle in Athen (Rekonstruktion): Treffpunkt der Stoiker.

Die Epikureer: *Carpe diem!*

Im Gegensatz zur Stoa glaubte der Grieche Epikur (341–270 v. Chr.), die Welt werde vom blinden Zufall gelenkt. *Eudaimonia* bedeutete für ihn ein ruhiges, genussvolles Privatleben ohne politische Betätigung. Die seelische Ausgeglichenheit sollte durch die Philosophie erlangt werden. Epikurs Schule wurde nach ihrem Sitz in einem Garten auch ΚΗΠΟΣ genannt. Die Lehre fand viele Anhänger in Rom; der berühmte Dichter Horaz z. B. bekannte, er sei „ein Schwein aus Epikurs Herde", und prägte das Motto: *Carpe diem!* (wörtlich: „Pflücke den Tag!").

Auge um Auge, Zahn um Zahn?

In der Bibel, im 2. Buch Mose, steht: „Auge um Auge, Zahn um Zahn, Hand um Hand, …“ Dieses Prinzip, Gleiches mit Gleichem zu vergelten, kam auch in den Zwölftafelgesetzen der Römer zum Ausdruck: *Si membrum rupsit, ni cum eo pacit, talio esto.* „Wer das Glied eines anderen gebrochen hat, soll, wenn er sich nicht mit dem anderen einigt, die Talion (d. h. die Vergeltung mit Gleichem) erleiden.“ Gegenüber dem ursprünglichen Recht, dass derjenige, der von einem anderen geschädigt oder beleidigt worden war, unbeschränkt Rache üben durfte, bedeutete das einen Fortschritt. Wirtschaftlich gesehen war das aber nicht sinnvoll. Deshalb haben die Römer Regelungen gefunden, wie Schäden durch Geldzahlungen wiedergutzumachen waren.

Iustitia zwischen Gesetz und Gewalt, Justizpalast von Rom, 19. Jh.

NOTWENDIGE AKTION

Seneca Lucilio amico haec praecepta dat:

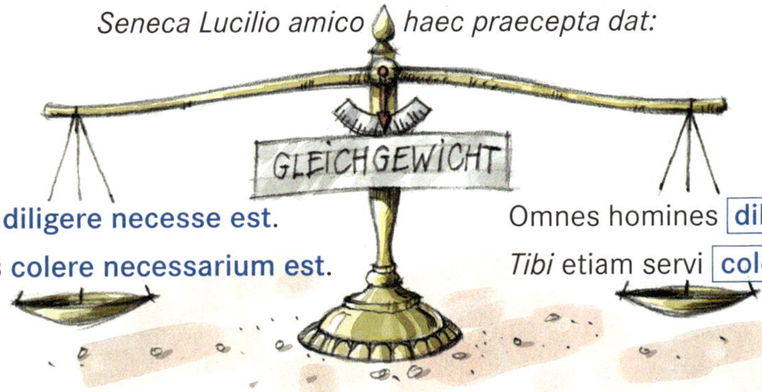

Omnes homines **diligere necesse est**.

Tibi etiam servos **colere necessarium est**.

Omnes homines **diligendi sunt**.

Tibi etiam servi **colendi sunt**.

a Was bringen die **nd-Formen** in Verbindung mit **esse** zum Ausdruck? Welches Modalverb musst du im Deutschen verwenden? Formuliere eine Regel.

b *Tibi* hat in den beiden gegenüberliegenden Sätzen die gleiche Funktion und Bedeutung. Versuche, sie zu erschließen und jeweils passend zu übersetzen.

c Gib mit den erkannten Regeln folgende Sätze wieder:
Tibi amicitiae etiam cum servis **coniungendae sunt**. Vita servorum **despicienda non est**.
Worauf musst du im zweiten Satz noch zusätzlich achten?

Ein Fall für Iustitia

Die lex Aquilia, benannt nach dem Volkstribunen C. Aquilius, regelte seit 286 v. Chr. alle Schadenersatzfragen, und zwar bei Tötung (occidere) *fremder Sklaven oder vierfüßiger Herdentiere und bei Beschädigung oder Zerstörung dieser oder anderer Sachen durch Brennen* (urere), *Brechen* (frangere) *sowie Verletzen bzw. Verderben* (rumpere). *Nach dem Gesetz konnte der Eigentümer den Täter auf Schadenersatz verklagen, wenn die Tat* iniuria, *d. h. rechtswidrig und schuldhaft, begangen worden war; das Gericht schätzte die Schadenshöhe.*

Sportverletzung

Cum complures servi pila[1] luderent, quidam ex his alium servum pilam[1] excipere conantem impulit. Qui cecidit et crus fregit. Dominus eius Melam quendam, hominem iuris prudentem, aggressus est quaerens: „Quid agendum est? Unus e servis meis culpa alterius officia sua praestare non iam potest. Is mihi valde deest; nam plurimi labores conficiendi sunt. Novus servus mihi emendus est.

Egone cum illo, qui servum meum offendit, lege Aquilia agere[2] possum?

Utrum id damnum, quo affectus sum, illi explendum est an poena illi danda non est?“

Unfall beim Friseur

Cum pila[1] quidam luderent, unus ex eis eam tam vehementer iactavit, ut in manus tonsoris[3], qui servum radebat[4], caderet. Ita accidit, ut tonsor[3] servo gulam[5] praecideret[5]. Qui ex eo vulnere mortuus est. Dominus, senex haud dives, valde dolebat, quod servum optimum amiserat. Itaque ex homine quodam iuris prudenti quaesivit: „Cui lege Aquilia damnum explendum est?“

Nächtliche Schlägerei

Tabernarius[6] nocte ante tabernam[6] lucernam[7] posuerat; quidam praeteriens eam sustulit. Tabernarius[6] furem nocturnum persecutus est. Quem cum consecutus esset, clamavit: „Lucerna[7] tibi reddenda est.“ Fur autem tabernario[6] repulso fugae se dedit. Qui fugientem retinere temptavit. Tum fur eum flagello[8] verberare coepit. Maiore rixa[9] ex eo facta tabernarius[6] furi oculum effodit. Nihil quidem sibi timendum esse rebatur, quoniam prior flagello[8] verberatus erat; tamen postero die domum Alfeni cuiusdam, hominis maximae prudentiae, petivit eumque consuluit, num lege Aquilia teneretur[10].

1) **pila, -ae** f: Ball 2) **lēge Aquiliā agere** (*cum*): (*nach dem aquilischen Gesetz, d. h.*) wegen Sachbeschädigung (*gegen jmdn.*) prozessieren 3) **tōnsor, -ōris** m: Friseur, Barbier 4) **rādere**: rasieren, scheren 5) **gulam praecīdere**: die Kehle durchschneiden 6) **taberna, -ae** f: Wirtshaus, Kneipe, *dazu* **tabernārius, -ī** m: Wirt 7) **lucerna, -ae** f: (Öl-)Lampe 8) **flagellum, -ī** n: Peitsche 9) **rīxa, -ae** f: Streit, Rauferei 10) **tenērī** (hier): haften

► Welche Handlungen führen jeweils zum Schadensfall?

► Nimm begründet Stellung zu den einzelnen Fällen.

1 Alles Dativ?

Gib die Lernform an und bestimme genau.

tactis – facultatis – inspiciendis – orationis – plurimis – turpis – videris – supplicis

praemio – regio – repulso – caro – condicio – contemnendo – dato – dedo – perpetuo

domi – turpi – veteri – protegi – orationi – solvi – uti – ampli – carmini – erupi

2 Was man so alles muss oder nicht darf!

Ergänze die Gerundivformen und übersetze.

testes audiend ? sunt – negotium non est differend ? – id officium erat explend ? – inimicis ignoscend ? est – oratio exemplis ornand ? est – quod erat demonstrand ? – ratio est respiciend ? – carmina sunt discend ? – leges neglegend ? non sunt

3 Bilde zehn sinnvolle Sätze und übersetze.

illi – iudici – mihi – nobis – patrono – tibi – vobis

(non) est – sunt

causa – damnum – domum – labores – libri – quid – res – reus – servus

agenda – agendum – audiendus – conficiendi – emendus – explendum – fugiendum – iudicandae – perdenda – reddendi

★ 4 Eine *gewisse* Ordnung

Ordne die Formen von *quidam*, *quaedam*, *quoddam* den Substantiven zu.

quaedam – cuidam – quendam – quibusdam – quandam – quosdam – quorundam – quoddam

servis – hominum – officium – legem – sententiae – amicos – iudici – iuvenem

5 Kannst du es noch?

a Führe auf den Infinitiv Präsens zurück.

acceperat – pereunt – vellet – gerebat – erat – habebat – vince – iussit – vidit – consedit – ceperat – apparuit – capit – pugnant – contemplatur – moritur – potest – procedit

b Kombiniere zu sinnvollen Sätzen und übersetze diese.

bellum – hostes – imperium – verba – seditio – imperator – libri – potestas

victi sunt – facta est – gestum est – scripta sunt – lecti sunt – data est – interfectus est – auctum est

Ein schwieriger Fall

1. Protagoras, nobilis magister dicendi, iuvenem quendam, qui pecunia carebat, in scholam[1] suam recepit sub hac condicione: 2. „Quia valde prudens esse videris, tibi pecunia non ante, sed post solvenda erit; praemium igitur dandum erit, si primum[1] iudicio viceris[2].“ 3. Iuvenis autem, postquam scholam[1] reliquit, orator fieri noluit neque causas egit nec ratus est sibi pecuniam esse solvendam. 4. Quod Protagoras dolebat et iuvenem ad pecuniam solvendam impellere conabatur. 5. At ille aequo animo respondit: „Si iudices me culpa absolverint[3], mihi pecunia propter iudicium ipsum solvenda non erit. Sin me damnaverint, praemium dandum non erit, quod iudicio victus ero.“

1) **prīmum**: zum ersten Mal 2) **iūdiciō vincere**: einen Prozess gewinnen 3) **absolvere**: freisprechen

Alles, was Recht ist

1 Seit den Zwölftafelgesetzen 450 v. Chr. entstanden immer neue Gesetze, sei es durch den Senat, die Volksversammlung, die Erlasse der Gerichtsbeamten und später der Kaiser. Im Laufe der Zeit waren so ca. 2000 Bücher entstanden. Im 6. Jh. ließ Kaiser Justinian in Konstantinopel daraus von Juristen eine Gesetzessammlung erstellen, die 50 Bücher umfasste. Dieses *Corpus Iuris Iustiniani* genannte Werk wurde seit dem hohen Mittelalter Vorbild und Grundlage aller modernen Rechtsordnungen der westlichen Welt. Napoleons *code civil* (1804) oder das deutsche Bürgerliche Gesetzbuch (BGB – 1900) gehen auf die Sammlung Kaiser Justinians zurück.

Aus dem XII-Tafelgesetz: TABULA III

1. Wenn eine Geldschuld anerkannt ist und bei rechtskräftig entschiedenen Sachen, soll eine Erfüllungsfrist von 30 Tagen zu Recht bestehen. 2. Danach soll der Gläubiger den Schuldner festnehmen und vor Gericht führen.
3. Wenn er dem Richterspruch nicht Folge leistet oder niemand für ihn bürgt, soll er (der Gläubiger) ihn (den Verurteilten) mit sich führen, ihn fesseln, entweder mit einem Strick oder mit Fußfesseln von nicht mehr als 15 Pfund Gewicht – wenn er will, mit weniger.
4. Wenn er (der Verurteilte) will, soll er sich selbst verpflegen. Wenn nicht, soll der, der ihn gefesselt hält, ihm täglich ein Pfund Brot geben. Wenn er will, soll er mehr geben.

Vergleiche die Vollstreckung eines Urteils bei den Römern mit der in unserer Zeit.

§

2 Papier oder Pergament waren zur Zeit des Kaisers Justinian sehr teuer. Um Platz zu sparen, haben die Schreiber nicht bei jedem Absatz eine neue Zeile angefangen, sondern ein Unterteilungszeichen (*signum sectionis*) durch ein doppeltes „S“ eingefügt. Um weiter Platz zu sparen, setzte man die beiden „S“ übereinander, und das ergab das Paragraphenzeichen.

Kaiser Justinian, Mosaik (Ausschnitt) in der Kirche San Vitale, Ravenna.

Übersetze die Rechtsregeln und erkläre sie an einem Beispiel.

Volenti non fit iniuria.
Nulla poena sine lege.
Ne bis[1] in idem.
Cui bono?
Audiatur et altera pars!
Pacta[2] sunt servanda.

1) **bis**: zweimal 2) **pactum, -ī** n: Vertrag

Das Römische Reich wird reformiert.

Ende des 3. Jh.s n. Chr. erkannte Kaiser Diokletian, dass ein so riesiges Reich wie das Imperium Romanum nicht mehr von einer einzigen Person und von einem einzigen Ort aus regiert werden konnte. Daher teilte er es in Ost und West und ließ jeden Reichsteil durch zwei Herrscher verwalten. Rom blieb zwar Hauptstadt, aber die Herrscher regierten nun von grenznäheren Städten wie Thessaloniki, Antiochia, Mailand und Trier aus. Als im Jahre 306 n. Chr. Konstantin von seinem Heer zum Herrscher des Weströmischen Reiches ausgerufen wurde, geriet er in Konflikt mit seinem Schwager Maxentius, der diesen Titel ebenfalls für sich beanspruchte. Im Laufe der folgenden Jahre spitzten sich die Machtstreitigkeiten zu, sodass es schließlich nach 311 zu kriegerischen Auseinandersetzungen um die Herrschaft in Rom kam.

Kaiser Konstantin erscheint das Kreuz (um 1520/25), Fresko von Giulio Romano (1499–1546), Vatikan, Sala di Costantino, Rom.

Eine berühmte FuTURologin

Pythia rogantibus respondit

Apollinem eorum preces auditurum esse.
eos vitam beatam acturos esse.
eos magnis divitiis potituros esse.
eorum fortunam secundam futuram esse.

a Wann treten Pythias Weissagungen ein? Welches Zeitverhältnis drücken die Infinitive mit *-turum, -am, -um esse* im AcI aus?
b Multi homines Delphos profecti sunt oraculum consulturi. Welche besondere Sinnrichtung erfasst das so genannte Partizip Futur *consulturi*?

„In diesem Zeichen wirst du siegen."

Die Schlacht an der Milvischen Brücke entschied auch über das Schicksal der Christen. Maxentius, der die Christenverfolgung Diokletians unerbittlich fortsetzte, hatte Konstantin, der den Christen nicht feindlich gesinnt war, den Krieg erklärt. Beide Heere waren zur Entscheidungsschlacht vor Rom bereit.

Maxentius se Romae continebat; nam ab oraculo responsum[1] acceperat se extra muros bello periturum esse. Ipse cum mortem effugere vellet, duces fidos et idoneos hoc bellum gerere iussit. Quia plus virium ei erat quam Constantino, pro certo habebat milites suos victuros esse. Constantinus omnes copias ad urbem propius ad-movit et adversus pontem Mulvii consedit. Eo ipso die, quo Maxentius quinque annis ante imperium ceperat, Constantinus corpus et animum recreaturus quieti se dedit et hoc somnium[1] vidit: Dum forte caelum contemplatur, crux clara luce fulgens apparuit, cui haec verba ad-scripta erant: „In hoc signo vinces." Statim Constantinus scuta[2] militum signo Christi signari[3] iubet. Quo signo armatus exercitus capit ferrum. Hostes autem sine imperatore obviam[4] procedunt pontemque transgrediuntur pugnam supremam pugnaturi. Exercitus pari fronte concurrunt, summa vi utrimque[5] pugnatur. Fit Romae seditio et Maxentius increpitatur[6] velut desertor[7] urbis et rei publicae. Repente populus una voce ex-clamat Constantinum vinci non posse. Qua re perturbatus Maxentius libros Sibyllinos inspici iubet. In quibus repertum est eo ipso die hostem Romanorum esse moriturum. Ita in spem victoriae inductus ex urbe egreditur, in aciem venit; eo viso pugna crudescit[8]. Manus dei aciei superest[9]: Maxentii exercitus fugatur, ipse fugit ad pontem. Ibi multitudine fugientium pressus in Tiberim flumen praecipitatur. Confecto bello Constantinus cum summa laetitia senatus populique Romani in urbem receptus est. Anno post Christianis et omnibus dedit liberam potestatem sequendi eam religionem, quam quisque voluerat.

1) **somnium, -ī** n: Traum 2) **scūtum, -ī** n: der Schild 3) **sīgnāre**: bemalen 4) **obviam**: entgegen
5) **utrimque**: auf beiden Seiten 6) **increpitāre**: verhöhnen 7) **dēsertor, -ōris** m: Verräter
8) **crūdēscere**: heftig werden 9) **superesse** (*m. Dat.*): lasten (*auf*)

- Gliedere den Text in Sinnabschnitte. Achte auf die handelnden Personen.
- An welchen Begriffen und Wendungen zeigt sich, dass Maxentius und Konstantin sich bei diesem Kampf von religiösen Motiven leiten lassen?

1 Gleichzeitig – vorzeitig – nachzeitig?

Lege in deinem Heft eine Tabelle nach dem folgenden Muster an, ordne die Partizipien ein und ergänze die Reihen.

gleichzeitig	vorzeitig	nachzeitig
laudanti	laudato	laudaturo
?	?	?

acceptum – adventuris – arbitrata – captorum – consecuturus – considens – gesturis – pereuntem – respondens – verens – vincente

dedituri – positis – egrediente – explentem – impellente – molientibus – omissuros – protectae – repetentes – soluti – tectum

2 Gleich und doch verschieden

Nuntii venerunt
- , ut pacem peterent.
- pacem petituri.
- pacis petendae causa.

3 Hippokrates

Hippocrates, apud Graecos clarissimus omnium medicorum, voluit omnem medicum hoc fere iusiurandum[1] iurare: „Per Aesculapium[2] omnesque deos iuro
1. me in arte mea adhibenda ab aegris[3] omnem iniuriam prohibiturum esse,
2. mihi numquam futuram esse licentiam[4] veneni[5] dandi hominibus aegerrimis[3],
3. me medicina[!] danda omnibus aegris[3] auxilium laturum esse, viris et mulieribus, liberis ac servis,
4. me numquam e-nuntiaturum esse, quaecumque inter sanandum[6] videro et audivero."

1) **iūsiūrandum** n: Eid 2) **per Aesculāpium**: bei Äskulap *(dem Gott der Heilkunst)* 3) **aeger, -gra, -grum**: krank 4) **licentia, -ae** f: Freiheit, Erlaubnis 5) **venēnum, -ī** n: Gift 6) **sānāre**: heilen

4 Die Pythia weissagt.

Croesus rex cum deliberaret, num regnum Persarum invaderet, legatos Delphos misit oraculi consulendi causa. Quibus responsum est regem magnum imperium exstincturum esse, cum Halyn flumen transgressus esset[1]. Croesus autem putans se victurum esse magnis cum copiis Persas petivit. Neque vero eos superare potuit; immo Persae regnum Croesi deleverunt.

1) **trānsgressus esset**: (er) überschreite

5 Konstantins Traum

Finde in jedem Satz das Partizip und sein Bezugswort. Übersetze dann die Sätze.

1. Constantinus dormiens crucem vidit. 2. Tum in spem adductus scuta[1] militum signo crucis affici iussit. 3. Quo signo armati milites arma ceperunt. 4. Hostes pontem transgressi sunt cum Constantini militibus pugnaturi. 5. Exercitibus acerrime contendentibus populus in urbe desperabat. 6. Putabat enim Constantinum victurum non esse. 7. Sed Maxentius in flumen Tiberim praecipitatus mortuus est.

1) **scūtum, -ī** n: der Schild

Die Mutter des Kaisers wird Christin.

1. Victoria parta Constantinus Christianis favere coepit. 2. Qui per multos annos frustra speraverant se aliquando talem libertatem habituros esse. 3. Tandem sua cuique religio concessa est. 4. Quia poena metusque aberant, complures religionem novam secuti sunt. 5. Etiam Helena, mater Constantini, ad religionem Christianam transgressa est. 6. Christi verendi causa in Palaestinam profecta urbem Hierosolyma adiit. 7. Pro certo enim habebat se illa loca, ubi Christus vixerat et cruci fixus erat, reperturam esse. 8. Cum Helena eo venisset, multi homines concurrerunt matrem imperatoris salutaturi. 9. In eo itinere Helena etiam illam sanctam crucem repperisse dicitur.

Neue Götter – Hoffen auf den Erlöser

Zur Kaiserzeit existierten unterschiedliche religiöse Vorstellungen nebeneinander oder vermengten sich. Öffentlich wurden zwar weiterhin die Staatsgötter verehrt, zunehmend aber eroberten fremde Religionen die Herzen der Römer.

Mithras-Relief aus Heddernheim, spätantik.

1 Mithras

Mithras, der persische Sonnengott, siegt im Kampf gegen das Böse und den Tod. Er verspricht seinen Anhängern Unsterblichkeit und die Erlösung von irdischen Leiden. Am Mithras-Kult, der in Höhlen und Kellern begangen wurde, durften nur Anhänger teilnehmen. Frauen waren ausgeschlossen. Im Mittelpunkt stand die Tötung eines Stieres, wodurch sich Mithras als Herr über Leben und Tod erwies. Es gab ein Heiliges Mahl, das an die letzte Mahlzeit des Gottes vor seiner Fahrt mit dem Sonnenwagen zum Himmel erinnern sollte. Mithras' Geburt wurde zur Wintersonnenwende am 25. Dezember gefeiert.

2 Jesus Christus

Auch die Juden warteten auf die Ankunft des Erlösers. Nach dem Tode Jesu trennten sich dessen Anhänger vom jüdischen Glauben, denn sie sahen in Jesus die Erfüllung ihrer Erwartungen: Jesus, der Messias, das Ende von Leid und Unterdrückung. Viele Frauen und Angehörige niederer Schichten gehörten zu seinen ersten Anhängern. Im frühen Christentum entstanden die Katakomben, unterirdische Friedhöfe, in denen zahlreiche christliche Symbole und Darstellungen, wie der Gute Hirte und der Fisch, zu finden sind.

Christus als Guter Hirte, um 280 n. Chr., Priscilla-Katakombe, Rom.

Fischsymbol von einer Grabplatte, Domitilla-Katakombe, Rom.

Eines der ersten christlichen Symbole und Geheimzeichen war der Fisch.
Fisch = ΙΧΘΥΣ (*griech.*)

ΙΗΣΟΥΣ	**Χ**ΡΙΣΤΟΣ	**Θ**ΕΟΥ	**Υ**ΙΟΣ	**Σ**ΩΤΗΡ
Jesus	Christus	Gottes	Sohn	Retter

Wie wird Jesus im Gegensatz zu Mithras dargestellt?

Da sich die Christen meist nicht an öffentlichen Opfern beteiligten und sich zu ihren Gottesdiensten in Privathäusern versammelten, wurden sie zu Außenseitern. Zeitweise wurden sie grausam verfolgt. Doch 313 trat das Toleranzedikt in Kraft: Der christliche Glaube wurde fortan geduldet. Etwa 70 Jahre später erhob Kaiser Theodosius das Christentum zur Staatsreligion.

Europäischer Kulturbaum

Du hast im Laufe des Lateinlehrgangs wichtige Bereiche unserer Kultur kennen gelernt, deren Wurzeln bis in die Antike hinabreichen. Zehn davon sind in der Krone unseres „Kulturbaums“ gleichsam als Früchte angedeutet und in den Wurzeln benannt.

a Wenn du alles richtig zuordnest, erhältst du einen Lösungsspruch auf Latein, der aus fünf Wörtern besteht.
   1. Ordne zunächst die „Früchte“ den entsprechenden Wurzeln zu. Dadurch treten die Buchstaben in die richtige Reihenfolge und du erhältst die ersten drei Wörter.
   2. Suche dann aus den angebotenen Namen die Gestalt heraus, die für den jeweiligen Kulturbereich bereits in der Antike die Grundlagen gelegt hat. Die „Früchte“ können dir dabei helfen. Mit den gefundenen Buchstaben ermittelst du die letzten beiden Wörter.

b Was bedeutet der Lösungsspruch? Was kann er für dich bedeuten?

RECHT		REDEKUNST		MACHT UND POLITIK		SPORT	
Wer ließ die erste Gesetzessammlung in Europa erstellen?		Wer gilt als der größte Redner Roms?		Vom Namen welchen Politikers ist der Titel „Kaiser“ abgeleitet?		Wer soll die Olympischen Spiele gegründet haben?	
Iulius Caesar	V	Caligula	O	Croesus	E	Hercules	U
Iustinianus	S	Caesar	I	Catilina	N	Hannibal	C
Ianus	A	Cyrus	L	Cerberus	M	Hector	A
Iuppiter	R	Cicero	E	Caesar	C	Helena	R

LITERATUR		WISSENSCHAFT		PHILOSOPHIE		MEDIZIN	
Wer hat das erste literarische Werk in Europa geschaffen?		Wer hat erstmals das spezifische Gewicht eines Körpers durch ein Experiment nachgewiesen?		Wer sah das höchste Glück in einem Leben in Bedürfnislosigkeit?		Von wem stammt der Eid des Arztes?	
Hamilcar	I	Aristoteles	A	Damocles	C	Hyginus	T
Horatius	E	Alcibiades	M	Dionysius	E	Hadrianus	N
Hermes	O	Ares	V	Diogenes	O	Hippocrates	R
Homerus	M	Archimedes	P	Dido	U	Hermes	S

RELIGION		KUNST UND ARCHITEKTUR	
Welcher Kaiser hat im Zeichen der Religion gesiegt, für die der Fisch als Symbol steht?		Wer hat die Athene-Statue im Parthenon auf der Akropolis geschaffen?	
Constantinus	T	Paris	NT
Claudius	I	Pythia	ER
Castor	A	Phidias	AT
Coriolanus	E	Pompeius	ST

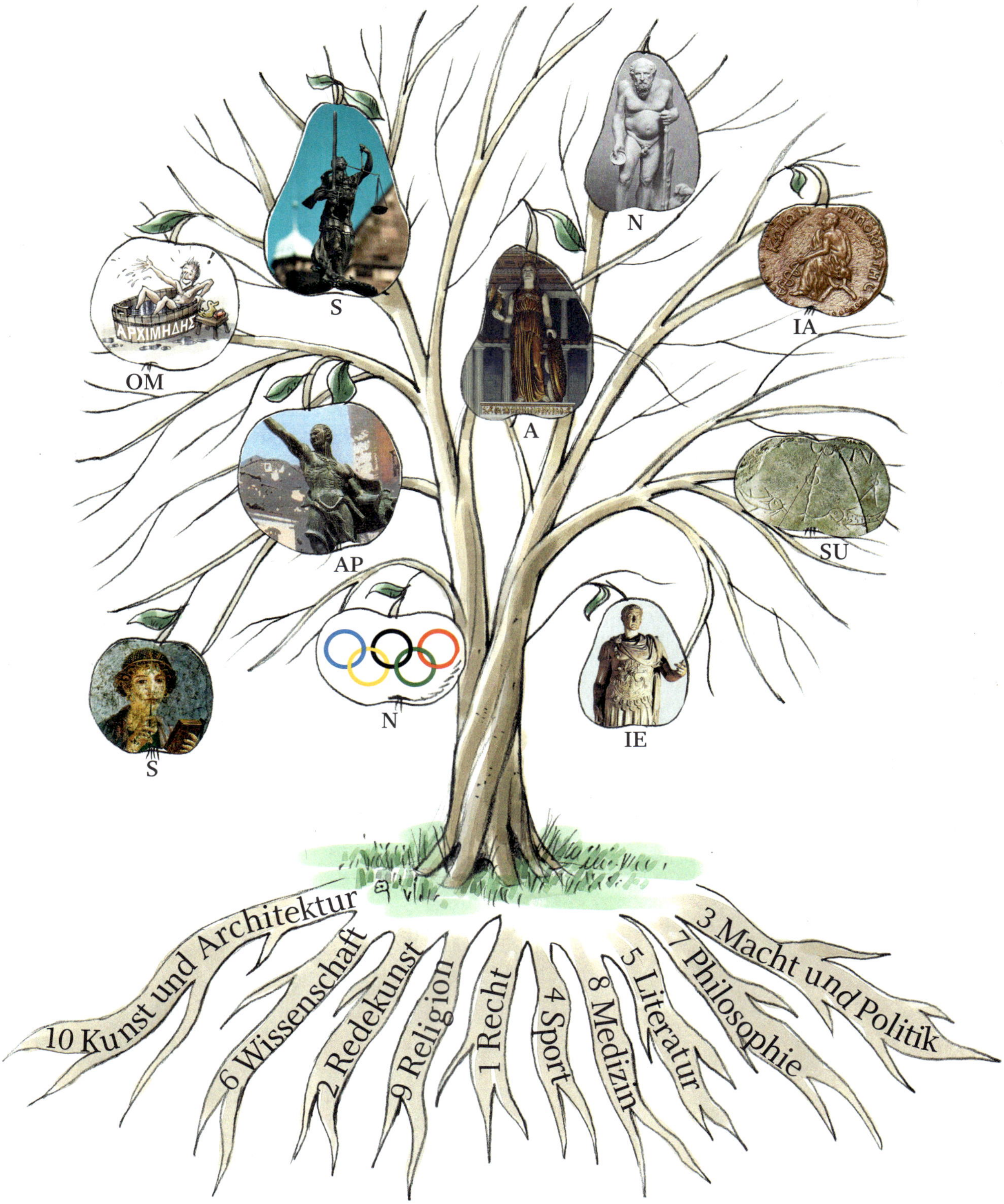
S
N
APXIMHΔHΣ
OM
IA
A
AP
SU
N
IE
S
10 Kunst und Architektur
6 Wissenschaft
2 Redekunst
9 Religion
1 Recht
4 Sport
8 Medizin
5 Literatur
7 Philosophie
3 Macht und Politik

Roma aeterna – Rom wird zur Idee.

Bildnismünze Karls des Großen.

1 Das erste Rom

wurde am 24. August 410 von den Goten erobert und geplündert, germanische Stämme siedelten sich auf dem Boden des Weströmischen Reiches an, der letzte Kaiser verschwand fast unbemerkt im Jahr 476. Weil sich in Rom aber das Grab des Apostels Petrus befand, beanspruchte der Bischof von Rom, das Oberhaupt aller Christen zu sein. Er nannte sich bald *papa*, Papst. Am Weihnachtstag des Jahres 800 ließ sich hier der Frankenkönig Karl der Große zum Kaiser krönen. Ein neues *Imperium Romanum* war entstanden, das bis 1806 bestehen sollte.

Versuche, Bilder und Umschriften der Münze Karls des Großen zu deuten. Welcher Herrschaftsanspruch Karls wird erkennbar? Beachte: Auf der Rückseite finden sich lateinische und griechische Buchstaben.

2 Das zweite Rom,

Konstantinopel (ΚΩΝΣΤΑΝΤΙΝΟΠΟΛΙΣ), hatte Kaiser Konstantin 330 an der Stelle der alten Handelsstadt Byzantion gegründet. Bald entwickelten sich die beiden Hälften des Imperium Romanum auseinander. Im Oströmischen Reich sprach man Griechisch, die Bewohner nannten sich ΡΩΜΑΙΟΙ. Kaiser Justinian ließ die Hagia Sophia als größte Kirche der Christenheit errichten. Man erkannte die Vormacht des Bischofs von Rom nicht an und die Wege des orthodoxen christlichen Glaubens trennten sich von denen der römisch-katholischen Kirche. 1453 eroberte der türkische Sultan Mehmed Konstantinopel. Die Stadt hieß fortan Istanbul, die Hagia Sophia wurde zur Moschee.

Mosaik in der Hagia Sophia: Justinian und Konstantin verehren die Gottesmutter Maria, 10. Jh.

Wer ist wer auf dem Mosaik? Ein Kaiser präsentiert der Gottesmutter die Hagia Sophia, der andere die Stadtmauern von Konstantinopel.

Basilius-Kathedrale in Moskau, um 1560.

3 Das dritte Rom

wurde nach dem Untergang von Konstantinopel Moskau, die Hauptstadt des russischen Reiches. Die Russen hatten das orthodoxe Christentum angenommen. Ihre Herrscher sahen sich als die Erben der oströmischen Kaiser und nannten sich ЦАРЬ (ZAR, abgeleitet von CAESAR).

Informiere dich darüber, welche Länder Europas traditionell dem orthodoxen Glauben angehören.

Galla Placidia – eine Christin zwischen den Fronten

Im Laufe der Völkerwanderung wurde das Römische Reich in seinen Grundfesten erschüttert, am schlimmsten durch den Gotensturm zu Beginn des 5. Jh.s n. Chr., bei dem Rom das Hauptziel des Angriffs war. Bei der Auseinandersetzung mit den Goten sollte einer Römerin eine entscheidende Rolle zufallen.

Galla Placidia, Theodosii imperatoris filia, iam adulescens fidei Christianorum summe studebat huiusque religionis instituta ac praecepta toto pectore sequebatur. Atque lege Christiana adducta pietatem et iustitiam praestabat. Cum Gothi Alarico duce urbem Romam expugnavissent, Galla Placidia ab Athaulfo quodam capta et abducta est. Qui cum Alarico mortuo in regnum successisset, eam in uxorem assumpsit[1]. Placidia autem coniugio cum rege barbaro iuncta rei publicae Romanae magno commodo fuit, quasi Romani eam Gothis divino iudicio obsidem tradidissent. Athaulfus enim ardenter[1] cupiebat non solum nomen Romanum exstinguere et omne solum[2] Romanum Gothorum imperium facere, sed ipse etiam fieri, quod quondam Caesar Augustus fuerat.
Sed Placidia, femina acerrima ingenio et religione proba, Athaulfum ab eo facinore prohibere conabatur haec fere dicens: „Impera tuis, ut bello abstineant! Ne commiseris, ut Roma antiqua et sacra intereat! Satis constat Gothos nullo modo legibus parere posse. At res publica sine legibus non est res publica. Nonne intellegis pacem atque concordiam et Romanis et Gothis usui fore? Proinde serva hoc imperium salvum, reconcilia[3] Gothos Romanis!“ Talibus verbis Galla Placidia marito persuasit, ut consilium deponeret. Inde Athaulfus usque ad mortem sibi gloriam quaerebat restituendo ac augendo nomine Romano et omnes vires Gothorum pro re publica Romana conservanda impendebat[4]. Quo mortuo Gothi cum Romanis etiam foedus inierunt et Gallam Placidiam apud se honorifice[5] honesteque habitam[6] Romanis reddiderunt. Quae paulo post Augusta nominata per multos annos Romae et imperio Romano iuste et pie praeerat.

1) **in uxōrem assūmere**: zur Frau nehmen 2) **solum, -ī** n: Boden; Reich 3) **reconciliāre** (*m. Dat.*): versöhnen (*mit*) 4) **impendere**: einsetzen 5) **honōrificus, -a, -um**: ehrenvoll 6) **habēre** (hier): behandeln

- ▶ Gliedere den Text in Sinnabschnitte und gib jedem Abschnitt eine passende Überschrift.
- ▶ Welche Begriffe und Wendungen weisen Galla Placidia als Christin aus?
- ▶ An welchen Vorkommnissen und Handlungen wird deutlich, dass Galla Placidia zwischen den Fronten steht? Welche besondere Fähigkeit ermöglicht es ihr, die schwierige Situation zu meistern?
- ▶ Wo erkennst du den Höhepunkt der Erzählung? Begründe deine Antwort, indem du vor allem die dafür maßgeblichen Verbalaussagen nennst.
- ▶ Welche Leistung hat Galla Placidia vollbracht?

Musica – Musik in der Antike

1 Musik in Rom

Ursprünglich bezeichnete man in Griechenland mit Musik alle Fertigkeiten und Künste, die von den Musen, den neun Töchtern des Zeus und der Mnemosyne, der Göttin der Erinnerung, verliehen wurden. Noch im 4. Jh. v. Chr. verstand man unter *musica* den Gesang von Versen, der von Tanz begleitet wurde. Erst später gingen Tonkunst als Musik und Sprachkunst als Literatur überwiegend getrennte Wege. Zwar besitzen wir nur wenig konkrete Informationen über die römische Musik der Antike, sodass wir kaum wissen, wie sie geklungen hat. Aber in den gregorianischen Gesängen z. B. wirkt sie bis heute fort. Beliebt waren Blas- und Saiteninstrumente wie die *lyra,* die oft zur Begleitung des Gesangs gespielt wurde.

Euterpe, Zeichnung von Bertha Gabriella Casella (1853–1946).

Darcey Bussell als Terpsichore, Royal Ballet, London.

Jede der neun Musen vertrat bestimmte, als musisch geltende Künste.

Informiere dich darüber.
Woran kann man auf den Abbildungen Euterpe und Terpsichore erkennen?

2 Carmina Burana

„Fortuna hat es mit mir gut gemeint, als sie mir einen Katalog in die Hände spielte, in dem ich einen Titel fand, der mich mit magischer Gewalt anzog: die Carmina Burana."
So beschreibt der Münchener Komponist Carl Orff (1895–1982) seine erste Begegnung mit den *Carmina Burana*, einer Sammlung von 228 lateinischen, mittelhochdeutschen und altfranzösischen Liedern und Versen aus dem 13. Jh., die nach ihrem Fundort, dem Kloster Benediktbeuern in Bayern, benannt wurden. Orff wählte u. a. einige Natur-, Trink-, Liebes- und kirchenkritische Lieder aus, die er neu vertonte. Sein Werk wurde 1939 uraufgeführt.

Das bekannteste Studentenlied der Welt

Freut euch des Lebens – zeitlose Lieder

Obwohl sich im Mittelalter schon bald nationalsprachliche Literaturen entwickelten, wurden weiterhin literarische Texte in lateinischer Sprache geschaffen. So z. B. das zu den Carmina Burana gehörende Frühlingslied Ecce gratum *aus dem 13. Jh. und das Studentenlied* Gaudeamus igitur *aus dem 18. Jh.*

Ecce gratum

Ecce gratum
et optatum
ver reducit gaudia:
Purpuratum[1]
floret pratum[2],
sol serenat[3] omnia.
Iam iam[4] cedant tristia!
Aestas redit,
nunc re-cedit
hiemis saevitia.

Iam liquescit[5]
et de-crescit
grando[6], nix et cetera;
bruma[7] fugit
et iam sugit[8]
veris tellus ubera[9].
Illi mens est misera,
qui nec[10] vivit
nec[10] lascivit[11]
sub aestatis dextera[12].

Gloriantur
et laetantur
in melle dulcedinis[13],
qui conantur,
ut utantur[14]
praemio Cupidinis[15].
Simus iussu Cypridis[16]
gloriantes
et laetantes
pares esse Paridis!

1) **purpurātus, -a, -um**: veilchenfarben 2) **prātum, -ī** n: Wiese 3) **serēnāre**: heiter machen 4) **iam iam**: sofort
5) **liquēscere**: flüssig werden 6) **grandō, -dinis** f: Hagel 7) **brūma, -ae** f: Frost 8) **sūgere** (*m. Akk.*): saugen (*an*)
9) **ūber, -eris** n: Brust 10) **nec ... nec** ~ neque ... neque 11) **lascīvīre**: ausgelassen sein
12) **dextera** (hier): die starke Hand 13) **mel (-lis n) dulcēdinis**: („Honig") Süße des Glücks
14) **ūtī** (hier): in den Genuss kommen 15) **Cupīdō, -dinis** m: Amor (*Gott der Liebe*) 16) **Cypris, -idis** f: Venus

Gaudeamus igitur

Gaudeamus igitur,
iuvenes dum sumus!
Post iucundam iuventutem,
post molestam senectutem
nos habebit humus.

Vita nostra brevis est,
brevi finietur.
Venit mors velociter[1],
rapit nos atrociter;
nemini parcetur.

Vivant omnes virgines
faciles, formosae[2]!
Vivant et mulieres
tenerae, amabiles[3],
bonae, laboriosae[4]!

1) **velōx**, *Gen.* **velōcis**: schnell 2) **fōrmōsus, -a, -um** ~ pulcher 3) **amābilis, -is, -e**: liebenswürdig
4) **labōriōsus, -a, -um**: arbeitsam

- Lies das Lied *Ecce gratum* laut vor und achte auf die beiden wichtigsten Klangwirkungen.
- Welcher Gegensatz bestimmt die ersten beiden Strophen? Nenne dafür die Leitbegriffe.
- In welche Stimmung soll die Auflösung dieses Gegensatzes den Leser oder Hörer in allen drei Strophen versetzen?
- Welche Stimmung herrscht in dem Lied *Gaudeamus igitur* vor? Wie wird diese durch Tempus und Modus der Prädikate unterstützt?
- Welcher Gegensatz bestimmt dieses Lied? Welche Folgerung zieht sein Autor daraus?

Von Helden und Heiligen

St. Georg im Kampf mit dem Drachen (um 1467), Paolo Uccello (1397–1475).

1 Nach dem Untergang des Römischen Reiches entwickelten sich schnell die Klöster zu Zentren der Kultur und Bildung. Diese beruhte auf der Kenntnis antiker Texte, und so wurde in den Klosterbibliotheken nicht nur die Bibel in lateinischer Sprache (*Vulgata*) gelesen und abgeschrieben, sondern auch das geistliche und weltliche Wissen der Zeit zusammengetragen.

Dieses Wissen war fast ausschließlich in lateinischer Sprache abgefasst. Deshalb wurde Latein die über Landes- und Sprachgrenzen hinweg geltende Gelehrtensprache.
Doch nicht nur wissenschaftliche Texte wurden in Latein geschrieben, sondern auch Lieder, Rezepte, Ordensregeln und religiöse Texte aller Art. Eine wichtige Rolle im religiösen Leben spielten Legenden, die das Leben und Wirken der Heiligen und Märtyrer darstellten, ihre Bekehrung zu Gott oder ihre wunderbaren Taten vor Augen führten und damit den Gläubigen hilfreiche Beispiele gaben.
Die wichtigste mittelalterliche Legendensammlung ist die *Legenda aurea* des Jacobus de Voragine aus dem 13. Jh. Beginnend mit dem Advent, dem Anfang des Kirchenjahres, wird dort das Leben der Heiligen in der Abfolge des Heiligenkalenders dargestellt.

2 St. Georg ist der Schutzpatron von Königshäusern und Ländern (England, Georgien), Ritterorden, der Pfadfinder und vieler Gemeinden. Seines Todestages gedenken viele Christen am 23. April.

a Suche in einer Kirche deines Wohnorts oder in deiner näheren Umgebung nach Darstellungen von Schutzpatronen. Vielleicht findest du auch einen Georg mit dem Drachen.
b Suche dann die Legende der gefundenen Schutzpatrone.

St. Georg, der Stadtpatron Hattingens, Glasfenster in der Kirche St. Peter und Paul, 20. Jh.

Der Heilige und der Drache

Legenden haben oft einen historischen Hintergrund. So soll der heilige Georg (zwischen 275 und 280 geboren) ein römischer Offizier in Kappadokien gewesen sein, der irgendwann Christ geworden war. Im Jahr 305 ist er bei den Christenverfolgungen unter Kaiser Diokletian grausam getötet worden.

Quodam die Georgius pervenit in civitatem Silenam. Prope erat lacus specie maris, in quo draco[1] latebat. Qui flatu[2] suo ad muros civitatis accedens aerem sic inficiebat[3], ut plurimi interirent. Cottidie cives, ut eius furorem sedarent[4], duas oves[5] ei dabant. Cum autem oves[5] paene deficerent, ovi[5] hominem adiungebant. Quodam die filia regis sorte est deprehensa. Tunc rex: „Tollite argentum, aurum dimidiumque[6] regni mei, sed filiam mihi dimittite!“ Cui populus: „Tu, o rex, post mortem liberorum nostrorum tuam filiam vis servare? Nisi in filia tua compleveris, quod in aliis iussisti, incendemus te domumque tuam.“ Tunc rex videns, quod[7] non posset liberare filiam, eam vestibus regalibus[8] ornatam dimisit dicens: „Utinam prius mortuus essem, quam te sic amisissem!“ Sicque filia ad lacum processit.
Quam Georgius flentem vidit; eam, quid haberet, interrogavit. Et illa: „Bone iuvenis, fuge, ne mecum pariter moriaris!“ Cui Georgius: „Hinc non discedam, priusquam, quid habeas, dixeris.“ Cum totum audivisset, dixit: „Filia, noli timere[9], quia in Christi nomine te iuvabo.“ Dum haec loquuntur, draco[1] caput e lacu tollens venit. Tunc Georgius equum ascendens seque cruce muniens draconem[1] audaciter aggressus est, lancea[10] graviter vulneravit, ad terram proiecit dixitque puellae: „Proice zonam[11] tuam in collum draconis[1], filia!“ Quod cum fecisset, sequebatur eam sicut mansuetissimus[12] canis. Quem cum in civitatem duceret, cives fugere coeperunt. Tunc Georgius: „Nolite timere[9], credite tantum in Christum! Unusquisque vestrum[13] baptizetur[14] et draconem[1] occidam.“ Omnibus baptizatis[14] Georgius draconem[1] occidit eumque extra civitatem efferri praecepit. Rex vero in honorem Georgii ecclesiam[15] mirae magnitudinis exstruxit, de cuius ara fluit fons vivus, cuius aqua omnes aegros[16] sanat. Georgio autem ingentem pecuniam obtulit, quam ille accipere nolens pauperibus dari iussit.

1) **dracō, -ōnis** m: Drache 2) **flātus, -ūs** m: giftiger Atem 3) **īnficere**: verpesten 4) **sēdāre**: beschwichtigen 5) **ovis, -is** f: Schaf 6) **dīmidium, -ī** n: Hälfte 7) **quod**: dass (*ersetzt einen AcI*) 8) **rēgālis, -is, -e**: königlich 9) **nōlī(te) timēre**: fürchte dich (fürchtet euch) nicht! 10) **lancea, -ae** f: Lanze 11) **zōna, -ae** f: Gürtel 12) **mānsuētus, -a, -um**: zahm 13) **vestrum**: von euch 14) **baptizāre**: taufen 15) **ecclēsia, -ae** f: Kirche 16) **aeger, -gra, -grum**: krank

- In welche Sinnabschnitte lässt sich die Erzählung gliedern? Gib jedem eine Überschrift. Durch welche Konnektoren sind sie miteinander verbunden?
- Die erzählte Geschichte hat zwei Höhepunkte. Wo liegen sie? Mache sie mithilfe der lateinischen Begriffe und Wendungen deutlich.
- Warum bewährt sich Georg als Held und Heiliger? Was macht schließlich die Geschichte zu einer Heiligenlegende?

Der Renaissance-Humanismus

Erasmus von Rotterdam (1523),
Porträt von Hans Holbein d. J. (1497–1543).

1 Eine geistige Erneuerungsbewegung hatte ausgehend von Italien um 1500 ganz Europa erfasst. Diese Erneuerung sollte eine Wiedergeburt der Antike sein. Wir nennen die Epoche heute Renaissance (nach dem französischen Wort für „Wiedergeburt“). Wie sich die Baukunst an den Ruinen der Römer neue Anregungen holte, so orientierten sich Schriftsteller und Dichter an den Werken der römischen Literatur. Sie nannten sich Humanisten nach dem Wort *humanitas*, d. h. Bildung.
Latein war zwar das ganze Mittelalter hindurch die Sprache der Gelehrten und der Kirche geblieben. Aber es hatte sich seit der Antike stark verändert, um sich den gewandelten Erfordernissen des Alltags, des Gottesdienstes und der Wissenschaft anzupassen. Die Humanisten hielten dieses Latein für barbarisch. Sie erhoben Cicero und Livius zur sprachlichen Norm und verachteten alle, die deren klassisches Latein nicht beherrschten. Unter dem Ruf *Ad fontes* („Zurück zu den Quellen!“) lernten die Gelehrten auch wieder das jahrhundertelang in Westeuropa vergessene Griechisch, um Homer, Platon und das Neue Testament der Bibel im griechischen Original lesen zu können.

2 Der wichtigste Vertreter der Renaissance in den Ländern nördlich der Alpen war Erasmus von Rotterdam. Berühmt war seine gewaltige Sammlung von Zitaten und Sprichwörtern aus antiken Texten, aus der man gern zitierte. Seine Ausgabe des griechischen Neuen Testamentes war eine Grundlage für Martin Luthers Bibelübersetzung.

Eine der von Erasmus überlieferten Sentenzen lautet *Cives mundi* („der Welt“) *sumus omnes*. Überlege, welche Bedeutung dieser Gedanke für die Gegenwart hat.

Arbeit an der Druckerpresse: Drucker Hans Buttmann im Hausbuch der Mendelschen Zwölfbrüderstiftung, Zeichnung aus dem 16. Jh.

3 Voraussetzung der regen wissenschaftlichen und schriftstellerischen Arbeit der Humanisten war der um 1440 von Johannes Gutenberg erfundene Buchdruck. Dadurch konnten vergleichsweise preiswert Ausgaben der lateinischen und griechischen Klassiker in großer Auflage hergestellt werden. Die Herstellung von Druckausgaben der bisher nur in Handschriften überlieferten lateinischen und griechischen Klassiker war eine Hauptbeschäftigung der Humanisten.

Wer findet das älteste Buch? Es darf auch gern ein lateinisches sein. Sucht in der Schulbücherei, fragt eure Eltern, erkundigt euch in der nächsten Stadtbibliothek.

Die Klage des Friedens

In seiner Schrift „Klage des überall auf der Welt vertriebenen und vernichteten Friedens“ lässt Erasmus von Rotterdam den Frieden wie eine Person vor ihrem Herrscher sprechen und sich bitter über den Krieg beklagen.

Primum inspice, qualis res sit pax, qualis bellum, quid illa bonorum, quid hoc malorum secum vehat; atque ita rationem ineas, num expediat[1] pacem bello mutare!
Si res quaedam[2] admirabilis[3] est regnum undique rebus optimis florens, bene conditis urbibus, bene cultis agris, optimis legibus, honestissimis disciplinis, sanctissimis moribus, cogita tecum:
Haec felicitas[4] mihi perturbanda est, si bellum moveo.
Contra, si quando conspexisti ruinas urbium, deletos vicos, exusta[5] templa[!], vastatos agros, cogita hunc esse belli fructum!
Si turpe existimas latrocinium[6], stuprum[7], parricidium[8]: Horum omnium bellum magister est.
Sin autem felicitas[4] tua est imperare felicibus, pacem potissimum colere debes.
Finge causam belli iustissimam, finge exitum prosperrimum, rationem quoque ineas omnium in-commodorum, quibus gestum est bellum, et commodorum, quae peperit victoria, et vide, num tanti fuerit[9] vincere!
Vix umquam victoria contingit incruenta[10].
Ad haec adde morum publicaeque disciplinae iacturam[11]!
Exhauris[12] tuum fiscum, spolias populum, oneras[13] bonos, ad facinus excitas improbos.
Neque vero confecto bello protinus etiam belli reliquiae sopitae[14] sunt.
Obsolescunt[15] artes, includuntur commercia.
Vide, quantam rem egeris!
Sed fortasse tibi videtur signum esse parum magni animi, si quid remittas iniuriarum; immo nullum est certius argumentum[16] humilis animi minimeque regii quam ulcisci.
Ne maiestati[17] tuae aliquid decedere putes, si cum finitimo principe agas et de tuo iure paululum decedas.

1) **expedit**: es ist nützlich 2) **quaedam** (hier): geradezu 3) **admīrābilis, -is, -e**: bewundernswert 4) **fēlīcitās, -ātis** f: Glück, Segen 5) **exūrere** (*PPP* **exustum**): niederbrennen 6) **latrōcinium, -ī** n: Raub 7) **stuprum, -ī** n: Vergewaltigung 8) **parricīdium, -ī** n: Mord (an einem nahen Verwandten) 9) **tantī est** (*m. Inf.*): es lohnt sich (*zu* …) 10) **incruentus, -a, -um**: ohne Blutvergießen, ohne Verluste 11) **iactūra, -ae** f: Verlust 12) **exhaurīre**: leeren, erschöpfen 13) **onerāre:** belasten 14) **sōpīrī**: zur Ruhe kommen 15) **obsolēscere**: an Ansehen verlieren 16) **argumentum, -ī** n: Beweis 17) **māiestās, -ātis** f: Würde, Ansehen

- Woran wird erkennbar, dass es sich bei dieser Klage des Friedens um eine Rede handelt?
- Nenne die beiden Leitbegriffe des Textes. An welchen Stellen begegnen sie? Welcher Leitbegriff beherrscht die Rede?
- Mit welchen Argumenten und wie wird der von diesem Begriff erfasste Zustand bewertet?
- Inwiefern lässt sich in der Abfolge dieser Argumente eine Steigerung erkennen?
- Nimm Stellung zum Inhalt dieser Klage des Friedens.

Mundus novus – Europas Begegnung mit der „Neuen Welt“

1 Nicht den westlichen Seeweg nach Indien hatte Kolumbus am 12. Oktober 1492 im Auftrag von König Ferdinand von Spanien gefunden, sondern einen vierten, den Europäern unbekannten Kontinent. „*Mundus novus*“ nannte ihn der italienische Seefahrer Amerigo Vespucci (1451–1512) und von seinem Vornamen wurde die Bezeichnung für das Land abgeleitet: Amerika.
Das Jahr 1492, das Jahr der „Entdeckung“ Amerikas, wird von vielen als Beginn der Neuzeit angesehen. Ab diesem Zeitpunkt wurde die „Neue Welt“ von Europa aus umgestaltet: Die europäischen Eroberer und Einwanderer brachten das Christentum und die von der Antike geprägte Kultur und gingen oft mit Gewalt und Krieg gegen die einheimische Bevölkerung vor.

Landung des Kolumbus auf Haiti (1596), kolorierter Kupferstich von Theodor de Bry (1528–1598).

2 Durch den Einfluss der europäischen Einwanderer im Laufe der folgenden Jahrhunderte wurde jedoch auch der Boden bereitet für eine neue Staatsordnung nach dem Vorbild der „Alten Welt“: Die in Europa am Ende des 18. Jh.s propagierten Menschenrechte „Freiheit, Gleichheit und Brüderlichkeit“ wurden 1776 zum Fundament der ersten demokratischen Verfassung der Neuzeit, nämlich der der Vereinigten Staaten von Amerika.

3 Auch in anderen kulturellen Bereichen, wie z. B. in der Architektur, ist die Verbindung zwischen „Alter“ und „Neuer“ Welt zu erkennen: Hier hat Europa Errungenschaften weitergegeben, deren Wurzeln in der Antike liegen.

Capitol, Washington, 19. Jh.

Pantheon, Rom, um 120 n. Chr.

Weltweite Bedeutung haben auch die Forschungen folgender europäischer Denker erhalten, die ihre Werke in lateinischer Sprache veröffentlicht haben:
Galileo Galilei – Thomas Hobbes – Alexander von Humboldt – Nikolaus Kopernikus – Thomas Morus.

Informiere dich darüber, wann sie gelebt haben und auf welchem Fachgebiet sie jeweils berühmt geworden sind.

Die Entdeckung einer neuen Welt

Als Kolumbus nach Europa zurückkehrte, war er überzeugt, eine Inselwelt vor der chinesischen Küste entdeckt zu haben. In einem Brief an den Schatzmeister des Königs hielt er seine Taten fest. Nach der baldigen Übersetzung ins Lateinische verbreitete sich der Brief in ganz Europa.

Triginta tribus diebus post discessum' in mare Indicum perveni, ubi plurimas insulas frequentissime habitatas repperi. Quarum omnium possessionem[1] pro felicissimo Rege nostro accepi nemine contra-dicente. Ut homines mihi facilius conciliarem et ut essent proni[2] in amorem erga Regem, Reginam universasque gentes Hispaniae ac studerent ea nobis tradere, quibus ipsi abundant et nos indigemus[3], multa pulchra et grata, quae mecum tuleram, eis dedi. Sunt quidem timidi et pleni metu, sed ubi se putant tutos, sunt admodum simplices et bonae fidei et in omnibus, quae habent, liberalissimi. Nullam noverunt idolatriam[4]; immo credunt omnia bona in caelo esse meque inde cum his navibus et nautis descendisse. Atque hoc animo ubique sum receptus, postquam metum reppulerunt. Neque sunt segnes[5] aut inhumani, sed summi atque acerrimi ingenii.

Ego ubi ad mare illud perveni, e prima insula quosdam Indos per vim ar-ripui. Brevi hi nos – et nos ipsos – primum gestu' ac signis, deinde verbis intellexerunt; ita magno nobis fuerunt usui. Quamvis diu nobiscum versati sint, semper putant me descendisse e caelo. Et hi erant primi, qui id, quocumque[6] appellebamus, nuntiabant dicentes: „Venite, venite et videbitis gentes aetherias[7]!“ Quamobrem feminae et viri, iuvenes et senes nos certatim[8] visebant aliis cibum, aliis potum[9] afferentibus maximo cum amore ac benevolentia incredibili. Omnium harum insularum gentes specie, moribus, lingua nihil inter se differunt. Quae res per-utilis est ad id, quod, credo, serenissimo[10] Regi nostro cordi est, scilicet eorum ad sanctam Christi fidem conversionem[11], cui facillimi esse videntur. Denique polliceor me nostro Regi invictissimo tantum auri daturum, quantum ei opus fuerit, tantum vero aromatum[12], bombicis[13], masticis[14] tantumque ligni aloes[15], quantum eius Maiestas' voluerit exigere.

1) **possessiōnem** (*m. Gen.*) **accipere**: (*etw.*) in Besitz nehmen 2) **prōnus, -a, -um**: bereit
3) **indigēre** (*m. Abl.*): Mangel haben (*an*) 4) **īdōlatrīa, -ae** f: Götzenverehrung 5) **sēgnis, -is, -e**: träge, schlaff
6) **quōcumque appellebāmus**: wo wir auch landeten 7) **aetheriās**: aus dem Himmel 8) **certātim**: um die Wette
9) **pōtus, -ūs** m: etwas zu trinken 10) **serēnissimus rēx**: Durchlaucht 11) **conversiō, -ōnis** f: Bekehrung
12) **arōma, -atis** n: Gewürz 13) **bombīx, -īcis** m: Baumwolle 14) **mastix, -icis** n: Gummi 15) **līgnum (-ī) aloēs**: Aloeholz

- Gliedere den Text in Sinnabschnitte. Dabei kann dir der mehrmalige Wechsel zwischen der 1. Person Singular und der 3. Person Plural in den Prädikaten eine Hilfe sein.
- An welchen Wörtern und Wendungen ist zu erkennen, dass hier eine Art „Reisebericht“ vorliegt?
- Welche Eigenschaften sind den Einwohnern der Neuen Welt zugeschrieben? Wie reagiert Kolumbus auf diese?
- Suche Hinweise im Text, aus denen hervorgeht, dass der Spanier im Dienst eines Auftraggebers handelt. Welche Ziele verfolgt er?

¯ bezeichnet einen langen Vokal.
Die fett gedruckten deutschen Bedeutungen sind die Grundbedeutungen; die anderen Bedeutungen benötigst du in bestimmten Textzusammenhängen.

sōl *m*	**die Sonne**
ārdēre, ardo, arsi	(ver)**brennen**; entbrannt sein
silentium *n*	**die Ruhe**, die Stille; das Schweigen
esse	**sein**
vīlla *f*	**das (Land-)Haus**; das Landgut
iacēre	(da)**liegen**

etiam	**auch; sogar**
canis *m*	**der Hund**
tacēre	**schweigen**, still sein
asinus *m*	**der Esel**
nōn iam	**nicht mehr**
clāmāre, clamo, clamavi	**schreien**, rufen

stāre	(da)**stehen**
et	**und; auch**
exspectāre, exspecto, exspectavi	**warten (auf)**, erwarten
ubī?	**wo?**
cūr?	**warum?**
amīca *f*	**die Freundin**
nōn	**nicht**
venīre, venio, veni	**kommen**

cessāre, cesso, cessivi	**zögern**; sich Zeit lassen
placēre, placeo	**gefallen**; Spaß machen
subitō	**plötzlich**
ecce!	**schau!/schaut!** sieh da! seht!
quis?/quid?	**wer?/was?**

An dieser Stelle findest du ab Lektion 2 einige Vokabeln aus jeweils früheren Lektionen, die du zur Vorbereitung auf die neue Lektion wiederholen sollst. Dadurch verschaffst du dir eine sichere Grundlage für das Übersetzen und kannst dich auf das Lernen der neuen Vokabeln konzentrieren.

to expect, silence, to stay;

l'amie *f*, le soleil, venir;

Solarium, stabil, Villa

L

Du hast schon in anderen Fächern Vokabeln oder Fachbegriffe gelernt und kennst bestimmt die wichtigsten Grundregeln. Hier findest du sie zusammengestellt:

- Lerne regelmäßig Vokabeln. Nicht 25 Vokabeln auf einmal, sondern nur eine Portion von 7–8.
- Übe nicht eine halbe Stunde lang, sondern besser dreimal 5–10 Minuten.
- Konzentriere dich auf die Vokabeln; räume andere Sachen von deinem Arbeitsplatz weg.
- Finde heraus, welcher Lerntyp du bist, ob du z. B. besser durch Hören, Lesen oder Schreiben lernst, und nutze die entsprechenden Übungsmöglichkeiten.

Stelle fest, wie du dir etwas am besten merken kannst.

ibī	**dort**, da
sed	**aber, (je)doch; sondern**
mātrōna *f*	**die** (*verheiratete*) **Frau**
servus *m*/serva *f*	**der Sklave/die Sklavin;** der Diener/die Dienerin
atque/ac	**und, und auch**
appārēre	**erscheinen**, sich zeigen; offensichtlich sein
familia *f*	**die Familie**
gaudēre	**sich freuen**
rīdēre	**lachen**
citō	**schnell**, rasch
appropinquāre	**sich nähern**, näher kommen
iam	**schon**; bereits
procul	**von weitem; in der Ferne,** weit weg
salūtāre	**(be)grüßen**
salvē!/salvēte!	**sei/seid gegrüßt!** hallo!
tum	**da; dann, darauf; damals**
amīcus *m*	**der Freund**
properāre	**eilen; sich beeilen**
timēre	**(sich) fürchten**, Angst haben vor
nunc	**nun**; jetzt
apportāre	**herbeitragen**, (mit)bringen
certē	**sicher, bestimmt**
dōnum *n*	**das Geschenk**; die Gabe
nam	**denn**
equus *m*	**das Pferd**

venire
non
et
etiam
esse
clamare
cur
placere

to appear, certain, family;
apporter, la famille, salut;
Familie, salutieren, servil

Das Gedächtnis kann sich Wörter leichter merken, wenn etwas dazu kombiniert ist, z. B. ein Bild oder eine Bewegung.

a Fertige zu folgenden Vokabeln eine kleine Zeichnung an:
donum – equus – ridere – apportare – salutare

b Denke dir zu folgenden Vokabeln eine Bewegung oder eine Pantomime aus:
equus – gaudere – apportare – salutare – donum

Zeigt euch die Zeichnungen gegenseitig und spielt die Pantomime vor.
Die Mitschülerinnen und Mitschüler raten, welche Vokabel dargestellt ist.

eques *m*	**der Reiter**; der Ritter	
statim	**sofort**, auf der Stelle	
rogāre, rogō	**fragen; bitten**	
unde?	**woher?**	
respondēre, respondeō	**antworten**, entgegnen	
nūntius *m*	**der Bote; die Botschaft**	
dēbēre, dēbeō	(*m. Inf.*) **müssen; verdanken; schulden**	
ego/mē	**ich/mich**	
audīre, audiō	(an-, er-, zu)**hören**	
imperātor *m*	**der Kaiser; der Feldherr**	
iubēre, iubeō (*m. Akk.*)	(*jmdm.*) **befehlen,** (*jmdn.*) **beauftragen**	
tū/tē	**du/dich**	
in (*m. Akk.*)	**in, an, auf**; nach; gegen(über)	
īnsula *f*	**die Insel**; der Wohnblock	
nāvigāre, nāvigō	**segeln**; mit dem Schiff fahren	
valdē	**sehr**	
prōvincia *f*	**die Provinz**; der Amtsbereich	
administrāre, administrō	**verwalten**	
perīculum *n*	**die Gefahr**	
vocāre, vocō	**rufen; nennen**	
pārēre, pāreō	**gehorchen**; befolgen	
parāre, parō	(vor-, zu)**bereiten;** (*m. Inf.*) **vorhaben**	
hīc	**hier**	
lacrima *f*	**die Träne**	
tenēre, teneō	(zurück)**halten**; sich erinnern	

equus
appropinquare
stare
quis/quid
apportare
ubi
properare
tum
gaudere
servus/serva
nunc
amica

administration, navigator, to respond;

province, répondre, tu;

Administration, Audienz, parieren

L

Einigen Vokabeln kannst du eine „Eselsbrücke“ zu deinem Gedächtnis bauen. Dazu musst du überlegen, was dir zu dieser Vokabel spontan einfällt, woran sie dich erinnert oder was du persönlich mit ihr in Verbindung bringst: eine **Assoziation**. Wichtig ist: Diese Assoziation muss von dir selbst kommen oder sie muss dir gut gefallen.

▶ **valde** – klingt ähnlich wie „Wald“ → Im Wald ist es **sehr** kalt.

intrāre, intrō	**eintreten**; (hinein)gehen (in); betreten
homō, hominis *m*	**der Mensch**; der Mann; *Pl. auch* die Leute
sedēre, sedeō	(da)**sitzen**
diū	**lange**, lange Zeit
spectāculum, spectāculī *n*	**das Schauspiel; die Veranstaltung**; die Vorführung
cōnsul, cōnsulis *m*	**der Konsul**
senātor, senātōris *m*	**der Senator**
avus, avī *m*	**der Großvater**

vidēre, videō	**sehen**
avē!	**sei gegrüßt!**
populus, populī *m*	**das Volk; das Publikum**
verbum, verbī *n*	**das Wort**
simulācrum, simulācrī *n*	**das Bild**
deus, deī *m*; *Nom. Pl. auch* dī/dea, deae *f*	**der Gott/ die Göttin**
rēgīna, rēgīnae *f*	**die Königin**

amor, amōris *m*	**die Liebe**
tandem	**endlich, schließlich**
sīgnum, sīgnī *n*	**das Zeichen**; das Merkmal
dare, dō	(von sich) **geben**; gestatten
incitāre, incitō	**antreiben**, anfeuern

ārdor, ārdōris *m*	**die Hitze**; die Begeisterung; das Temperament
clāmor, clāmōris *m*	**der Schrei**, der Ruf; das Geschrei
furor, furōris *m*	**das Toben**; der Wahnsinn; die Raserei
neque	**und ... nicht; auch ... nicht; aber ... nicht**
cōgitāre, cōgitō	**denken** (an); **nachdenken** (über); (*m. Inf.*) beabsichtigen

ibi
exspectare
iam
ecce
procul
salutare
imperator
apparere
tacere
ridere
sed
clamare

seat, sign, tele-vision;

entrer, l'homme *m*, le peuple;

Signal, Spektakel, Videoaufnahme

L

Die Substantive sind nun mit dem Genitiv angegeben; so erkennst du ihren Bedeutungsteil.
▶ homo, homin-is – Bedeutungsteil homin-; verbum, verb-i – Bedeutungsteil: verb-

Vokabeln, die man sich schwer merken kann, müssen speziell behandelt werden; z. B. mit einem selbst komponierten Lied.
▶ Nach der Melodie von „Hänschen klein":
clamor klein, ging allein, in die weite Welt hinein,
das Geschrei ist vorbei, ich bin endlich frei.

ante (*m. Akk.*)	**vor**
lūdere, lūdō	**spielen**, scherzen
semper	**immer**
pater, patris *m*	**der Vater**
patrōnus, patrōnī *m*	**der Anwalt**, der Verteidiger; **der Schutzherr**
causa, causae *f*	**der Grund; der Prozess,** der Streitfall
dīcere, dīcō	**sagen; sprechen**; nennen

dum (*m. Präs.*)	**während**
epistula, epistulae *f*	**der Brief**
legere, legō	**lesen**; sammeln; auswählen
nox, noctis *f*; *Gen. Pl.* noctium	**die Nacht**
iūdex, iūdicis *m*	**der Richter**
dormīre, dormiō	**schlafen**

invādere, invādō	**eindringen, angreifen**
sūmere, sūmō	**nehmen**
dēcēdere, dēcēdō	**weggehen**, gehen (aus)
accurrere, accurrō	**herbeilaufen**, angelaufen kommen
dominus, dominī *m*/ domina, dominae *f*	**der (Haus-)Herr/ die (Haus-)Herrin**

fūr, fūris *m*	**der Dieb**
quaerere, quaerō	**suchen**; erwerben; **fragen**
reus, reī *m*	**der Angeklagte**
fuga, fugae *f*	**die Flucht**
solēre, soleō	**gewohnt sein,** (*etw.*) normalerweise (*tun*), (*etw. zu tun*) pflegen
ōrātor, ōrātōris *m*	**der Redner**
plaudere, plaudō	**Beifall klatschen**, applaudieren

sedere
nam
videre
cessare
debere
intrare
audire
homo
statim
lacrima
subito
verbum

applause, because, question;

dire, dormir, le patron;

Epistel, Invasion, Schutzpatron

L

Durch Ordnen und Gruppieren von Vokabeln stellt man auch eine Verknüpfung her, durch die sich einzelne Wörter leichter merken lassen.
Man kann Wörter miteinander in Verbindung bringen, weil ihre Bedeutungen inhaltlich zusammenpassen, z. B. gehört *iubere* zu *imperator*.

Man kann Wörter in Gruppen zusammenstellen, z. B. Wörter für eine Fortbewegung: *appropinquare, properare, navigare, intrare, decedere.*
Eine solche Gruppe von Wörtern wird als **Wortfeld** bezeichnet.

laetus, laeta, laetum	**froh**; fröhlich
ad (*m. Akk.*)	**zu; zu . . . hin; an; bei**
terra, terrae *f*	**die Erde; das Land**
novus, nova, novum	**neu**; neuartig
maestus, maesta, maestum	**traurig**

diu
tenere
neque
matrona
iam
cogitare
incitare
dare
clamor
valde
vocare
deus/dea

ventus, ventī *m*	**der Wind**; der Sturm
secundus, secunda, secundum	**der zweite, der folgende; günstig**
nāvis, nāvis *f*; *Gen. Pl.* nāvium	**das Schiff**
nauta, nautae *m*	**der Seemann**; der Matrose
sōlus, sōla, sōlum	**allein**; bloß
māgnus, māgna, māgnum	**groß**(artig); bedeutend
māter, mātris *f*	**die Mutter**

pīrāta, pīrātae *m*	**der Pirat**, der Seeräuber
arma, armōrum *n*	**die Waffen**
abdūcere, abdūcō, abduxi	**wegführen**; (weg)bringen; verschleppen
fēmina, fēminae *f*	**die Frau**
dēfendere, dēfendō, defendi	**verteidigen; abwehren**
ubīque	**überall**
auxilium, auxiliī *n*	**die Hilfe**, die Unterstützung

defense, mother, second;

la femme, la terre, le vent;

Defensive, Solo, Territorium

multī, multae, multa/multum	**viele**; zahlreich/**viel**
pūgnāre, pūgnō, pugnavi	**kämpfen**
superāre, superō, superavi	**(be)siegen; übertreffen**
alius, alia, aliud	**ein anderer**
necāre, necō, necavi	**töten**
praecipitāre, praecipitō, praecipitavi	**stürzen**; stoßen; (sich kopfüber) hinabstürzen

L Wörter kann man auch so gruppieren, dass alle zu einem Bereich, zu einer „Sache“, einem Thema gehören oder sie sich einem Oberbegriff zuordnen lassen, z. B. Wörter zum Bereich „Natur und Tiere“: *sol, insula, canis, asinus, equus.* Diese Gruppe von Wörtern wird als **Sachfeld** bezeichnet.

Ü Stelle ein Sachfeld „Kampf“ aus mindestens fünf Wörtern zusammen.

cum (*m. Abl.*)	(zusammen) **mit**	
in (*m. Abl.*)	**in, an, auf**; während	
forum, forī *n*	**das Forum, der Marktplatz**	
ambulāre, ambulō	**(spazieren) gehen**	
nihil	**nichts**	
iūcundus, iūcunda, iūcundum	**angenehm**, erfreulich; **liebenswürdig**	
itaque	**deshalb**, daher	
voluptās, voluptātis *f*	**das Vergnügen**, der Spaß; die Lust	
amāre, amō	**lieben**; verliebt sein	
num?	**etwa?**	
aqua, aquae *f*	**das Wasser**	
currere, currō	**laufen**; eilen	
prīmō	**zuerst**, zunächst	
manēre, maneō	**bleiben**; erwarten	
oculus, oculī *m*	**das Auge**	
sine (*m. Abl.*)	**ohne**	
mēns, mentis *f*; *Gen. Pl.* mentium	**der Geist**; das Bewusstsein; die Denkweise; das Gemüt	
spectāre, spectō	**(an)schauen**; betrachten	
medicus, medicī *m*	**der Arzt**	
ūnus, ūna, ūnum	**ein; ein einziger**	
ē/ex (*m. Abl.*)	(her)**aus**; von (... an); entsprechend	
nōnne?	**denn nicht? etwa nicht?**	
iterum	**wieder**, zum zweiten Mal	
-ne? (*angehängt*)	*Fragesignal* (*wird nicht übersetzt*)	
portāre, portō	**tragen; bringen**	
mortuus, mortua, mortuum	**tot; gestorben**	

amicus
rogare
timere
ludere
senator
dum
iacere
accurrere
dicere
tandem

current, medicine, spectator;

aimer, courir, porter;

ambulant, Medizin, mental

L

Du lernst in dieser Lektion drei Verben kennen, die dir „versteckt" schon begegnet sind: *portare* in *ap-portare, currere* in *ac-currere, spectare* in *ex-spectare*.
Die Vorsilben *ap-* und *ac-* sind aus der Präposition *ad* entstanden; bei *spectare* wurde *ex* davorgesetzt. Die Präposition verändert sich oft beim Zusammensetzen, damit man das Wort leichter aussprechen kann. Das neue Verb, das aus einem einfachen Verb und einer Vorsilbe entsteht, nennt man **Kompositum** („das Zusammengesetzte"; *Pl.* Komposita).
Oft kann man aus der Kombination Vorsilbe + einfaches Verb auf die Bedeutung des Kompositums schließen.

Ü

a Erkläre es an den drei oben genannten Komposita.
b Was könnten folgende, dir noch ganz unbekannte Komposita bedeuten: advenire, advocare, evocare, exclamare, convenire, importare?

tōtus, tōta, tōtum	**ganz**
urbs, urbis *f*; *Gen. Pl.* urbium	**die Stadt**
prīmus, prīma, prīmum	**der erste**
lūx, lūcis *f*	**das** (Tages-)**Licht**
convenīre, conveniō	**zusammenkommen**; -passen; (*m. Akk.*) **treffen**
spērāre, spērō	(er)**hoffen**; erwarten
expōnere, expōnō	**ausstellen; aussetzen**; darlegen
vōx, vōcis *f*	**die Stimme**; der Laut
emere, emō	**kaufen**
valēre, valeō	**gesund sein; Einfluss haben**
vitium, vitiī *n*	**der Fehler, die schlechte Eigenschaft**
vacāre, vacō (*m. Abl.*)	**frei sein** (*von*), (*etw.*) nicht haben
rōbustus, rōbusta, rōbustum	**kräftig**, stark
exemplum, exemplī *n*	**das Beispiel**
sapientia, sapientiae *f*	**die Weisheit**; der Verstand
nātus, nāta, nātum	**geboren**
ut	**wie**
cūnctī, cūnctae, cūncta	**alle**
aequus, aequa, aequum	**gleich; angemessen**; gerecht
inter (*m. Akk.*)	**zwischen; unter; während**
servitūs, servitūtis *f*	**die Sklaverei**; die Knechtschaft
hodiē	**heute**
bellus, bella, bellum	**hübsch**; schön
dē (*m. Abl.*)	**von; von ... herab; über**; in Bezug auf
fortūna, fortūnae *f*	**das Schicksal; das Glück**; die Lage

spectaculum
magnus
laetus
alius
spectare
dominus/domina
servus/serva
ad
hic
solere
maestus
sumere

example, total, voice;

beau/bel(le), l'exemple *m*, la voix;

Exempel, Primus, total

L Wenn du Teile des Lektionstextes auswendig lernst, so merkst du dir mehrere Vokabeln auf einmal. Dabei hilft es wieder, dass die Wörter miteinander verknüpft sind und sie sich so gegenseitig in deinem Gedächtnis stützen.

Ü Probiere es mit folgenden Sätzen oder suche dir selbst welche aus dem Lektionstext heraus. Lerne sie auswendig, nachdem ihr den Lektionstext übersetzt und besprochen habt. Dann hast du nämlich auch ihre Übersetzung genau vor Augen.

1. Prima luce homines in forum conveniunt.
2. Da exemplum sapientiae!
3. Servus valet, vitiis vacat, robustus est.
4. Cuncti homines sunt aequi.

quam	**wie; wie sehr**	
pulcher, pulchra, pulchrum	**schön**	
bene (*Adv.*)	**gut**	
agere, agō	**tun; handeln**; aufführen; (*m. Adv. und* cum) umgehen (*m. jmdm.*)	
asper, aspera, asperum	**hart; grob**, beleidigend; rau	
bonus, bona, bonum	**gut; tüchtig**; gütig	
etsī	**auch wenn**, obwohl	
dūrus, dūra, dūrum	**hart**; hartherzig	
vīta, vītae *f*	**das Leben**	
miser, misera, miserum	**elend, unglücklich**, armselig	
fīlius, fīliī *m*	**der Sohn**	
puer, puerī *m*	**der Junge**	
ager, agrī *m*	**der Acker**, das Feld; **das Gebiet**	
studēre, studeō (*m. Dat.*)	**sich bemühen (*um*); wollen; sich bilden**	action, student, victory;
quod (*Subjunktion*)	**weil**	bien, bon(ne), le fils;
cēdere, cēdō	**(weg)gehen; nachgeben**; überlassen	Agent, Horrorfilm, Student
petere, petō	**bitten**, verlangen; **angreifen; aufsuchen**; gehen/fahren nach	
victor, victōris *m*	**der Sieger**	
pūgna, pūgnae *f*	**der Kampf**	
vir, virī *m*	**der Mann**	
gladius, gladiī *m*	**das Schwert**	
sinister, sinistra, sinistrum	**links**; *Subst.* die linke Hand; die linke Seite	
dexter, dext(e)ra, dext(e)rum	**rechts**; *Subst.* die rechte Hand; die rechte Seite	
mors, mortis *f*; *Gen. Pl.* mortium	**der Tod**	
horrēre, horreō (*m. Akk.*)	**erschrecken (*vor*)**, schaudern	

iucundus
secundus
cum (*m. Abl.*)
pater
primo
pugnare
furor
arma
ardere
multus
defendere
invadere
populus
plaudere
novus

L

Eine Beziehung zwischen Wörtern kann auch durch Gegensätzlichkeit hergestellt werden. So kann das Gedächtnis ein Gegensatzpaar abspeichern. Wenn es die Bedeutung des einen Wortes weiß, fällt ihm automatisch die Bedeutung des anderen Wortes ein.
Das kannst du an Beispielen im Deutschen sehen:
Wenn du „groß“ hörst, denkst du vielleicht automatisch als Gegenteil dazu „klein“.

cēna, cēnae *f*	**das (Abend-)Essen**; die Mahlzeit	
labōrāre, labōrō	**arbeiten; sich anstrengen**; leiden	
labor, labōris *m*	**die Arbeit; die Anstrengung**, die Mühe; das Leid	
impōnere, impōnō	**setzen, stellen, legen** (an, auf, in); bringen; auferlegen	
addere, addō	**hinzufügen**	
līber, lībera, līberum	**frei**; unabhängig	
puella, puellae *f*	**das Mädchen**	
dīgnus, dīgna, dīgnum (*m. Abl.*)	(*einer Sache/Person*) **würdig**; angemessen	
neque ... neque	**weder ... noch**	
quondam	**einst**	
bárbarus, bárbara, bárbarum	**barbarisch**, wild; *Subst.* **der Barbar**, der Nichtrömer, der Nichtgrieche	to add, labour-party, private;
mōs, mōris *m*	**die Art; die Sitte**, der Brauch	humain(e), libre, publique;
errāre, errō	(umher)**irren**; (sich) irren	addieren, Humanität, Labor
hūmānitās, hūmānitātis *f*	**die Menschlichkeit; die Bildung**	
carēre, careō (*m. Abl.*)	**frei sein** (*von etw.*), (*etw.*) **nicht haben**	
nēmō; *Dat.* nēminī, *Akk.* nēminem	**niemand**	
pūblicus, pūblica, pūblicum	**öffentlich, staatlich**	
prīvātus, prīvāta, prīvātum	**persönlich**; privat	
statuere, statuō	**beschließen**, entscheiden; **aufstellen**; festsetzen	
rēx, rēgis *m*	**der König**	
sacrificāre, sacrificō	**opfern**	
hūmānus, hūmāna, hūmānum	**menschlich; gebildet**	
adhūc	**noch** (immer); **bis jetzt**, bis dahin	
putāre, putō	**glauben, meinen**; (*m. doppeltem Akk.*) **halten für**	
mūtāre, mūtō	(ver)**ändern**; verwandeln	

parare
parere
magna voce
servitus
exemplum
sapientia
superare
cuncti
ut
num
respondere
mens

Manchmal fällt einem die Bedeutung einer Form erst ein, wenn man ihre Lernform, also den Nominativ Singular oder den Infinitiv, hört.

▶ dabatis – Der Infinitiv ist *dare*, die Bedeutung also „geben".
noctibus – Der Nominativ Singular ist *nox*, die Bedeutung also „Nacht".

dēsinere, dēsinō, dēsiī	**aufhören**
cum (*Subjunktion*)	**als**; als plötzlich
quamquam	**obwohl**, obgleich
cēterī, cēterae, cētera	**die Übrigen**
servāre, servō, servāvī	**retten**, bewahren

unde
insula
in (*m. Akk.*)
navis
praecipitare
de (*m. Abl.*)
fortuna
portare
auxilium
manere
quaerere
ubique
navigare
itaque

sors, sortis *f*; *Gen. Pl.* sortium	**das Schicksal**, das Los
frāter, frātris *m*	**der Bruder**
īgnōrāre, īgnōrō, īgnōrāvī	**nicht wissen, nicht kennen**
autem (*nachgestellt*)	**aber, (je)doch**
sīc	**so**, auf diese Weise
salūs, salūtis *f*	**die Rettung; das Wohl,** die Gesundheit; (*in Verbindung m.* dīcere) der Gruß
dēspērāre, dēspērō, dēspērāvī	**verzweifeln, die Hoffnung aufgeben**

profectō	**tatsächlich**; auf alle Fälle
negāre, negō, negāvī	**leugnen; ablehnen**, verweigern
mittere, mittō, mīsī	**schicken**; gehen lassen; werfen
trahere, trahō, trāxī	**ziehen**; schleppen
praebēre, praebeō, praebuī	(dar)**reichen**, gewähren

desperate, ignorant;
interroger, mettre, vivre;
Hospital, Ignorant, Negation, kon-servieren

apud (*m. Akk.*)	**bei; in der Nähe von**
enim (*nachgestellt*)	**denn, nämlich**
hospes, hospitis *m*	**der Gast; der Gastgeber**
interrogāre, interrogō, interrogāvī	(be)**fragen**
sī	**wenn; falls**
vīvere, vīvō, vīxī	**leben**
pretium, pretiī *n*	**der Preis**
proinde	**also**; daher

L

Du lernst das Perfekt der Verben kennen und für diese Formen brauchst du deren Bedeutungsteil im Perfektstamm. Deshalb lernst du Verben nun mit ihren **Stammformen**:

Infinitiv	1. P. Sg. Präs.	1. P. Sg. Perf.
► servare	servo	servavi
mittere	mitto	misi

Wenn du das Person-Zeichen der 1. P. wegnimmst, erhältst du den Bedeutungsteil im Perfektstamm.

In der Begleitgrammatik, S. 37 f., findest du die Stammformen von Verben aus früheren Lektionen. Eine gute Gelegenheit, auch deren Bedeutungen zu wiederholen …

ā/ab (*m. Abl.*)	**von (... her)**, von ... weg; **seit**
fābula, fābulae *f*	**die Geschichte**, die Erzählung; das Theaterstück
post (*m. Akk.*)	**nach; hinter**
restāre, restō, restitī	**übrig sein**, übrig bleiben; **überleben**
genus, generis *n*	**das Geschlecht; die Art**; die Gattung
mōns, montis *m*; *Gen. Pl.* montium	**der Berg**
flēre, fleō, flēvī	**weinen**; beklagen

terrēre, terreō, terruī	(*jmdn.*) **erschrecken**
per (*m. Akk.*)	**durch (... hindurch)**; über ... hin; mithilfe
ōrāculum, ōrāculī *n*	**das Orakel**, der Götterspruch; die Orakelstätte
dēscendere, dēscendō, dēscendī	**herabsteigen**; hinuntergehen, herabkommen
āra, ārae *f*	**der Altar**
tangere, tangō, tétigī	**berühren**

nūmen, nūminis *n*	**die (göttliche) Macht; die Gottheit**
colere, colō, coluī	**pflegen; verehren; bebauen**
pius, pia, pium	**fromm**; gewissenhaft
precēs, precum *f* (*Pluralwort*)	**die Bitten**; das Gebet
movēre, moveō, mōvī	**bewegen; beeinflussen**
licēre/licet, licuit (*m. Dat.*)	**es ist möglich; es ist erlaubt,** (*jmd.*) **darf**

ēdere, ēdō, ēdidī	**verkünden; herausgeben**
caput, capitis *n*	**der Kopf**; die Hauptstadt
tergum, tergī *n*	**der Rücken**
corpus, corporis *n*	**der Körper**; der Leib
saxum, saxī *n*	**der Stein; der Fels**(brocken)
vertere, vertō, vertī	**wenden**; drehen; **verwandeln**

petere
humanus
mortuus
in (*m. Abl./Akk.*)
silentium
statuere
errare
sic
semper
decedere
iubere
solus

mountain, to move, rest;

le corps, descendre, le mont/la montagne;

Fabel, Lizenz, Terror

Für das Ordnen und Gruppieren von Wörtern kennst du verschiedene Möglichkeiten:
- Gegensatz-Paar: Die Bedeutung eines Wortes ist das Gegenteil des anderen.
- Wortfeld: Alle Wörter bedeuten – unter verschiedenem Gesichtspunkt – das Gleiche.
- Sachfeld: Alle Wörter können einem Oberbegriff, einem Thema zugeordnet werden.
- Im Satz: Die Wörter werden zu einem Satz verbunden und im Ganzen gemerkt.

Wende diese Möglichkeiten für die Vokabeln der Lektionen 1–11 an.
Erstellt in der Klasse ein Lernplakat, auf das ihr alle gefundenen Gruppierungen schreibt.

In der Begleitgrammatik, S. 40f., findest du die Stammformen von Verben aus früheren Lektionen. Eine gute Gelegenheit, auch deren Bedeutungen zu wiederholen ...

cūra, cūrae *f*	**die Sorge; die Sorgfalt**
sollicitāre, sollicitō, sollicitāvī	**beunruhigen**; aufhetzen, aufwiegeln
tam	**so**
cognōscere, cognōscō, cognōvī	**erfahren; erkennen**; kennen lernen
scrībere, scrībō, scrīpsī	**schreiben**, verfassen
adversus, adversa, adversum	**ungünstig**, widrig; feindlich
quārē?	**weshalb? wodurch?**

asper
frater
vir
emere
abducere
nauta
necare
valere
etsi
agere
natus
a/ab (*m. Abl.*)
auxilium

nōmen, nōminis *n*	**der Name**; der Begriff
ūnā (cum) (*Adv.*)	**zusammen (mit)**; gemeinsam
mare, maris *n*; *Abl. Sg.* marī, *Nom./Akk. Pl.* maria, *Gen. Pl.* marium	**das Meer**
altus, alta, altum	**hoch; tief**
vīs, *Akk.* vim, *Abl.* vī *f*; *Pl.* vīrēs, vīrium	**die Gewalt; die Kraft; die Menge;** *Pl. auch* **(Streit-)Kräfte**
opprimere, opprimō, oppressī	**unterdrücken; überfallen,** überwältigen
aut	**oder**

civil war, to reduce, oppression;

le nom, nous/vous, vendre;

inhuman, Patriot, zivil

deinde	**dann, darauf**; von da an
vendere, vendō, vendidī	**verkaufen**
nōs	*Nom.* **wir**; *Akk.* **uns**
numquam	**niemals**
inhūmānus, inhūmāna, inhūmānum	**unmenschlich**

situs, sita, situm	**gelegen**, befindlich
sustinēre, sustineō, sustinuī	**aushalten**, ertragen
cīvis, cīvis *m/f*; *Gen. Pl.* cīvium	**der/die Bürger(in), der/die Mitbürger(in)**
vōs	*Nom.* **ihr**; *Akk.* **euch**
redūcere, redūcō, redūxī	**zurückführen**; zurückbringen
patria, patriae *f*	**das Vaterland, die Heimat**
valē!/valēte!	**leb/lebt wohl!**

L

Tipps zum besseren Behalten der Stammformen:
- Sage immer die ganze Reihe auf und sage sie mehrfach hintereinander auf.
- Gruppiere die Verben und stelle dabei insbesondere die Komposita zu den einfachen Verben. In den allermeisten Fällen haben sie nämlich die gleichen Stammformen.

tempestās, tempestātis *f*	**der Sturm**; das (schlechte) Wetter
caelum, caelī *n*	**der Himmel**; das Klima
cadere, cadō, cécidī	**fallen**, sinken
hōra, hōrae *f*	**die Stunde**
-que (*angehängt*)	**und**
oppidum, oppidī *n*	**die** (*befestigte*) **Stadt**

iter, itineris *n*	**der Weg; die Reise**; der Marsch
longus, longa, longum	**lang**, weit; lang andauernd
parātus, parāta, parātum	**bereit**
scīre, sciō, scīvī	**wissen, verstehen**
cōnsistere, cōnsistō, cōnstitī	**stehen bleiben**; sich hinstellen; bestehen (aus)
via, viae *f*	**der Weg, die Straße**
arbor, arboris *f*	**der Baum**

modo	**gerade** (eben); **nur**; (ein)mal
frangere, frangō, frēgī	**(zer)brechen**
offendere, offendō, offendī	**stoßen** (auf); schlagen (an); beleidigen
tollere, tollō, sústulī	**hochheben**; aufheben, **beseitigen**; vernichten
pōnere, pōnō, posuī	**setzen; stellen; legen**
vix	**kaum**

sentīre, sentiō, sēnsī	**fühlen; merken**; meinen
cūrāre, cūrō, cūrāvī (*m. Akk.*)	**sorgen** (*für*), **sich kümmern** (*um*)
aperīre, aperiō, aperuī	**öffnen**; aufdecken
surgere, surgō, surrēxī	**aufstehen**, sich erheben
mox	**bald** (darauf)
haud	**nicht**

num
nox
-ne
procul
cena
bonus
nos
totus
descendere
cum (*Subjunktion*)
caput
autem
ventus
vertere

hour, long, offense;

l'heure *f*, long(ue), sentir, la tempête;

Kadenz, offensiv, parat

Die „kleinen" Wörter, die nur aus wenigen Buchstaben bestehen, kann man leicht verwechseln. Falls du sie besonders üben musst, helfen dir vielleicht folgende Tipps:

- Schreibe das Wort und seine deutschen Bedeutungen auf ein großes Blatt und hänge es gut sichtbar an einem Platz auf, an dem du dich oft aufhältst.
- Lerne Sätze auswendig, in denen das Wort vorkommt.
  Oppidum **procul** non est. – Die Stadt ist nicht **weit entfernt**.
  Clamorem **vix** sustineo. – Ich halte den Lärm **kaum** aus.

  autem
  aber, jedoch
- Manchen helfen Eselsbrücken. Diese haben sich Schülerinnen und Schüler ausgedacht:
  Mach nicht **so** ein Tam**tam**!
  Er haut dich **aut** er haut dich nicht.

vester, vestra, vestrum	**euer**
noster, nostra, nostrum	**unser**
gravis, gravis, grave	**schwer**(wiegend), gewichtig; **ernst**
tuus, tua, tuum	**dein**
prō (*m. Abl.*)	**vor; für; anstelle (von)**
sē (*Akk.*), sibī (*Dat.*), sēcum (*Abl.*)	**sich/sich/mit sich, bei sich**

facilis, facilis, facile	**leicht**, mühelos; umgänglich
sē praebēre	**sich zeigen**, sich erweisen (als)
ācer, ācris, ācre	**heftig; hitzig**; hart; scharf
arcessere, arcessō, arcessīvī	**herbeirufen, holen**
brevis, brevis, breve	**kurz**
tempus, temporis *n*	**die Zeit**; der Zeitpunkt

fēlīx; *Gen.* fēlīcis	**glücklich**; vom Glück begünstigt
suus, sua, suum	**sein; ihr**
meus, mea, meum	**mein**
iūdicium, iūdiciī *n*	**das Urteil; das Gericht,** der Gerichtshof
omnis, omnis, omne	**jeder; ganz;** *Pl.* **alle**
fōrma, fōrmae *f*	die Form, **die Gestalt; die Schönheit**
vindicāre, vindicō, vindicāvī	**beanspruchen**

iuvenis, iuvenis *m*	**der junge Mann**
iūdicāre, iūdicō, iūdicāvī	(be)**urteilen**; richten
animus, animī *m*	**das Herz; der Sinn; der Mut;** der Geist
rēgnum, rēgnī *n*	**das (König-)Reich; die Königsherrschaft**
prōmittere, prōmittō, prōmīsī	**versprechen**
mortālis, mortālis, mortāle	**sterblich**

causa
cognoscere
inter (*m. Akk.*)
civis
una (cum)
e/ex (*m. Abl.*)
currere
liber
scire
sors
ignorare
pretium
sustinere
studere

form, mortal, promise;

facile, notre, promettre, le temps;

animieren, formal, temporär

L

Bestimmt ist es dir auch schon aufgefallen: Manche Wörter kommen einem bekannt vor, zumindest zum Teil. Kein Wunder: Du kennst schon Verwandte dieses Wortes. Wörter, die vom gleichen Bedeutungsteil abstammen, bilden eine **Wortfamilie**.

► Familie *iudic-* hat folgende Mitglieder:
iudicium – das Gericht, der Gerichtshof, das Urteil
iudicare – richten; urteilen, beurteilen
iudex, iudicis *m* – der Richter

nārrāre, nārrō, nārrāvī	**erzählen**, berichten
quaesō	**ich bitte dich; bitte**
dīmittere, dīmittō, dīmīsī	**entlassen, wegschicken**; freilassen
vērus, vēra, vērum	**wahr**, echt
is, ea, id	**er, sie, es**
līberāre, līberō, līberāvī	**befreien**
stultus, stulta, stultum	**dumm**, einfältig; *Subst.* der Dummkopf
difficilis, difficilis, difficile	**schwierig**
item	**ebenfalls**, ebenso
domum	**nach Hause**
cōnsīdere, cōnsīdō, cōnsēdī	**sich setzen**, sich niederlassen
cibus, cibī *m*	**die Speise**; die Nahrung
vīnum, vīnī *n*	**der Wein**
dēlectāre, dēlectō, dēlectāvī	**erfreuen**, Freude machen
focus, focī *m*	**der Herd**
accēdere, accēdō, accessī	**herantreten**; hingehen
fundere, fundō, fūdī	**(aus)gießen**; befeuchten
spargere, spargō, sparsī	**bespritzen**; verbreiten
appellāre, appellō, appellāvī	(*jmdn.*) **anreden**; sich (*an jmdn.*) wenden; (er)**nennen**
libēns; *Gen.* libentis	**gern**; (bereit)willig
vōtum, vōtī *n*	**der Wunsch; das Gelübde**
favēre, faveō, fāvī (*m. Dat.*)	**gewogen sein**; (*jmdn.*) begünstigen
grātia, grātiae *f*	**der Dank**; die Beliebtheit; die Gunst
postrēmō	**schließlich**, zuletzt
flamma, flammae *f*	**die Flamme**, das Feuer

vis
vix
sacrificare
convenire
cito
signum
surgere
omnis
deinde
donum
quod (*Subjunktion*)
multi: viele
cuncti/omnes: alle
ceteri: die Übrigen
alii: die anderen/andere
nostri: die Unsrigen
suos (videt/vident): die Seinen/Ihrigen (sieht er/sehen sie)
multa: vieles
cuncta/omnia: alles
cetera: das Übrige

access, vine, vote;
appeler, difficile, le vin;
appellieren, Grazie, Votum

L

Vokabeln üben und wiederholen kann man gemeinsam und mit Spaß dabei.

- ▶ Stellt füreinander kleine Silbenrätsel, Buchstabensalate oder „gerüttelte und geschüttelte" Wörter her.
- ▶ Oder spielt zu zweit das Vokabelspiel **Wettlauf**:
  Jeder schreibt sechs lateinische Vokabeln auf einen Zettel. Auf das Startzeichen werden die Zettel ausgetauscht. Wer zuerst alle deutschen Bedeutungen ergänzt hat, erhält einen Punkt. Dann werden die Antworten gemeinsam ausgewertet: Für jede richtige Bedeutung gibt es einen Punkt. Legt vorher gemeinsam fest, ob ihr eine bestimmte Lektion oder alle nehmt und wie viele Runden ihr spielen wollt.

comperīre, comperiō, cómperī	**erfahren**, in Erfahrung bringen
uxor, uxōris *f*	**die Ehefrau**, die Gattin
tamen	**dennoch, trotzdem**
ōrāre, ōrō, ōrāvī	**beten; bitten**
perturbāre, perturbō, perturbāvī	(völlig) **verwirren; beunruhigen**
satis	**genug**

quō?	**wohin?**
dūcere, dūcō, dūxī	**führen; ziehen;** (*m. doppeltem Akk.*) halten für
opus, operis *n*	**das Werk**, die Arbeit
monumentum, monumentī *n*	**das Denkmal**
bellum, bellī *n*	**der Krieg**
honōs/honor, honōris *m*	**die Ehre; das Ehrenamt**
exstruere, exstruō, exstrūxī	**errichten**, erbauen

explānāre, explānō, explānāvī	**erklären**
hūc	**hierher**
pōns, pontis *m*; *Gen. Pl.* pontium	**die Brücke**
saepe	**oft**
trādere, trādō, trādidī	**übergeben, überliefern**
crēdere, crēdō, crēdidī	**glauben**; (an)**vertrauen**

ars, artis *f*; *Gen. Pl.* artium	**die Kunst**; die Geschicklichkeit; das Handwerk
ēgregius, ēgregia, ēgregium	**hervorragend**, ausgezeichnet
trēs, trēs, tria	**drei**
annus, annī *m*	**das Jahr**
summus, summa, summum	**der höchste**, der oberste, der äußerste
ingēns; *Gen.* ingentis	**gewaltig**, ungeheuer

sperare
desinere
preces
quam
pulcher
delectare
tempus
ante (*m. Akk.*)
meus/tuus/suus
imponere
nomen
laborare
-que

to explain, honour, tradition;

l'an *m*, l'art *m*, le pont;

artistisch, honorieren, monumental

L Man kann Vokabeln auch zu einem bestimmten Thema sortieren. Dabei geht man so vor: Auf einem großen Blatt wird das Thema in die Mitte geschrieben; von dort aus führen Linien, denen Vokabeln zugeordnet werden. Es entsteht eine Art Landkarte, eine so genannte **Mindmap**:

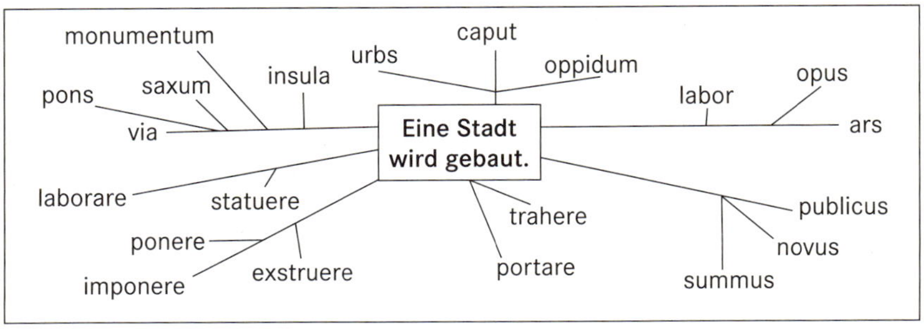

habēre, habeō, habuī	**haben; halten**
īre, eō, iī	**gehen**
quī, quae, quod	**der, die, das; wer, was**
invitāre, invitō, invitāvī	**einladen**
is, ea, id	**dieser, diese, dieses; der(jenige), die(jenige), das(jenige)**
quandō?	**wann?**
redīre, redeō, rediī	**zurückgehen**, zurückkehren

mos
is/ea/id
domum
apud (*m. Akk.*)
salus
modo
hospes
gravis
nonne
periculum
quondam
aperire
noster
administrare

nisī	**wenn nicht; außer**
cēnāre, cēnō, cēnāvī	**essen**
rēctus, rēcta, rēctum	**gerade**, direkt; **richtig**
trānsīre, trānseō, trānsiī	**hinübergehen**, herüberkommen; **überschreiten**
prohibēre, prohibeō, prohibuī	**abhalten, hindern**
numerus, numerī *m*	**die Zahl**, die Menge
crēscere, crēscō, crēvī	**wachsen**, zunehmen

aliēnus, aliēna, aliēnum	**fremd**
imperium, imperiī *n*	**der Befehl; die Herrschaft; das Reich**
nōndum	**noch nicht**
perīre, pereō, periī	**zugrunde gehen**, umkommen
disserere, disserō, disseruī	**sprechen über**, erörtern
nūllus, nūlla, nūllum	**kein**

alien, to have, number;

l'exercice *m*, inviter, quand;

exerzieren, Imperialismus, nummerieren

cīvitās, cīvitātis *f*	**der Staat; der Stamm; die Gemeinschaft der Bürger**
trāns (*m. Akk.*)	**über (... hinüber); jenseits**
sēdēs, sēdis *f*; *Gen. Pl.* sēd(i)um	**der Sitz**; das Siedlungsgebiet, die Heimat
sub (*m. Abl.*)	**unter**
rīpa, rīpae *f*	**das Ufer**
exercēre, exerceō, exercuī	(aus)**üben**; ausbilden

L

Die Adjektive *alius – unus – solus – totus – nullus* bezeichnen wie ein Pronomen eine Person (sog. **Pronominaladjektive**). Genitiv und Dativ werden wie bei den Pronomina gebildet.
Merkspruch: *unus* – einer, *nullus* – keiner, *totus, solus* – ganz, allein.

Doch gemeinsam haben alle *-ius* in dem zweiten Falle
und im Dativ enden sie alle auf ein langes *-i*.

Der Genitiv von *alius* lautet *alter-ius*, der Dativ *ali-i*.

velle, volō, voluī	**wollen**	
nūptiae, nūptiārum *f* (*Pluralwort*)	**die Heirat**; die Hochzeit	
aetās, aetātis *f*	**das Alter; das Zeitalter**	
duo, duae, duo	**zwei**	
virgō, virginis *f*	**die junge** (*unverheiratete*) **Frau**; die Jungfrau	
idōneus, idōnea, idōneum	**geeignet**; fähig	
dēstināre, dēstinō, dēstināvī	**bestimmen**; ausersehen	
recūsāre, recūsō, recūsāvī	**verweigern; sich weigern**	
iūs, iūris *n*	**das Recht**	
fīlia, fīliae *f*	**die Tochter**	
voluntās, voluntātis *f*	**der Wille; die Absicht**	
fortāsse	**vielleicht**	
ita	**so**; auf diese Weise	
clēmēns; *Gen.* clēmentis	**sanft**(mütig), mild	
nescīre, nesciō, nescīvī	**nicht wissen, nicht verstehen**	
cum (*Subjunktion*)	(immer) **wenn; sobald**	
vel	**oder**	
litterae, litterārum *f*	**der Brief; die Wissenschaften**; die Literatur; *Sg.* der Buchstabe	
cōnsilium, cōnsiliī *n*	**der Rat(schlag); der Plan; der Entschluss; die Absicht**	
ūtilis, ūtilis, ūtile	**nützlich; brauchbar**	
ostendere, ostendō, ostendī	**zeigen**	
simulāre, simulō, simulāvī	**vortäuschen; so tun, als ob**	
nōlle, nōlō, nōluī	**nicht wollen**	
cēnsēre, cēnseō, cēnsuī	(ein)**schätzen**; der Ansicht sein; (*m. doppeltem Akk.*) **halten für**	
laedere, laedō, laesī	**verletzen**; kränken	

unus
uxor
adhuc
nemo
animus
si/nisi
cedere
ducere
cadere
miser
quaeso
amor
aequus

censorship, destination, two;

le conseil, la fille, la lettre;

Jura, Literatur, Zensur

L

Du hast nun schon viele Vokabeln kennen gelernt, in Portionen zu 25 pro Lektion. Damit die Wörter gut im Gedächtnis verankert werden, solltest du sie immer wieder neu sortieren und nach bestimmten Merkmalen zu Gruppen zusammenstellen, z. B.:

- Wortfelder, Sachfelder; Wortfamilien;
- Ortsangaben, Zeitangaben;
- Subjunktionen;
- deine Lieblingsvokabeln;
- deine „schwierigen" Vokabeln.

Meine fünf schwierigsten Vokabeln
voluptas – Vernügen, Spaß; Lust
sperare – (er)hoffen; erwarten
quondam – einst
praebere – (dar)reichen, gewähren
preces – Bitten; Gebet

Ü

Denke dir selbst weitere Merkmale aus.

decimus, decima, decimum	**der zehnte**
abīre, abeō, abiī	**(weg)gehen**
adesse, adsum, adfuī/affuī	**anwesend sein**, da sein; (*m. Dat.*) **helfen**
incipere, incipiō, coepī	**anfangen**, beginnen
interesse, intersum, interfuī (*m. Dat.*)	**teilnehmen** (*an etw.*)
quīnque	**fünf**
bibere, bibō, bibī	**trinken**
cōnspicere, cōnspiciō, cōnspexī	**erblicken**
iūxtā (*m. Akk.*)	**neben**
priusquam	**bevor**; (*nach verneintem Satz*) bevor nicht
parentēs, parent(i)um *m*	**die Eltern**
posse, possum, potuī	**können**
poscere, poscō, poposcī	**fordern**, verlangen
cupere, cupiō, cupīvī	**wünschen**, begehren, verlangen
quattuor	**vier**
mēnsis, mēnsis *m*; *Gen. Pl.* mēns(i)um	**der Monat**
lībertās, lībertātis *f*	**die Freiheit**
accipere, accipiō, accēpī	**annehmen**, empfangen; aufnehmen
testis, testis *m*; *Gen. Pl.* testium	**der Zeuge**
capere, capiō, cēpī	(ein)**nehmen, erobern**; (er)**fassen**, (er)greifen
collocāre, collocō, collocāvī	**(auf-, hin)stellen**, (hin-)setzen, legen
decem	**zehn**
abesse, absum, āfuī	**abwesend sein**, fehlen; entfernt sein
dubitāre, dubitō, dubitāvī	**zögern; zweifeln**
aspicere, aspiciō, aspexī	**anblicken**, ansehen

hora
mox
fundere
ecce
qui/quae/quod
considere
vox
bene
hodie
vos
appellare
se/sibi/secum
ars
voluptas

to accept, interesting, parents, liberty;

la liberté, les parents, quatre;

Dezimalsystem, Interesse, Test

Stelle dir ein persönliches Vokabeltrainingsprogramm auf, um in Übung zu bleiben:

- Lies dir die Lerntipps noch einmal durch, damit du alle im Überblick hast.
- Lege dir einen Zeitplan an, teile den einzelnen Tagen eine kleine Vokabelportion zu.
- Lass dich diese Vokabelportion abhören oder höre dich selbst ab.
- Liste die Vokabeln auf, bei denen du nicht ganz sicher warst: Spezialbehandlung!
- Lerne mit anderen zusammen, das macht mehr Spaß.

sacerdōs, sacerdōtis *m/f*	**der/die Priester(in)**
prūdentia, prūdentiae *f*	**die Klugheit; die Vorsicht**
lītus, lītoris *n*	**der Strand**
rēs, reī *f*	**die Sache; das Ereignis**
hostis, hostis *m*; *Gen. Pl.* hostium	**der Feind**
relinquere, relinquō, relīquī	**zurücklassen, verlassen**
spēs, speī *f*	**die Hoffnung**, die Erwartung
dolus, dolī *m*	**die List**
fraus, fraudis *f*; *Gen. Pl.* fraud(i)um	**der Betrug, die Täuschung**

fidēs, fideī *f*	**das Vertrauen; der Glaube; die Treue**
aut ... aut	**entweder ... oder**
latēre	**verborgen sein**
īnstāre, īnstō, īnstitī	**drohen, bevorstehen**
sententia, sententiae *f*	**die Meinung, die Ansicht**
probāre	**gutheißen, billigen**
persuādēre, persuādeō, persuāsī (*m. Dat.*)	(*m. AcI*) (*jmdn.*) **überzeugen;** (*jmdn.*) **überreden**
contendere, contendō, contendī	**sich anstrengen; eilen; kämpfen; behaupten**

corripere, corripiō, corripuī	**(an)packen; an sich reißen**
dēficere, dēficiō, dēfēcī	**verlassen; ausgehen**
postquam (*m. Perf.*)	**nachdem**
discēdere, discēdō, discessī	**weggehen, verschwinden**
timor, timōris *m*	**die Angst, die Furcht**
incertus, incerta, incertum	**unsicher, ungewiss**; unschlüssig

auctōritās, auctōritātis *f*	**das Ansehen; der Einfluss**
aedificāre	**bauen**
īra, īrae *f*	**der Zorn, die Wut**
ob (*m. Akk.*)	**wegen**
mūrus, mūrī *m*	**die Mauer**

vir
urbs
accurrere
decedere
credere
num
putare
donum
carere
furor
aut
etsi
iam
vis
summus

authority, relic, sentence;
l'autorité *f*, le mur, prouver;
Autorität, Probe, Sentenz

ÜV Vorschläge zur Übersetzung einiger im Lektionstext auftretender Wendungen und Sätze

Spes me tenet ...	Ich habe die Hoffnung ...
fidem habere	Vertrauen haben
signum eius rei	ein Zeichen dafür
iram movere	den Zorn erregen

inquit	**sagt/sagte (er, sie)**
accidere, áccidit, áccidit	**sich ereignen, zustoßen**
mulier, mulíeris *f*	**die Frau**
blandus, blanda, blandum	**schmeichlerisch**
porta, portae *f*	**das Tor, die Tür**
īnsidiae, īnsidiārum *f* (*Pluralwort*)	**der Hinterhalt, die Falle; der Anschlag**
metuere, metuō, metuī	**sich fürchten; befürchten**

socius, sociī *m*	**der Gefährte; der Verbündete**
ubī (*Subjunktion; m. Perf.*)	**sobald**
hic, haec, hoc	**dieser, diese, dieses**
occurrere, occurrō, occurrī	**entgegenkommen, begegnen**
locus, locī *m*	**der Ort**
salvus, salva, salvum	**wohlbehalten, gesund**
incolumis, incolumis, incolume	**unversehrt, heil**

remedium, remediī *n*	**das Heilmittel**
ēvādere, ēvādō, ēvāsī (*m. Akk./ex*)	**entkommen, entgehen**
forās	**hinaus, heraus, nach draußen**
hinc	**von hier**
stringere, stringō, strīnxī	**ziehen**; streifen
pēs, pedis *m*	**der Fuß**
prōicere, prōiciō, prōiēcī	**(nieder-, vor)werfen**
modus, modī *m*	**die Art, die Weise; das Maß**

sinere, sinō, sīvī	**(zu)lassen, erlauben**
praeter (*m. Akk.*)	**außer**
quī?	**wie?**
iūrāre	**schwören**
nocēre	**schaden**
reddere, reddō, reddidī	**zurückgeben; machen zu**

non … nisi	nur
vis remedii	die Wirkung des Heilmittels
amore ardere	schrecklich verliebt sein

apparere
consistere
praebere
gladius
sumere
proinde
abire
tangere
orare
mortalis
posse
quamquam
asper
desinere

local, to occur, project;

la mode, le pied,
la porte;

Lokal, Pedal, sozial

Eine Übersicht über die vollständigen Stammformen aller in Lektion 1–22 gelernten Verben findest du in der Begleitgrammatik auf den Seiten 148–151.

monēre	**erinnern; mahnen, auffordern**
dux, ducis *m/f*	**der/die Führer(in); der Feldherr**
respicere, respiciō, respexī, respectum	**denken an, berücksichtigen**
gēns, gentis *f*; *Gen. Pl.* gentium	**das Volk; das Geschlecht**
fātum, fātī *n*	**das Schicksal**
orbis, orbis *m*; *Gen. Pl.* orbium	**der (Erd-)Kreis**
regere, regō, rēxī, rēctum	**(be)herrschen**
cōgere, cōgō, coēgī, coāctum	**sammeln; zwingen**
classis, classis *f*; *Gen. Pl.* classium	**die Flotte**
dolor, dolōris *m*	**der Schmerz; die Trauer**
cupiditās, cupiditātis *f*	**der Wunsch, das Verlangen**
posteā	**später; nachher**
docēre, doceō, docuī, doctum	**unterrichten; lehren**
cōnstituere, cōnstituō, cōnstituī, cōnstitūtum	**beschließen; festsetzen**
adīre, adeō, adiī, aditum	**hingehen; herantreten**; ansprechen
fugere, fugiō, fūgī, –	**fliehen**
crūdēlis, crūdēlis, crūdēle	**grausam**
tantus, tanta, tantum	**so groß, so viel**
nefās *n* (*nur Nom./Akk. Sg.*)	**der Frevel, das Verbrechen**
quidem	**allerdings; zwar**
vehemēns; *Gen.* vehementis	**heftig**
vītāre	**(ver)meiden**
dēcipere, dēcipiō, dēcēpī, dēceptum	**täuschen**
et ... et	**sowohl ... als auch; einerseits ... andererseits**
incendere, incendō, incendī, incēnsum	**anzünden**; entflammen, in Aufregung versetzen
(meā, tuā, ...) sponte	**freiwillig, aus eigenem Antrieb**
mandāre	**auftragen**; übergeben, **anvertrauen**
facere, faciō, fēcī, factum	**machen**

voluntas
destinare
relinquere
nolle
dolus
sperare
decedere
mens
tandem
tenere
numquam
nuptiae

constitution, doctor, respectfully;

faire, les gens, tant;

dozieren, Faktum, fatal

ÜV

monere de	erinnern an
Animo perturbatus est.	Er geriet in Verwirrung.
Eum cupiditas fugae invadit.	Er möchte nur noch fliehen.
fidem dare	ein Versprechen geben

loca, locōrum *n* (*Pluralwort*)	**die Gegend**
condere, condō, condidī, conditum	**gründen**; aufbewahren; bestatten
invenīre, inveniō, invēnī, inventum	**(er)finden**
moenia, moenium *n* (*Pluralwort*)	**die (Stadt-)Mauer**
studium, studiī *n*	**der Eifer, die Bemühung**
occupātus, occupāta, occupātum (in *m. Abl.*)	**beschäftigt** (*m. etw.*)

exponere
cupere
locus
exstruere
opus
rogare
postremo
convenire
auxilium
ostendere
vindicare
dubitare
probare
ubi
periculum

uter, utra, utrum?; *Gen.* utrīus, *Dat.* utrī	**wer?** (*von zwei Personen*)
certāre	**streiten; wetteifern**, kämpfen
cōnsentīre, cōnsentiō, cōnsēnsī, cōnsēnsum	**übereinstimmen**
uterque, utraque, utrumque; *Gen.* utrīusque, *Dat.* utrīque	**jeder** (*von zwei Personen*), **beide**
alter, altera, alterum; *Gen.* alterīus, *Dat.* alterī	**der eine; der andere** (*von zwei Personen*)
quoniam	**da ... ja, wo ... doch**
(*m. Dat.*) opus est (*m. Abl.*)	**es ist nötig; (*jmd.*) braucht (*etw.*)**

consent, invention, study;

autre, consentir, occupé(e);

Alternative, Konsens, Studium

ambō	**beide**
prior; *Gen.* priōris	**der erste; der frühere**
paulō	**(ein) wenig**
post (*Adv.*)	**später; danach**
avis, avis *f*; *Gen. Pl.* avium	**der Vogel**
mōmentum, mōmentī *n*	**die Entscheidung; die Wichtigkeit**
commovēre, commoveō, commōvī, commōtum	**erregen**; bewegen, **veranlassen**
irrīdēre, irrīdeō, irrīsī, irrīsum	**verspotten**

quemadmodum	**wie, auf welche Weise**
parvus, parva, parvum	**klein**
circumdare, circumdō, circumdedī, circumdatum	**umgeben; umzingeln**
audācia, audāciae *f*	**die Frechheit; die Kühnheit**
īrātus, īrāta, īrātum	**zornig, wütend**
interficere, interficiō, interfēcī, interfectum	**töten**
obtinēre, obtineō, obtinuī, obtentum	**erlangen; behaupten**

Inter nos non convenit.	Es gibt zwischen uns keine Einigung.
momentum facere	die Entscheidung bringen

superbus, superba, superbum	**hochmütig**, stolz
imperāre	**befehlen; herrschen**
plēbs, plēbis *f*	**das** (*einfache*) **Volk**
patrēs, patrum *m*	**die Patrizier; die Senatoren**
mūnus, mūneris *n*	**das Amt, die Aufgabe; das Geschenk**
inimīcus, inimīca, inimīcum	**feindlich**; *Subst.* **der Feind**
prīnceps, prīncipis *m*	**der Angesehenste, der führende Mann, der Herrscher**

nepōs, nepōtis *m*	**der Enkel; der Neffe**
parcere, parcō, pepercī, – (*m. Dat.*)	(*jmdn.*) **schonen**
quia	**weil**
iniūria, iniūriae *f*	**das Unrecht**; die Gewalttat; **die Ungerechtigkeit**
perspicere, perspiciō, perspexī, perspectum	**erkennen**, genau sehen, durchschauen
tūtus, tūta, tūtum	**sicher, geschützt**
diēs, diēī *m*	**der Tag**
terribilis, terribilis, terribile	**schrecklich**

cōnsulere, cōnsulō, cōnsuluī, cōnsultum	(*m. Akk.*) **um Rat fragen, befragen;** (*m. Dat.*) **sorgen für**
comes, comitis *m/f*	**der/die Begleiter(in)**
gaudium, gaudiī *n*	**die Freude**
afficere, afficiō, affēcī, affectum (*m. Abl.*)	**versehen** (*m. etw.*)
eō (*Adv.*)	**dorthin**
mandātum, mandātī *n*	**der Auftrag**
perficere, perficiō, perfēcī, perfectum	**ausführen; vollenden**

aliquandō	**irgendwann (einmal); einst**
fīnīre	**(be)enden**
agitāre	**(an)treiben**
ōs, ōris *n*	**der Mund; das Gesicht**
mollis, mollis, molle	**freundlich; weich, angenehm**
pellere, pellō, pépulī, pulsum	**schlagen, stoßen; vertreiben**

crudelis
labor
cogere
insidiae
tollere
interficere
putare
stultus
sollicitare
contendere
postquam
spes
constituere
cadere
tangere

consulting, perfect, terrible;

consentir, finir, terrible;

Imperativ, Mandat, perfekt

ÜV

prohibitus a muneribus	ferngehalten von den Ämtern
timore motus	aus Furcht
principes civitatis	die führenden Männer im Staat
gaudio affectus	von Freude erfüllt
summum imperium	die Oberherrschaft, die Entscheidungsgewalt

arx, arcis *f*; *Gen. Pl.* arcium	**die Burg**
expūgnāre	**erobern, erstürmen**
nātūra, nātūrae *f*	**die Beschaffenheit, die Natur; das Wesen**
tot (*indekl.*)	**so viele**
vigilia, vigiliae *f*	**die Nachtwache**
dīligēns; *Gen.* dīligentis	**gewissenhaft, sorgfältig**
custōdīre	**bewachen**

angustus, angusta, angustum	**eng; schwierig**
paucī, paucae, pauca	**(nur) wenige**
mūnīre	**befestigen**
somnus, somnī *m*	**der Schlaf**
prīvāre (*m. Abl.*)	(*einer Sache*) **berauben,** (*um etw.*) **bringen**
succēdere, succēdō, successī, successum	anrücken (gegen); **(nach)folgen,** nachrücken
animadvertere, animadvertō, animadvertī, animadversum (in *m. Akk.*)	**bemerken**, entdecken; vorgehen (*gegen jmdn.*)

temptāre	prüfen, **versuchen; angreifen**
ascendere, ascendō, ascendī, ascēnsum	**hinaufsteigen, -klettern**
pervenīre, perveniō, pervēnī, perventum	**hinkommen**, ankommen; (hin)gelangen
immō	**ja sogar; im Gegenteil**
fallere, fallō, fefellī, –	**täuschen, betrügen**
sacer, sacra, sacrum	**heilig, geweiht**
inōpia, inōpiae *f*	**der Mangel**

excitāre	(auf)**wecken**; erregen; **ermuntern**
fortis, fortis, forte	**tapfer**, mutig; **kräftig**
rapere, rapiō, rapuī, raptum	**(an sich, weg)reißen; rauben**
ruere, ruō, ruī, –	(*auf jmdn.*) **losstürzen, zustürmen**
oppūgnāre	**angreifen; bestürmen**
līberī, līberōrum *m* (*Pluralwort*)	**die Kinder**
aciēs, aciēī *f*	der/**das** (*kampfbereite*) Trupp/**Heer**; die Schlachtordnung

natura loci	die Lage des Ortes
viam temptare	den Weg erkunden
in summum pervenire	ganz oben ankommen
in summa inopia cibi	trotz größter Hungersnot

ingens
periculum
mons
putare
quare
ponere
idoneus
ceteri
poscere
acer
arma
accurrere
defendere
praecipitare

exciting, force, success;

fort(e), la nature, sacré(e);

forte, Ruine, sakral

ille, illa, illud	**jener, jene, jenes (berühmte/ berüchtigte); der, die, das zuerst genannte**
exercitus, exercitūs *m*	**das Heer**
praeesse, praesum, praefuī (*m. Dat.*)	**an der Spitze** (*von etw.*) **stehen,** (*etw.*) **leiten**
impetus, impetūs *m*	**der Angriff; der Schwung**
(sē) recipere, recipiō, recēpī, receptum	**aufnehmen; zurücknehmen; (sich zurückziehen)**
commūnis, commūnis, commūne	**gemeinsam; allgemein**
incendium, incendiī *n*	**der Brand, das Feuer**
dēlēre, dēleō, dēlēvī, dēlētum	**zerstören, vernichten**

metus, metūs *m*	**die Angst, die Furcht**
resistere, resistō, restitī, –	**Widerstand leisten**
pār; *Gen.* paris	**ebenbürtig; gleich**
ūniversus, ūniversa, ūniversum	**ganz, gesamt;** *Pl.* **(alle) zusammen**
intellegere, intellegō, intellēxī, intellēctum	**verstehen; erkennen, einsehen**
sīgnificāre	**bezeichnen; anzeigen**
opportūnus, opportūna, opportūnum	**günstig; geeignet**

medius, media, medium	**der mittlere; in der Mitte (von)**
nūntiāre	**melden**
adversārius, adversāriī *m*	**der Gegner; der Feind**
singulus, singula, singulum	**jeweils einer; jeder einzeln(e)**
sīn	**wenn aber**
vincere, vincō, vīcī, victum	**(be)siegen;** übertreffen
committere, committō, commīsī, commissum	**veranstalten; zustande bringen; anvertrauen**
proelium, proeliī *n*	**der Kampf, die Schlacht**

inīquus, inīqua, inīquum	**ungünstig; ungerecht; ungleich**
victōria, victōriae *f*	**der Sieg**
parere, pariō, peperī, partum	**erwerben;** gewinnen; **hervorbringen**
multitūdō, multitūdinis *f*	**die große Anzahl, die Menge**
clādēs, clādis *f*; *Gen. Pl.* clādium	**die Niederlage; der Verlust**

ÜV

classem constituere	die Flotte in Stellung bringen
spem ponere (in *m. Abl.*)	die Hoffnung setzen (*auf*)
Conflixit loco sibi iniquo.	Er kämpfte an einem für ihn ungünstigen Ort.
victoriam parere	einen Sieg erringen

classis
civis
sustinere
non modo ... sed etiam
ubi
domum
moenia
perire
nonne
proinde
salus
dux
persuadere
brevis
prudentia

community, to delete, opportunity;

commun(e), l'incendie *m*, signifier, la victoire;

Kommunalwahlen, resistent, singulär

obscūrus, obscūra, obscūrum	(ziemlich) **dunkel**, finster
cernere, cernō, –, –	**erkennen**; sehen
lūmen, lūminis *n*	**das Licht; das Auge(nlicht)**
parcus, parca, parcum	**spärlich; sparsam**
interdum	**manchmal, bisweilen**
aurum, aurī *n*	**das Gold**
māgnitūdō, māgnitūdinis *f*	**die Größe**

manus, manūs *f*	**die Hand; die Schar**
quī, quae, quod?	**welcher, welche, welches?**
aedis, aedis *f*; *Gen. Pl.* aedium	**der Tempel**; *Pl. auch* das Haus
at	**aber, (je)doch; dagegen**
avāritia, avāritiae *f*	**die Gier**, die Habsucht; **der Geiz**
senātus, senātūs *m*	**der Senat; die Senatsversammlung**
ēripere, ēripiō, ēripuī, ēreptum	**entreißen**

arcēre, arceō, arcuī, –	**abwehren, fernhalten**
necesse est	**es ist notwendig**
trāicere, trāiciō, trāiēcī, trāiectum	**hinüberbringen, *über*setzen**
contrā (*m. Akk.*)	**gegen**
fīnis, fīnis *m*; *Gen. Pl.* fīnium	**das Ende; die Grenze**; der Zweck; *Pl.* **das Gebiet**
īnstituere, īnstituō, īnstituī, īnstitūtum	**beginnen**; einrichten; **unterrichten**
castra, castrōrum *n* (*Pluralwort*)	**das Lager**

dīgnitās, dīgnitātis *f*	**die Würde; das Ansehen**
neglegere, neglegō, neglēxī, neglēctum	**nicht (be)achten; vernachlässigen**
mīles, mīlitis *m*	**der Soldat**
postulāre	**fordern**
addūcere, addūcō, addūxī, adductum	**heranführen; veranlassen**
amīcitia, amīcitiae *f*	**die Freundschaft**
odium, odiī *n*	**der Hass**

obscura luce	im düsteren Licht
avaritia ardens	in unersättlicher Habgier
Vere dixisti.	Du hast Recht.
ardentibus oculis	mit funkelnden Augen

vix
ara
simulacrum
ingens
apparere
consistere
accedere
certe
diligens
gens
contendere
deinde
sacrificare
castra
sacer
iurare

final, institution, to neglect;

l'amitié *f*, contre, la fin, la main;

Finale, Institut, Militär

frequēns; *Gen.* frequentis	**zahlreich; häufig**
ut (*m. Konj.*)	**dass, damit; sodass**
obsecrāre	**anflehen, bitten**
nē (*m. Konj.*)	**dass/damit nicht**
marītus, marītī *m*	**der Ehemann**
(sē) abstinēre, abstineō, abstinuī, –	**sich enthalten**
adiungere, adiungō, adiūnxī, adiūnctum	anschließen; **hinzufügen**

perniciēs, perniciēī *f*	**die Vernichtung; das Verderben**
āvertere, āvertō, āvertī, āversum	**abwenden; vertreiben**
brevī (*Adv.*)	**bald darauf, nach kurzer Zeit**
agmen, agminis *n*	**der (Heeres-)Zug,** die Schar
dēdūcere, dēdūcō, dēdūxī, dēductum	**abbringen; wegführen;** hinführen
familiāris, familiāris, familiāre	**vertraut, freundschaftlich;** *Subst.* **der Freund**
coniūnx, coniugis *f/m*	**die (Ehe-)Frau/der (Ehe-)Mann**

utrum	*dir. Frage: unübersetzt; indir. Frage* **ob**
an	**oder (etwa)**
captīvus, captīva, captīvum	**gefangen;** *Subst.* **der/die Kriegsgefangene**
senectūs, senectūtis *f*	**das Alter**
īnfēlīx; *Gen.* īnfēlīcis	**unglücklich**

gignere, gignō, genuī, genitum	**(er)zeugen, hervorbringen**
alere, alō, aluī, altum	**ernähren;** großziehen
vāstāre	**verwüsten**
cōnspectus, cōnspectūs *m*	**der Anblick**
intrā (*m. Akk.*)	**innerhalb**
domus, domūs *f*	**das Haus** (*in der Stadt*)
pergere, pergō, perrēxī, perrēctum	**weitermachen,** (*etw.*) weiter (*tun*)
dēnique	**schließlich, zuletzt**

uxor
quoniam
arma
defendere
adire
arcere
furor
ingens
preces
liberi
vehemens
priusquam
reddere
durus
moenia
manere

abstinent, frequence, to marry;

familiaire, fréquent(e), le mari;

Abstinenzler, Dom, familiär

ÜV

Spes est in …	Die Hoffnung ruht auf …
se armis abstinere	keine Waffen einsetzen
De consilio deductus est.	Er ließ sich von seinem Plan abbringen.
in conspectu esse	in Sichtweite sein
animum filii frangere	den Sohn umstimmen

quantus, quanta, quantum	**wie groß; was für ein**
ante (*Adv.*)	**vorher**
scelus, sceleris *n*	**das Verbrechen**
volvere, volvō, volvī, volūtum	**rollen**, wälzen; **überlegen**
iste, ista, istud; *Gen.* istīus, *Dat.* istī	**dieser, diese, dieses (da); der, die, das (da); dein, euer**
coniūrātiō, coniūrātiōnis *f*	**die Verschwörung**
cottīdiē	**täglich**, Tag für Tag
interitus, interitūs *m*	**der Untergang**

patēre, pateō, patuī, –	**offenstehen**; klar sein; sich erstrecken
proximus, proxima, proximum	**der nächste; der letzte**
convocāre	**zusammenrufen; versammeln**
inīre, ineō, iniī, initum	**(hin)eingehen; beginnen**
ratiō, ratiōnis *f*	**die Art und Weise; die Vernunft; der (*vernünftige*) Grund**
cum (*m. Konj.*)	**als, nachdem**; da, **weil; obwohl**
dīligentia, dīligentiae *f*	**die Gewissenhaftigkeit, die Sorgfalt**

lectus, lectī *m*	**das Bett; das Liegesofa**
audēre, audeō	**wagen**
id agere, ut	sich dafür einsetzen/ **alles darauf anlegen, dass**
quiēscere, quiēscō, quiēvī, –	(aus)**ruhen**; schlafen
cōnsultum, cōnsultī *n*	**der Beschluss**
concēdere, concēdō, concessī, concessum	**erlauben, zugestehen, einräumen**
supplicium, suppliciī *n*	**die Hinrichtung; die (Todes-)Strafe**

tantum (*Adv.*)	**nur**
praesidium, praesidiī *n*	**der Schutz**; *Pl.* **die Schutztruppe**
obsidēre, obsideō, obsēdī, obsessum	**belagern; bedrängen**
auris, auris *f*; *Gen. Pl.* aurium	**das Ohr**
circumvenīre, circumveniō, circumvēnī, circumventum	**umzingeln, umringen**
praesentia, praesentiae *f*	**die Gegenwart**

civitas
castra
collocare
audacia
quaerere
cogitare
comperire
domus
incendium
lux
negare
postulare
discedere
delectare
custodire
incendere

diligence, present tense, rational;

la concession, convoquer, la présence;

Präsens, Quantität, rational

scelus in animo volvere	ein Verbrechen planen
consilium inire	einen Plan fassen
ea ratione	auf diese Art und Weise
multa nocte	tief in der Nacht
supplicio affici	hingerichtet werden

adventus, adventūs *m*	**die Ankunft**
mīrus, mīra, mīrum	**wunderbar; erstaunlich**
custōs, custōdis *m/f*	**der/die Wächter(in), die Wache**
prōtinus	**sofort**
num	*indir. Frage* **ob**
omnīnō	**überhaupt; insgesamt**
aditus, aditūs *m*	**der Zugang; der Zutritt**
claudere, claudō, clausī, clausum	(ab-, ein)**schließen**

suscipere, suscipiō, suscēpī, susceptum	**unternehmen;** sich (*einer Sache*) annehmen; **auf sich nehmen**
occultus, occulta, occultum	**heimlich, geheim**; verborgen
tālis, tālis, tāle	**derartig, (ein) solcher; so beschaffen**
dēlīberāre	**überlegen**
exīre, exeō, exiī, –	**hinausgehen**
comprehendere, comprehendō, comprehendī, comprehēnsum	**ergreifen**, festnehmen; **begreifen**
onus, oneris *n*	**die Last**

affirmāre	**behaupten, versichern**
umerus, umerī *m*	der Oberarm; **die Schulter**
mora, morae *f*	**die Verzögerung; der Aufenthalt**
dēpōnere, dēpōnō, dēposuī, dēpositum	**niederlegen; aufgeben**
repente	**plötzlich, unerwartet**
clārus, clāra, clārum	**hell, klar; berühmt**
admīrātiō, admīrātiōnis *f*	**die Bewunderung**, die Begeisterung
incēdere, incēdō, incessī, incessum	**befallen; einhergehen**

circumstāre, circumstō, circumstetī, –	**um ... herum stehen**
quantopere	**wie sehr**
rumpere, rumpō, rūpī, ruptum	**(zer)brechen**
prius	**zuerst; früher**
libīdō, libīdinis *f*	**das** (*heftige*) **Verlangen**, die Lust; **die Willkür**
accendere, accendō, accendī, accēnsum	**in Brand setzen;** entflammen, aufregen

quidem
studium
incertus
dum
accedere
procul
donum
res
mittere
mulier
ardere
vox
egregius
apparere
tandem

to admire, comprehension test, exit;

clair(e), comprendre, rompre;

Advent, Deponie, Klausur

ÜV

dubitare, num ...	zweifeln, ob ...
sine mora	ohne zu zögern, sofort
libidine mulieris accensus	weil er die Frau begehrt(e)

nōbilis, nōbilis, nōbile	**berühmt**; vornehm; **adlig**
dīligere, dīligō, dīlēxī, dīlēctum	**schätzen, lieben**
prōpōnere, prōpōnō, prōposuī, prōpositum	**in Aussicht stellen; vorschlagen**
ferē	beinahe, **fast; ungefähr**
celer, celeris, celere	**schnell**
beātus, beāta, beātum	**glücklich; reich**
morbus, morbī *m*	**die Krankheit**

strēnuus, strēnua, strēnuum	**kräftig; entschlossen**, munter
ergō	**also**
aliter	**sonst; anders**
praeceps; *Gen.* praecipitis	schnell, **überstürzt; steil**
adhibēre	**anwenden; hinzuziehen**
contentus, contenta, contentum	**zufrieden**
interim	**inzwischen**

perterrēre	einschüchtern; **heftig erschrecken**
cavēre, caveō, cāvī, cautum (*m. Akk.*)	**sich hüten (*vor*); Acht geben (*auf*)**
compōnere, compōnō, composuī, compositum	**zusammenstellen**, ordnen; **verfassen**; vergleichen
mīlle (*indekl.*); *Pl.* mīlia, mīlium (*m. Gen.*)	**tausend**
corrumpere, corrumpō, corrūpī, corruptum	**bestechen; verderben**
praetereā	**außerdem**
soror, sorōris *f*	**die Schwester**

occidere, óccidō, óccidī, –	**untergehen; umkommen**
occāsiō, occāsiōnis *f*	**die Gelegenheit**
praetermittere, praetermittō, praetermīsī, praetermissum	**verstreichen lassen**
pōculum, pōculī *n*	**der Becher**
vultus, vultūs *m*	**das Gesicht, der Gesichtsausdruck**
exīstimāre	**meinen; schätzen**
dēprehendere, dēprehendō, dēprehendī, dēprehēnsum	**entdecken; ergreifen**; überraschen

medicus
rex
fides
colere
remedium
poscere
posse
si/nisi/etsi
immo
litterae
nescire
utrum ... an
acies
opportunus
os

composer, content, occasion;

composer, content(e), l'occasion *f*, la sœur;

Interimsregierung, Korruption, Okzident

Spem ei proponit.	Er macht ihm Hoffnung.
insidias componere	einen Anschlag planen
oculos avertere	seinen Blick abwenden

īgnōscere, īgnōscō, īgnōvī, īgnōtum	**verzeihen**
quiēs, quiētis *f*	**die Ruhe, die Erholung**
interrumpere, interrumpō, interrūpī, interruptum	**unterbrechen**
tribūnus, tribūnī *m*	**der (Militär-)Tribun**
afferre, afferō, attulī, allātum	**(herbei)bringen; melden**
differre, differō, distulī, dīlātum	**aufschieben**, verschieben; **sich unterscheiden**
malus, mala, malum	**schlecht, schlimm**
ferre, ferō, tulī, lātum	**bringen, tragen; ertragen**; berichten

pars, partis *f*; *Gen. Pl.* partium	**der Teil; die Seite, die Richtung**
terror, terrōris *m*	**der Schrecken;** die Schreckensnachricht
referre, referō, rettulī, relātum	**(zurück)bringen; berichten**
pācāre	**unterwerfen**
lēgātus, lēgātī *m*	**der Gesandte**
pāx, pācis *f*	**der Frieden**
oportēre/oportet, oportuit	**es ist nötig, es gehört sich;** man darf
nimius, nimia, nimium	**zu groß, übermäßig**

nōnnūllī, nōnnūllae, nōnnūlla	**einige, manche**
iūstitia, iūstitiae *f*	**die Gerechtigkeit**
laus, laudis *f*	**das Lob; der Ruhm**
efferre, efferō, extulī, ēlātum	**heraustragen; herausheben;** hervorbringen
suspīciō, suspīciōnis *f*	**der Argwohn, der Verdacht**
perferre, perferō, pertulī, perlātum	**ertragen; (über)bringen**
legiō, legiōnis *f*	**die Legion**
caedere, caedō, cecīdī, caesum	**niederschlagen; töten**

tendere, tendō, tetendī, tentum	**(aus)strecken; spannen;** sich anstrengen
calamitās, calamitātis *f*	**das Unglück; der Verlust;** die Niederlage
adeō (*Adv.*)	**so sehr**
ferunt	**man berichtet**

postulare
protinus
nuntius
surgere
vix
venire
statim
oppidum
horrere
nonne
gens
accidere
iudicare
quoniam
caput

justice, part, quiet;

interrompre, la justice, la paix;

Differenz, Pazifist, Tendenz

ÜV

Res tanti momenti est.	Die Sache ist so wichtig.
fidem ferre	Vertrauen entgegenbringen
blandis laudibus efferre	mit schmeichlerischen Worten loben
iter facere	marschieren
insidias intrare	in die Falle tappen

virtūs, virtūtis *f*	**die Tüchtigkeit; die Tapferkeit;** die Tugend; *Pl. auch* **gute Eigenschaften**
praestāre, praestō, praestitī, –	(*m. Dat.*) **übertreffen;** (*m. Akk.*) **leisten**; zeigen
nimis	**zu; zu sehr**
(sē) gerere, gerō, gessī, gestum	(aus)**führen; tragen**; (sich benehmen)
ingenium, ingeniī *n*	**die Begabung**; der Charakter
ūsus, ūsūs *m*	**der Gebrauch, der Nutzen;** die Erfahrung

ceteri
vitium
superbus
dux
hostis
urbs
honos/honor
classis
recipere
vincere
civitas
navis
furor
ardor
quam

cōpia, cōpiae *f*	**der Vorrat; die Menge;** *Pl. auch* **die Truppen**
accūsāre	**anklagen**, beschuldigen
damnāre	**verurteilen**
profugere, profugiō, profūgī, –	Zuflucht suchen, **sich flüchten**
opera, operae *f*	die Arbeit; **die Tätigkeit; die Mühe**
offerre, offerō, obtulī, oblātum	**entgegenbringen; anbieten**
tribuere, tribuō, tribuī, tribūtum	**zuteilen**; schenken; **erweisen**
invidia, invidiae *f*	**der Neid**; der Hass

offer, port, tribute;
accuser, donner, le port;
Deserteur, Vision, Wohnmobil

permovēre, permoveō, permōvī, permōtum	**beunruhigen; veranlassen**
dēserere, dēserō, dēseruī, dēsertum	**im Stich lassen, verlassen**
(sē) cōnferre, cōnferō, contulī, collātum	**zusammentragen, -bringen;** -fassen; (sich begeben)
portus, portūs *m*	**der Hafen**
appellere, appellō, áppulī, appulsum	**herantreiben**, heranbringen; *Pass.* **landen**
vīsere, vīsō, –, –	**besichtigen; besuchen**
turba, turbae *f*	**die** (Menschen-)**Menge; das Durcheinander**

tamquam	**wie; wie wenn, als ob**
dōnāre	**(be)schenken**
alacritās, alacritātis *f*	**die Fröhlichkeit;** der Eifer
nūper	**vor kurzem; neulich**
varius, varia, varium	**verschieden(artig); wankelmütig**
vulgus, vulgī *n*	**das Volk**
mōbilis, mōbilis, mōbile	**beweglich; unbeständig**

V

iterum atque iterum	immer wieder
secum cogitare	bei sich denken

rēgius, rēgia, rēgium	**königlich**
versus, versūs *m*	**der Vers**
recitāre	**vortragen, vorlesen**
fenestra, fenestrae *f*	**das Fenster**
dēspicere, dēspiciō, dēspexī, dēspectum	**(auf etw.) herabblicken; verachten**
aspectus, aspectūs *m*	**der Anblick**

vetus; *Gen.* veteris, *Abl. Sg.* vetere, *Nom. Pl. n* vetera, *Gen. Pl.* veterum	**alt**; ehemalig; erfahren
aedificium, aedificiī *n*	**das Gebäude**, das Bauwerk
vīcus, vīcī *m*	**die Gasse; das (Stadt-)Viertel; das Dorf**
vīvus, vīva, vīvum	**lebendig; zu Lebzeiten**
saevīre, saeviō, –, saevītum	**wüten, toben**
īgnis, īgnis *m*; *Gen. Pl.* īgnium	**das Feuer, der Brand**
turris, turris *f*; *Akk. Sg.* turrim, *Abl. Sg.* turrī, *Gen. Pl.* turrium	**der Turm**
pulchritūdō, pulchritūdinis *f*	**die Schönheit**
canere, canō, cecinī, cantātum	**(be)singen**

premere, premō, pressī, pressum	**(unter)drücken; bedrängen**
necessārius, necessāria, necessārium	**notwendig**
sēditiō, sēditiōnis *f*	**der Aufruhr, der Aufstand**
suādēre, suādeō, suāsī, suāsum	**raten, zureden**
hortus, hortī *m*	**der Garten**
frūmentum, frūmentī *n*	**das Getreide**
minuere, minuō, minuī, minūtum	vermindern, **verringern**; schmälern

simul	**gleichzeitig, zugleich**
aureus, aurea, aureum	**golden, aus Gold**
fāma, fāmae *f*	**das Gerücht; der Ruf**
auctor, auctōris *m*	**der (Be-)Gründer; der Anstifter,** der Veranlasser; **der Verfasser**
crīmen, crīminis *n*	**der Vorwurf; das Verbrechen**
poena, poenae *f*	**die Strafe**

ÜV

paucis diebus post	wenige Tage später
Seditio movetur.	Ein Aufruhr bricht aus.
qua de causa	deshalb, daher
poenis afficere	bestrafen

comes
ambulare
disserere
angustus
profecto
incendium
periculum
nox
delectare
clades
vehemens
carere
exstruere
inopia
studere

crime, fame, press;

l'édifice *m*, la fenêtre, nécessaire, la tour;

Kanon, Kriminalfall, Presse

adulēscēns, adulēscentis *m*; *Gen. Pl.* adulēscentium	**der junge Mann**
potentia, potentiae *f*	**die Macht; die Herrschaft**
invītus, invīta, invītum	**unwillig, gegen den Willen**
ipse, ipsa, ipsum	**selbst, persönlich**; gerade; schon
ultrō	**darüber hinaus**, noch dazu; **von sich aus**
dīvitiae, dīvitiārum *f* (*Pluralwort*)	**der Reichtum**
abundāre (*m. Abl.*)	(*etw.*) **im Überfluss haben**

vās, vāsis *n*; *Pl.* vāsa, vāsōrum	**das Gefäß**
tabula, tabulae *f*	das Gemälde; **die Tafel**; die Aufzeichnung
praeclārus, praeclāra, praeclārum	herrlich, **ausgezeichnet; sehr bekannt**
flōrēre, flōreō, flōruī, –	**blühen**; hervorragend sein
custōdia, custōdiae *f*	**die Bewachung; die Wachen**
causā (*m. Gen; nachgestellt*)	**wegen; um ... zu**
circum (*m. Akk.*)	**um ... herum, ringsum**

sermō, sermōnis *m*	**das Gespräch; das Gerede; die Sprache**
ops, opis *f*	**die Hilfe**; die Kraft; *Pl.* **die Macht, der Einfluss**; der Reichtum
memorāre	**erwähnen**; sagen
laudāre	**preisen; loben**
igitur	**also, folglich**
mēnsa, mēnsae *f*	**der Tisch**, die Tafel
porrigere, porrigō, porrēxī, porrēctum	**ausstrecken**; ausbreiten, ausdehnen
super (*m. Akk./Abl.*)	**über; oben auf**

collum, collī *n*	**der Hals**
impendēre, impendeō, –, –	**hängen über; drohen**
īnferre, īnferō, intulī, illātum	**hineintragen; zufügen**
fīgere, fīgō, fīxī, fīxum	(an)**heften, befestigen**; auf etw. richten
dēmōnstrāre	**darlegen, beweisen; zeigen**
quālis, quālis, quāle	**wie (beschaffen), was für ein**

V

eo invito	gegen seinen (~ dessen) Willen
vitam agere	sein Leben verbringen
Iubet eum collocari.	Er lässt ihn Platz nehmen.
terrorem inferre	einen Schrecken einjagen
nihil aliud nisi	nichts anderes als

summus
praebere
audere
pulcher
beatus
enim
domus
cognoscere
fortuna
consistere
diligens
conspicere
gladius
orare
satis

fix, memory, quality;

l'adolescent *m*, quel(e), la table;

Demonstration, Mensa, Qualität

sānctus, sāncta, sānctum	**ehrwürdig, heilig**
lātus, lāta, lātum	**breit, weit**
imprīmīs	**besonders**, insbesondere
māximus, māxima, māximum	**der größte, sehr groß**
ōrnāre	**schmücken**, ausstatten
subīre, subeō, subiī, subitum	**auf sich nehmen, herangehen**
umquam	**jemals**
memoria, memoriae *f*	**die Erinnerung; das Gedächtnis;** die Zeit

lūdus, lūdī *m*	**das Spiel; die Schule**
discere, discō, didicī, –	**lernen**; in Erfahrung bringen
liber, librī *m*	**das Buch**
beneficium, beneficiī *n*	**die Wohltat**
efficere, efficiō, effēcī, effectum	**bewirken, erreichen**
optimus, optima, optimum	**der beste; sehr gut**
ūnusquisque	**jeder Einzelne**
quam	*nach Komparativ* **als;** *vor Superlativ* **möglichst**
melior, melior, melius	**besser**

carmen, carminis *n*	**das Gedicht, das Lied**
celebrāre	**rühmen**, verherrlichen; **feiern**
pecūnia, pecūniae *f*	**das Geld**, das Vermögen
plūrimī, plūrimae, plūrima	**die meisten, sehr viele**
undique	**von überall her**
iuventūs, iuventūtis *f*	**die Jugend**
lēx, lēgis *f*	**das Gesetz**; die Bedingung
dum	**solange**; (solange) **bis**

dies
pulcher
admiratio
labor
fugere
quare
agere
instituere
tribuere
gerere
iuvenis
contendere
vis/vires
honos
quidem

benefit, library, saint;

le livre, meilleur(e), la mémoire;

maximal, Optimist, zelebrieren

ÜV

Ea res memoriam meam fugit.	Ich vergesse dieses Ereignis.
satis apparet	es ist völlig klar
bellum gerere	Krieg führen
acerrime studere	sich gewaltig anstrengen
meliorem se praebere Hercule	Herkules übertreffen

sepulcrum, sepulcrī *n*	**das Grab**
quīn?	**warum nicht?**
contemplārī, contemplor, contemplātus sum	(aus der Nähe genau) **betrachten**
opīnārī, opīnor, opīnātus sum	**meinen**, vermuten
fatērī, fateor, fassus sum	**gestehen**, bekennen
ēiusmodī (*indekl.*)	**derartig**
glōria, glōriae *f*	**der Ruhm, die Ehre**
mōlīrī, mōlior, mōlītus sum	**errichten**, bauen; **planen**, unternehmen
propter (*m. Akk.*)	**wegen**
āmittere, āmittō, āmīsī, āmissum	**verlieren**
hortārī, hortor, hortātus sum	**auffordern; ermuntern**; ermahnen
cāsus, cāsūs *m*	**der Fall**, der Zufall; das Unglück, **der Schicksalsschlag**
experīrī, experior, expertus sum	erfahren; erleiden; **versuchen, erproben**
saeculum, saeculī *n*	**das Jahrhundert**; die Welt
māiōrēs, māiōrum *m* (*Pluralwort*)	**die Vorfahren**
frūstrā	**vergeblich**
cōnārī, cōnor, cōnātus sum	**versuchen**
quoque (*nachgestellt*)	**auch**
potīrī, potior, potītus sum (*m. Abl.*)	(*etw.*) **in seine Gewalt bringen,** sich (*einer Sache*) bemächtigen
admīrārī, admīror, admīrātus sum	**bewundern**
morārī, moror, morātus sum	**verzögern**, aufhalten; **sich aufhalten**
indicāre	**anzeigen**, melden
verērī, vereor, veritus sum	**fürchten; verehren**
prōtegere, prōtegō, prōtēxī, prōtēctum	**schützen**
sanguis, sanguinis *m*	**das Blut**

iste/ista/istud
is/ea/id
prohibere
prudentia
parēre
oppugnare
murus
ingens
urbs
impetus
denique
miles
stringere
interficere
figere

case, glory, to protect;

indiquer, le sang, le siècle;

Experte, frustriert, Indikator

V

in summo monumento	oben auf dem Denkmal
magnam gloriam parere	großen Ruhm erwerben
dono dare	zum Geschenk machen
Res fortunam habet.	Die Sache geht gut aus/hat Erfolg.
tormenta omnis generis	Geschütze jeder Art

sapiēns; *Gen.* sapientis	**weise**; vernünftig
ūtī, ūtor, ūsus sum (*m. Abl.*)	(*etw.*) **benutzen, gebrauchen**
contingere, contingō, cóntigī, contāctum	**gelingen; berühren**
innocēns; *Gen.* innocentis	**unschuldig**
supplex; *Gen.* supplicis	**bittend, flehend**
magister, magistrī *m*	**der Lehrer**
vidētur/videntur (*m. Inf.*)	**er, sie, es scheint/sie scheinen** (*etw. zu tun*)
ōrātiō, ōrātiōnis *f*	**die Rede**
dīcitur/dīcuntur (*m. Inf.*)	**man sagt, dass er, sie/sie** (*etw. tut/tun*); **er, sie soll/sie sollen** (*etw. tun*)
aestimāre	(ein)**schätzen**
merēre	**verdienen**
loquī, loquor, locūtus sum	**reden, sprechen**
amplus, ampla, amplum	**groß**(artig); **bedeutend**; angesehen
praemium, praemiī *n*	**die Belohnung**, die Auszeichnung
māximē	**am meisten, besonders**
certus, certa, certum	**sicher**, gewiss; **bestimmt**; zuverlässig
iūstus, iūsta, iūstum	**gerecht**; **gebührend**, richtig
proficīscī, proficīscor, profectus sum	**aufbrechen, (ab)reisen**; abstammen
īrāscī, īrāscor, – (*m. Dat.*)	**zornig sein** (*auf jmdn.*); in Zorn geraten
morī, morior, mortuus sum	**sterben**
arbitrārī, arbitror, arbitrātus sum	**glauben, meinen**
sequī, sequor, secūtus sum (*m. Akk.*)	*(jmdm.)* **folgen**
suprēmus, suprēma, suprēmum	**der letzte; der höchste**; der oberste
patī, patior, passus sum	**(er)leiden**, ertragen; **zulassen**, geschehen lassen
nocēns; *Gen.* nocentis	**schuldig**; schädlich

iudex
ille/illa/illud
persuadere
pro (*m. Abl.*)
offendere
damnare
poena
dignus
praebere
non modo … sed etiam
hinc
velle
lex
os
at

innocent, master, to use;
iuste, le maître, mourir;
Justiz, Patient, Prämie

ÜV

honore dignus	einer Ehre würdig
aequo animo	mit Gleichmut, gelassen
pro certo habere	für sicher halten

vērō	aber; wirklich
augēre, augeō, auxī, auctum	**vergrößern, vermehren**
exstinguere, exstinguō, exstīnxī, exstīnctum	**auslöschen**, vernichten
ruīna, ruīnae *f*	**der Einsturz**, der Sturz, der Fall
ēgredī, ēgredior, ēgressus sum	**hinausgehen, verlassen**
campus, campī *m*	der freie Platz; **das Feld**
ērumpere, ērumpō, ērūpī, ēruptum	**ausbrechen**, hervorbrechen
cinis, cineris *m*	**die Asche**
tegere, tegō, tēxī, tēctum	**bedecken**; schützen

facultās, facultātis *f*	**die Möglichkeit**, die Gelegenheit
impellere, impellō, ímpulī, impulsum	**(an)stoßen; veranlassen**
quasi	(*Adv.*) **gewissermaßen;** (*m. Konj.*) **als ob**
repellere, repellō, réppulī, repulsum	**zurückstoßen**; vertreiben; abweisen
nē ... quidem	**nicht einmal**
āter, ātra, ātrum	**schwarz**, düster
paulātim	**allmählich**
dēnsus, dēnsa, dēnsum	**dicht** (gedrängt)

cupidus, cupida, cupidum (*m. Gen.*)	**bestrebt; (be)gierig** (*nach*)
prōcēdere, prōcēdō, prōcessī, prōcessum	**vorrücken, vorankommen**
potestās, potestātis *f*	**die Möglichkeit**; die (Amts-)Gewalt; **die Macht**
precārī, precor, –	**flehen, bitten**
propior, propior, propius (*m. Dat.*)	**näher** (*einer Sache*)
rūrsus	**wieder**
reliquus, reliqua, reliquum	**übrig; künftig**
cōnsūmere, cōnsūmō, cōnsūmpsī, cōnsūmptum	**verbrauchen**, verwenden; zubringen

per
credere
metus
considere
cum (*m. Ind.*)
ignis
abire
consistere
causa (*nachgest.*)
manus
sol
pergere
vitare
mors
desinere

campus, to consume, to extinguish;

la faculté, le champs, consumer;

Eruption, Konsum, Prozession

V

in altum efferre	in die Höhe schleudern
bene moriar	ich werde beruhigt sterben
non ... nisi una	nur gemeinsam
magis magisque	immer mehr
mortem precari	den Tod für sich erflehen

negōtium, negōtiī *n*	**die Aufgabe, das Geschäft;** die Angelegenheit	
īnfēstus, īnfēsta, īnfēstum	**feindlich**, bedrohlich	
līs, lītis *f*; *Gen. Pl.* lītium	**der (Rechts-)Streit**	
aequor, aequoris *n*	**das Meer**; die Ebene, die Fläche	
pessimus, pessima, pessimum	**der schlechteste, der schlimmste**	
improbus, improba, improbum	**unanständig**; schlecht, böse	
quīcumque, quaecumque, quodcumque	wer auch immer; **jeder, der/alles, was**	
inesse, īnsum, īnfuī	**enthalten sein**; vorhanden sein	
fingere, fingō, fīnxī, fictum	**formen**, gestalten; **erdichten,** sich ausdenken	
optāre	**wünschen**	
āiō/ait	**ich sage**, behaupte/**er, sie sagt,** behauptet	careful, fiction, inspector;
tūtārī, tūtor, tūtātus sum	**beschützen**, in Schutz nehmen	doux/douce, l'enfant *m*, perdre;
īnspicere, īnspiciō, īnspexī, īnspectum (*m. Akk.*)	**hineinschauen** (*in etw.*)	infantil, Inspektion, Pessimist
utinam (*m. Konj.*)	**hoffentlich; wenn doch (bloß)**	
perdere, perdō, perdidī, perditum	**vernichten; verlieren**	
indīgnārī, indīgnor, indīgnātus sum	**entrüstet sein**	
quisquis/quidquid	**jeder, der/alles, was**	
solvere, solvō, solvī, solūtum	(auf)**lösen; bezahlen**	
cūnctārī, cūnctor, cūnctātus sum	**zögern**	
īnfāns, īnfantis *m*; *Gen. Pl.* īnfantium	**das kleine Kind**	
cārus, cāra, cārum	**lieb, teuer**	
īnspērātus, īnspērāta, īnspērātum	**unverhofft**	
dulcis, dulcis, dulce	**süß; angenehm**, lieb(lich)	
complectī, complector, complexus sum	**umarmen**; umfassen, erfassen	
pietās, pietātis *f*	**die Frömmigkeit; das Pflichtgefühl**	

uxor
adducere
proinde
miser
auxilium
virgo
fur
comprehendere
poscere
modo
at
perire
oportet
libens
voluptas

ÜV

bona cum Venere	mit Venus' Hilfe
Quid negotii est?	Worum geht's?
litem facere	streiten
ex pietate vestra	wegen eurer gegenseitigen Zuneigung

dēdere, dēdō, dēdidī, dēditum	**ausliefern, übergeben**
omittere, omittō, omīsī, omissum	**außer Acht lassen;** unterlassen, aufgeben
turpis, turpis, turpe	**schändlich; hässlich**
falsus, falsa, falsum (*Adv.* falsō)	**falsch**
dēditiō, dēditiōnis *f*	**die Übergabe**, die Kapitulation
nōmināre	**nennen**
diūtius	**länger**
cōnfīdere, cōnfīdō, cōnfīsus sum	**vertrauen**
propinquus, propinqua, propinquum	nahe, **benachbart;** *Subst.* **der Verwandte**

crās	**morgen**
fierī, fīō, factus sum	**geschehen, werden; gemacht werden**
advenīre, adveniō, advēnī, adventum	**ankommen**
obsidiō, obsidiōnis *f*	**die Belagerung**
similis, similis, simile	**ähnlich**
tolerāre	**ertragen;** fristen
imitārī, imitor, imitātus sum	**nachahmen**
plēnus, plēna, plēnum	**voll**

excēdere, excēdō, excessī, excessum	**hinausgehen**, weggehen
revertī, revertor, revertī, reversus	**zurückkehren**
aeternus, aeterna, aeternum	**ewig**
iniungere, iniungō, iniūnxī, iniūnctum	auferlegen; **einfügen**, anfügen
condiciō, condiciōnis *f*	**die Bedingung; die Lage**
regiō, regiōnis *f*	**das Gebiet, die Gegend**
nātiō, nātiōnis *f*	**das Volk, der** (Volks-)**Stamm**
perpetuus, perpetua, perpetuum	dauerhaft, **ewig**

neque ... neque
servitus
virtus
inopia
copia
contingere
frustra
experiri
mors
maiores
libertas
ius
finis
invidia
premere

confidence, to imitate, region;

la condition, imiter, la nation, plein, la région;

Advent, nominieren, Plenarsaal

V

Mihi res est cum his, ...	Ich setze mich mit denen auseinander, ...
se morti offerre	sich dem Tod ausliefern
obsidionem solvere	den Belagerungsring sprengen/die Belagerung beenden

decēre/decet, decuit (*m. Akk.*)	**(etw.) ist angemessen** (*für*), passt (*zu*); (etw.) schickt sich (*für*)
plērīque, plēraeque, plēraque	**die meisten, sehr viele**
immānis, immānis, immāne	**unmenschlich; riesig**
aliquis, aliquid	**irgendjemand, -etwas**
aliquī, aliqua, aliquod	**irgendein(e)**
opīniō, opīniōnis *f*	**die Meinung**, die Ansicht; das Vorurteil
humilis, humilis, humile	**niedrig** (gestellt); unterwürfig, demütig
cūria, cūriae *f*	**die Kurie** (*Sitzungsgebäude des Senats*)
coniungere, coniungō, coniūnxī, coniūnctum	**vereinigen, verbinden**; (ver)knüpfen
domī	**zu Hause**

salus
cognoscere
prudentia
humanitas
differre
crudelis
immo
petere
temptare
uterque
amplus
transire
aetas
aequus
quemadmodum

īdem, eadem, idem	**derselbe**, der gleiche
repetere, repetō, repetīvī, repetītum	**wiederholen; zurückverlangen**
mīlitia, mīlitiae *f*	**der Militärdienst**
gradus, gradūs *m*	**der Rang; die Stufe**; der Schritt
cōnsequī, cōnsequor, cōnsecūtus sum	**erreichen; nachfolgen**
pāstor, pāstōris *m*	**der Hirte**
contemnere, contemnō, contempsī, contemptum	**verachten**
servīre, serviō, –, –	**Sklave sein, dienen**

military, opinion, to repeat;

l'opinion *f*, répéter, servir;

Kommunikation, Konjunktion, Pastor

commūnicāre	**gemeinsam haben, teilen**
orīrī, orior, ortus sum	**entstehen**; sich erheben
fruī, fruor, – (*m. Abl.*)	(*etw.*) **genießen**, sich (*an etw.*) erfreuen
spīrāre	(aus)**atmen**; verbreiten
praeceptum, praeceptī *n*	**die Vorschrift**, die Regel; **die Lehre**
cōnfirmāre	**bekräftigen**; stärken, **ermutigen**
īnferior, īnferior, īnferius	**geringer**, schwächer, unter (jmdm.) stehend
superior, superior, superius	**höher stehend, überlegen**; früher

ÜV

cognoscere ex…	erfahren von…
familiariter uti servis	vertraut umgehen mit den Sklaven
sermonem communicare cum servis	Sklaven am Gespräch teilhaben lassen
memoriam repetere	sich ins Gedächtnis zurückrufen

complūrēs, complūrēs, complūra; *Gen.* complūrium	**einige; ziemlich viele**
quīdam, quaedam, quoddam	**ein (gewisser)**; *Pl.* **einige**, etliche
excipere, excipiō, excēpī, exceptum	**aufnehmen**, -fangen; eine Ausnahme machen
crūs, crūris *n*	**das** (Schien-)**Bein**; der Unterschenkel
prūdēns; *Gen.* prūdentis	**klug**; sachverständig
aggredī, aggredior, aggressus sum	(*an jmdn.*) herantreten; **angreifen**, überfallen
culpa, culpae *f*	**die Schuld**, das Verschulden
officium, officiī *n*	**der Dienst; die Pflicht**

dēesse, dēsum, dēfuī	**fehlen**
cōnficere, cōnficiō, cōnfēcī, cōnfectum	**beenden, erledigen**
damnum, damnī *n*	**der Schaden, der Verlust**
explēre, expleō, explēvī, explētum	(**aus**-, an-, **er)füllen**; wiedergutmachen
iactāre	**schleudern**; rühmen
vulnus, vulneris *n*	**die Wunde**
senex, senis *m*	**der alte Mann**, der Greis
dīves; *Gen.* dīvitis, *Abl. Sg.* dīvite, *Nom. Pl. n* dīvita, *Gen. Pl.* dīvitum	**reich**
dolēre, doleō, doluī, –	**schmerzen; bedauern**

praeterīre, praetereō, praeteriī, praeteritum	**vorbeigehen**, vergehen
nocturnus, nocturna, nocturnum	**nächtlich**
persequī, persequor, persecūtus sum	**verfolgen**
retinēre, retineō, retinuī, retentum	behalten, festhalten, **zurückhalten**
verberāre	**schlagen**
effodere, effodiō, effōdī, effossum	ausstechen; **ausgraben**
rērī, reor, ratus sum	**meinen**
posterus, postera, posterum	(nach)**folgend**

ludere
cadere
frangere
ius
quaerere
praestare
lex
utrum . . . an
poena
vehemens
manus
accidit, ut
tollere
fur
quidem

aggressive, office, rational;

l'exception *f*, l'office *m*, prudent(e);

aggressiv, Präteritum, senil

V

officia praestare	seine Aufgaben erfüllen
damno affici	geschädigt werden
fugae se dare	die Flucht ergreifen

(sē) continēre, contineō, continuī, –	**halten, festhalten**; enthalten; (sich aufhalten)
extrā (*m. Akk.*)	**außerhalb**; über ... hinaus
effugere, effugiō, effūgī, –	**entfliehen; vermeiden**
fīdus, fīda, fīdum	**treu**, treu ergeben
plūs, plūris	**mehr**
propius (*Adv.*)	**näher**
adversus (*m. Akk.*)	**gegen; gegenüber**
recreāre	**wiederherstellen**

forte	**zufällig**
crux, crucis *f*	**das Kreuz**
fulgēre, fulgeō, fulsī, –	**glänzen**, leuchten
armātus, armāta, armātum	**bewaffnet**
ferrum, ferrī *n*	**das Eisen**; die Waffe
trānsgredī, trānsgredior, trānsgressus sum	**hinübergehen; überschreiten**
frōns, frontis *f*; *Gen. Pl.* frontium	**die Stirn**; die Vorderseite; **die Front**
concurrere, concurrō, concurrī, concursum	**zusammenlaufen,** zusammentreffen, zusammenstoßen

velut	**wie, wie zum Beispiel**
rēs pūblica, reī pūblicae *f*	**der Staat**
reperīre, reperiō, répperī, repertum	**finden, wieder finden**
indūcere, indūcō, indūxī, inductum	**(hin)einführen; verleiten**
fugāre	**in die Flucht schlagen**
flūmen, flūminis *n*	**der Fluss**
laetitia, laetitiae *f*	**die Freude**
religiō, religiōnis *f*	**die (Gottes-)Verehrung; der Glaube**; der Aberglaube
quisque	**(ein) jeder**

dux
vis
miles
copiae
urbs
pons
contemplari
signum
vincere
exercitus
seditio
repente
acies
manus
potestas

to contain, recreation, versus;

le fer, la république, la recréation;

frontal, Konkurrenz, Kontinent

ÜV

eo ipso die	an genau diesem Tag
quieti se dare	sich ausruhen

īnstitūtum, īnstitūtī *n*	**die Anweisung**; der Grundsatz; **die Einrichtung**	
pectus, pectoris *n*	**die Brust; das Herz**	
coniugium, coniugiī *n*	**die Ehe**	
iungere, iungō, iūnxī, iūnctum	**verbinden**, vereinigen	
commodum, commodī *n*	**der Vorteil**, der Nutzen; die Bequemlichkeit	
dīvīnus, dīvīna, dīvīnum	**göttlich**	
obses, obsidis *m/f*	**die Geisel**	
sōlum (*Adv.*)	**nur**	
probus, proba, probum	**anständig, rechtschaffen**	
facinus, facinoris *n*	**die Tat; die Untat**	
antīquus, antīqua, antīquum	**alt, ehrwürdig**	
interīre, intereō, interiī, –	**zugrunde gehen**, untergehen; (ver)schwinden	
cōnstat	**es steht fest, es ist bekannt**	
concordia, concordiae *f*	**die Eintracht**	
inde	**von da an; von dort**; daher	antiquity, conservative, honesty;
ūsque ad (*m. Akk.*)	**bis zu**	la concorde, conserver, honnête;
restituere, restituō, restituī, restitūtum	**wiederherstellen**	Antiquariat, Kommode, konservativ
cōnservāre	retten, **erhalten**; einhalten	
foedus, foederis *n*	**das Bündnis, der Vertrag**	
honestus, honesta, honestum	**anständig**; angesehen, **ehrenhaft**	

adulescens
adducere
expugnare
succedere
quasi
tradere
fieri
acer
conari
fere
committere
modus
usus
proinde
talis

imperium servare salvum	das Reich erhalten
summe studere (*m. Dat.*)	sich mit größtem Eifer bemühen (*um etw.*)
in regnum succedere	auf dem Königsthron nachfolgen

grātus, grāta, grātum	**dankbar; willkommen**; beliebt
vēr, vēris *n*	**der Frühling**
trīstis, trīstis, trīste	**traurig**; unfreundlich
aestās, aestātis *f*	**der Sommer**; die Hitze
hiems, hiemis *f*	**der Winter**; das Unwetter
saevitia, saevitiae *f*	**die Härte**, die Strenge

nix, nivis *f*; *Gen. Pl.* nivium	**der Schnee**
tellūs, tellūris *f*	**die Erde**, der Erdboden
glōriārī, glōrior, glōriātus sum	**sich rühmen**; prahlen
laetārī, laetor, laetātus sum	**sich freuen**, fröhlich sein
iussū	**auf Befehl**, unter dem Befehl

molestus, molesta, molestum	**beschwerlich; lästig**
humus, humī *f*	**der (Erd-)Boden**
atrōx; *Gen.* atrōcis	**schrecklich**; wütend
tener, tenera, tenerum	jung, **zart; zärtlich**

reducere
gaudium
sol
cedere
ceteri
miser
neque ... neque
par
iuventus
brevis
rapere
parcere
vivere
virgo
mulier

tender, glory,

l'été *m*, grateful; tendre, triste;

Jussiv, Humus, trist

ÜV Nemini parcetur. — Niemand wird verschont bleiben.

prope (*Adv.*)	nahe, **in der Nähe; beinahe**
lacus, lacūs *m*	**der See**
speciēs, speciēī *f*	der Anblick, **das Aussehen; der Schein**
āēr, āeris *m*	**die Luft**; die untere Luftschicht
paene	**fast, beinahe**
tunc	**da; damals**, zu dem Zeitpunkt; dann
argentum, argentī *n*	**das Silber**; das Geld

complēre, compleō, complēvī, complētum	**anfüllen; erfüllen**; vollenden
vestis, vestis *f*	**die Kleidung, das Kleidungsstück**
pariter	**zugleich**, gemeinsam; ebenso
iuvāre, iuvō, iūvī, iūtum (*m. Akk.*)	**helfen**, unterstützen; erfreuen
audāx; *Gen.* audācis	**kühn**; unverschämt; skrupellos
vulnerāre	**verwunden**
sīcut	**(so) wie**

occīdere, occīdō, occīdī, occīsum	**niederschlagen; töten**
praecipere, praecipiō, praecēpī, praeceptum	(be)**lehren; vorschreiben**, anordnen
fluere, fluō, flūxī, –	**fließen**, strömen
fōns, fontis *m*; *Gen. Pl.* fontium	**die Quelle**; der Ursprung
sanāre	**heilen**
pauper; *Gen.* pauperis, *Abl. Sg.* paupere, *Nom. Pl. n* paupera, *Gen. Pl.* pauperum	**arm**

filia sorte deprehensa est	das Los fiel auf die Tochter
credere in Christum	an Christus glauben

dies
latere
cottidie
deficere
rex
tollere
dimittere
utinam
flere
caput
munire
gravis
proicere
collum
tantum

air, complete, fountain;

l'air *m*, complet/complète, le lac, pauvre;

Aerodynamik, Sanatorium, speziell

prīmum (*Adv.*)	**zuerst; zum ersten Mal**
bonum, bonī *n*	**das Gut(e);** *Pl. auch* das Hab und Gut, **der Besitz**
malum, malī *n*	das Übel; **Schlimmes**; das Unglück
vehere, vehō, vēxī, vectum	**fahren**; tragen; ziehen
disciplīna, disciplīnae *f*	**die Lehre, die Wissenschaft;** die Ordnung, die Disziplin
contrā (*Adv.*)	**dagegen**, andererseits; **gegenüber**
frūctus, frūctūs *m*	**die Frucht**; der Ertrag, der Nutzen

potius/potissimum	**eher, lieber**/gerade, **hauptsächlich**
exitus, exitūs *m*	**der Ausgang**; das Ende; **der Tod**
prosper, prospera, prosperum	**günstig; glücklich**
fiscus, fiscī *m*	**die (Staats-)Kasse**; der Korb
spoliāre	**(be)rauben; plündern**
reliquiae, reliquiārum *f* (*Pluralwort*)	**die (Über-)Reste**; die Trümmer

inclūdere, inclūdō, inclūsī, inclūsum	**einschließen**; versperren, unterbinden
commercium, commerciī *n*	**der Handel**; der Verkehr
parum	**(zu) wenig**
remittere, remittō, remīsī, remissum	**zurückschicken**; los-, nachlassen; verzeihen
ulcīscī, ulcīscor, ultus sum (*m. Akk.*)	(*etw./jmdn.*) **rächen; sich rächen** (*an jmdm.*)
fīnitimus, fīnitima, fīnitimum	**benachbart;** *Subst.* **der** (Grenz-)**Nachbar**
paul(ul)um	**ein** (klein) **wenig**

ÜV

rationem (*m. Gen.*) inire	(*etw.*) abwägen
bellum conficere	einen Krieg beenden
maiestati aliquid decedit	von dem Ansehen geht etw. verloren

ratio
undique
colere
honestus
mos
urbs
turpis
existimare
bellum
pax
commodum
contingere
conficere
protinus
humilis

all inclusive, commerce, fruit;

le commerce, le fruit, le mal;

Disziplin, inklusive, Reliquien

trīgintā	**dreißig**
habitāre	**(be)wohnen**
conciliāre	**gewinnen**; vermitteln
ergā (*m. Akk.*)	**gegen; gegenüber**; für
timidus, timida, timidum	**ängstlich**; scheu
admodum	**sehr**, überaus
simplex; *Gen.* simplicis	**aufrichtig**, offen; **einfach**
līberālis, līberālis, līberāle	**großzügig**, freigebig

nōvisse, nōvī, –	**kennen, verstehen**
quamvīs (*m. Konj.*)	**auch wenn**
versārī, versor, versātus sum	**sich aufhalten**, leben; **sich beschäftigen**
quamobrem	**weswegen; deswegen**
benevolentia, benevolentiae *f*	**das Wohlwollen**
incrēdibilis, incrēdibilis, incrēdibile	**unglaublich**

lingua, linguae *f*	**die Sprache**; die Zunge
cor, cordis *n*	**das Herz**
scīlicet (*Adv.*)	**selbstverständlich, natürlich**
pollicērī, polliceor, pollicitus sum	**versprechen**
invictus, invicta, invictum	**unbesiegbar; unbesiegt**
exigere, exigō, exēgī, exāctum	(ein)**fordern**, verlangen; **vollenden**

V

bonae fidei esse	vertrauenswürdig sein
facillimum (*m. Dat.*) esse	(*für etw.*) sehr zugänglich sein

pervenire
ubi (*Subj.*)
felix
gens
gratus
metus
caelum
descendere
repellere
quidam
brevi
visere
utilis
tantum . . . quantum
opus est (*m. Abl.*)

incredible, simple, language;

habiter, la langue, simple;

exakt, konziliant, liberal

Auf Artikel des Eigennamenverzeichnisses wird mit einem → verwiesen.

Acherōn, -ontis: der Totenfluss in der Unterwelt. Über ihn bringt der Fährmann → Charon die Seelen der Verstorbenen zum Eingang der Unterwelt.

Achillēs, -is (griech. Achilleus*):* Achilles/Achill, größter Held unter den Griechen, die → Troia belagerten. Er steht auch im Mittelpunkt der → *Ilias* des Dichters Homer (→ Homerus).

Aegyptus, -ī f: Ägypten, seit 30 v. Chr. römische Provinz.

*Aenēās, -ae (*Vok. *-a):* Äneas, ein Troianer; er trug der Sage nach seinen Vater Anchises aus dem brennenden → Troia. Anschließend irrte er mit den flüchtenden Troianern viele Jahre übers Meer, um eine neue Heimat zu finden. Er fand zwar bei → Dido in Karthago (→ Carthago) zunächst Aufnahme, musste sie dann aber auf Befehl Jupiters (→ Iuppiter) verlassen und nach Italien segeln. Dort gründete er nach vielen Kämpfen → Lavinium und wurde zum Stammvater des römischen Volkes.

Aeolus, -ī (griech. Aiolos*):* der Gott der Winde.

Aetna, -ae: der Vulkan Ätna auf Sizilien.

Africa, -ae: Afrika; als Landschaftsbezeichnung das heutige Nordafrika, als Provinz die Gegend um Karthago (→ Carthago), das heutige Tunis.

Agamemnō(n), -onis: Agamemnon, König von Mykene; Oberbefehlshaber der Griechen vor → Troia, wo er in heftigen Streit mit Achill (→ Achilles) geriet. Nach seiner Rückkehr von Troia wurde er von seiner Frau Klytämnestra und deren Liebhaber Ägisth erschlagen.

Agrigent: von den Griechen gegründete Stadt auf Sizilien.

Agrippa, -ae: Menenius Agrippa war Patrizier und Konsul des Jahres 503 v. Chr. Durch die Fabel vom Magen und den Gliedern schaffte er es, die Plebejer, die auf den Mons Sacer ausgewandert waren, zur Rückkehr zu bewegen.

Aiaia: mythische Insel und Wohnort der Zauberin Circe (→ Circa). Auch Odysseus (→ Ulixes) und seine Gefährten wurden auf ihren Irrfahrten hierher verschlagen.

Akropolis: die Akropolis; das Wahrzeichen Athens (→ Athenae) war in der Antike der Burgberg der Stadt und das religiöse Zentrum mit berühmten Tempeln, wie z. B. dem Tempel der → Athene (Parthenon).

Alarīcus, -ī: Alarich, König der Westgoten, der 410 n. Chr. Rom (→ Roma) eroberte und plünderte.

Alba Longa (-ae): alte Stadt in den Albanerbergen bei Rom (→ Roma). Sie wurde angeblich von Julus (→ Iulus), dem Sohn des Äneas (→ Aeneas), gegründet.

Albanerberge: Hügelkette im Südosten von Rom (→ Roma). Von hier bezogen einige Aquädukte ihr Wasser für die Stadt Rom.

Alcibiadēs, -is: Alkibiades (ca. 450–404 v. Chr.), griechischer Politiker und Feldherr.

Alēsia, -ae: Stadt in Gallien, dem heutigen Frankreich, bei der Cäsar (→ Caesar) die aufständischen Gallier unter ihrem Führer → Vercingetorix besiegte.

Alexander, -drī: Alexander der Große, Sohn des Königs → Philipp II. von Makedonien, als dessen Nachfolger 336–323 v. Chr. König der Makedonen. Er eroberte das Perserreich und drang mit seinem Heer bis über den Indus an die Grenzen der damals bekannten Welt vor. Sein Vorhaben, Griechen und Perser zu einem Volk zu verschmelzen, wurde durch seinen frühen Tod vereitelt.

Alexandrīa,-ae: Stadt im Nildelta von Ägypten (→ Aegyptus). Hier stand u. a. das berühmte → Mouseion, die größte Bibliothek der antiken Welt.

Allia, -ae: kleiner Fluss in → Latium. Hier erlitten die Römer im Jahr 390 v. Chr. eine schwere Niederlage gegen die Gallier.

Ampelisca, -ae: Ampeliska, Figur in einer Komödie des → Plautus.

Amphitheātrum Flāvium: → Colosseum.

Amulius, -ī: der Sage nach Sohn des Königs von → Alba Longa. Er zwang seinen Bruder → Numitor zur Abdankung, wurde aber später dafür von → Romulus getötet.

Anchīsēs, -ae: Vater des Äneas (→ Aeneas).

Antigona, -ae: Antigone, Tochter des Ödipus (→ Oedipus). Nachdem sich ihre beiden Brüder Eteokles (→ Eteocles) und Polyneikes (→ Polynices) im Kampf um die Herrschaft in Theben (→ Thebae) gegenseitig getötet hatten, verbot Kreon (→ Creon), Polyneikes bestatten zu lassen. Antigone – im Konflikt zwischen geschriebenem und ungeschriebenem Gesetz – bestattete ihren Bruder trotzdem. Das brachte ihr das Todesurteil durch Kreon ein.

Aphrodite: → Venus.

Apollō, -inis: griechisch-römischer Gott des Lichts, der Musik und Weissagung. Sein berühmtestes Heiligtum war das von → Delphi.

Apollodōrus, -ī: Apollodorus von Damaskus, 2. Jh. n. Chr., berühmter griechischer Architekt. Er errichtete das Trajansforum (→ Forum Traiani), die Trajansthermen, die berühmte steinerne Brücke an der unteren Donau und viele andere Bauten.

Aquilēia, -ae: Stadt im Nordosten Italiens (der heutigen Region Venetien). Ihren Reichtum und ihre Bedeutung erhielt Aquileia hauptsächlich durch den Seehandel und die Nutzung nahe gelegener Goldminen.

Aquīlius, -ī: Gaius Aquilius, Volkstribun, auf dessen Antrag im Jahr 286 v. Chr. ein Gesetz zur Regelung von Schadenersatz beschlossen wurde.

Archimēdēs, -is: griechischer Mathematiker und Physiker in Syrakus (→ Syracusae) (ca. 287–212 v. Chr.). Er entwickelte u. a. die Hebelgesetze. Außerdem gilt er als Erfinder der archimedischen Schraube, mit deren Hilfe Wasser von einem tieferen auf ein höheres Niveau transportiert werden kann.

Ares: → Mars.

Ariadna, -ae: Ariadne, Tochter des Königs → Minos von Kreta (→ Creta). Sie verliebte sich in den Athener → Theseus, der nach Kreta gekommen war, um den → Minotaurus zu töten. Mithilfe des Fadens, den sie ihm mitgab, fand Theseus wieder aus dem Labyrinth (→ labyrinthus) heraus.

Aristophanēs, -is: griechischer Komödiendichter (um 445–385 v. Chr.), dessen Werke von teilweise beißendem Spott auf die Verhaltensweisen seiner Mitbürger geprägt sind. U. a. deshalb werden sie auch heute noch häufig aufgeführt.

Aristotelēs, -is: griechischer Philosoph (384–322 v. Chr.), Schüler des → Platon und Erzieher von → Alexander dem Großen. Nach Platons Tod gründete Aristoteles eine eigene Philosophenschule, den *Peripatos.* Seine Lehre prägte die Philosophie und die geistige Kultur Europas maßgeblich.

Artemis: → Diana.

Asia, -ae: Kleinasien; heute die westliche Türkei. Diese stark von griechischer Kultur geprägte Gegend bildete auch die gleichnamige römische Provinz.

Äskulap (griech. Asklepios*):* der Gott der Heilkunst.

Athaulfus, -ī: König der Westgoten, Nachfolger des Alarich (→ Alaricus).

Athēnae, -ārum: Athen, die Hauptstadt des modernen Griechenland. In der Antike das kulturelle und geistige Zentrum Griechenlands (→ Graecia) mit der → Akropolis und vielen Tempeln. Zahlreiche bedeutende Dichter, Künstler, Philosophen und Politiker wirkten in dieser Stadt;
Adj.: *Athēniēnsis, -is, -e:* athenisch, aus Athen,
Subst.: der Athener.

Athene: → Minerva.

Attica, -ae: Attika, die Gegend um die Stadt Athen (→ Athenae).

Atticus, -ī: Titus Pomponius Atticus (109–32 v. Chr.), gebildeter reicher Römer, der lange in Athen lebte und wegen seiner Vorliebe für diese Stadt und die Landschaft Attika (→ Attica) den Beinamen *Atticus* erhielt. Er war sehr eng mit → Cicero befreundet.

Augīās, -ae: König von Elis, einer Landschaft in Griechenland. Herkules (→ Hercules) musste bei einer seiner Arbeiten dessen dreißig Jahre nicht ausgemisteten Rinderstall reinigen. Er schaffte es an einem einzigen Tag, indem er einen Fluss durch den Stall leitete.

Augusta Trēverōrum: das heutige Trier. Hauptort des Stammes der Treverer (→ Treveri), der zu einer der wichtigsten Städte Germaniens (→ Germania) wurde. Um 400 n. Chr. wurde Trier sogar Kaiserresidenz.

Augustus, -ī: Gaius Iulius Caesar Octavianus (63 v. Chr.–14 n. Chr.); er wurde nach dem Sieg über die Mörder seines Adoptivvaters Cäsar (→ Caesar) und über seinen Rivalen → Marcus Antonius 31 v. Chr. Alleinherrscher im Römischen Reich (*princeps*). Er erhielt 27 v. Chr. vom Senat den Ehrentitel *Augustus* („der Erhabene"). Sein großes Verdienst war es, in Rom (→ Roma) die Bürgerkriege beendet und einen dauerhaften Frieden geschaffen zu haben.

Aventīnus, -ī: der Aventin, einer der Hügel Roms (→ Roma), zwischen → Circus Maximus und Tiber (→ Tiberis) gelegen.

Babylōn, -ōnis: antike Großstadt zwischen Euphrat und Tigris, auf dem heutigen Staatsgebiet des Irak gelegen.

Basilica Iūlia: mehrschiffiges, hallenartiges Gebäude von ca. 100 Metern Länge auf dem → Forum Romanum. Sie wurde um das Jahr 54 v. Chr. von Cäsar (→ Caesar) begonnen und von → Augustus vollendet. In ihr fanden hauptsächlich Gerichtsverhandlungen statt. Außerdem war sie ein beliebter Treffpunkt und Aufenthaltsort für Müßiggänger.

Basilica Ulpia: Die größte je in Rom (→ Roma) gebaute Basilika mit einer Länge von fast 170 Metern. Kaiser Trajan (→ Traianus) ließ sie als Teil des Trajansforums (→ Forum Traiani) 107–113 n. Chr. erbauen. Sie war ein wichtiges Handels- und Gerichtszentrum, aber auch Sklaven wurden hier offiziell in die Freiheit entlassen.

Beneventum, -ī: Stadt in Süditalien, das heutige Benevent; wichtiger Kreuzungspunkt mehrerer Römerstraßen.

Brennus, -ī: der Anführer der Gallier, die die Römer 390 v. Chr. in der Schlacht an der → Allia besiegten („schwarzer Tag" für Rom).

Britannia, -ae: Britannien war vom 1. bis zum 5. Jh. n. Chr. römische Provinz. Allerdings umfasste das römische Herrschaftsgebiet nicht das heutige Schottland und Irland.

Brundisium, -ī: das heutige Brindisi. Hafenstadt an der Adria in Süditalien am Ende der → Via Appia. Hier war auch der Ausgangspunkt für Fahrten nach Griechenland.

Brūtus, -ī (*wörtl.* „der Dummkopf"): Nach der Vertreibung des letzten Königs → Tarquinius Superbus aus Rom wurde er ca. 509 v. Chr. der erste Konsul der neu entstandenen römischen Republik.

Byzantion: griechische Handelsstadt am Bosporus (Türkei). Die ursprünglich griechische Kolonie wurde von Kaiser Konstantin (→ Constantinus), als er 330 n. Chr. seinen Regierungssitz hierher verlegte, in Konstantinopolis (Konstantinopel) umbenannt. Das heutige Istanbul war bis zu seiner Eroberung durch die Türken 1453 auch Hauptstadt des Byzantinischen Reiches.

Caesar, -is: Gaius Iulius Caesar (100–44 v. Chr.), römischer Politiker aus patrizischem Geschlecht. Er durchlief rasch die politischen Ämter in Rom (→ Roma), wurde 59 v. Chr. Konsul und bekam im Jahr 58 v. Chr. die Provinz Gallien (→ Gallia) zugeteilt. Er unterwarf in neun Jahren den noch freien Teil Galliens. Nachdem er im Bürgerkrieg seinen Rivalen Pompejus (→ Pompeius) ausgeschaltet hatte, errang er 46 v. Chr. die Alleinherrschaft. An den Iden des März (= 15. März) 44 v. Chr. wurde er ermordet. Nach seinem Tod wurde der Name „Cäsar" zum Ehrentitel und festen Beinamen der römischen Kaiser.

Caligula, -ae: römischer Kaiser (reg. 37–41 n. Chr.), wegen seines „Cäsarenwahns" besonders gefürchtet und verhasst.

Cambodūnum, -ī: das heutige Kempten; wurde unter Kaiser Tiberius (14–37 n. Chr.) gegründet und war ein bedeutender Marktort in der Provinz → Raetia. Es wurde im 3. Jh. n. Chr. zerstört.

Cannae, -ārum: Dorf in Apulien (Süditalien), in dessen Nähe → Hannibal 216 v. Chr. den Römern eine vernichtende Niederlage beibrachte.

Capitōlīnus (-ī) mōns (montis): → Capitolium.

Capitōlium, -ī: das Kapitol, der Hügel, auf dem die Burg Roms (→ Roma), aber auch die Tempel der beiden höchsten Götter Jupiter (→ Iuppiter) und Juno (→ Iuno) standen. Im Tempel der Juno befand sich auch die staatliche Münzprägestätte.

Capua, -ae: Stadt in Kampanien (Süditalien); wichtiger Schnittpunkt von fünf Römerstraßen.

Carthāgō, -inis: Karthago, Handelsstadt an der Küste Nordafrikas im Gebiet des heutigen Tunesien. Der Sage nach wurde es von → Dido, tatsächlich aber um 800 v. Chr. von den Phöniziern gegründet. Es wurde in drei Kriegen (den „Punischen", d. h. phönizischen) von Rom bezwungen und 146 v. Chr. völlig zerstört;
Adj.: *Carthāginiēnsis, -is, -e:* karthagisch, aus Karthago,
Subst.: der Karthager.

Cassandra, -ae: Kassandra, Tochter des Königs → Priamus von → Troia. Sie hatte von → Apollo die Gabe der Weissagung erhalten, wurde aber, da sie seine Liebe nicht erwiderte, damit bestraft, dass niemand ihren Prophezeiungen glaubte. Nach der Eroberung Troias erhielt → Agamemnon Kassandra als Beute.

Castōr, -oris: Kastor, Zwillingsbruder des → Pollux, mit dem zusammen er viele Heldentaten vollbrachte. In der Antike galten sie als Schutzpatrone der Stadt Rom (→ Roma).

Castra Rēgina: das heutige Regensburg. Ursprünglich ein einfaches Militärlager, das aber von Kaiser Mark Aurel (161–180 n. Chr.) stärker befestigt wurde. Es sollte die Brücke über die Donau (→ Danuvius) militärisch sichern. Im Laufe der Zeit bildete sich auch eine große zivile Siedlung (*Ratisbona*) um das Militärlager, die Keimzelle der heutigen Stadt.

Catilīna, -ae: römischer Adliger; er zettelte 63 v. Chr. eine Verschwörung an, die aber von → Cicero aufgedeckt und vereitelt wurde.

Celsus, -ī: reicher Bürger von → Ephesus, der dort eine große Bibliothek errichten ließ, deren Fassade vor einigen Jahren wieder aufgebaut wurde.

Cerberus, -ī: Zerberus, der Höllenhund mit drei Köpfen, bewacht den Eingang zur Unterwelt.

Cerēs, Cereris (*griech.* Demeter): römische Göttin der Erde und ihrer Früchte. Sie wurde früh mit der griechischen Göttin Demeter („Erdmutter") gleichgesetzt.

Charōn, -ontis: der Fährmann, der die Seelen der Verstorbenen über die Unterweltsflüsse zum Eingang der Unterwelt bringt.

Charybdis, -is: eine gefährliche Meeresströmung an der Meerenge zwischen Sizilien und dem Festland. Sie brachte zusammen mit dem Felsen der Skylla (→ Scylla) die vorbeifahrenden Seeleute oft in tödliche Gefahr.

Chimäre: dreigestaltiges Mischwesen mit dem Kopf eines Löwen und dem Körper einer Ziege und einer Schlange als Schwanz. Der Sage nach trieb sie ihr Unwesen an der Westküste der heutigen Türkei.

Chrīstus, -ī: griechische Übersetzung des hebräischen Wortes *mashiak* (*Messias*): der *Gesalbte* des Herrn. Im Neuen Testament wird Christus sowohl als Substantiv als auch als Eigenname verwendet; Adj.: *Chrīstiānus, -a, -um:* christlich, Subst.: der Christ.

Cicerō, -ōnis: Marcus Tullius Cicero (106–43 v. Chr.), römischer Politiker, Redner und Schriftsteller. Für das Jahr 63 v. Chr. wurde er zum Konsul gewählt und deckte dabei die Verschwörung des → Catilina auf. Wegen der Hinrichtung der Anhänger Catilinas musste er aber in die Verbannung gehen. Diesen Rückzug aus dem politischen Leben nutzte er zu umfangreicher schriftstellerischer Tätigkeit über rhetorische und philosophische Themen. Dabei versuchte er vor allem, die Gedanken der griechischen Philosophie in lateinischer Sprache auszudrücken. 43 v. Chr. wurde er aus politischen Gründen ermordet.

Cimbrī, -ōrum: die Zimbern, ein germanischer Volksstamm, der um 120 v. Chr. zusammen mit den Teutonen (→ Teutoni) in das Römische Reich einfiel, dort aber 102 v. Chr. schließlich von Marius besiegt wurde.

Circa, -ae (*griech.* Kirke)*:* Circe, der Sage nach eine Zauberin, die auf der Insel → Aiaia lebte und alle Menschen, die auf ihrer Insel landeten, in Tiere verwandelte, so auch die Gefährten des Odysseus (→ Ulixes). Dieser aber entging der Verwandlung durch ein Zauberkraut, das ihm der Götterbote Hermes (→ Mercurius) gegeben hatte.

Circus Māximus, -ī: der größte jemals gebaute Circus in Rom (→ Roma) mit Plätzen für ca. 250 000 Zuschauer. In seiner ca. 600 Meter langen Rennbahn fanden mehrmals im Jahr Pferde- und Wagenrennen statt.

Claudius, -ī: römischer Kaiser (reg. 41–54 n. Chr.); er wurde von seiner Gemahlin Agrippina ermordet.

Cleopatra, -ae: Kleopatra, seit 51 v. Chr. Königin von Ägypten (→ Aegyptus). Sie zog Cäsar (→ Caesar) und später auch → Marcus Antonius in ihren Bann und versuchte so, eine größere Unabhängigkeit Ägyptens von Rom zu erreichen. Nach dem Sieg Oktavians (→ Octavianus) über Antonius beging sie 31 v. Chr. Selbstmord.

Cloelia, -ae: junge Römerin, die der Sage nach 508 v. Chr. als Geisel zu dem Etruskerkönig → Porsenna gehen musste, aber von dort entfloh und nach Rom (→ Roma) zurückkehrte. Hier missbilligte man ihr Verhalten und schickte sie dem König zurück. Der jedoch ließ das mutige Mädchen mit dem größten Teil der anderen Geiseln frei. In späterer Zeit soll ihr ein Standbild errichtet worden sein.

Colōnia Agrippīna: das heutige Köln. Römisches Militärlager am Rhein (→ Rhenus), in dem Agrippina, die Mutter des späteren Kaisers → Nero, geboren wurde. Nach ihr wurde der Ort auch benannt.

Colossēum, -ī: das Kolosseum. Das größte Amphitheater Roms (→ Roma) mit Platz für ca. 55 000 Zuschauer. Von den flavischen Kaisern Vespasian (→ Vespasianus) und → Titus erbaut, wurde es ursprünglich Amphitheatrum Flavium genannt. Seinen auch heute noch gebräuchlichen Namen erhielt es von einer Kolossalstatue des Kaisers → Nero, die in unmittelbarer Nähe aufgestellt war.

Concordia, -ae: die Göttin der Eintracht.

Cōnfluentēs, -ium: das heutige Koblenz. Militärlager und wichtiger Handelshafen am Zusammenfluss (*confluere:* zusammenfließen) von Rhein (→ Rhenus) und Mosel.

Cōnstantia, -ae: das heutige Konstanz am Bodensee.

Cōnstantīnus, -ī: Konstantin I., der Große, römischer Kaiser von 306–337 n. Chr. Er besiegte 312 n. Chr. an der Milvischen Brücke (→ Pons Mulvii) seinen Konkurrenten → Maxentius im Zeichen des Kreuzes. Ab diesem Zeitpunkt förderte er intensiv das junge Christentum und leitete wichtige Reformen im Römischen Reich ein. Er gründete im Jahr 326 n. Chr. an der Stelle des alten → *Byzantion* (Byzanz) die Stadt Konstantinopel (das heutige Istanbul) und erklärte sie zur neuen Hauptstadt des Römischen Reiches.

Corinthus, -ī f: Korinth; reiche griechische Handelsstadt am Isthmos, der Landbrücke zwischen Mittelgriechenland und der Peloponnes; wurde 146 v. Chr. von den Römern zerstört.

Coriolānus, -ī: Gaius Marcius, Coriolan, römischer Heerführer, der der Sage nach 493 v. Chr. die Volskerstadt → Corioli eroberte und darum den Ehrennamen *Coriolanus* erhielt. Später wurde er aber nach Auseinandersetzungen mit dem Senat und dem Volk gezwungen, Rom (→ Roma) zu verlassen. Darauf ging er zu den Volskern (→ Volsci) und bewegte sie dazu, gegen Rom in den Krieg zu ziehen. Als er mit seinem Heer vor Rom auftauchte, brachte ihn schließlich seine Mutter → Veturia dazu, seine Vaterstadt zu verschonen und wieder abzuziehen. Er starb in der Verbannung.

Coriolī, -ōrum: Stadt der Volsker (→ Volsci) südöstlich von Rom (→ Roma).

Cornēlia, -ae: jüngere Tochter des P. Cornelius → Scipio, Mutter von Gaius und Tiberius → Gracchus. Sie war eine der angesehensten und gebildetsten Frauen Roms.

Coubertin, Pierre de: Pierre Baron de Coubertin (1863–1937) gilt als der Begründer der Olympischen Spiele der Neuzeit (→ Olympia), die zum ersten Mal 1896 in Athen stattfanden.

Creōn, Creontis: Kreon, Bruder der Iokaste, der Königin von Theben (→ Thebae). Nachdem Ödipus (→ Oedipus) wegen seiner Freveltaten ins Exil geschickt worden war, übernahm er die Herrschaft in Theben.

Crēta, -ae: die Insel Kreta; in römischer Zeit Sitz eines Prokurators (römischen Verwalters).

Critognātus, -ī: adliger Gallier, der v. a. während der Belagerung → Alesias durch Cäsar (→ Caesar) zum Widerstand gegen die Römer aufrief.

Croesus, -ī (*griech.* Kroisos)*:* Kroisos, König von Lydien in Kleinasien (6. Jh. v. Chr.). Wegen seines sagenhaften Reichtums hielt er sich für glücklich. Sein Glück verließ ihn in der Schlacht am → Halys, wo er sein Königreich an den Perserkönig Kyros (→ Cyrus) verlor.

Cūmae, -ārum: von den Griechen gegründete Stadt an der Küste Kampaniens (Süditalien). Hier soll eine der sieben Sibyllen (→ Sibylla) gewohnt haben. Zu ihr kam auch Äneas (→ Aeneas) auf seinem Gang in die Unterwelt.

cūria, -ae: die Kurie, der hauptsächliche Versammlungsort des römischen Senats. Das Gebäude auf dem → Forum Romanum, das noch heute gut erhalten ist, wurde ab dem Jahre 52 v. Chr. von Cäsar (→ Caesar) neu errichtet.

Cyprus, -ī f: die Insel Zypern; seit 58 v. Chr. unter römischer Herrschaft, seit 30 v. Chr. römische Provinz.

Cȳrus, -ī (*griech.* Kyros)*:* Kyros II., der Begründer des persischen Weltreiches. In der Antike wurde er nicht nur als großer Herrscher, sondern auch als tugendhafter und weiser Mann verehrt.

Dācī, -ōrum: die Daker. Volksstamm, der etwa im heutigen Rumänien lebte. Die Kaiser Domitian und Trajan (→ Traianus) führten mehrere Kriege gegen sie, Trajan besiegte sie 106 n. Chr. endgültig; Adj.: *Dācicus, -a, -um:* dakisch.

Daedalus, -ī: Dädalus, berühmter Erfinder im griechischen Mythos. Er erschuf u. a. das Labyrinth (→ labyrinthus) für den → Minotaurus auf Kreta (→ Creta). Von dort floh er mit selbst gebauten Flügeln, wobei sein Sohn Ikarus (→ Icarus) umkam. Dädalus lebte bis zu seinem Tod auf Sizilien und Sardinien und soll dort noch einige weitere Erfindungen gemacht haben.

Daemonēs, -is: Figur in einer Komödie des → Plautus.

Dāmoclēs, -is: Damokles, Freund des Tyrannen → Dionysius I. von Syrakus (→ Syracusae).

Dāmōn: Syrakusaner, der den Tyrannen → Dionysius von Syrakus zu stürzen versuchte; eine der Hauptpersonen in → Schillers Ballade „Die Bürgschaft".

Dānuvius, -ī: die Donau. Besonders in der Kaiserzeit hatte der Fluss als Reichsgrenze große Bedeutung. An der Donau waren mehrere Legionen und zwei kleine Kriegsflotten stationiert.

Dareus, -ī (*griech.* Dareios): Dareios III., der letzte persische König. Er wurde von → Alexander dem Großen mehrfach besiegt, verlor die Königsherrschaft und starb 330 v. Chr.

Delphī, -ōrum (*griech.* Delphoi): berühmtestes Orakel des Altertums und dem Gott → Apollo geweiht. Die Priesterin des Apollo, → Pythia, verkündete Orakelsprüche, die oft mehrdeutig waren.

Deucaliōn, -ōnis: Deukalion, Gestalt des griechischen Mythos, Ehemann der → Pyrrha. Als Zeus (→ Iuppiter) die Menschen durch eine Sintflut vernichten wollte, ließ er Deukalion und Pyrrha als Einzige wegen ihrer edlen Gesinnung am Leben. Sie wurden so zu Begründern eines neuen Menschengeschlechts.

Diāna, -ae (*griech.* Artemis): die Göttin der Jagd, Schwester des → Apollo.

Dīdō, -ōnis: Königstochter aus → Tyros. Sie gründete der Sage nach Karthago (→ Carthago). Auch soll sie Äneas (→ Aeneas) nach seiner Flucht aus → Troia gastfreundlich aufgenommen und sich in ihn verliebt haben. Als Äneas auf Weisung Jupiters (→ Iuppiter) nach Italien weiterfuhr, verfluchte sie ihn und nahm sich aus Verzweiflung das Leben.

Diogenēs, -is: griechischer Philosoph (4. Jh. v. Chr.), der nach größter Bedürfnislosigkeit strebte und in einer Vorratstonne hauste.

Diokletian: römischer Kaiser von 284–305 n. Chr. Er reformierte die Verwaltung des Römischen Reiches grundlegend. Unter seiner Herrschaft wurden die Christen grausam verfolgt.

Dionȳsius, -ī: Dionysius I., von 405–367 v. Chr. Tyrann von Syrakus (→ Syracusae), schützte die Stadt vor den Karthagern und errichtete mit brutaler Gewalt ein mächtiges Staatswesen. Seine Härte wurde ebenso sprichwörtlich wie sein ausgeprägtes Misstrauen. Er lebte in ständiger Angst vor Attentaten.

Dionysos (*lat.* Bacchus): Gott des Weines und des Theaters.

Dioskuren: die beiden Zeussöhne Kastor (→ Castor) und → Pollux.

Discordia, -ae (*griech.* Eris): die Göttin des Streites und der Zwietracht.

Elysium, -ī: nach antiker Vorstellung der Wohnort der Seligen in der Unterwelt.

Ephesus, -ī f: Stadt in Kleinasien an der Westküste der heutigen Türkei. Sie war eine der größten und wichtigsten Handelsstädte der Antike.

Epicūrus, -ī: Epikur (341–270 v. Chr.), Philosoph aus Athen (→ Athenae), wichtigster Vertreter der Atomtheorie und der Lehre von der Lust als dem höchsten Gut. Er verstand dies aber nicht in dem Sinne, dass jeder seinen Trieben nachgeben sollte.

Epidaurus, -ī f: Epidauros, berühmte Kultstätte des Asklepios (→ Äskulap) in der Argolis (Griechenland). Hier befand sich ein großes Heilzentrum sowie ein Theater, das auch heute noch wegen seiner einmaligen Akustik bekannt ist.

Erasmus von Rotterdam: niederländischer Gelehrter und Schriftsteller (1466–1536). Er gilt als einer der bedeutendsten Gelehrten der Renaissance und verfasste u. a. die Werke *Laus stultitiae* („Lob der Torheit"), *Querela pacis* („Klage des Friedens") und *Colloquia familiaria* („Vertraute Gespräche").

Eris: → Discordia.

Eteoclēs, -is: Eteokles, Sohn des Ödipus (→ Oedipus) und Bruder des Polyneikes (→ Polynices). Im Kampf um die Macht in Theben (→ Thebae) töten sich beide Brüder gegenseitig.

Etruscī, -ōrum: uraltes Volk, das vor der Gründung Roms (→ Roma) Mittelitalien beherrschte, nach der Unterwerfung durch die Römer aber politisch bedeutungslos wurde. Die hoch entwickelte Kultur der Etrusker, die stark von der griechischen geprägt war, übte großen Einfluss auf die Römer aus. So übernahmen diese z. B. technische Errungenschaften wie die Bogenkonstruktion oder viele religiöse Praktiken wie die Eingeweideschau.

Eurōpa, -ae: phönizische Prinzessin, die Zeus (→ Iuppiter) der Sage nach in der Gestalt eines Stieres nach Kreta (→ Creta) entführte. Nach ihr wurde der gesamte Kontinent benannt.

Eurydica, -ae (*griech.* Eurydike): Gemahlin des → Orpheus.

Eurylochus, -ī (*griech.* Eurylochos): Gefährte des Odysseus (→ Ulixes), der ihn vor den Zauberkräften der Circe (→ Circa) warnte. Sie hatte dessen Gefährten in Tiere verwandelt.

Euterpe: die Muse der Tonkunst.

Fabius, -ī: Quintus Fabius Maximus, römischer Konsul. Er erhielt im Krieg gegen → Hannibal den Beinamen *Cunctator* („Zauderer"), weil er seinen Gegner durch ständiges Hinhalten zu zermürben versuchte.

Faustulus, -ī: Hirte, der der Sage nach die von einer Wölfin gesäugten Zwillinge → Romulus und → Remus fand und großzog.

Flāminius, -ī: Gaius Flaminius, römischer Konsul, der 217 v. Chr. mit seinem Heer von → Hannibal am Trasimenischen See (→ Trasimenus) geschlagen wurde.

Flāviī, -ōrum: die Flavier, römisches Kaisergeschlecht im 1. Jh. n. Chr. Die drei Kaiser der flavischen Dynastie sind Vespasian (→ Vespasianus), → Titus und Domitian.

Fortūna, -ae: die Göttin des Glücks.

Forum Rōmānum: das Zentrum Roms (→ Roma) und des Römischen Reiches. Hier fanden politische Versammlungen und Gerichtsprozesse statt, standen Tempel und zahlreiche Läden und Geschäfte. Zugleich war es der wichtigste Treffpunkt der Römer.

Forum Trāiānī: das Trajansforum. Von Kaiser Trajan (→ Traianus) in den Jahren 107–113 n. Chr. erbaute Anlage nördlich des → Forum Romanum mit einer Basilika (→ Basilica Ulpia), zwei Bibliotheken, der Trajanssäule mit Reliefs der Kriegszüge des Kaisers sowie einem Einkaufs- und Geschäftszentrum.

Gāius Mārcius: → Coriolanus.

Galla Placidia, -ae: um 390–450 n. Chr., weströmische Kaiserin, Tochter des Kaisers → Theodosius. Nach dem Tod ihres zweiten Ehemanns regierte sie das Weströmische Reich von 423–437 n. Chr.

Gallī, -ōrum: die Gallier, die die so genannte Gallia Comata, also in etwa das Gebiet des heutigen Frankreich und Belgien, bewohnten; Adj.: *Gallus, -a, -um:* gallisch.

Gallia, -ae: Gallien, das Gebiet, das die keltischen Gallier besiedelten. Zur Zeit der Eroberung durch Cäsar (→ Caesar), also etwa um 50 v. Chr., umfasste Gallien in etwa das heutige Frankreich und Belgien. Mit Gallia Cisalpina wurde das Gebiet von der Poebene bis zu den Alpen bezeichnet;
Adj.: *Gallicus, -a, -um:* gallisch.

Genius, -ī: mit *Genius* bezeichneten die Römer eine Kraft, die mit einem Mann geboren wurde und sozusagen seine Persönlichkeit an sich bezeichnet. Mit dem Tod erlischt sie auch wieder. Der Genius wurde immer am Geburtstag eines Mannes gefeiert. Das entsprechende weibliche Gegenstück hieß *Iuno.*

Georgius, -ī: einer der bekanntesten Heiligen der Christenheit. Er gilt als Patron der Reiter, Bauern und der Pferde. Sein Gedenktag ist der 23. April. Georg soll etwa zur Zeit des Kaisers → Diokletian (um 300 n. Chr.) gelebt haben. Die bekannteste Version seiner Heiligenlegende erzählt, wie er die Stadt Silena in Libyen von einem Drachen befreit und die von diesem bedrohte Königstochter gerettet haben soll. Heute wird die Existenz Georgs als historische Persönlichkeit stark angezweifelt.

Germānī, -ōrum: die Germanen. Sie siedelten hauptsächlich östlich des Rheins (→ Rhenus) und nördlich der Donau (→ Danuvius). Ihre Lebensgewohnheiten wurden von dem römischen Geschichtsschreiber Tacitus (54–117 n. Chr.) in seinem Werk *Germania* beschrieben, aber auch Cäsar (→ Caesar) berichtet einiges von den Sitten der Germanen.

Germānia, -ae: Germanien, das Gebiet nördlich des → Limes bzw. des Rheins (→ Rhenus) und der Donau (→ Danuvius). Dieses Gebiet konnten die Römer nie dauerhaft erobern.

Gordion: Stadt in Phrygien, im Nordwesten der heutigen Türkei. Hier stand in einem Tempel ein berühmter Wagen, dessen Deichsel durch einen so komplizierten Knoten mit dem Wagen verbunden war, dass man weder Anfang noch Ende erkennen konnte. Eine Prophezeiung besagte, dass derjenige, der den Knoten lösen könne, Herrscher über Asien sein werde. → Alexander der Große soll den Knoten auf seine Weise, mit einem Schwerthieb, „gelöst" haben.

Gothī, -ōrum: die Goten, ein germanischer Volksstamm.

Gracchus, -ī: Tiberius Sempronius Gracchus (162–133 v. Chr.), Volkstribun 133 v. Chr., und Gaius Sempronius Gracchus (153–121 v. Chr.), Volkstribun 123 v. Chr.; beide Brüder scheiterten bei ihrem Versuch, die Lage der besitzlosen Bürger Roms durch eine Neuverteilung von Land zu verbessern, und wurden ermordet.

Graecia, -ae: Griechenland;
Adj.: *Graecus, -a, -um:* griechisch, aus Griechenland,
Subst.: der Grieche.

Gripus, -ī: Figur in einer Komödie des → Plautus.

Gutenberg, Johannes: eigentlich Johannes Gensfleisch zur Laden (um 1400–1468), Drucker und Erfinder des Buchdrucks mit beweglichen Lettern.

Hades, -is: der griechische Gott der Unterwelt bzw. Bezeichnung für die Unterwelt an sich.

Hadriānus, -ī: Hadrian, römischer Kaiser; er regierte von 117–138 n. Chr. Hadrian verzichtete, anders als sein Vorgänger Trajan (→ Traianus), auf Eroberungen und sorgte stattdessen für sichere Grenzen (Hadrianswall in Britannien). Er unternahm zahlreiche Reisen durch das gesamte Reich und ließ einige bedeutende Bauwerke errichten, so z. B. seine Villa beim heutigen Tivoli in der Nähe von Rom, das Pantheon (→ Pantheum) oder sein Grabmal in Rom, die Engelsburg.

Hagia Sophia: zur Zeit ihrer Erbauung (532–537 n. Chr.) durch Kaiser Justinian (→ Iustinianus) die größte Kirche der Christenheit. Heute ist die Hagia Sophia eine Moschee.

Halys, -yos: Fluss in Kleinasien, im Westen der heutigen Türkei. An ihm fand die berühmte Schlacht zwischen dem Perserkönig Kyros (→ Cyrus) und Kroisos (→ Croesus), dem König der Lyder (→ Lydi), statt. In dieser Schlacht wurde Kroisos besiegt und verlor sein gesamtes Königreich.

Hamilcar (Barcas), -is: Hamilkar Barkas, Vater von → Hannibal und Feldherr der Karthager im Ersten Punischen Krieg.

Hánnibal, -is: 247–183 v. Chr., Sohn des Hamilkar Barkas (→ Hamilcar), brachte den Römern, nachdem er sein Heer über die Alpen geführt hatte, im Verlauf des Zweiten Punischen Krieges (218–202 v. Chr.) eine Reihe schwerer Niederlagen (→ Cannae, → Trasimenus) bei. Die letzte Schlacht gegen → Scipio verlor er allerdings. Als die Römer ihn verfolgten, floh er nach Kleinasien, wo er 183 v. Chr. Selbstmord beging.

Hector, -is: Hektor, ältester Sohn des Königs → Priamus von → Troia, Beschützer der Stadt während der zehnjährigen Belagerung durch die Griechen. Er wurde von Achill (→ Achilles), nachdem er dessen Freund → Patroklos getötet hatte, im Zweikampf getötet und mehrmals um den Mauerring Troias geschleift. Erst als Priamus im Lager der Griechen auftauchte und um die Herausgabe seines Sohnes bat, gab Achill nach und versöhnte sich mit Priamus. Mit Hektors Bestattung endet Homers (→ Homerus) → *Ilias.*

Hecuba, -ae: Hekuba, Gemahlin des → Priamus und Königin von → Troia.

Hélena, -ae: 1) die schönste Frau der Welt im griechischen Mythos. Sie war die Frau des Spartanerkönigs Menelaos (→ Menelaus) und wurde von dem troianischen Prinzen → Paris entführt.
2) die Mutter Kaiser Konstantins (→ Constantinus).

Hephaistos: → Vulcanus.

Hera: → Iuno.

Herculēs, -is (*griech.* Herakles)*:* Herkules, Held der griechischen Sage, Sohn des Zeus (→ Iuppiter) und der Alkmene; löste mit übermenschlicher Kraft schier unlösbare Aufgaben und wurde nach seinem Tod von Zeus unter die Unsterblichen aufgenommen.

Hermes: → Mercurius.

Hermundūrī, -ōrum: die Hermunduren; germanischer Stamm, der ursprünglich zu beiden Seiten der Elbe siedelte, Vorfahren der Thüringer. Teile dieses Stammes gelangten im 1. Jh. n. Chr. nach Bayern an die Donau.

Hierosólyma, -ōrum n.*:* Jerusalem.

Hippocratēs, -is: Hippokrates von Kos, berühmtester Arzt der Antike (460–370 v. Chr.). Auf ihn geht der *Eid des Hippokrates* zurück, in dem auch heute noch die Ärzte zu einem hohen Maß an ethischer Verantwortung verpflichtet werden.

Hispānia, -ae: römische Provinz, deren Gebiet sich weitgehend mit dem heutigen Spanien deckt; später: Spanien.

Hissarlik: Hügel an der Nordwestküste der heutigen Türkei, unter dem Heinrich → Schliemann die Reste des antiken → Troia fand.

Homērus, -ī: Homer, ältester griechischer Dichter, lebte um 700 v. Chr.; der Überlieferung nach war er blind. Er gilt als Verfasser der beiden Epen *Ilias* und *Odyssee.* In der *Ilias* wird der Kampf um → Troia, in der *Odyssee* werden die Irrfahrten und die Heimkehr des Odysseus (→ Ulixes) beschrieben.

Horātius, -ī: Quintus Horatius Flaccus, Horaz, römischer Dichter (65–8 v. Chr.), von → Augustus gefördert, Verfasser von Oden (lyrischen Gedichten), Satiren und Episteln (satirischen Plaudereien).

Hygīnus, -ī: Hygin, Schriftsteller des 2. Jh.s n. Chr.; er verfasste *Fabulae,* in denen er die Sagen von Göttern und Heroen (Halbgöttern) behandelte.

Iānus, -ī: Janus, römischer Gott der Tore und jeden Anfangs, mit zwei Gesichtern. Der ihm heilige Torbogen im Norden des → Forum Romanum wurde, wenn ein Krieg ausbrach, geöffnet und nach dessen Ende geschlossen.

Icarus, -ī: Ikarus, der Sohn des Dädalus (→ Daedalus).

Ilias: → Homerus.

Imperium Rōmānum: das römische Weltreich. Zur Zeit des Kaisers Trajan (→ Traianus) erreichte es seine größte Ausdehnung (s. die hintere Umschlagkarte).

Indī, -ōrum: die „Inder" bzw. „Indianer". Ursprünglich wurden die Ureinwohner Amerikas so bezeichnet, weil man die neu entdeckten Länder für einen Teil Indiens hielt; Adj.: *Indicus, -a, -um:* indisch.

Issos: Stadt in Kilikien, im Gebiet des heutigen Syrien, berühmt geworden durch den Sieg → Alexanders des Großen über den Perserkönig Dareios III. (→ Dareus) im Jahre 333 v. Chr.

Italicus, -a, -um: italisch, aus Italien stammend.

Ithaca, -ae: Ithaka, Insel vor der Westküste Griechenlands, Heimat des Odysseus (→ Ulixes).

Iūlus, -ī: Ascanius Iulus; Julus, Sohn des Äneas (→ Aeneas), Gründer der Stadt → Alba Longa. Er galt als Urahn der Familie der Julier (→ Caesar).

Iūnō, -ōnis (*griech.* Hera)*:* Juno, die Gattin des Jupiter (→ Iuppiter).

Iūppiter, Iovis (*griech.* Zeus)*:* Jupiter, der höchste Gott der Römer.

Iustiniānus, -ī: Justinian I., der Große, römischer Kaiser von 527–565 n. Chr. Auf seinen Auftrag hin wurde die für die europäische Rechtsgeschichte grundlegende Sammlung des römischen Rechts, das *Corpus Iuris Civilis*, zusammengestellt.

Iūstitia, -ae: Justitia, die Göttin des Rechts und der Gerechtigkeit.

Jacobus de Voragine: Dominikanermönch (1228–1298). Verfasser der *Legenda Aurea*, einer Sammlung von Lebensbeschreibungen verschiedener Heiliger.

Jesus: → Christus.

Kant, Immanuel: deutscher Philosoph (1724–1804). Kant gilt als einer der wichtigsten Philosophen und der einflussreichsten Denker der Neuzeit. Sein bekanntestes Werk ist die *Kritik der reinen Vernunft.*

Karl der Große: König der Franken (768–814) und römischer Kaiser (800–814) aus dem Geschlecht der Karolinger. Er gilt als „Vater Europas".

Kolumbus, Christoph: italienischer Seefahrer (1451–1506), der im Auftrag der spanischen Krone 1492 Mittelamerika „entdeckte". Kolumbus glaubte allerdings bis an sein Lebensende, Indien entdeckt zu haben.

Konstantinopel: → Byzantion.

Korinth: → Corinthus.

Kroisos: → Croesus.

Kyklopen: sagenhafte einäugige Riesen, Söhne des Poseidon (→ Neptunus), die auf einer abgelegenen Insel lebten. Den jüngsten von ihnen, Polyphem (→ Polyphemus), blendete Odysseus (→ Ulixes). Andere Kyklopen sollen im Vulkan Ätna (→ Aetna) dem Schmiedegott → Vulcanus beim Schmieden der Blitze für Zeus (→ Iuppiter) geholfen haben.

Kyrene: bedeutende antike Handelsstadt im heutigen Libyen an der Nordküste Afrikas.

labyrinthus, -ī: das Labyrinth des → Minotaurus auf Kreta (→ Creta), das Dädalus (→ Daedalus) errichtet hatte und aus dem niemand entrinnen konnte. Nur → Theseus fand mithilfe eines Fadens, den ihm Ariadne (→ Ariadna), die Tochter des → Minos, überreicht hatte, wieder heraus.

Lacedaemoniī, -ōrum: die Lakedämonier oder Spartaner, Bewohner der Landschaft Lakonien mit der Hauptstadt → Sparta auf der Peloponnes in Griechenland. Sie waren berühmt wegen ihrer Anspruchslosigkeit und Disziplin.

Laeca, -ae: Marcus Laeca, Mitverschwörer des → Catilina.

Lāocoōn, -ontis: troianischer Priester, der seine Mitbürger vergeblich vor dem hölzernen Pferd warnte. Zusammen mit seinen Söhnen wurde er durch zwei von → Minerva gesandte Schlangen getötet.

Larēs, -um: die Laren. Zusammen mit den Penaten (→ Penates) waren die Laren eine Art Schutzgeister, die das Haus und seine Bewohner vor Schaden bewahren sollten.

Latīnus, -ī: mythischer König von → Latium, der Gegend um Rom (→ Roma). Er gab seine Tochter → Lavinia dem aus → Troia geflohenen Äneas (→ Aeneas) zur Frau und wurde somit zum Urahn der Römer.

Latium, -ī: Landschaft um Rom (→ Roma) mit den Städten Rom, → Ostia, → Lavinium, Tusculum, Tibur (heute Tivoli), Praeneste (heute Palestrina) u. a.

Lāvīnia, -ae: die Tochter des → Latinus und Frau des Äneas (→ Aeneas).

Lāvīnium, -ī: von Äneas (→ Aeneas) gegründete und nach seiner Frau → Lavinia benannte Stadt in → Latium.

Limes: der große Grenzwall zwischen Rhein (→ Rhenus) und Donau (→ Danuvius), den die Römer anlegten, um die Provinzen vor den ständigen Angriffen germanischer Stämme zu schützen.

Līvius, -ī: Titus Livius (59 v. Chr. – 17 n. Chr.), bedeutender Geschichtsschreiber. In 142 „Büchern" behandelte er die römische Geschichte von der Gründung der Stadt bis etwa um die Zeit von Christi Geburt. Livius wollte Beispiele heldenhaften Verhaltens der Vorfahren seinen Mitbürgern als Vorbilder vor Augen führen.

Lūcīlius, -ī: Lucilius Iunior, Freund des Philosophen → Seneca und Adressat von dessen *Epistulae morales*, Senecas wohl bedeutendstem Werk.

Lugdūnum, -ī: Lugdunum, das heutige Lyon, war der wirtschaftliche und politische Mittelpunkt des römischen Gallien (→ Gallia). Im 4. Jh. n. Chr. war es sogar kurzzeitig Kaiserresidenz.

Lydī, -ōrum: die Lyder, die Lydien in Kleinasien bewohnten.

Mānlius Capitolīnus: Marcus Manlius; bei der Einnahme Roms durch die Gallier 390 v. Chr. verteidigte er der Sage nach, von den heiligen Gänsen der Juno (→ Iuno) geweckt, erfolgreich das Kapitol (→ Capitolium).

Marathon: Ort an der Ostküste Attikas (→ Attica). Hier schlugen die Griechen 490 v. Chr. zum ersten Mal das persische Heer. Die Erinnerung an den Boten, der die Nachricht vom Sieg ins ca. 42 km entfernte Athen (→ Athenae) brachte, wird noch heute durch die leichtathletische Disziplin des Marathonlaufs aufrechterhalten.

Marcellus, -ī: Claudius Marcellus, römischer Feldherr, der 212 v. Chr. Syrakus (→ Syracusae) eroberte.

Marcus Antonius: 83–30 v. Chr., Freund Cäsars (→ Caesar); er bildete nach dessen Tod zusammen mit Lepidus und Oktavian (→ Octavianus) das zweite Triumvirat und besiegte 42 v. Chr. bei Philippi die Cäsarmörder Brutus und Cassius. Danach erhielt er den Osten des Reiches; dort verband er sich mit Kleopatra (→ Cleopatra), wurde aber 31 v. Chr. bei Actium von Oktavian geschlagen. Daraufhin beging Antonius, wie kurz darauf auch Kleopatra, Selbstmord.

Mārs, Mārtis (*griech.* Ares)*:* der römische Kriegsgott.

Mārtiālis, -is: Marcus Valerius Martialis, Martial (ca. 40– ca. 104 n. Chr.), römischer Dichter, der eine umfangreiche Sammlung von Epigrammen verfasste, kurze Gedichte, in denen er die schlechten Eigenschaften und Laster seiner Mitmenschen in witzig-prägnanter Form an den Pranger stellte.

Massilia, -ae: bedeutende Handelsstadt an der Südküste des heutigen Frankreich (heute Marseille). Die Stadt wurde um 600 v. Chr. von den Griechen gegründet.

Māxentius, -ī: römischer Kaiser von 306–312. 312 wurde er von Konstantin (→ Constantinus) in der Schlacht an der Milvischen Brücke (→ Pons Mulvii) besiegt und ertrank im Tiber (→ Tiberis).

Medūsa, -ae: schreckliches Fabelwesen in Frauengestalt, auf deren Haupt Schlangen wuchsen. Wer sie anblickte, wurde sofort zu Stein verwandelt.

Menelāus, -ī: Menelaos, mythischer König von → Sparta. Die Entführung seiner Gemahlin → Helena durch → Paris löste den Troianischen Krieg aus.

Menēnius: → Agrippa.

Mercurius, -ī (*griech.* Hermes)*:* Merkur, Begleiter Jupiters (→ Iuppiter) und Götterbote. Die Römer verehrten ihn auch als Gott der Händler und Diebe.

Messāna, -ae: Stadt auf Sizilien, heute Messina. Griechische Siedler hatten hier um 750 v. Chr. eine Stadt gegründet und sie *Zankle* genannt. Später kamen viele Griechen aus der Gegend Messenien dazu, sodass ihr Name in *Messana* umgeändert wurde.

Mīlētus, -ī f: Milet, reiche Handelsstadt in Kleinasien an der Westküste der heutigen Türkei. Hier wirkten die ersten Philosophen, wie z. B. → Thales.

Minerva, -ae (*griech.* Athene)*:* Tochter des Zeus (→ Iuppiter), die Göttin der Künste, des Handwerks und auch des Krieges.

Mīnōs, -ōis: mythischer König von Kreta (→ Creta). Er ließ von Dädalus (→ Daedalus) das Labyrinth (→ labyrinthus) für den → Minotaurus erbauen.

Mīnōtaurus, -ī: der Minotaurus, ein Mischwesen aus Mensch und Stier. Er war so gefährlich, dass König → Minos von Kreta (→ Creta) ihn in einem Gefängnis, dem Labyrinth (→ labyrinthus), einsperren ließ. Erst der Athener → Theseus konnte ihn schließlich besiegen.

Mīsēnum, -ī: Vorgebirge und Stadt am Golf von Neapel. Hier waren Teile der römischen Flotte stationiert.

Mithras: alte persische Lichtgottheit, deren Kult im Lauf des 1. Jh.s v. Chr. nach Rom kam und sich dort rasch ausbreitete. Bis ins 4. Jh. hinein stellte der Mithraskult die größte Konkurrenz zum sich entwickelnden Christentum dar.

Moerus, -ī: Syrakusaner, der versuchte, den Tyrannen → Dionysius von Syrakus zu stürzen.

Mōgontiăcum, -ī: das heutige Mainz. Um 15 v. Chr. ursprünglich als Militärlager gegründet, sollte es das Rheinufer sichern und bildete den Ausgangspunkt für zahlreiche Germanenfeldzüge der Römer. Später wurde das Militärlager verlegt und es entwickelte sich rasch eine Siedlung von Händlern und Handwerkern.

Molière: eigentlich Jean-Baptiste Poquelin (1622–1673), französischer Komödiendichter, der in seinen Stücken auch wiederholt auf Stoffe antiker Autoren (z. B. → Plautus) zurückgegriffen hat.

Mouseion: größte und bedeutendste Bibliothek des Altertums in → Alexandria. In ihr wurden ca. 700 000 Buchrollen aufbewahrt.

Neāpolis, -is f: das heutige Neapel. Ursprünglich eine griechische Siedlung, entwickelte sich Neapolis zu einer der größten und wichtigsten Handelsstädte in Italien.

Nemausus, -ī: Stadt in Südfrankreich, das heutige Nîmes. Auch heute noch sind dort einige Bauwerke aus römischer Zeit erhalten, wie z.B. das Amphitheater oder die sog. *Maison Carrée*, ein vollständig erhaltener Tempel.

Neptūnus, -ī (*griech.* Poseidon)*:* Neptun, der Gott des Meeres.

Nerō, -ōnis: römischer Kaiser (37–68 n. Chr.); er regierte von 54–68 n. Chr. Unter dem Einfluss des Philosophen → Seneca war er einige Jahre ein vorzüglicher Herrscher. Später offenbarte er durch verschiedene Mordanschläge und seinen Größenwahn seinen wahren Charakter. Ob er für den großen Brand Roms 64 n. Chr. verantwortlich war, ist bis heute ungeklärt.

Novaesium, -ī: Stadt am Niederrhein (heute Neuss).

Numa, -ae: Numa Pompilius, der Sage nach zweiter König Roms (→ Roma); er begründete viele religiöse Bräuche.

Numitor, -ōris: König von → Alba Longa in → Latium; von seinem Bruder → Amulius vertrieben, wurde er von seinen Enkeln → Romulus und → Remus wieder in seine Herrschaft eingesetzt.

Octāviānus, -ī: → Augustus.

Odysseus: → Ulixes.

Oedipūs, -podis: Ödipus, Sohn des Laios, des Königs von Theben (→ Thebae), und der Iokaste. Nach einem Orakelspruch, in dem Laios verkündet worden war, sein Sohn werde den Vater töten und die eigene Mutter heiraten, ließ er das Neugeborene im Gebirge aussetzen. Ödipus wurde aber gefunden und am Hof des Königs Polybos in → Korinth aufgezogen. Als Ödipus herangewachsen war, erfüllte er, ohne es zu wissen, die Prophezeiung des Orakels.

Olympia, -ae: heiliger Bezirk des Zeus (→ Iuppiter) auf der Peloponnes (Griechenland); dort fanden seit 776 v. Chr. alle vier Jahre die Olympischen Spiele statt.

Olympus, -ī: der Olymp, Berg in Nordgriechenland, 2985 m hoch; er galt als Wohnsitz der Götter.

Orff, Carl: Komponist (1895–1982). Orffs berühmtestes Werk sind die *Carmina Burana*, eine Vertonung mittelalterlicher Trink-, Spott- und Liebeslieder, die in einer Sammlung des Klosters Benediktbeuern erhalten sind.

Orpheus, -eī: sagenhafter Sänger, der mit seinem Gesang sogar Tiere bezaubern konnte. Nach dem Tod seiner Gattin Eurydike (→ Eurydica) zog er die Götter der Unterwelt so in seinen Bann, dass sie ihm Eurydike zurückgaben. Er durfte sich aber nicht nach ihr umblicken, ehe er die Unterwelt verlassen hatte. Aus Sorge tat er es trotzdem und verlor so seine geliebte Eurydike für immer.

Ostia, -ae: Hafenstadt ca. 25 km südlich von Rom (→ Roma). Ostia war der große Seehafen der Stadt Rom. Hierher kamen Waren aus dem gesamten → Imperium Romanum und wurden entweder auf Ochsenkarren oder auf kleineren Flussschiffen in die Hauptstadt transportiert.

Ovidius, -ī: Publius Ovidius Naso, Ovid (43 v. Chr. – ca. 18 n. Chr.), römischer Dichter. Er verfasste die *Metamorphosen* („Verwandlungssagen"), Liebesdichtung (u. a. *Ars amatoria, Amores*) und nach seiner Verbannung durch → Augustus u. a. *Tristia* („Lieder der Trauer") und *Epistulae ex Ponto* („Briefe vom Schwarzen Meer").

Padus, -ī: der Fluss Po in Oberitalien.

Palaestīna, -ae: Palästina, ursprünglich der griechische Name für das Gebiet der Philister an der Mittelmeerküste. Im 2. Jh. n. Chr. wurde Palästina Bezeichnung für die römische Provinz *Iudaea* westlich des Jordans, später auch für die Gebiete östlich des Jordans.

Palaestra, -ae: Figur in einer Komödie des → Plautus.

Palātīnus (mōns), -ī: der Palatin, derjenige Hügel Roms (→ Roma), auf dem sich die älteste, der Sage nach von → Romulus gegründete Siedlung befand. Seit → Augustus wurden dort gewaltige Bauten als Wohnungen der Kaiser errichtet. Davon leiten sich auch die modernen Begriffe Palast, Palazzo, Palais und Pfalz ab.

Palātium, -ī: → Palatinus (mons).

Palermo: heute die größte Stadt auf Sizilien; sie wurde von den Griechen unter dem Namen Panormos gegründet.

Panthēum, -ī: das Pantheon, das besterhaltene antike Gebäude in Rom (→ Roma). Der Bau war ein Heiligtum für alle Gottheiten des Reiches und die Familie des → Augustus. Die ursprüngliche Anlage wurde von Marcus Agrippa, dem Schwiegersohn und General des Augustus, errichtet, aber durch Blitzschlag zerstört. Der heutige Bau geht auf Kaiser Hadrian (→ Hadrianus) zurück.

Páris, -idis: Sohn des Königs → Priamus von → Troia. Er entschied der Sage nach den Streit der drei Göttinnen Aphrodite (→ Venus), Athene (→ Minerva) und Hera (→ Iuno), welche von ihnen die Schönste sei, zugunsten der Aphrodite. Durch den Raub der → Helena, die ihm Aphrodite als Belohnung versprochen hatte, löste er den Troianischen Krieg aus.

Parmeniōn, -ōnis: Vertrauter und General der Makedonenkönige → Philipp II. und → Alexander des Großen.

Parnāssus, -ī: der Parnass; Gebirge in Mittelgriechenland, 2457 m hoch. An seinem Fuß liegt das Orakel von → Delphi. Er galt als Sitz der neun Musen, der Töchter des Zeus und Schutzgöttinnen der Künste.

Parthenon: der größte Tempel auf der → Akropolis in Athen (→ Athenae). Er war der jungfräulichen Athene (*Athena parthenos*) geweiht. Im Inneren des Tempels befand sich eine zwölf Meter hohe Athene-Statue des Bildhauers →Phidias.

Patroklos: bester Freund Achills (→ Achilles). Nachdem Achill sich im Zorn vom Kampf vor → Troia zurückgezogen hatte, kämpfte Patroklos in dessen Rüstung, wurde aber von Hektor (→ Hector) besiegt und getötet. Daraufhin griff Achill wieder in den Kampf ein, um den toten Freund zu rächen.

Pausanias: griechischer Schriftsteller (ca. 111 – ca. 180 n. Chr.), der Griechenland, Makedonien, Italien und Teile von Asien und Afrika bereiste. Seine Eindrücke schrieb er in dem Werk *Reisebeschreibung Griechenlands*, einer Art Reiseführer durch die antike Welt, nieder.

Penātēs, -ium: die Penaten; für die Römer die Schutzgottheiten der Familie, im übertragenen Sinne auch des Staates. Für die Penaten war, wie auch für die Laren (→ Lares), im Inneren des Hauses ein kleiner Schrein oder Altar aufgestellt.

Penelope: Frau des Odysseus (→ Ulixes).

Perikles: athenischer Staatsmann des 5. Jh.s v. Chr. Unter ihm erlebten die Demokratie, aber auch die Künste in Athen ihre höchste Blüte.

Persae, -ārum m: die Perser.

Perseus: Sohn des Zeus (→ Iuppiter) und der Danae. Er besiegte u. a. die → Medusa und befreite die Königstochter Andromeda.

Pharos: der Leuchtturm auf gleichnamiger Insel vor der Stadt → Alexandria. In der Antike galt er als eines der sieben Weltwunder.

Phīdiās, -ae: berühmter griechischer Bildhauer (ca. 490–430 v. Chr.). Er schuf die beiden großen Statuen der Athene im → Parthenon auf der → Akropolis in Athen (→ Athenae) und des Zeus (→ Iuppiter) in → Olympia. Die Zeus-Statue zählte zu den sieben Weltwundern.

Philipp II.: 359–336 v. Chr., König von Makedonien und Vater → Alexanders des Großen.

Philippus, -ī: einer der Ärzte → Alexanders des Großen.

Pīraeus, -ī: Piräus, der Hafen von Athen (→ Athenae).

Platō, -ōnis: Platon (427–347 v. Chr.), griechischer Philosoph; bedeutendster Schüler des → Sokrates. Er verfasste zahlreiche philosophische Werke und war der Begründer der Philosophenschule der *Akademie*.

Plautus, -ī: Titus Maccius Plautus (um 250–184 v. Chr.), römischer Komödiendichter, dessen Werke in der Antike sehr geschätzt wurden und auch großen Einfluss auf die Literatur der Neuzeit ausübten.

Plīnius, -ī: Gaius Plinius Secundus maior, Plinius der Ältere (ca. 23–79 n.Chr.), römischer Schriftsteller, Verfasser einer umfangreichen „Naturgeschichte". Er starb bei dem Vesuvausbruch (→ Vesuvius) 79 n.Chr. in Stabiae.

Plutō, -ōnis (*griech.* Hades)*:* der Herrscher der Unterwelt.

Poenī, -ōrum: die Punier. So bezeichneten die Römer die Einwohner von Karthago (→ Carthago).

Pollux: Bruder des Kastor (→ Castor, Dioskuren).

Polynīcēs, -is: Polyneikes; → Eteocles.

Polyphēmus, -ī: Polyphem, sagenhafter einäugiger Riese (→ Kyklopen). Er sperrte Odysseus (→ Ulixes) und dessen Gefährten in seiner Höhle ein, tötete einige von ihnen, wurde dann aber von Odysseus geblendet.

Pompēiī, -ōrum: Pompeji, Stadt in Mittelitalien am Fuß des Vulkans Vesuv (→ Vesuvius). Sie wurde, wie andere Städte der Gegend, am 24. August 79 n. Chr. durch einen gewaltigen Ausbruch des Vesuv komplett verschüttet und danach nicht mehr besiedelt. Heute liefern die ausgegrabenen Stätten einen lebendigen Eindruck vom Leben in der Antike.

Pompēius, -ī: Gnaeus Pompeius Magnus, Pompejus (106–48 v. Chr.), römischer Politiker und Feldherr. Mit Cäsar (→ Caesar) war er zunächst durch das 1. Triumvirat politisch verbunden; bei Ausbruch des Bürgerkrieges 49 v. Chr. trat er im Auftrag des Senats Cäsar gegenüber, wurde aber von diesem besiegt. Auf der Flucht vor Cäsar wurde er 48 v. Chr. bei seiner Landung in → Alexandria ermordet.

Pōns Mulviī: die Milvische Brücke im Norden Roms. Hier besiegte im Jahr 312 n. Chr. Konstantin (→ Constantinus) seinen Konkurrenten → Maxentius und festigte damit endgültig seine Herrschaft.

Pont du Gard: große Bogenkonstruktion, die als Teil einer Wasserleitung (Aquädukt) den Fluss Gard überspannt und die Stadt → Nemausus (heute Nîmes) mit Wasser versorgte.

Porsenna, -ae: etruskischer König, Freund des vertriebenen → Tarquinius Superbus, den er vergeblich in Rom wieder an die Macht bringen wollte.

Porta Nigra: ehemaliges Stadttor der Stadt → Augusta Treverorum (heute Trier). Seinen Namen („Schwarzes Tor") erhielt es wegen seiner dunklen, etwas düster wirkenden Oberfläche.

Poseidon: → Neptunus.

Príamus, -ī: sagenhafter König von → Troia, musste die Zerstörung und den Untergang seiner Stadt nach zehn Jahren Krieg erleben.

Prosérpina, -ae (*griech.* Persephone)*:* Gemahlin des → Pluto, des Herrn des Totenreiches.

Prōtagorās, -ae: griechischer Philosoph (5. Jh. v. Chr.). Er versprach seinen Schülern, sie zu solch tüchtigen Rednern auszubilden, dass sie die „schwächere Sache zur stärkeren machen" könnten.

Prytanēum, -ī: das Prytaneion, ein öffentliches Gebäude in Athen (→ Athenae), in dem die amtierenden Beamten, aber auch verdiente athenische Bürger mit einer öffentlichen Speisung versorgt wurden.

Ptolemaeus, -ī: 1) Ptolemäus I. (Beiname *Soter*), König von Ägypten (→ Aegyptus); er gründete in → Alexandria die größte Bibliothek der Antike, das → Mouseion.
2) Ptolemäus XIII., König von Ägypten (→ Aegyptus), jüngerer Bruder Kleopatras (→ Cleopatra). Auf seinen Befehl hin wurde Pompejus (→ Pompeius) ermordet.

Pyrrha, -ae: Ehefrau des Deukalion (→ Deucalion).

Pyrrhus, -ī: 319–272 v. Chr., König von Epirus, einer Landschaft in Nordwestgriechenland. Er kam der Griechenstadt Tarent (→ Tarentum) gegen die Römer zu Hilfe; einer seiner Siege war aber so verlustreich, dass er den Kampf nicht zu Ende führen konnte.

Pȳthagorās, -ae: griechischer Mathematiker und Philosoph (zw. 570 und 500 v. Chr.), dessen Ideen u. a. auch die Philosophie → Platons stark beeinflussten.

Pȳthia, -ae: die Priesterin des → Apollo im Orakel von → Delphi. Sie verkündete wenig verständliche Sprüche, aus denen die Orakelpriester des Heiligtums die begehrten Voraussagen über die Zukunft formulierten.

Raetia, -ae: die römische Provinz Rätien, die große Teile Süddeutschlands und Österreichs umfasste (s. die hintere Umschlagkarte). Hauptstadt und Verwaltungssitz der Provinz war Augusta Vindelicum (heute Augsburg).

Rēa Silvia, -ae: die Tochter des → Numitor; von dessen Bruder → Amulius wurde sie gezwungen, Vestalin (→ virgo Vestalis) zu werden und damit jungfräulich zu bleiben. Als sie von → Mars Mutter von → Romulus und → Remus wurde, ließ Amulius sie ertränken.

Remus, -ī: der Sage nach Zwillingsbruder des → Romulus. Dieser erschlug ihn im Zorn, weil er über die noch sehr niedrigen Mauern der eben gegründeten Stadt Rom (→ Roma) gesprungen war.

Rhēnus, -ī: der Rhein.

Rhodus, -ī f: Rhodos, die „Roseninsel", vor der Südwestküste Kleinasiens.

Rigomāgus, -ī: das heutige Remagen, in römischer Zeit ein befestigtes Militärkastell.

Rōma, -ae: Rom, die Hauptstadt des Römischen Reiches, der Sage nach 753 v. Chr. von → Romulus und → Remus gegründet.

Rōmānus, -a, -um: römisch; Subst.: der Römer.

Rōmulus, -ī: der Sage nach Zwillingsbruder des → Remus, Sohn des → Mars und der Vestalin (→ virgo Vestalis) → Rea Silvia. Die Zwillinge wurden auf dem Tiber (→ Tiberis) ausgesetzt, aber auf wunderbare Weise gerettet und von einer Wölfin gesäugt. Sie gründeten später die Stadt Rom (→ Roma). Romulus wurde, nachdem er seinen Bruder Remus im Streit erschlagen hatte, erster König von Rom.

Rosellae, -ārum: Kleinstadt in Italien, etwa 150 km nordwestlich von Rom.

Rubicō, -ōnis m: der Rubikon, Grenzfluss zwischen Italien und der Provinz Gallia Cisalpina, dem heutigen Oberitalien. Mit seiner Überschreitung löste Cäsar (→ Caesar) im Jahre 49 v. Chr. den Bürgerkrieg aus.

Rutulī, -ōrum: die Rutuler, Volksstamm in → Latium.

Sabīnī, -ōrum: die Sabiner, Bewohner des Berglands nördlich von Rom (→ Roma). → Romulus lud sie zu Spielen in seine Stadt ein, um eine List anzuwenden; da es nämlich in Rom an Frauen fehlte, raubten die Römer während der Festlichkeiten alle Sabinerinnen.

Saguntum, -ī: Sagunt, Stadt an der spanischen Ostküste, deren Einwohner mit Rom (→ Roma) verbündet waren.

Salamīs, -īnis: Insel vor der Küste Attikas (→ Attica). In der Meerenge zwischen der Insel und dem Festland fand 480 v. Chr. die berühmte Schlacht statt, in der die Griechen die persische Flotte entscheidend besiegten.

Sardinia, -ae: die Insel Sardinien.

Schiller, Friedrich: 1759–1805, deutscher Dichter; er verfasste zahlreiche Theaterstücke, Gedichte und Prosawerke.

Schliemann, Heinrich: 1822–1890, deutscher Kaufmann und Archäologe aus Leidenschaft; er entdeckte u. a. 1870 im → Hissarlîk die Überreste des antiken → Troia.

Scīpiō, -ōnis: Publius Cornelius Scipio Africanus Maior, römischer Heerführer und Sieger über → Hannibal.

Scylla, -ae: Skylla, ein Ungeheuer an der Meerenge zwischen Sizilien und dem Festland (→ Charybdis).

Selinunt: griechische Kolonie auf der Insel Sizilien.

Seneca, -ae: Lucius Annaeus Seneca, römischer Philosoph und Schriftsteller (4 v. Chr. - 65 n. Chr.). Er war der Erzieher des jungen Kaisers → Nero, wurde von diesem aber später zum Selbstmord gezwungen. Seine philosophischen Werke und die an seinen Freund → Lucilius gerichteten Briefe wirken bis in die Neuzeit fort.

Shakespeare, William: englischer Dichter (1564–1616). Shakespeares Dramen zählen zu den wichtigsten Werken der Theaterliteratur und werden auch heute noch vielfach aufgeführt.

Sibylla, -ae: Sibylle; die Antike kannte sieben Sibyllen, die als Einsiedlerinnen lebten und Prophezeiungen machten. Eine von ihnen begleitete Äneas (→ Aeneas) in die Unterwelt.

Sibyllīnī librī, -ōrum: die sibyllinischen Bücher, eine Sammlung von Ratschlägen gegen verschiedene Unglücksfälle, die im Tempel des Jupiter (→ Iuppiter) auf dem Kapitol (→ Capitolium) aufbewahrt wurden. In besonderen Krisenzeiten wurden sie auf Anordnung des Senats befragt und gedeutet.

Sicilia, -ae: die Insel Sizilien.

Sīlēna, -ae: Stadt in der Provinz Libya in Nordafrika. Hier soll der heilige Georg (→ Georgius) gegen einen Drachen gekämpft haben.

Simōnidēs, -is: ca. 557–468 v. Chr., griechischer Dichter von der Insel Keos.

Sinōn, -ōnis: ein Grieche, der die Troianer überredete, das hölzerne Pferd in die Stadt zu ziehen, anschließend in der Nacht die im Inneren des Pferdes verborgenen Griechen herausließ und so die Eroberung → Troias ermöglichte.

Sīrēnēs, -um: die Sirenen; Fabelwesen in der Gestalt von Vögeln mit Mädchenköpfen, die durch ihren wunderschönen Gesang die vorbeifahrenden Seeleute anlockten, dann aber deren Schiffe an Felsenklippen zerschellen ließen. Einzig Odysseus (→ Ulixes) schaffte es, mit seinem Schiff an ihnen vorbeizufahren.

Sīsyphus, -ī: im griechischen Mythos verschlagener und gewalttätiger König von Korinth (→ Corinthus), der sogar die Götter betrog. In der Unterwelt musste er zur Strafe einen Felsblock, der immer wieder herunterrollte, auf einen hohen Berg wälzen.

Sōcratēs, -is: Sokrates (ca. 470 - 399 v. Chr.), ein bedeutender griechischer Philosoph, der von den Athenern zu Unrecht der Gottlosigkeit beschuldigt und hingerichtet wurde.

Sophoclēs, -is: Sophokles, griechischer Tragödiendichter (497–406 v. Chr.) aus Athen (→ Athenae). Seine Tragödien, wie z. B. *König Ödipus*, *Antigone*, dienten vielen späteren Dichtern als Vorbild.

Sparta, -ae: Ort auf der Halbinsel Peloponnes, durch Zusammenlegung mehrerer Dörfer entstanden; Zentrum des Militärstaats Sparta.

Sperlonga: Höhle an der italienischen Küste in der Nähe von Neapel. Hier hatte sich Kaiser → Tiberius ein prächtiges Triklinium einrichten lassen, in dem er verschiedene monumentale Statuengruppen aufstellen ließ; diese zeigten Szenen aus dem Odysseusmythos.

Styx, Stygis f: der Styx; Quelle und Fluss der Unterwelt, bei dessen eiskaltem, todbringendem Wasser die Götter schworen.

Suētōnius, -ī: Gaius Suetonius Tranquillus, Sueton (ca. 75–150 n. Chr.), römischer Biograph; er stellte in zwölf Lebensbeschreibungen die römischen Herrscher von Cäsar (→ Caesar) bis Domitian dar.

Sūsa, -ōrum: die Winterresidenz der persischen Großkönige, im heutigen Iran gelegen.

Syrācūsae, -ārum: Syrakus, griechische Großstadt an der Ostküste Siziliens mit eindrucksvollen Befestigungen und Hafenanlagen; Adj.: *Syrācūsānus, -a, -um* und *Syrācūsius, -a, -um:* syrakusanisch, aus Syrakus.

Syrācūsānī, -ōrum: die Einwohner von Syrakus (→ Syracusae).

Taormina: Stadt auf Sizilien.

Tarentum, -ī: Tarent, reiche und mächtige Handelsstadt an der Südküste Italiens, das heutige Taranto.

Tarpēia, -ae: Tochter des Spurius Tarpeius. Sie öffnete durch ihren Verrat den Sabinern den Weg zur Burg auf dem Kapitol (→ Capitolium), wurde von ihnen daraufhin aber getötet.

Tarquinia, -ae: die wichtigste Stadt der Etrusker (→ Etrusci) in → Latium, südwestlich von Rom (→ Roma).

Tarquinius, -ī: Tarquinius Superbus, letzter etruskischer König in Rom (→ Roma); wegen seiner tyrannischen Herrschaft wurde er auf Betreiben des → Brutus 510 v. Chr. gestürzt und aus Rom vertrieben.

Tártarus, -ī (griech. Tartaros*):* der Tartarus, nach antiker Vorstellung das Reich der Toten.

Terpsichore: die Muse der Tanzkunst.

Teutoburger Wald (Teutoburgiēnsis saltus): Landschaft in Nordwestdeutschland, nach dem Bericht des Geschichtsschreibers Tacitus (54–117 n. Chr.) Schauplatz der Niederlage des römischen Heeres unter → Varus im Jahr 9 n. Chr. Wahrscheinlich fand die Schlacht bei Kalkriese, einer Ortschaft in der Nähe von Osnabrück, statt.

Teutonī, -ōrum: die Teutonen; → Cimbri.

Thalēs, -is: erster griechischer Philosoph (zw. 600 und 550 v. Chr.), zugleich einer der sieben Weisen. Thales hielt das Wasser für den Urstoff, aus dem alles hervorgegangen ist, betätigte sich aber auch als Mathematiker (Thaleskreis) und Astronom.

Theaitetos: Gesprächspartner des → Sokrates im gleichnamigen Dialog → Platons.

Thēbae, -ārum: Theben, Stadt in Böotien (Griechenland), Schauplatz vieler griechischer Mythen, wie z. B. des Ödipus (→ Oedipus); Adj.: *Thēbānus, -a, -um:* thebanisch, aus Theben.

Themis, -idis: griechische Göttin der Ordnung und des Rechts.

Themistoclēs, -is: Themistokles (ca. 527–460 v. Chr.); athenischer Staatsmann und Politiker. Ihm gelang es 480 v. Chr., die Perser in der Seeschlacht bei → Salamis zu schlagen.

Theodosius, -ī: Theodosius I., oströmischer Kaiser von 379–395 n. Chr., der das Römische Reich nicht nur gegen Bedrohungen von außen (Hunnen), sondern auch nach innen (Auseinandersetzungen innerhalb der Kirche) verteidigen musste.

Thermopylae, -ārum: die Thermopylen, Gebirgspass in Nordgriechenland. Hier gelang es einem kleinen Kontingent spartanischer Soldaten, das riesige persische Heer so lange aufzuhalten, bis sich der Rest des griechischen Heeres und der Flotte auf die Schlacht bei → Salamis (480 v. Chr.) vorbereiten konnte.

Thēseus, -eī: Königssohn aus Athen (→ Athenae); er besiegte auf Kreta (→ Creta) mithilfe Ariadnes (→ Ariadna) den → Minotaurus und befreite damit Athen von der Pflicht, regelmäßig junge Mädchen und Jungen zu Minotaurus in den Tod zu schicken.

Thymoētēs, -is: Troianer, der die Bewohner der Stadt dazu überredete, das hölzerne Pferd in die Stadt zu ziehen.

Tiberis, -is: der Fluss Tiber in Rom (→ Roma).

Tiberius, -ī: Tiberius Iulius Caesar (42 v. – 37 n. Chr.), Stiefsohn des → Augustus, römischer Feldherr; nach dem Tod des Augustus wurde er 14 n. Chr. dessen Nachfolger.

Tigellīnus, -ī: Vertrauter → Neros.

Titus, -ī: Titus Flavius Vespasianus, römischer Kaiser; regierte von 79–81 n. Chr. Während seiner Amtszeit wurde das Kolosseum (→ Colosseum), das sein Vater Vespasian (→ Vespasianus) begonnen hatte, fertiggestellt und feierlich eröffnet.

Trachāliō, -ōnis: Figur in einer Komödie des → Plautus.

Trāiānus, -ī: Trajan, römischer Kaiser, der von 98–117 n. Chr. regierte. Unter ihm erreichte das Römische Reich seine größte Ausdehnung. In Rom (→ Roma) errichtete er u. a. das gewaltige Trajansforum (→ Forum Traiani).

Trasimēnus (lacus), -ī: der Trasimenische See in Umbrien, der viertgrößte See in Italien. An seinem Ostufer besiegte → Hannibal 217 v. Chr. das römische Heer.

Trēverī, -ōrum: ein keltisch-germanischer Volksstamm im Gebiet der Flüsse Mosel, Nahe, Maas und Rhein (→ Rhenus). Ihre wichtigste Stadt in römischer Zeit war → *Augusta Treverorum*, das heutige Trier.

Trōia, -ae: eine uralte Stadt im Nordwesten von Kleinasien. Nach der Überlieferung Homers (→ Homerus) wurde sie von einem griechischen Heer nach zehnjähriger Belagerung erobert und zerstört. Die moderne Archäologie bestätigt die Existenz und große Bedeutung Troias; Adj.: *Trōiānus, -a, -um:* troianisch, aus Troia, Subst.: der Troianer.

Tullia, -ae: der Sage nach Tochter des sechsten Königs von Rom, Servius Tullius. Zusammen mit → Tarquinius Superbus stürzte sie ihren Vater und ließ ihn töten.

Turnus, -ī: König der Rutuler (→ Rutuli); er widersetzte sich den nach langen Irrfahrten an der Küste → Latiums angekommenen Troianern, wurde aber von Äneas (→ Aeneas) im Zweikampf getötet.

Tūscī, -ōrum: → Etrusci.

Tyros (-us), -ī f: große Hafenstadt an der Ostküste des Mittelmeeres im heutigen Libanon.

Tyrrhener: uraltes Volk, dessen Herkunft bereits in der Antike unbekannt war. Sie galten als die Vorfahren der Etrusker (→ Etrusci).

Ubiī, -ōrum: die Ubier, ein keltisch-germanischer Stamm im Gebiet des heutigen Nordrhein-Westfalen mit dem Hauptort *Colonia Agrippina* (Köln).

Ulixēs, -is: der lateinische Name für Odysseus, den mythischen König von Ithaka (→ Ithaca). Er nahm am Troianischen Krieg teil und überlistete die Troianer mit dem hölzernen Pferd. Auf seinen zehn Jahre dauernden Irrfahrten musste er, verfolgt vom Zorn des Gottes → Poseidon, viele Abenteuer bestehen, bis er endlich nach Hause zu seiner Frau → Penelope zurückkehren konnte.

Vārus, -ī: Publius Quin(c)tilius Varus, Feldherr des → Augustus. Er fiel 9 n. Chr. in der sog. Schlacht im → Teutoburger Wald; Adj.: *Vāriānus, -a, -um:* varianisch, des Varus.

Vēiī, -ōrum: Veji, alte etruskische Stadt nördlich von Rom (→ Roma). In der Frühzeit Roms war sie die große Rivalin der Stadt, wurde aber im Jahr 396 v. Chr. erobert und zerstört.

Venus, -eris (griech. Aphrodite*):* die Göttin der Liebe. Sie war die Gemahlin des Schmiedegottes → Vulcanus.

Vercingetorīx, -īgis: Anführer eines zunächst erfolgreichen Aufstandes der Gallier gegen Cäsar (→ Caesar). Im Jahr 52 v. Chr. wurde er aber von Cäsar in der Stadt → Alesia eingeschlossen und besiegt.

Vergilius, -ī: Publius Vergilius Maro (70–19 v. Chr.); bedeutender römischer Dichter, Verfasser der *Aeneis*, in der er die Taten des Äneas (→ Aeneas) nach dem Vorbild Homers (→ Homerus) darstellt.

Vespasiānus, -ī: Vespasian, römischer Kaiser, Vater von → Titus und Domitian. Er regierte von 69–79 n. Chr.

Vespucci, Amerigo: italienischer Seefahrer (1451–1512), der für sich in Anspruch nahm, auf seiner Entdeckungsfahrt 1497/98 Nordamerika entdeckt zu haben. Nach ihm wurde dann auch der gesamte Kontinent benannt.

Vesta, -ae (griech. Hestia*):* die Göttin des Herdfeuers; dieses wurde als symbolisches Herdfeuer des Staates in einem Rundtempel auf dem → Forum Romanum von den Vestalinnen (→ virgo Vestalis) gehütet.

Vesuvius (mōns), -ī: der Vesuv, Vulkan in Mittelitalien nahe der Stadt Neapel. Bei seinem verheerenden Ausbruch am 24. August 79 n. Chr. begrub er mit seinen Asche- und Lavamassen u. a. die Kleinstädte

Pompeji (→ Pompeii) und Herculaneum. Auch in späteren Jahrhunderten brach der Vesuv immer wieder aus. Heute gilt er als ruhender, aber nicht erloschener Vulkan.

Veturia, -ae: die Mutter des Coriolan (→ Coriolanus).

Via Appia: Straße von Rom (→ Roma) nach Süden über Capua bis Brindisi (→ Brundisium), vom Konsul Appius Claudius Caecus um 310 v. Chr. angelegt.

Via Aurēlia: Straße, die von Rom (→ Roma), dem Küstenverlauf folgend, bis nach Gallien (→ Gallia) führte. Dort vereinigte sie sich mit der Via Domitia und endete in Carthago Nova (heute Cartagena) in Spanien.

Via Claudia: Die Via Claudia führte von Rom (→ Roma) nach Norden über die Alpen bis nach Germanien (→ Germania), wo sie u. a. durch Füssen, Landsberg und Augsburg bis nach Donauwörth führte.

Via Clōdia: Straße, die durch das antike Etrurien führte und Rom (→ Roma) mit Florenz verband.

virgō (virginis) Vestālis (-is): Vestalin, eine von sechs Priesterinnen der *virgines Vestae* (→ Vesta), die für die 30 Jahre ihrer Priesterschaft das Gelübde ablegen mussten, unverheiratet zu bleiben. Sie lebten in einer klosterähnlichen Gemeinschaft direkt neben dem Vesta-Tempel auf dem → Forum Romanum.

Vitrūvius, -ī: Marcus Vitruvius Pollio, Vitruv (1. Jh. v. Chr.), römischer Baumeister, Erfinder und Schriftsteller. Sein Werk *De architectura*, das um 25 v. Chr. erschien, ist eine wichtige Quelle für das antike Bauwesen und hatte großen Einfluss auf die Architekten der Neuzeit, vor allem der Renaissance.

Volscī, -ōrum: die Volsker, Volk in → Latium; sie wurden von den Römern erst nach langen Kämpfen unterworfen.

Volumnia, -ae: die Ehefrau des Coriolan (→ Coriolanus).

Vulcānus, -ī (*griech.* Hephaistos)*:* der Gott des Feuers und der Schmiedekunst, Gemahl der → Venus. Der Sage nach soll er im Inneren des Vulkans Ätna (→ Aetna) die Blitze für Jupiter (→ Iuppiter) schmieden.

Xanthippē, -ēs: die als zänkisch und streitsüchtig verschriene Ehefrau des Philosophen Sokrates (→ Socrates).

Xerxēs, -is: persischer Großkönig; er herrschte von 486–465 v. Chr. 480 v. Chr. wurde er in der Schlacht bei → Salamis mit seiner Flotte von den Griechen vernichtend geschlagen.

Zama, -ae: Stadt in der Nähe des antiken Karthago (→ Carthago). Hier wurde 202 v. Chr. → Hannibal von → Scipio entscheidend geschlagen (Ende des Zweiten Punischen Krieges).

Zeus: → Iuppiter.

Die Zahlen bezeichnen die jeweilige Lektion, in der die Vokabel zum ersten Mal auftaucht.
So sind die Vokabeln angegeben:
Substantive: Nom. Sg., Gen. Sg., Genus (Gen. Pl. auf *-ium*)
Adjektive und Pronomina: Maskulinum, Femininum, Neutrum (Gen. Sg. bei einendigen Adjektiven der Kons. Dekl.)
Verben: Inf. Präs., 1. P. Sg. Präs., 1. P. Sg. Perf., PPP (auf die Nennung der Stammformen der ā-/ī-Konj., die das Perfekt mit *-v-* bilden, sowie die Stammformen der ē-Konj., die das Perfekt mit *-u-* und das PPP mit *-itum* bilden, wurde verzichtet); ausgefallene Perfekt- bzw. PPP-Formen sind als Stichwörter aufgeführt.
Deutsche Bedeutungen: Fett gedruckt sind die Grundbedeutungen; die anderen Bedeutungen benötigt man in bestimmten Textzusammenhängen.

a

ā/ab (*m. Abl.*)	**von (... her)**, von ... weg; **seit**	12
abdūcere, abdūcō, abdūxī, abductum	**wegführen**; (weg)bringen; verschleppen	6
abesse, absum, āfuī	**abwesend sein**, fehlen; entfernt sein	20
abīre, abeō, abiī, abitum	**(weg)gehen**	20
(sē) abstinēre, abstineō, abstinuī, –	**sich enthalten**	29
abundāre (*m. Abl.*)	(*etw.*) **im Überfluss haben**	36
accēdere, accēdō, accessī, accessum	**herantreten**; hingehen	16
accendere, accendō, accendī, accēnsum	**in Brand setzen**; entflammen, aufregen	31
accidere, áccidit, áccidit	**sich ereignen, zustoßen**	22
accipere, accipiō, accēpī, acceptum	**annehmen**, empfangen; aufnehmen	20
accurrere, accurrō, accurrī, accursum	**herbeilaufen**, angelaufen kommen	5
accūsāre	**anklagen**, beschuldigen	34
ācer, ācris, ācre	**heftig; hitzig**; hart; scharf	15
aciēs, aciēī *f*	der/**das** (*kampfbereite*) Trupp/**Heer**; die Schlachtordnung	26
ad (*m. Akk.*)	**zu; zu ... hin; an; bei**	6
addere, addō, addidī, additum	**hinzufügen**	10
addūcere, addūcō, addūxī, adductum	**heranführen; veranlassen**	28
adeō (*Adv.*)	**so sehr**	33
adesse, adsum, adfuī/affuī	**anwesend sein**, da sein; (*m. Dat.*) **helfen**	20
adhibēre	**anwenden; hinzuziehen**	32
adhūc	**noch** (immer); **bis jetzt**, bis dahin	10
adīre, adeō, adiī, aditum	**hingehen; herantreten**; ansprechen	23
aditus, aditūs *m*	**der Zugang; der Zutritt**	31
adiungere, adiungō, adiūnxī, adiūnctum	anschließen; **hinzufügen**	29
administrāre	**verwalten**	3
admīrārī, admīror, admīrātus sum	**bewundern**	38
admīrātiō, admīrātiōnis *f*	**die Bewunderung**, die Begeisterung	31
admodum	**sehr**, überaus	50
adulēscēns, adulēscentis *m*; *Gen. Pl.* adulēscentium	**der junge Mann**	36
advenīre, adveniō, advēnī, adventum	**ankommen**	42
adventus, adventūs *m*	**die Ankunft**	31
adversārius, adversāriī *m*	**der Gegner; der Feind**	27
adversus (*m. Akk.*)	**gegen; gegenüber**	45
adversus, adversa, adversum	**ungünstig**, widrig; feindlich	13
aedificāre	**bauen**	21
aedificium, aedificiī *n*	**das Gebäude**, das Bauwerk	35
aedis, aedis *f*; *Gen. Pl.* aedium	**der Tempel**; *Pl. auch* das Haus	28
aequor, aequoris *n*	**das Meer**; die Ebene, die Fläche	41
aequus, aequa, aequum	**gleich; angemessen**; gerecht	8
āēr, āeris *m*	**die Luft**; die untere Luftschicht	48
aestās, aestātis *f*	**der Sommer**; die Hitze	47
aestimāre	(ein)**schätzen**	39
aetās, aetātis *f*	**das Alter; das Zeitalter**	19
aeternus, aeterna, aeternum	**ewig**	42
afferre, afferō, attulī, allātum	**(herbei)bringen; melden**	33
afficere, afficiō, affēcī, affectum (*m. Abl.*)	**versehen (*m. etw.*)**	25
affirmāre	**behaupten, versichern**	31
ager, agrī *m*	**der Acker**, das Feld; **das Gebiet**	9
agere, agō, ēgī, āctum	**tun; handeln**; aufführen; (*m. Adv. und* cum) umgehen (*m. jmdm.*)	9
id agere, ut	sich dafür einsetzen/ **alles darauf anlegen, dass**	30
aggredī, aggredior, aggressus sum	(*an jmdn.*) herantreten; **angreifen**, überfallen	44
agitāre	**(an)treiben**	25
agmen, agminis *n*	**der (Heeres-)Zug**, die Schar	29
āiō/ait	**ich sage**, behaupte/ **er, sie sagt**, behauptet	41
alacritās, alacritātis *f*	**die Fröhlichkeit**; der Eifer	34
alere, alō, aluī, altum	**ernähren**; großziehen	29
aliēnus, aliēna, aliēnum	**fremd**	18
aliquandō	**irgendwann (einmal)**; **einst**	25

aliquī, aliqua, aliquod	**irgendein(e)**	43
aliquis, aliquid	**irgendjemand, -etwas**	43
aliter	**sonst; anders**	32
alius, alia, aliud; *Gen.* alterīus, *Dat.* aliī	**ein anderer**	6
aliī … aliī	**die einen … die anderen**	6
allātum s. afferre		
alter, altera, alterum; *Gen.* alterīus, *Dat.* alterī	**der eine; der andere** (*von zwei Personen*)	24
altum s. alere		
altus, alta, altum	**hoch; tief**	13
amāre	**lieben**; verliebt sein	7
ambō	**beide**	24
ambulāre	**(spazieren) gehen**	7
amīca, amīcae *f*	**die Freundin**	1
amīcitia, amīcitiae *f*	**die Freundschaft**	28
amīcus, amīcī *m*	**der Freund**	2
āmittere, āmittō, āmīsī, āmissum	**verlieren**	38
amor, amōris *m*	**die Liebe**	4
amplus, ampla, amplum	**groß**(artig); **bedeutend**; angesehen	39
an	**oder (etwa)**	29
angustus, angusta, angustum	**eng; schwierig**	26
animadvertere, animadvertō, animadvertī, animadversum (in *m. Akk.*)	**bemerken**, entdecken; vorgehen (*gegen jmdn.*)	26
animus, animī *m*	**das Herz; der Sinn; der Mut**; der Geist	15
annus, annī *m*	**das Jahr**	17
ante (*Adv.*)	**vorher**	30
ante (*m. Akk.*)	**vor**	5
antīquus, antīqua, antīquum	**alt, ehrwürdig**	46
aperīre, aperiō, aperuī, apertum	**öffnen**; aufdecken	14
appārēre, appāreō, appāruī, –	**erscheinen**, sich zeigen; offensichtlich sein	2
appellāre	(*jmdn.*) **anreden**; sich (*an jmdn.*) wenden; (er)**nennen**	16
appellere, appellō, áppulī, appulsum	**herantreiben**, heranbringen; *Pass.* **landen**	34
apportāre	**herbeitragen**, (mit)bringen	2
appropinquāre	**sich nähern**, näher kommen	2
áppulī/appulsum s. appellere		
apud (*m. Akk.*)	**bei; in der Nähe von**	11
aqua, aquae *f*	**das Wasser**	7
āra, ārae *f*	**der Altar**	12
arbitrārī, arbitror, arbitrātus sum	**glauben, meinen**	39
arbor, arboris *f*	**der Baum**	14
arcēre, arceō, arcuī, –	**abwehren; fernhalten**	28

arcessere, arcessō, arcessīvī, arcessītum	**herbeirufen, holen**	15
ārdēre, ārdeō, ārsī, –	(ver)**brennen**; entbrannt sein	1
ārdor, ārdōris *m*	**die Hitze**; die Begeisterung; das Temperament	4
argentum, argentī *n*	**das Silber**; das Geld	48
arma, armōrum *n*	**die Waffen**	6
armātus, armāta, armātum	**bewaffnet**	45
ars, artis *f*; *Gen. Pl.* artium	**die Kunst**; die Geschicklichkeit; das Handwerk	17
arx, arcis *f*; *Gen. Pl.* arcium	**die Burg**	26
ascendere, ascendō, ascendī, ascēnsum	**hinaufsteigen, -klettern**	26
asinus, asinī *m*	**der Esel**	1
aspectus, aspectūs *m*	**der Anblick**	35
asper, aspera, asperum	**hart; grob**, beleidigend; rau	9
aspicere, aspiciō, aspexī, aspectum	**anblicken**, ansehen	20
at	**aber, (je)doch; dagegen**	28
āter, ātra, ātrum	**schwarz**, düster	40
atque/ac	**und, und auch**	2
atrōx; *Gen.* atrōcis	**schrecklich**; wütend	47
attulī s. afferre		
auctor, auctōris *m*	**der (Be-)Gründer; der Anstifter**, der Veranlasser; **der Verfasser**	35
auctōritās, auctōritātis *f*	**das Ansehen; der Einfluss**	21
audācia, audāciae *f*	**die Frechheit; die Kühnheit**	24
audāx; *Gen.* audācis	**kühn**; unverschämt; skrupellos	48
audēre, audeō, ausus sum	**wagen**	30
audīre	(an-, er-, zu)**hören**	3
augēre, augeō, auxī, auctum	**vergrößern, vermehren**	40
aureus, aurea, aureum	**golden, aus Gold**	35
auris, auris *f*; *Gen. Pl.* aurium	**das Ohr**	30
aurum, aurī *n*	**das Gold**	28
aut	**oder**	13
aut … aut	**entweder … oder**	21
autem (*nachgestellt*)	**aber, (je)doch**	11
auxilium, auxiliī *n*	**die Hilfe**, die Unterstützung	6
avāritia, avāritiae *f*	**die Gier**, die Habsucht; **der Geiz**	28
avē!	**sei gegrüßt!**	4
āvertere, āvertō, āvertī, āversum	**abwenden; vertreiben**	29

avis, avis *f*; *Gen. Pl.* avium	**der Vogel**	24
avus, avī *m*	**der Großvater**	4
b		
bárbarus, bárbara, bárbarum	**barbarisch**, wild; *Subst.* **der Barbar**, der Nichtrömer, der Nichtgrieche	10
beātus, beāta, beātum	**glücklich; reich**	32
bellum, bellī *n*	**der Krieg**	17
bellus, bella, bellum	**hübsch**; schön	8
bene (*Adv.*)	**gut**	9
beneficium, beneficiī *n*	**die Wohltat**	37
benevolentia, benevolentiae *f*	**das Wohlwollen**	50
bibere, bibō, bibī, –	**trinken**	20
blandus, blanda, blandum	**schmeichlerisch**	22
bonum, bonī *n*	**das Gut(e)**; *Pl. auch* das Hab und Gut, **der Besitz**	49
bonus, bona, bonum	**gut; tüchtig**; gütig	9
brevī (*Adv.*)	**bald darauf, nach kurzer Zeit**	29
brevis, brevis, breve	**kurz**	15
c		
cadere, cadō, cécidī, –	**fallen**, sinken	14
caedere, caedō, cecīdī, caesum	**niederschlagen; töten**	33
caelum, caelī *n*	**der Himmel**; das Klima	14
calamitās, calamitātis *f*	**das Unglück; der Verlust**; die Niederlage	33
campus, campī *m*	der freie Platz; **das Feld**	40
canere, canō, cecinī, cantātum	**(be)singen**	35
canis, canis *m*	**der Hund**	1
capere, capiō, cēpī, captum	(ein)**nehmen, erobern**; (er)**fassen**, (er)greifen	20
captīvus, captīva, captīvum	**gefangen**; *Subst.* **der/die Kriegsgefangene**	29
caput, capitis *n*	**der Kopf**; die Hauptstadt	12
carēre, careō, caruī, – (*m. Abl.*)	**frei sein** (*von etw.*), (*etw.*) **nicht haben**	10
carmen, carminis *n*	**das Gedicht, das Lied**	37
cārus, cāra, cārum	**lieb, teuer**	41
castra, castrōrum *n* (*Pluralwort*)	**das Lager**	28
cāsus, cāsūs *m*	**der Fall**, der Zufall; das Unglück, **der Schicksalsschlag**	38
causā (*m. Gen.; nachgestellt*)	**wegen; um ... zu**	36
causa, causae *f*	**der Grund; der Prozess**, der Streitfall	5

cavēre, caveō, cāvī, cautum (*m. Akk.*)	**sich hüten (*vor*); Acht geben (*auf*)**	32
cécidī s. cadere		
cēdere, cēdō, cessī, cessum	**(weg)gehen; nachgeben**; überlassen	9
celebrāre	**rühmen**, verherrlichen; **feiern**	37
celer, celeris, celere	**schnell**	32
cēna, cēnae *f*	**das (Abend-)Essen**; die Mahlzeit	10
cēnāre	**essen**	18
cēnsēre, cēnseō, cēnsuī, cēnsum	(ein)**schätzen**; der Ansicht sein; (*m. doppeltem Akk.*) **halten für**	19
cernere, cernō, –, –	**erkennen**; sehen	28
certāre	**streiten; wetteifern**, kämpfen	24
certē	**sicher, bestimmt**	2
certus, certa, certum	**sicher**, gewiss; **bestimmt**; zuverlässig	39
cessāre	**zögern**; sich Zeit lassen	1
cessī/cessum s. cēdere		
cēterī, cēterae, cētera	**die Übrigen**	11
cibus, cibī *m*	**die Speise**; die Nahrung	16
cinis, cineris *m*	**die Asche**	40
circum (*m. Akk.*)	**um ... herum, ringsum**	36
circumdare, circumdō, circumdedī, circumdatum	**umgeben; umzingeln**	24
circumstāre, circumstō, circumstetī, –	**um ... herum stehen**	31
circumvenīre, circumveniō, circumvēnī, circumventum	**umzingeln, umringen**	30
citō	**schnell**, rasch	2
cīvis, cīvis *m/f*; *Gen. Pl.* cīvium	**der/die Bürger(in), der/die Mitbürger(in)**	13
cīvitās, cīvitātis *f*	**der Staat; der Stamm; die Gemeinschaft der Bürger**	18
clādēs, clādis *f*; *Gen. Pl.* clādium	**die Niederlage; der Verlust**	27
clāmāre	**schreien**, rufen	1
clāmor, clāmōris *m*	**der Schrei**, der Ruf; das Geschrei	4
clārus, clāra, clārum	**hell, klar; berühmt**	31
classis, classis *f*; *Gen. Pl.* classium	**die Flotte**	23
claudere, claudō, clausī, clausum	(ab-, ein)**schließen**	31
clēmēns; *Gen.* clēmentis	**sanft**(mütig), mild	19
coepī/coeptum s. incipere		

cōgere, cōgō, coēgī, coāctum	**sammeln; zwingen**	23
cōgitāre	**denken** (an); **nachdenken** (über); (*m. Inf.*) beabsichtigen	4
cognōscere, cognōscō, cognōvī, cognitum	**erfahren; erkennen**; kennen lernen	13
colere, colō, coluī, cultum	**pflegen; verehren; bebauen**	12
collātum s. cōnferre		
collocāre	**(auf-, hin)stellen**, (hin)setzen, legen	20
collum, collī *n*	**der Hals**	36
comes, comitis *m/f*	**der/die Begleiter(in)**	25
commercium, commerciī *n*	**der Handel**; der Verkehr	49
committere, committō, commīsī, commissum	**veranstalten; zustande bringen; anvertrauen**	27
commodum, commodī *n*	**der Vorteil**, der Nutzen; die Bequemlichkeit	46
commovēre, commoveō, commōvī, commōtum	**erregen**; bewegen, **veranlassen**	24
commūnicāre	**gemeinsam haben, teilen**	43
commūnis, commūnis, commūne	**gemeinsam; allgemein**	27
comperīre, comperiō, cómperī, compertum	**erfahren**, in Erfahrung bringen	17
complectī, complector, complexus sum	**umarmen**; umfassen, erfassen	41
complēre, compleō, complēvī, complētum	**anfüllen; erfüllen**; vollenden	48
complūrēs, complūrēs, complūra; *Gen.* complūrium	**einige; ziemlich viele**	44
compōnere, compōnō, composuī, compositum	**zusammenstellen**, ordnen; **verfassen**; vergleichen	32
comprehendere, comprehendō, comprehendī, comprehēnsum	**ergreifen**, festnehmen; **begreifen**	31
cōnārī, cōnor, cōnātus sum	**versuchen**	38
concēdere, concēdō, concessī, concessum	**erlauben, zugestehen, einräumen**	30
conciliāre	**gewinnen**; vermitteln	50
concordia, concordiae *f*	**die Eintracht**	46
concurrere, concurrō, concurrī, concursum	**zusammenlaufen**, zusammentreffen, zusammenstoßen	45
condere, condō, condidī, conditum	**gründen**; aufbewahren; bestatten	24
condiciō, condiciōnis *f*	**die Bedingung; die Lage**	42
(sē) cōnferre, cōnferō, contulī, collātum	**zusammentragen, -bringen**; -fassen; (sich begeben)	34
cōnficere, cōnficiō, cōnfēcī, cōnfectum	**beenden, erledigen**	44
cōnfīdere, cōnfīdō, cōnfīsus sum	**vertrauen**	42
cōnfirmāre	**bekräftigen**; stärken, **ermutigen**	43
coniugium, coniugiī *n*	**die Ehe**	46
coniungere, coniungō, coniūnxī, coniūnctum	**vereinigen, verbinden**; (ver)knüpfen	43
coniūnx, coniugis *f/m*	**die (Ehe-)Frau/ der (Ehe-)Mann**	29
coniūrātiō, coniūrātiōnis *f*	**die Verschwörung**	30
cōnsentīre, cōnsentiō, cōnsēnsī, cōnsēnsum	**übereinstimmen**	24
cōnsequī, cōnsequor, cōnsecūtus sum	**erreichen; nachfolgen**	43
cōnservāre	retten, **erhalten**; einhalten	46
cōnsīdere, cōnsīdō, cōnsēdī, -	**sich setzen**, sich niederlassen	16
cōnsilium, cōnsiliī *n*	**der Rat(schlag); der Plan; der Entschluss; die Absicht**	19
cōnsistere, cōnsistō, cōnstitī, –	**stehen bleiben**; sich hinstellen; bestehen (aus)	14
cōnspectus, cōnspectūs *m*	**der Anblick**	29
cōnspicere, cōnspiciō, cōnspexī, cōnspectum	**erblicken**	20
cōnstat	**es steht fest, es ist bekannt**	46
cōnstituere, cōnstituō, cōnstituī, cōnstitūtum	**beschließen; festsetzen**	23
cōnsul, cōnsulis *m*	**der Konsul**	4
cōnsulere, cōnsulō, cōnsuluī, cōnsultum	(*m. Akk.*) **um Rat fragen, befragen**; (*m. Dat.*) **sorgen für**	25
cōnsultum, cōnsultī *n*	**der Beschluss**	30
cōnsūmere, cōnsūmō, cōnsūmpsī, cōnsūmptum	**verbrauchen**, verwenden; zubringen	40
contemnere, contemnō, contempsī, contemptum	**verachten**	43
contemplārī, contemplor, contemplātus sum	(aus der Nähe genau) **betrachten**	38
contendere, contendō, contendī, contentum	**sich anstrengen; eilen; kämpfen; behaupten**	21
contentus, contenta, contentum	**zufrieden**	32
(sē) continēre, contineō, continuī, –	**halten, festhalten**; enthalten; (sich aufhalten)	45
contingere, contingō, cóntigī, contāctum	**gelingen; berühren**	39
contrā (*Adv.*)	**dagegen**, andererseits; **gegenüber**	49

contrā (*m. Akk.*)	**gegen**	28
contulī s. cōnferre		
convenīre, conveniō, convēnī, conventum	**zusammenkommen**; -passen; (*m. Akk.*) **treffen**	8
convocāre	**zusammenrufen; versammeln**	30
cōpia, cōpiae *f*	**der Vorrat; die Menge**; *Pl. auch* **die Truppen**	34
cor, cordis *n*	**das Herz**	50
corpus, corporis *n*	**der Körper**; der Leib	12
corripere, corripiō, corripuī, correptum	**(an)packen; an sich reißen**	21
corrumpere, corrumpō, corrūpī, corruptum	**bestechen; verderben**	32
cottīdiē	**täglich**, Tag für Tag	30
crās	**morgen**	42
crēdere, crēdō, crēdidī, crēditum	**glauben**; (an)**vertrauen**	17
crēscere, crēscō, crēvī, –	**wachsen**, zunehmen	18
crīmen, crīminis *n*	**der Vorwurf; das Verbrechen**	35
crūdēlis, crūdēlis, crūdēle	**grausam**	23
crūs, crūris *n*	**das** (Schien-)**Bein**; der Unterschenkel	44
crux, crucis *f*	**das Kreuz**	45
cucurrī s. currere		
culpa, culpae *f*	**die Schuld**, das Verschulden	44
cum (*m. Abl.*)	(zusammen) **mit**	7
cum (*m. Ind.*)	**als**; als plötzlich; (immer) **wenn; sobald**	11 19
cum (*m. Konj.*)	**als, nachdem**; da, **weil; obwohl**	30
cūnctārī, cūnctor, cūnctātus sum	**zögern**	41
cūnctī, cūnctae, cūncta	**alle**	8
cupere, cupiō, cupīvī, cupītum	**wünschen**, begehren, verlangen	20
cupiditās, cupiditātis *f*	**der Wunsch, das Verlangen**	23
cupidus, cupida, cupidum (*m. Gen.*)	**bestrebt; (be)gierig** (*nach*)	40
cūr?	**warum?**	1
cūra, cūrae *f*	**die Sorge; die Sorgfalt**	13
cūrāre (*m. Akk.*)	**sorgen** (*für*), **sich kümmern** (*um*)	14
cūria, cūriae *f*	**die Kurie** (*Sitzungsgebäude des Senats*)	43
currere, currō, cucurrī, cursum	**laufen**; eilen	7
cursum s. currere		
custōdia, custōdiae *f*	**die Bewachung; die Wachen**	36
custōdīre	**bewachen**	26
custōs, custōdis *m/f*	**der/die Wächter(in), die Wache**	31

d		
damnāre	**verurteilen**	34
damnum, damnī *n*	**der Schaden, der Verlust**	44
dare, dō, dedī, datum	(von sich) **geben**; gestatten	4
dē (*m. Abl.*)	**von; von . . . herab; über**; in Bezug auf	8
dēbēre	(*m. Inf.*) **müssen; verdanken; schulden**	3
dēcēdere, dēcēdō, dēcessī, dēcessum	**weggehen**, gehen (aus)	5
decem	**zehn**	20
decēre/decet, decuit (*m. Akk.*)	**(etw.) ist angemessen** (*für*), passt (*zu*); (etw.) schickt sich (*für*)	43
decimus, decima, decimum	**der zehnte**	20
dēcipere, dēcipiō, dēcēpī, dēceptum	**täuschen**	23
dēdere, dēdō, dēdidī, dēditum	**ausliefern, übergeben**	42
dēditiō, dēditiōnis *f*	**die Übergabe**, die Kapitulation	42
dēdūcere, dēdūcō, dēdūxī, dēductum	**abbringen; wegführen**; hinführen	29
dēesse, dēsum, dēfuī	**fehlen**	44
dēfendere, dēfendō, dēfendī, dēfēnsum	**verteidigen; abwehren**	6
dēficere, dēficiō, dēfēcī, dēfectum	**verlassen; ausgehen**	21
deinde	**dann, darauf**; von da an	13
dēlectāre	**erfreuen**, Freude machen	16
dēlēre, dēleō, dēlēvī, dēlētum	**zerstören, vernichten**	27
dēlīberāre	**überlegen**	31
dēmōnstrāre	**darlegen, beweisen; zeigen**	36
dēnique	**schließlich, zuletzt**	29
dēnsus, dēnsa, dēnsum	**dicht** (gedrängt)	40
dēpōnere, dēpōnō, dēposuī, dēpositum	**niederlegen; aufgeben**	31
dēprehendere, dēprehendō, dēprehendī, dēprehēnsum	**entdecken; ergreifen**; überraschen	32
dēscendere, dēscendō, dēscendī, dēscēnsum	**herabsteigen**; hinuntergehen, herabkommen	12
dēserere, dēserō, dēseruī, dēsertum	**im Stich lassen, verlassen**	34
dēsinere, dēsinō, dēsiī, dēsitum	**aufhören**	11
dēspērāre	**verzweifeln, die Hoffnung aufgeben**	11
dēspicere, dēspiciō, dēspexī, dēspectum	**(auf etw.) herabblicken; verachten**	35
dēstināre	**bestimmen**; ausersehen	19

deus, deī *m*; *Nom. Pl. auch* dī/	**der Gott/**	4
dea, deae *f*	**die Göttin**	
dexter, dext(e)ra, dext(e)rum	**rechts**; *Subst.* die rechte Hand; die rechte Seite	9
dīcere, dīcō, dīxī, dictum	**sagen; sprechen**; nennen	5
dīcitur/dīcuntur (*m. Inf.*)	**man sagt, dass er, sie/sie** (*etw. tut/tun*); **er, sie soll/sie sollen** (*etw. tun*)	39
didicī s. discere		
diēs, diēī *m*	**der Tag**	25
differre, differō, distulī, dīlātum	**aufschieben**, verschieben; **sich unterscheiden**	33
difficilis, difficilis, difficile	**schwierig**	16
dīgnitās, dīgnitātis *f*	**die Würde; das Ansehen**	28
dīgnus, dīgna, dīgnum *(m. Abl.)*	(*einer Sache/Person*) **würdig**; angemessen	10
dīlātum s. differre		
dīligēns; *Gen.* dīligentis	**gewissenhaft, sorgfältig**	26
dīligentia, dīligentiae *f*	**die Gewissenhaftigkeit, die Sorgfalt**	30
dīligere, dīligō, dīlēxī, dīlēctum	**schätzen, lieben**	32
dīmittere, dīmittō, dīmīsī, dīmissum	**entlassen, wegschicken**; freilassen	16
discēdere, discēdō, discessī, discessum	**weggehen, verschwinden**	21
discere, discō, didicī, –	**lernen**; in Erfahrung bringen	37
disciplīna, disciplīnae *f*	**die Lehre, die Wissenschaft**; die Ordnung, die Disziplin	49
disserere, disserō, disseruī, dissertum	**sprechen über**, erörtern	18
distulī s. differre		
diū	**lange**, lange Zeit	4
diūtius	**länger**	42
dīves; *Gen.* dīvitis, *Abl. Sg.* dīvite, *Nom. Pl. n* dīvita, *Gen. Pl.* dīvitum	**reich**	44
dīvīnus, dīvīna, dīvīnum	**göttlich**	46
dīvitiae, dīvitiārum *f* (*Pluralwort*)	**der Reichtum**	36
docēre, doceō, docuī, doctum	**unterrichten; lehren**	23
dolēre, doleō, doluī, –	**schmerzen; bedauern**	44
dolor, dolōris *m*	**der Schmerz; die Trauer**	23
dolus, dolī *m*	**die List**	21
domī	**zu Hause**	43
dominus, dominī *m*/	**der (Haus-)Herr/**	5
domina, dominae *f*	**die (Haus-)Herrin**	
domum	**nach Hause**	16
domus, domūs *f*	**das Haus** (*in der Stadt*)	29
dōnāre	**(be)schenken**	34

dōnum, dōnī n	**das Geschenk**; die Gabe	2
dormīre	**schlafen**	5
dubitāre	**zögern; zweifeln**	20
dūcere, dūcō, dūxī, ductum	**führen; ziehen**; (*m. doppeltem Akk.*) halten für	17
dulcis, dulcis, dulce	**süß; angenehm**, lieb(lich)	41
dum (*m. Ind. Präs.*)	**während**	5
dum	**solange**; (solange) **bis**	37
duo, duae, duo	**zwei**	19
dūrus, dūra, dūrum	**hart**; hartherzig	9
dux, ducis *m/f*	**der/die Führer(in); der Feldherr**	23
e		
ē/ex (*m. Abl.*)	(her)**aus**; von (... an); entsprechend	7
ecce!	**schau!/schaut!** sieh da! seht!	1
ēdere, ēdō, ēdidī, ēditum	**verkünden; herausgeben**	12
efferre, efferō, extulī, ēlātum	**heraustragen; herausheben**; hervorbringen	33
efficere, efficiō, effēcī, effectum	**bewirken, erreichen**	37
effodere, effodiō, effōdī, effossum	ausstechen; **ausgraben**	44
effugere, effugiō, effūgī, –	**entfliehen; vermeiden**	45
ego/mē	**ich/mich**	3
ēgredī, ēgredior, ēgressus sum	**hinausgehen, verlassen**	40
ēgregius, ēgregia, ēgregium	**hervorragend**, ausgezeichnet	17
ēiusmodī (*indekl.*)	**derartig**	38
ēlātum s. efferre		
emere, emō, ēmī, ēmptum	**kaufen**	8
enim (*nachgestellt*)	**denn, nämlich**	11
eō (*Adv.*)	**dorthin**	25
epistula, epistulae *f*	**der Brief**	5
eques, equitis *m*	**der Reiter**; der Ritter	3
equus, equī *m*	**das Pferd**	2
ergā (*m. Akk.*)	**gegen; gegenüber**; für	50
ergō	**also**	32
ēripere, ēripiō, ēripuī, ēreptum	**entreißen**	28
errāre	(umher)**irren**; (sich) irren	10
ērumpere, ērumpō, ērūpī, ēruptum	**ausbrechen**, hervorbrechen	40
esse, sum, fuī	**sein**	1
et	**und; auch**	1
et ... et	**sowohl ... als auch; einerseits ... andererseits**	23
etiam	**auch; sogar**	1
etsī	**auch wenn**, obwohl	9

ēvādere, ēvādō, ēvāsī, – (*m. Akk./ex*)	**entkommen, entgehen**	22
excēdere, excēdō, excessī, excessum	**hinausgehen**, weggehen	42
excipere, excipiō, excēpī, exceptum	**aufnehmen**, -fangen; eine Ausnahme machen	44
excitāre	(auf)**wecken**; erregen; **ermuntern**	26
exemplum, exemplī *n*	**das Beispiel**	8
exercēre, exerceō, exercuī, –	(aus)**üben**; ausbilden	18
exercitus, exercitūs *m*	**das Heer**	27
exigere, exigō, exēgī, exāctum	(ein)**fordern**, verlangen; **vollenden**	50
exīre, exeō, exiī, –	**hinausgehen**	31
exīstimāre	**meinen; schätzen**	32
exitus, exitūs *m*	**der Ausgang**; das Ende; **der Tod**	49
experīrī, experior, expertus sum	erfahren; erleiden; **versuchen, erproben**	38
explānāre	**erklären**	17
explēre, expleō, explēvī, explētum	(**aus-**, an-, **er)füllen**; wiedergutmachen	44
expōnere, expōnō, exposuī, expositum	**ausstellen; aussetzen**; darlegen	8
expūgnāre	**erobern, erstürmen**	26
exspectāre	**warten (auf)**, erwarten	1
exstinguere, exstinguō, exstīnxī, exstīnctum	**auslöschen**, vernichten	40
exstruere, exstruō, exstrūxī, exstrūctum	**errichten**, erbauen	17
extrā (*m. Akk.*)	**außerhalb**; über … hinaus	45
extulī s. efferre		

f

fābula, fābulae *f*	**die Geschichte**, die Erzählung; das Theaterstück	12
facere, faciō, fēcī, factum	**machen**	23
facilis, facilis, facile	**leicht**, mühelos; umgänglich	15
facinus, facinoris *n*	**die Tat; die Untat**	46
facultās, facultātis *f*	**die Möglichkeit**, die Gelegenheit	40
fallere, fallō, fefellī, –	**täuschen, betrügen**	26
falsus, falsa, falsum (*Adv.* falsō)	**falsch**	42
fāma, fāmae *f*	**das Gerücht; der Ruf**	35
familia, familiae *f*	**die Familie**	2
familiāris, familiāris, familiāre	**vertraut, freundschaftlich**; *Subst.* **der Freund**	29
fatērī, fateor, fassus sum	**gestehen**, bekennen	38
fātum, fātī *n*	**das Schicksal**	23
favēre, faveō, fāvī, fautum (*m. Dat.*)	**gewogen sein**; (*jmdn.*) begünstigen	16
fefellī s. fallere		
fēlīx; *Gen.* fēlīcis	**glücklich**; vom Glück begünstigt	15
fēmina, fēminae *f*	**die Frau**	6
fenestra, fenestrae *f*	**das Fenster**	35
ferē	beinahe, **fast; ungefähr**	32
ferre, ferō, tulī, lātum	**bringen, tragen; ertragen**; berichten	33
ferrum, ferrī *n*	**das Eisen**; die Waffe	45
ferunt	**man berichtet**	33
fidēs, fideī *f*	**das Vertrauen; der Glaube; die Treue**	21
fīdus, fīda, fīdum	**treu**, treu ergeben	45
fierī, fīō, factus sum	**geschehen, werden; gemacht werden**	42
fīgere, fīgō, fīxī, fīxum	(an)**heften, befestigen**; auf etw. richten	36
fīlia, fīliae *f*	**die Tochter**	19
fīlius, fīliī *m*	**der Sohn**	9
fingere, fingō, fīnxī, fictum	**formen**, gestalten; **erdichten**, sich ausdenken	41
fīnīre	**(be)enden**	25
fīnis, fīnis *m*; *Gen. Pl.* fīnium	**das Ende; die Grenze**; der Zweck; *Pl.* **das Gebiet**	28
fīnitimus, fīnitima, fīnitimum	**benachbart**; *Subst.* **der** (Grenz-) **Nachbar**	49
fiscus, fiscī *m*	**die (Staats-)Kasse**; der Korb	49
flamma, flammae *f*	**die Flamme**, das Feuer	16
flēre, fleō, flēvī, flētum	**weinen**; beklagen	12
flōrēre, flōreō, flōruī, –	**blühen**; hervorragend sein	36
fluere, fluō, flūxī, –	**fließen**, strömen	48
flūmen, flūminis *n*	**der Fluss**	45
focus, focī *m*	**der Herd**	16
foedus, foederis *n*	**das Bündnis, der Vertrag**	46
fōns, fontis *m*; *Gen. Pl.* fontium	**die Quelle**; der Ursprung	48
forās	**hinaus, heraus, nach draußen**	22
fōrma, fōrmae *f*	die Form, **die Gestalt; die Schönheit**	15
fortāsse	**vielleicht**	19
forte	**zufällig**	45
fortis, fortis, forte	**tapfer**, mutig; **kräftig**	26
fortūna, fortūnae *f*	**das Schicksal; das Glück**; die Lage	8
forum, forī *n*	**das Forum, der Marktplatz**	7
frangere, frangō, frēgī, frāctum	**(zer)brechen**	14
frāter, frātris *m*	**der Bruder**	11
fraus, fraudis *f*; *Gen. Pl.* fraud(i)um	**der Betrug, die Täuschung**	21
frequēns; *Gen.* frequentis	**zahlreich; häufig**	29
frōns, frontis *f*; *Gen. Pl.* frontium	**die Stirn**; die Vorderseite; **die Front**	45
frūctus, frūctūs *m*	**die Frucht**; der Ertrag, der Nutzen	49
fruī, fruor, – (*m. Abl.*)	(*etw.*) **genießen**, sich (*an etw.*) erfreuen	43

frūmentum, frūmentī *n*	**das Getreide**	35
frūstrā	**vergeblich**	38
fuga, fugae *f*	**die Flucht**	5
fugāre	**in die Flucht schlagen**	45
fugere, fugiō, fūgī, –	**fliehen**	23
fulgēre, fulgeō, fulsī, –	**glänzen**, leuchten	45
fundere, fundō, fūdī, fūsum	**(aus)gießen**; befeuchten	16
fūr, fūris *m*	**der Dieb**	5
furor, furōris *m*	**das Toben**; der Wahnsinn; die Raserei	4
g		
gaudēre, gaudeō, gāvīsus sum	**sich freuen**	2
gaudium, gaudiī *n*	**die Freude**	25
genitum s. gignere		
gēns, gentis *f*; *Gen. Pl.* gentium	**das Volk; das Geschlecht**	23
genus, generis *n*	**das Geschlecht; die Art**; die Gattung	12
(sē) gerere, gerō, gessī, gestum	(aus)**führen; tragen**; (sich benehmen)	34
gignere, gignō, genuī, genitum	**(er)zeugen, hervorbringen**	29
gladius, gladiī *m*	**das Schwert**	9
glōria, glōriae *f*	**der Ruhm, die Ehre**	38
glōriārī, glōrior, glōriātus sum	**sich rühmen**; prahlen	47
gradus, gradūs *m*	**der Rang**; **die Stufe**; der Schritt	43
grātia, grātiae *f*	**der Dank**; die Beliebtheit; die Gunst	16
grātus, grāta, grātum	**dankbar; willkommen**; beliebt	47
gravis, gravis, grave	**schwer**(wiegend), gewichtig; **ernst**	15
h		
habēre	**haben; halten**	18
habitāre	**(be)wohnen**	50
haud	**nicht**	14
hīc	**hier**	3
hic, haec, hoc	**dieser, diese, dieses**	22
hiems, hiemis *f*	**der Winter**; das Unwetter	47
hinc	**von hier**	22
hodiē	**heute**	8
homō, hominis *m*	**der Mensch**; der Mann; *Pl. auch* die Leute	4
honestus, honesta, honestum	**anständig**; angesehen, **ehrenhaft**	46
honōs/honor, honōris *m*	**die Ehre; das Ehrenamt**	17
hōra, hōrae *f*	**die Stunde**	14
horrēre, horreō, horruī, – (*m. Akk.*)	**erschrecken (*vor*)**, schaudern	9

hortārī, hortor, hortātus sum	**auffordern; ermuntern**; ermahnen	38
hortus, hortī *m*	**der Garten**	35
hospes, hospitis *m*	**der Gast; der Gastgeber**	11
hostis, hostis *m*; *Gen. Pl.* hostium	**der Feind**	21
hūc	**hierher**	17
hūmānitās, hūmānitātis *f*	**die Menschlichkeit; die Bildung**	10
hūmānus, hūmāna, hūmānum	**menschlich; gebildet**	10
humilis, humilis, humile	**niedrig** (gestellt); unterwürfig, demütig	43
humus, humī *f*	**der (Erd-)Boden**	47
i		
iacēre, iaceō, iacuī, –	(da)**liegen**	1
iactāre	**schleudern**; rühmen	44
iam	**schon**; bereits	2
ibī	**dort**, da	2
īdem, eadem, idem	**derselbe**, der gleiche	43
idōneus, idōnea, idōneum	**geeignet**; fähig	19
igitur	**also, folglich**	36
īgnis, īgnis *m*; *Gen. Pl.* īgnium	**das Feuer, der Brand**	35
īgnōrāre	**nicht wissen, nicht kennen**	11
īgnōscere, īgnōscō, īgnōvī, īgnōtum	**verzeihen**	33
illātum s. īnferre		
ille, illa, illud	**jener, jene, jenes (berühmte/berüchtigte); der, die, das zuerst genannte**	27
imitārī, imitor, imitātus sum	**nachahmen**	42
immānis, immānis, immāne	**unmenschlich; riesig**	43
immō	**ja sogar; im Gegenteil**	26
impellere, impellō, ímpulī, impulsum	**(an)stoßen; veranlassen**	40
impendēre, impendeō, –, –	**hängen über; drohen**	36
imperāre	**befehlen; herrschen**	25
imperātor, imperātōris *m*	**der Kaiser; der Feldherr**	3
imperium, imperiī *n*	**der Befehl; die Herrschaft; das Reich**	18
impetus, impetūs *m*	**der Angriff; der Schwung**	27
impōnere, impōnō, imposuī, impositum	**setzen, stellen, legen** (an, auf, in); bringen; auferlegen	10
imprīmīs	**besonders**, insbesondere	37
improbus, improba, improbum	**unanständig**; schlecht, böse	41
ímpulī/impulsum s. impellere		

in (*m. Abl.*)	**in, an, auf**; während	7
in (*m. Akk.*)	**in, an, auf**; nach; gegen(über)	3
incēdere, incēdō, incessī, incessum	**befallen; einhergehen**	31
incendere, incendō, incendī, incēnsum	**anzünden**; entflammen, in Aufregung versetzen	23
incendium, incendiī *n*	**der Brand, das Feuer**	27
incertus, incerta, incertum	**unsicher, ungewiss**; unschlüssig	21
incipere, incipiō, coepī, coeptum/inceptum	**anfangen**, beginnen	20
incitāre	**antreiben**, anfeuern	4
inclūdere, inclūdō, inclūsī, inclūsum	**einschließen**; versperren, unterbinden	49
incolumis, incolumis, incolume	**unversehrt, heil**	22
incrēdibilis, incrēdibilis, incrēdibile	**unglaublich**	50
inde	**von da an; von dort**; daher	46
indicāre	**anzeigen**, melden	38
indīgnārī, indīgnor, indīgnātus sum	**entrüstet sein**	41
indūcere, indūcō, indūxī, inductum	**(hin)einführen; verleiten**	45
inesse, īnsum, īnfuī	**enthalten sein**; vorhanden sein	41
īnfāns, īnfantis *m*; *Gen. Pl.* īnfantium	**das kleine Kind**	41
īnfēlīx; *Gen.* īnfēlīcis	**unglücklich**	29
īnferior, īnferior, īnferius	**geringer**, schwächer, unter (jmdm.) stehend	43
īnferre, īnferō, intulī, illātum	**hineintragen; zufügen**	36
īnfēstus, īnfēsta, īnfēstum	**feindlich**, bedrohlich	41
ingenium, ingeniī *n*	**die Begabung**; der Charakter	34
ingēns; *Gen.* ingentis	**gewaltig**, ungeheuer	17
inhūmānus, inhūmāna, inhūmānum	**unmenschlich**	13
inimīcus, inimīca, inimīcum	**feindlich**; *Subst.* **der Feind**	25
inīquus, inīqua, inīquum	**ungünstig; ungerecht; ungleich**	27
inīre, ineō, iniī, initum	**(hin)eingehen; beginnen**	30
iniungere, iniungō, iniūnxī, iniūnctum	auferlegen; **einfügen**, anfügen	42
iniūria, iniūriae *f*	**das Unrecht**; die Gewalttat; **die Ungerechtigkeit**	25
innocēns; *Gen.* innocentis	**unschuldig**	39
inōpia, inōpiae *f*	**der Mangel**	26
inquit	**sagt/sagte (er, sie)**	22
īnsidiae, īnsidiārum *f* (*Pluralwort*)	**der Hinterhalt, die Falle; der Anschlag**	22
īnspērātus, īnspērāta, īnspērātum	**unverhofft**	41

īnspicere, īnspiciō, īnspexī, īnspectum (*m. Akk.*)	**hineinschauen** (*in etw.*)	41
īnstāre, īnstō, īnstitī, –	**drohen, bevorstehen**	21
īnstituere, īnstituō, īnstituī, īnstitūtum	**beginnen**; einrichten; **unterrichten**	28
īnstitūtum, īnstitūtī *n*	**die Anweisung**; der Grundsatz; **die Einrichtung**	46
īnsula, īnsulae *f*	**die Insel**; der Wohnblock	3
intellegere, intellegō, intellēxī, intellēctum	**verstehen; erkennen, einsehen**	27
inter (*m. Akk.*)	**zwischen; unter; während**	8
interdum	**manchmal, bisweilen**	28
interesse, intersum, interfuī (*m. Dat.*)	**teilnehmen** (*an etw.*)	20
interficere, interficiō, interfēcī, interfectum	**töten**	24
interim	**inzwischen**	32
interīre, intereō, interiī, –	**zugrunde gehen**, untergehen; (ver)schwinden	46
interitus, interitūs *m*	**der Untergang**	30
interrogāre	(be)**fragen**	11
interrumpere, interrumpō, interrūpī, interruptum	**unterbrechen**	33
intrā (*m. Akk.*)	**innerhalb**	29
intrāre	**eintreten**; (hinein)-gehen (in); betreten	4
intulī s. īnferre		
invādere, invādō, invāsī, invāsum	**eindringen, angreifen**	5
invenīre, inveniō, invēnī, inventum	**(er)finden**	24
invictus, invicta, invictum	**unbesiegbar; unbesiegt**	50
invidia, invidiae *f*	**der Neid**; der Hass	34
invitāre	**einladen**	18
invītus, invīta, invītum	**unwillig, gegen den Willen**	36
ipse, ipsa, ipsum	**selbst, persönlich**; gerade; schon	36
īra, īrae *f*	**der Zorn, die Wut**	21
īrāscī, īrāscor, – (*m. Dat.*)	**zornig sein** (*auf jmdn.*); in Zorn geraten	39
īrātus, īrāta, īrātum	**zornig, wütend**	24
īre, eō, iī, itum	**gehen**	18
irrīdēre, irrīdeō, irrīsī, irrīsum	**verspotten**	24
is, ea, id	**er, sie, es; dieser, diese, dieses; der(jenige), die(jenige), das(jenige)**	16 18
iste, ista, istud; *Gen.* istīus, *Dat.* istī	**dieser, diese, dieses (da); der, die, das (da); dein, euer**	30

ita	**so**; auf diese Weise	19
itaque	**deshalb**, daher	7
item	**ebenfalls**, ebenso	16
iter, itineris *n*	**der Weg; die Reise**; der Marsch	14
iterum	**wieder**, zum zweiten Mal	7
iubēre, iubeō, iussī, iussum (*m. Akk.*)	(*jmdm.*) **befehlen**, (*jmdn.*) **beauftragen**	3
iūcundus, iūcunda, iūcundum	**angenehm**, erfreulich; **liebenswürdig**	7
iūdex, iūdicis *m*	**der Richter**	5
iūdicāre	(be)**urteilen**; richten	15
iūdicium, iūdiciī *n*	**das Urteil; das Gericht**, der Gerichtshof	15
iungere, iungō, iūnxī, iūnctum	**verbinden**, vereinigen	46
iūrāre	**schwören**	22
iūs, iūris *n*	**das Recht**	19
iussū	**auf Befehl**, unter dem Befehl	47
iūstitia, iūstitiae *f*	**die Gerechtigkeit**	33
iūstus, iūsta, iūstum	**gerecht; gebührend**, richtig	39
iuvāre, iuvō, iūvī, iūtum (*m. Akk.*)	**helfen**, unterstützen; erfreuen	48
iuvenis, iuvenis *m*	**der junge Mann**	15
iuventūs, iuventūtis *f*	**die Jugend**	37
iūxtā (*m. Akk.*)	**neben**	20

l

labor, labōris *m*	**die Arbeit; die Anstrengung**, die Mühe; das Leid	10
labōrāre	**arbeiten; sich anstrengen**; leiden	10
lacrima, lacrimae *f*	**die Träne**	3
lacus, lacūs *m*	**der See**	48
laedere, laedō, laesī, laesum	**verletzen**; kränken	19
laetārī, laetor, laetātus sum	**sich freuen**, fröhlich sein	47
laetitia, laetitiae *f*	**die Freude**	45
laetus, laeta, laetum	**froh**; fröhlich	6
latēre, lateō, latuī, –	**verborgen sein**	21
lātum s. ferre		
lātus, lāta, lātum	**breit, weit**	37
laudāre	**preisen; loben**	36
laus, laudis *f*	**das Lob; der Ruhm**	33
lectus, lectī *m*	**das Bett; das Liegesofa**	30
lēgātus, lēgātī *m*	**der Gesandte**	33
legere, legō, lēgī, lēctum	**lesen**; sammeln; auswählen	5
legiō, legiōnis *f*	**die Legion**	33
lēx, lēgis *f*	**das Gesetz**; die Bedingung	37
libēns; *Gen.* libentis	**gern**; (bereit)willig	16
līber, lībera, līberum	**frei**; unabhängig	10
liber, librī *m*	**das Buch**	37
līberālis, līberālis, līberāle	**großzügig**, freigebig	50
līberāre	**befreien**	16
līberī, līberōrum *m* (*Pluralwort*)	**die Kinder**	26
lībertās, lībertātis *f*	**die Freiheit**	20
libīdō, libīdinis *f*	**das** (heftige) **Verlangen**, die Lust; **die Willkür**	31
licēre/licet, licuit (*m. Dat.*)	**es ist möglich; es ist erlaubt, (*jmd.*) darf**	12
lingua, linguae *f*	**die Sprache**; die Zunge	50
līs, lītis *f*; *Gen. Pl.* lītium	**der (Rechts-)Streit**	41
litterae, litterārum *f*	**der Brief; die Wissenschaften**; die Literatur; *Sg.* der Buchstabe	19
lītus, lītoris *n*	**der Strand**	21
loca, locōrum *n* (*Pluralwort*)	**die Gegend**	24
locus, locī *m*	**der Ort**	22
locūtus s. loquī		
longus, longa, longum	**lang**, weit; lang andauernd	14
loquī, loquor, locūtus sum	**reden, sprechen**	39
lūdere, lūdō, lūsī, lūsum	**spielen**, scherzen	5
lūdus, lūdī *m*	**das Spiel; die Schule**	37
lūmen, lūminis *n*	**das Licht; das Auge(nlicht)**	28
lūx, lūcis *f*	**das** (Tages-)**Licht**	8

m

maestus, maesta, maestum	**traurig**	6
magister, magistrī *m*	**der Lehrer**	39
māgnitūdō, māgnitūdinis *f*	**die Größe**	28
māgnus, māgna, māgnum	**groß**(artig); bedeutend	6
māiōrēs, māiōrum *m* (*Pluralwort*)	**die Vorfahren**	38
malum, malī *n*	das Übel; **Schlimmes**; das Unglück	49
malus, mala, malum	**schlecht, schlimm**	33
mandāre	**auftragen**; übergeben, **anvertrauen**	23
mandātum, mandātī *n*	**der Auftrag**	25
manēre, maneō, mānsī, –	**bleiben**; erwarten	7
manus, manūs *f*	**die Hand; die Schar**	28
mare, maris *n*; *Abl. Sg.* marī, *Nom./Akk. Pl.* maria, *Gen. Pl.* marium	**das Meer**	13
marītus, marītī *m*	**der Ehemann**	29
māter, mātris *f*	**die Mutter**	6
mātrōna, mātrōnae *f*	**die** (*verheiratete*) **Frau**	2
maximē	**am meisten, besonders**	39
maximus, maxima, maximum	**der größte, sehr groß**	37
medicus, medicī *m*	**der Arzt**	7

medius, media, medium	**der mittlere; in der Mitte (von)**	27
melior, melior, melius	**besser**	37
memorāre	**erwähnen**; sagen	36
memoria, memoriae *f*	**die Erinnerung; das Gedächtnis**; die Zeit	37
mēns, mentis *f*; *Gen. Pl.* mentium	**der Geist**; das Bewusstsein; die Denkweise; das Gemüt	7
mēnsa, mēnsae *f*	**der Tisch**, die Tafel	36
mēnsis, mēnsis *m*; *Gen. Pl.* mēns(i)um	**der Monat**	20
merēre	**verdienen**	39
metuere, metuō, metuī, –	**sich fürchten; befürchten**	22
metus, metūs *m*	**die Angst, die Furcht**	27
meus, mea, meum	**mein**	15
mīles, mīlitis *m*	**der Soldat**	28
mīlitia, mīlitiae *f*	**der Militärdienst**	43
mīlle (*indekl.*); *Pl.* mīlia, mīlium (*m. Gen.*)	**tausend**	32
minuere, minuō, minuī, minūtum	vermindern, **verringern**; schmälern	35
mīrus, mīra, mīrum	**wunderbar; erstaunlich**	31
miser, misera, miserum	**elend, unglücklich,** armselig	9
mittere, mittō, mīsī, missum	**schicken**; gehen lassen; werfen	11
mōbilis, mōbilis, mōbile	**beweglich; unbeständig**	34
modo	**gerade** (eben); **nur**; (ein)mal	14
modus, modī *m*	**die Art, die Weise; das Maß**	22
moenia, moenium *n* (*Pluralwort*)	**die (Stadt-)Mauer**	24
molestus, molesta, molestum	**beschwerlich; lästig**	47
mōlīrī, mōlior, mōlītus sum	**errichten**, bauen; **planen**, unternehmen	38
mollis, mollis, molle	**freundlich; weich, angenehm**	25
mōmentum, mōmentī *n*	**die Entscheidung; die Wichtigkeit**	24
monēre	**erinnern; mahnen, auffordern**	23
mōns, montis *m*; *Gen. Pl.* montium	**der Berg**	12
monumentum, monumentī *n*	**das Denkmal**	17
mora, morae *f*	**die Verzögerung; der Aufenthalt**	31
morārī, moror, morātus sum	**verzögern**, aufhalten; **sich aufhalten**	38
morbus, morbī *m*	**die Krankheit**	32
morī, morior, mortuus sum	**sterben**	39
mors, mortis *f*; *Gen. Pl.* mortium	**der Tod**	9

mortālis, mortālis, mortāle	**sterblich**	15
mortuus, mortua, mortuum	**tot; gestorben**	7
mōs, mōris *m*	**die Art; die Sitte,** der Brauch	10
movēre, moveō, mōvī, mōtum	**bewegen; beeinflussen**	12
mox	**bald** (darauf)	14
mulier, mulíeris *f*	**die Frau**	22
multī, multae, multa/ multum	**viele**; zahlreich/**viel**	6
multitūdō, multitūdinis *f*	**die große Anzahl, die Menge**	27
mūnīre	**befestigen**	26
mūnus, mūneris *n*	**das Amt, die Aufgabe; das Geschenk**	25
mūrus, mūrī *m*	**die Mauer**	21
mūtāre	(ver)**ändern**; verwandeln	10

n

nam	**denn**	2
nārrāre	**erzählen**, berichten	16
nātiō, nātiōnis *f*	**das Volk, der** (Volks-)**Stamm**	42
nātūra, nātūrae *f*	**die Beschaffenheit, die Natur; das Wesen**	26
nātus, nāta, nātum	**geboren**	8
nauta, nautae *m*	**der Seemann**; der Matrose	6
nāvigāre	**segeln**; mit dem Schiff fahren	3
nāvis, nāvis *f*; *Gen. Pl.* nāvium	**das Schiff**	6
-ne?	*Fragesignal (wird nicht übersetzt)*	7
nē (*m. Konj.*)	**dass/damit nicht**; (*nach Ausdrücken des Fürchtens*) **dass**	29 35
nē … quidem	**nicht einmal**	40
necāre	**töten**	6
necessārius, necessāria, necessārium	**notwendig**	35
necesse est	**es ist notwendig**	28
nefās *n* (*nur Nom./Akk. Sg.*)	**der Frevel, das Verbrechen**	23
negāre	**leugnen; ablehnen,** verweigern	11
neglegere, neglegō, neglēxī, neglēctum	**nicht (be)achten; vernachlässigen**	28
negōtium, negōtiī *n*	**die Aufgabe, das Geschäft**; die Angelegenheit	41
nēmō; *Dat.* nēminī, *Akk.* nēminem	**niemand**	10
nepōs, nepōtis *m*	**der Enkel; der Neffe**	25
neque	**und … nicht; auch … nicht; aber … nicht**	4
neque … neque	**weder … noch**	10

nescīre, nesciō, nescīvī, –	**nicht wissen, nicht verstehen**	19
nihil	**nichts**	7
nimis	**zu; zu sehr**	34
nimius, nimia, nimium	**zu groß, übermäßig**	33
nisī	**wenn nicht; außer**	18
nix, nivis *f*; *Gen. Pl.* nivium	**der Schnee**	47
nōbilis, nōbilis, nōbile	**berühmt**; vornehm; **adlig**	32
nocēns; *Gen.* nocentis	**schuldig**; schädlich	39
nocēre, noceō, nocuī, –	**schaden**	22
nocturnus, nocturna, nocturnum	**nächtlich**	44
nōlle, nōlō, nōluī, –	**nicht wollen**	19
nōmen, nōminis *n*	**der Name**; der Begriff	13
nōmināre	**nennen**	42
nōn	**nicht**	1
nōn iam	**nicht mehr**	1
nōndum	**noch nicht**	18
nōnne?	**denn nicht? etwa nicht?**	7
nōnnūllī, nōnnūllae, nōnnūlla	**einige, manche**	33
nōs	*Nom.* **wir**; *Akk.* **uns**	13
nōvisse, nōvī, –	**kennen, verstehen**	50
noster, nostra, nostrum	**unser**	15
novus, nova, novum	**neu**; neuartig	6
nox, noctis *f*; *Gen. Pl.* noctium	**die Nacht**	5
nūllus, nūlla, nūllum; *Gen.* nūllīus, *Dat.* nūllī	**kein**	18
num	*indir. Frage* **ob**	31
num?	**etwa?**	7
nūmen, nūminis *n*	**die (göttliche) Macht; die Gottheit**	12
numerus, numerī *m*	**die Zahl**, die Menge	18
numquam	**niemals**	13
nunc	**nun**; jetzt	2
nūntiāre	**melden**	27
nūntius, nūntiī *m*	**der Bote; die Botschaft**	3
nūper	**vor kurzem; neulich**	34
nūptiae, nūptiārum *f* (*Pluralwort*)	**die Heirat**; die Hochzeit	19
o		
ob (*m. Akk.*)	**wegen**	21
oblātum s. offerre		
obscūrus, obscūra, obscūrum	(ziemlich) **dunkel**, finster	28
obsecrāre	**anflehen, bitten**	29
obses, obsidis *m/f*	**die Geisel**	46
obsidēre, obsideō, obsēdī, obsessum	**belagern; bedrängen**	30
obsidiō, obsidiōnis *f*	**die Belagerung**	42
obtinēre, obtineō, obtinuī, obtentum	**erlangen; behaupten**	24
obtulī s. offerre		
occāsiō, occāsiōnis *f*	**die Gelegenheit**	32
occīdere, occīdō, occīdī, occīsum	**niederschlagen; töten**	48
occidere, óccidō, óccidī, –	**untergehen; umkommen**	32
occultus, occulta, occultum	**heimlich, geheim**; verborgen	31
occupātus, occupāta, occupātum (in *m. Abl.*)	**beschäftigt** (*m. etw.*)	24
occurrere, occurrō, occurrī, occursum	**entgegenkommen, begegnen**	22
oculus, oculī *m*	**das Auge**	7
odium, odiī *n*	**der Hass**	28
offendere, offendō, offendī, offēnsum	**stoßen** (auf); schlagen (an); beleidigen	14
offerre, offerō, obtulī, oblātum	**entgegenbringen; anbieten**	34
officium, officiī *n*	**der Dienst; die Pflicht**	44
omittere, omittō, omīsī, omissum	**außer Acht lassen**; unterlassen, aufgeben	42
omnīnō	**überhaupt; insgesamt**	31
omnis, omnis, omne	**jeder; ganz**; *Pl.* **alle**	15
onus, oneris *n*	**die Last**	31
opera, operae *f*	die Arbeit; **die Tätigkeit; die Mühe**	34
opīnārī, opīnor, opīnātus sum	**meinen**, vermuten	38
opīniō, opīniōnis *f*	**die Meinung**, die Ansicht; das Vorurteil	43
oportēre/oportet, oportuit	**es ist nötig, es gehört sich**; man darf	33
oppidum, oppidī *n*	**die** (*befestigte*) **Stadt**	14
opportūnus, opportūna, opportūnum	**günstig; geeignet**	27
opprimere, opprimō, oppressī, oppressum	**unterdrücken; überfallen**, überwältigen	13
oppūgnāre	**angreifen; bestürmen**	26
ops, opis *f*	**die Hilfe**; die Kraft; *Pl.* **die Macht, der Einfluss**; der Reichtum	36
optāre	**wünschen**	41
optimus, optima, optimum	**der beste; sehr gut**	37
opus, operis *n*	**das Werk**, die Arbeit	17
(*m. Dat.*) opus est (*m. Abl.*)	**es ist nötig; (*jmd.*) braucht (*etw.*)**	24
ōrāculum, ōrāculī *n*	**das Orakel**, der Göttersprüch; die Orakelstätte	12
ōrāre	**beten; bitten**	17
ōrātiō, ōrātiōnis *f*	**die Rede**	39
ōrātor, ōrātōris *m*	**der Redner**	5
orbis, orbis *m*; *Gen. Pl.* orbium	**der (Erd-)Kreis**	23
orīrī, orior, ortus sum	**entstehen**; sich erheben	43
ōrnāre	**schmücken**, ausstatten	37

ōs, ōris *n*	**der Mund; das Gesicht**	25
ostendere, ostendō, ostendī, –	**zeigen**	19
P		
pācāre	**unterwerfen**	33
paene	**fast, beinahe**	48
pār; *Gen.* paris	**ebenbürtig; gleich**	27
parāre	(vor-, zu)**bereiten**; (*m. Inf.*) **vorhaben**	3
parātus, parāta, parātum	**bereit**	14
parcere, parcō, pepercī, – (*m. Dat.*)	(*jmdn.*) **schonen**	25
parcus, parca, parcum	**spärlich; sparsam**	28
parentēs, parent(i)um *m*	**die Eltern**	20
pārēre, pāreō, pāruī, –	**gehorchen**; befolgen	3
parere, pariō, peperī, partum	**erwerben**; gewinnen; **hervorbringen**	27
pariter	**zugleich**, gemeinsam; ebenso	48
pars, partis *f*; *Gen. Pl.* partium	**der Teil; die Seite, die Richtung**	33
partum s. parere		
parum	**(zu) wenig**	49
parvus, parva, parvum	**klein**	24
passus s. patī		
pāstor, pāstōris *m*	**der Hirte**	43
pater, patris *m*	**der Vater**	5
patēre, pateō, patuī, –	**offenstehen**; klar sein; sich erstrecken	30
patī, patior, passus sum	**(er)leiden**, ertragen; **zulassen**, geschehen lassen	39
patrēs, patrum *m*	**die Patrizier; die Senatoren**	25
patria, patriae *f*	**das Vaterland, die Heimat**	13
patrōnus, patrōnī *m*	**der Anwalt**, der Verteidiger; **der Schutzherr**	5
paucī, paucae, pauca	**(nur) wenige**	26
paulātim	**allmählich**	40
paulō	**(ein) wenig**	24
paul(ul)um	**ein** (klein) **wenig**	49
pauper; *Gen.* pauperis, *Abl. Sg.* paupere, *Nom. Pl. n* paupera, *Gen. Pl.* pauperum	**arm**	48
pāx, pācis *f*	**der Frieden**	33
pectus, pectoris *n*	**die Brust; das Herz**	46
pecūnia, pecūniae *f*	**das Geld**, das Vermögen	37
pellere, pellō, pépulī, pulsum	**schlagen, stoßen; vertreiben**	25
pepercī s. parcere		
peperī s. parere		
pépulī s. pellere		
per (*m. Akk.*)	**durch (... hindurch)**; über ... hin; mithilfe	12
perdere, perdō, perdidī, perditum	**vernichten; verlieren**	41

perferre, perferō, pertulī, perlātum	**ertragen; (über)bringen**	33
perficere, perficiō, perfēcī, perfectum	**ausführen; vollenden**	25
pergere, pergō, perrēxī, perrēctum	**weitermachen**, (*etw.*) weiter (*tun*)	29
perīculum, perīculī *n*	**die Gefahr**	3
perīre, pereō, periī, –	**zugrunde gehen**, umkommen	18
perlātum s. perferre		
permovēre, permoveō, permōvī, permōtum	**beunruhigen; veranlassen**	34
perniciēs, perniciēī *f*	**die Vernichtung; das Verderben**	29
perpetuus, perpetua, perpetuum	dauerhaft, **ewig**	42
perrēctum/perrēxī s. pergere		
persequī, persequor, persecūtus sum	**verfolgen**	44
perspicere, perspiciō, perspexī, perspectum	**erkennen**, genau sehen, durchschauen	25
persuādēre, persuādeō, persuāsī, persuāsum (*m. Dat.*)	(*m. AcI*) (*jmdn.*) **überzeugen;** (*m.* ut *m. Konj.*) (*jmdn.*) **überreden**	21
perterrēre	einschüchtern; **heftig erschrecken**	32
pertulī s. perferre		
perturbāre	(völlig) **verwirren; beunruhigen**	17
pervenīre, perveniō, pervēnī, perventum	**hinkommen**, ankommen; (hin)gelangen	26
pēs, pedis *m*	**der Fuß**	22
pessimus, pessima, pessimum	**der schlechteste, der schlimmste**	41
petere, petō, petīvī, petītum	**bitten**, verlangen; **angreifen; aufsuchen**; gehen/fahren nach	9
pietās, pietātis *f*	**die Frömmigkeit; das Pflichtgefühl**	41
pīrāta, pīrātae *m*	**der Pirat**, der Seeräuber	6
pius, pia, pium	**fromm**; gewissenhaft	12
placēre	**gefallen**; Spaß machen	1
plaudere, plaudō, plausī, plausum	**Beifall klatschen**, applaudieren	5
plēbs, plēbis *f*	**das** (*einfache*) **Volk**	25
plēnus, plēna, plēnum	**voll**	42
plērīque, plēraeque, plēraque	**die meisten, sehr viele**	43
plūrimī, plūrimae, plūrima	**die meisten, sehr viele**	37
plūs, plūris	**mehr**	45
pōculum, pōculī *n*	**der Becher**	32
poena, poenae *f*	**die Strafe**	35
pollicērī, polliceor, pollicitus sum	**versprechen**	50

pōnere, pōnō, posuī, positum	**setzen; stellen; legen**	14
pōns, pontis *m*; *Gen. Pl.* pontium	**die Brücke**	17
poposcī s. poscere		
populus, populī *m*	**das Volk; das Publikum**	4
porrigere, porrigō, porrēxī, porrēctum	**ausstrecken**; ausbreiten, ausdehnen	36
porta, portae *f*	**das Tor, die Tür**	22
portāre	**tragen; bringen**	7
portus, portūs *m*	**der Hafen**	34
poscere, poscō, poposcī, –	**fordern**, verlangen	20
posse, possum, potuī, –	**können**	20
post (*Adv.*)	**später; danach**	24
post (*m. Akk.*)	**nach; hinter**	12
posteā	**später; nachher**	23
posterus, postera, posterum	(nach)**folgend**	44
postquam (*m. Ind. Perf.*)	**nachdem**	21
postrēmō	**schließlich**, zuletzt	16
postulāre	**fordern**	28
potentia, potentiae *f*	**die Macht; die Herrschaft**	36
potestās, potestātis *f*	**die Möglichkeit**; die (Amts-)Gewalt; **die Macht**	40
potīrī, potior, potītus sum (*m. Abl.*)	(*etw.*) **in seine Gewalt bringen**, sich (*einer Sache*) bemächtigen	38
potius/potissimum	**eher, lieber**/gerade, **hauptsächlich**	49
praebēre	(dar)**reichen**, gewähren	11
sē praebēre	**sich zeigen**, sich erweisen (als)	15
praeceps; *Gen.* praecipitis	schnell, **überstürzt; steil**	32
praeceptum, praeceptī *n*	**die Vorschrift**, die Regel; **die Lehre**	43
praecipere, praecipiō, praecēpī, praeceptum	(be)**lehren; vorschreiben**, anordnen	48
praecipitāre	**stürzen**; stoßen; (sich kopfüber) hinabstürzen	6
praeclārus, praeclāra, praeclārum	herrlich, **ausgezeichnet; sehr bekannt**	36
praeesse, praesum, praefuī (*m. Dat.*)	**an der Spitze** (*von etw.*) **stehen,** (*etw.*) **leiten**	27
praemium, praemiī *n*	**die Belohnung**, die Auszeichnung	39
praesentia, praesentiae *f*	**die Gegenwart**	30
praesidium, praesidiī *n*	**der Schutz**; *Pl.* **die Schutztruppe**	30
praestāre, praestō, praestitī, –	(*m. Dat.*) **übertreffen**; (*m. Akk.*) **leisten**; zeigen	34
praeter (*m. Akk.*)	**außer**	22
praetereā	**außerdem**	32
praeterīre, praetereō, praeteriī, praeteritum	**vorbeigehen**, vergehen	44
praetermittere, praetermittō, praetermīsī, praetermissum	**verstreichen lassen**	32
precārī, precor, –	**flehen, bitten**	40
precēs, precum *f* (*Pluralwort*)	**die Bitten**; das Gebet	12
premere, premō, pressī, pressum	**(unter)drücken; bedrängen**	35
pretium, pretiī *n*	**der Preis**	11
prīmō	**zuerst**, zunächst	7
prīmum (*Adv.*)	**zuerst; zum ersten Mal**	49
prīmus, prīma, prīmum	**der erste**	8
prīnceps, prīncipis *m*	**der Angesehenste, der führende Mann, der Herrscher**	25
prior; *Gen.* priōris	**der erste; der frühere**	24
prius	**zuerst; früher**	31
priusquam	**bevor**; (*nach verneintem Satz*) bevor nicht	20
prīvāre (*m. Abl.*)	(*einer Sache*) **berauben, (*um etw.*) bringen**	26
prīvātus, prīvāta, prīvātum	**persönlich**; privat	10
prō (*m. Abl.*)	**vor; für; anstelle (von)**	15
probāre	**gutheißen, billigen**	21
probus, proba, probum	**anständig, rechtschaffen**	46
prōcēdere, prōcēdō, prōcessī, prōcessum	**vorrücken, vorankommen**	40
procul	**von weitem; in der Ferne**, weit weg	2
proelium, proeliī *n*	**der Kampf, die Schlacht**	27
profectō	**tatsächlich**; auf alle Fälle	11
proficīscī, proficīscor, profectus sum	**aufbrechen, (ab)reisen**; abstammen	39
profugere, profugiō, profūgī, –	Zuflucht suchen, **sich flüchten**	34
prohibēre	**abhalten, hindern**	18
prōicere, prōiciō, prōiēcī, prōiectum	**(nieder-, vor)werfen**	22
proinde	**also**; daher	11
prōmittere, prōmittō, prōmīsī, prōmissum	**versprechen**	15
prope (*Adverb*)	nahe, **in der Nähe**; **beinahe**	48
properāre	**eilen; sich beeilen**	2
propinquus, propinqua, propinquum	nahe, **benachbart**; *Subst.* **der Verwandte**	42
propior, propior, propius (*m. Dat.*)	**näher** (*einer Sache*)	40
propius (*Adv.*)	**näher**	45
prōpōnere, prōpōnō, prōposuī, prōpositum	**in Aussicht stellen; vorschlagen**	32
propter (*m. Akk.*)	**wegen**	38
prosper, prospera, prosperum	**günstig; glücklich**	49
prōtegere, prōtegō, prōtēxī, prōtēctum	**schützen**	38

prōtinus	**sofort**	31
prōvincia, prōvinciae *f*	**die Provinz**; der Amtsbereich	3
proximus, proxima, proximum	**der nächste; der letzte**	30
prūdēns; *Gen.* prūdentis	**klug**; sachverständig	44
prūdentia, prūdentiae *f*	**die Klugheit; die Vorsicht**	21
pūblicus, pūblica, pūblicum	**öffentlich, staatlich**	10
puella, puellae *f*	**das Mädchen**	10
puer, puerī *m*	**der Junge**	9
pūgna, pūgnae *f*	**der Kampf**	9
pūgnāre	**kämpfen**	6
pulcher, pulchra, pulchrum	**schön**	9
pulchritūdō, pulchritūdinis *f*	**die Schönheit**	35
pulsum s. pellere		
putāre	**glauben, meinen**; (*m. doppeltem Akk.*) **halten für**	10
q		
quaerere, quaerō, quaesīvī, quaesītum	**suchen**; erwerben; **fragen**	5
quaesō	**ich bitte dich; bitte**	16
quālis, quālis, quāle	**wie (beschaffen), was für ein**	36
quam	*nach Komparativ* **als**; *vor Superlativ* **möglichst**	37
quam	**wie; wie sehr**	9
quamobrem	**weswegen; deswegen**	50
quamquam	**obwohl**, obgleich	11
quamvīs (*m. Konj.*)	**auch wenn**	50
quandō?	**wann?**	18
quantopere	**wie sehr**	31
quantus, quanta, quantum	**wie groß; was für ein**	30
quārē?	**weshalb? wodurch?**	13
quasi	(*Adv.*) **gewissermaßen**; (*m. Konj.*) **als ob**	40
quattuor	**vier**	20
-que (*angehängt*)	**und**	14
quemadmodum	**wie, auf welche Weise**	24
quī, quae, quod	**der, die, das; wer, was**	18
quī, quae, quod?	**welcher, welche, welches?**	28
quī?	**wie?**	22
quia	**weil**	25
quīcumque, quaecumque, quodcumque	wer auch immer; **jeder, der/alles, was**	41
quīdam, quaedam, quoddam	**ein (gewisser)**; *Pl.* **einige**, etliche	44
quidem	**allerdings; zwar**	23
quiēs, quiētis *f*	**die Ruhe, die Erholung**	33
quiēscere, quiēscō, quiēvī, –	(aus)**ruhen**; schlafen	30
quīn?	**warum nicht?**	38

quīnque	**fünf**	20
quis?/quid?	**wer?/was?**	1
quisque	**(ein) jeder**	45
quisquis/quidquid	**jeder, der/alles, was**	41
quō?	**wohin?**	17
quod (*Subjunktion*)	**weil**	9
quondam	**einst**	10
quoniam	**da . . . ja, wo . . . doch**	24
quoque (*nachgestellt*)	**auch**	38
r		
rapere, rapiō, rapuī, raptum	**(an sich, weg)reißen; rauben**	26
ratiō, ratiōnis *f*	**die Art und Weise**; **die Vernunft**; **der (*vernünftige*) Grund**	30
ratus s. rērī		
(sē) recipere, recipiō, recēpī, receptum	**aufnehmen; zurücknehmen; (sich zurückziehen)**	27
recitāre	**vortragen, vorlesen**	35
recreāre	**wiederherstellen**	45
rēctus, rēcta, rēctum	**gerade**, direkt; **richtig**	18
recūsāre	**verweigern; sich weigern**	19
reddere, reddō, reddidī, redditum	**zurückgeben; machen zu**	22
redīre, redeō, rediī, reditum	**zurückgehen**, zurückkehren	18
redūcere, redūcō, redūxī, reductum	**zurückführen**; zurückbringen	13
referre, referō, rettulī, relātum	**(zurück)bringen; berichten**	33
regere, regō, rēxī, rēctum	**(be)herrschen**	23
rēgīna, rēgīnae *f*	**die Königin**	4
regiō, regiōnis *f*	**das Gebiet, die Gegend**	42
rēgius, rēgia, rēgium	**königlich**	35
rēgnum, rēgnī *n*	**das (König-)Reich; die Königsherrschaft**	15
relātum s. referre		
religiō, religiōnis *f*	**die (Gottes-)Verehrung; der Glaube**; der Aberglaube	45
relinquere, relinquō, relīquī, relictum	**zurücklassen, verlassen**	21
reliquiae, reliquiārum *f* (*Pluralwort*)	**die (Über-)Reste**; die Trümmer	49
reliquus, reliqua, reliquum	**übrig; künftig**	40
remedium, remediī *n*	**das Heilmittel**	22
remittere, remittō, remīsī, remissum	**zurückschicken**; los-, nachlassen; verzeihen	49
repellere, repellō, réppulī, repulsum	**zurückstoßen**; vertreiben; abweisen	40
repente	**plötzlich, unerwartet**	31
reperīre, reperiō, répperī, repertum	**finden, wieder finden**	45

repetere, repetō, repetīvī, repetītum	**wiederholen; zurückverlangen**	43
réppulī/repulsum s. repellere		
rērī, reor, ratus sum	**meinen**	44
rēs, reī *f*	**die Sache; das Ereignis**	21
rēs pūblica, reī pūblicae *f*	**der Staat**	45
resistere, resistō, restitī, –	**Widerstand leisten**	27
respicere, respiciō, respexī, respectum	**denken an, berücksichtigen**	23
respondēre, respondeō, respondī, respōnsum	**antworten**, entgegnen	3
restāre, restō, restitī, –	**übrig sein**, übrig bleiben; **überleben**	12
restitī s. resistere oder restāre		
restituere, restituō, restituī, restitūtum	**wiederherstellen**	46
retinēre, retineō, retinuī, retentum	behalten, festhalten, **zurückhalten**	44
reus, reī *m*	**der Angeklagte**	5
revertī, revertor, revertī, reversus	**zurückkehren**	42
rēx, rēgis *m*	**der König**	10
rīdēre, rīdeō, rīsī, rīsum	**lachen**	2
rīpa, rīpae *f*	**das Ufer**	18
rōbustus, rōbusta, rōbustum	**kräftig**, stark	8
rogāre	**fragen; bitten**	3
ruere, ruō, ruī, –	(*auf jmdn.*) **losstürzen, zustürmen**	26
ruīna, ruīnae *f*	**der Einsturz**, der Sturz, der Fall	40
rumpere, rumpō, rūpī, ruptum	**(zer)brechen**	31
rūrsus	**wieder**	40

s

sacer, sacra, sacrum	**heilig, geweiht**	26
sacerdōs, sacerdōtis *m/f*	**der/die Priester(in)**	21
sacrificāre	**opfern**	10
saeculum, saeculī *n*	**das Jahrhundert**; die Welt	38
saepe	**oft**	17
saevīre, saeviō, –, saevītum	**wüten, toben**	35
saevitia, saevitiae *f*	**die Härte**, die Strenge	47
salūs, salūtis *f*	**die Rettung; das Wohl**, die Gesundheit; (*in Verbindung m.* dīcere) der Gruß	11
salūtāre	**(be)grüßen**	2
salvē!/salvēte!	**sei/seid gegrüßt!** hallo!	2
salvus, salva, salvum	**wohlbehalten, gesund**	22
sānāre	**heilen**	48
sānctus, sāncta, sānctum	**ehrwürdig, heilig**	37
sanguis, sanguinis *m*	**das Blut**	38
sapiēns; *Gen.* sapientis	**weise**; vernünftig	39
sapientia, sapientiae *f*	**die Weisheit**; der Verstand	8
satis	**genug**	17
saxum, saxī *n*	**der Stein; der Fels**(brocken)	12
scelus, sceleris *n*	**das Verbrechen**	30
scīlicet (*Adv.*)	**selbstverständlich, natürlich**	50
scīre	**wissen, verstehen**	14
scrībere, scrībō, scrīpsī, scrīptum	**schreiben**, verfassen	13
sē (*Akk.*), sibī (*Dat.*), sēcum (*Abl.*)	**sich/sich/ mit sich, bei sich**	15
secundus, secunda, secundum	**der zweite, der folgende; günstig**	6
secūtus s. sequī		
sed	**aber, (je)doch; sondern**	2
sedēre, sedeō, sēdī, sessum	(da)**sitzen**	4
sēdēs, sēdis *f*; *Gen. Pl.* sēd(i)um	**der Sitz**; das Siedlungsgebiet, die Heimat	18
sēditiō, sēditiōnis *f*	**der Aufruhr, der Aufstand**	35
semper	**immer**	5
senātor, senātōris *m*	**der Senator**	4
senātus, senātūs *m*	**der Senat; die Senatsversammlung**	28
senectūs, senectūtis *f*	**das Alter**	29
senex, senis *m*	**der alte Mann**, der Greis	44
sententia, sententiae *f*	**die Meinung, die Ansicht**	21
sentīre, sentiō, sēnsī, sēnsum	**fühlen; merken**; meinen	14
sepulcrum, sepulcrī *n*	**das Grab**	38
sequī, sequor, secūtus sum (*m. Akk.*)	(*jmdm.*) **folgen**	39
sermō, sermōnis *m*	**das Gespräch; das Gerede; die Sprache**	36
servāre	**retten**, bewahren	11
servīre, serviō, –, –	**Sklave sein, dienen**	43
servitūs, servitūtis *f*	**die Sklaverei**; die Knechtschaft	8
servus, servī *m*/ serva, servae *f*	**der Sklave/die Sklavin**; der Diener/die Dienerin	2
sī	**wenn; falls**	11
sīc	**so**, auf diese Weise	11
sīcut	**(so) wie**	48
sīgnificāre	**bezeichnen; anzeigen**	27
sīgnum, sīgnī *n*	**das Zeichen**; das Merkmal	4
silentium, silentiī *n*	**die Ruhe**, die Stille; das Schweigen	1
similis, similis, simile	**ähnlich**	42
simplex; *Gen.* simplicis	**aufrichtig**, offen; **einfach**	50
simul	**gleichzeitig, zugleich**	35
simulācrum, simulācrī *n*	**das Bild**	4
simulāre	**vortäuschen; so tun, als ob**	19
sīn	**wenn aber**	27
sine (*m. Abl.*)	**ohne**	7

sinere, sinō, sīvī, situm	**(zu)lassen, erlauben**	22
singulus, singula, singulum	**jeweils einer; jeder einzeln(e)**	27
sinister, sinistra, sinistrum	**links**; *Subst.* die linke Hand; die linke Seite	9
situs, sita, situm	**gelegen**, befindlich	13
socius, sociī *m*	**der Gefährte; der Verbündete**	22
sōl, sōlis *m*	**die Sonne**	1
solēre, soleō, solitus sum	**gewohnt sein**, (*etw.*) normalerweise (*tun*), (*etw. zu tun*) pflegen	5
sollicitāre	**beunruhigen**; aufhetzen, aufwiegeln	13
sōlum (*Adv.*)	**nur**	46
sōlus, sōla, sōlum; *Gen.* sōlīus, *Dat.* sōlī	**allein**; bloß	6
solvere, solvō, solvī, solūtum	(auf)**lösen; bezahlen**	41
somnus, somnī *m*	**der Schlaf**	26
soror, sorōris *f*	**die Schwester**	32
sors, sortis *f*; *Gen. Pl.* sortium	**das Schicksal**, das Los	11
spargere, spargō, sparsī, sparsum	**bespritzen**; verbreiten	16
speciēs, speciēī *f*	der Anblick, **das Aussehen; der Schein**	48
spectāculum, spectāculī *n*	**das Schauspiel; die Veranstaltung**; die Vorführung	4
spectāre	**(an)schauen**; betrachten	7
spērāre	(er)**hoffen**; erwarten	8
spēs, speī *f*	**die Hoffnung**, die Erwartung	21
spīrāre	(aus)**atmen**; verbreiten	43
spoliāre	**(be)rauben; plündern**	49
sponte	**freiwillig, aus eigenem Antrieb**	23
stāre, stō, stetī, statum	(da)**stehen**	1
statim	**sofort**, auf der Stelle	3
statuere, statuō, statuī, statūtum	**beschließen**, entscheiden; **aufstellen**; festsetzen	10
strēnuus, strēnua, strēnuum	**kräftig; entschlossen**, munter	32
stringere, stringō, strīnxī, strictum	**ziehen**; streifen	22
studēre, studeō, studuī, – (*m. Dat.*)	**sich bemühen (*um*); wollen; sich bilden**	9
studium, studiī *n*	**der Eifer, die Bemühung**	24
stultus, stulta, stultum	**dumm**, einfältig; *Subst.* der Dummkopf	16
suādēre, suādeō, suāsī, suāsum	**raten, zureden**	35
sub (*m. Abl.*)	**unter**	18
subīre, subeō, subiī, subitum	**auf sich nehmen, herangehen**	37
subitō	**plötzlich**	1
sublātum s. tollere		
succēdere, succēdō, successī, successum	anrücken (gegen); **(nach)folgen**, nachrücken	26
sūmere, sūmō, sūmpsī, sūmptum	**nehmen**	5
summus, summa, summum	**der höchste**, der oberste, der äußerste	17
super (*m. Akk./Abl.*)	**über; oben auf**	36
superāre	**(be)siegen; übertreffen**	6
superbus, superba, superbum	**hochmütig**, stolz	25
superior, superior, superius	**höher stehend, überlegen**; früher	43
supplex; *Gen.* supplicis	**bittend, flehend**	39
supplicium, suppliciī *n*	**die Hinrichtung; die (Todes-)Strafe**	30
suprēmus, suprēma, suprēmum	**der letzte; der höchste**; der oberste	39
surgere, surgō, surrēxī, surrēctum	**aufstehen**, sich erheben	14
suscipere, suscipiō, suscēpī, susceptum	**unternehmen**; sich (*einer Sache*) annehmen; **auf sich nehmen**	31
suspīciō, suspīciōnis *f*	**der Argwohn, der Verdacht**	33
sustinēre, sustineō, sustinuī, –	**aushalten**, ertragen	13
sústulī s. tollere		
suus, sua, suum	**sein; ihr**	15
t		
tabula, tabulae *f*	das Gemälde; **die Tafel**; die Aufzeichnung	36
tacēre, taceō, tacuī, –	**schweigen**, still sein	1
tāctum s. tangere		
tālis, tālis, tāle	**derartig, (ein) solcher; so beschaffen**	31
tam	**so**	13
tamen	**dennoch, trotzdem**	17
tamquam	**wie; wie wenn, als ob**	34
tandem	**endlich, schließlich**	4
tangere, tangō, tétigī, tāctum	**berühren**	12
tantum (*Adv.*)	**nur**	30
tantus, tanta, tantum	**so groß, so viel**	23
tegere, tegō, tēxī, tēctum	**bedecken**; schützen	40
tellūs, tellūris *f*	**die Erde**, der Erdboden	47
tempestās, tempestātis *f*	**der Sturm**; das (schlechte) Wetter	14
temptāre	prüfen, **versuchen; angreifen**	26
tempus, temporis *n*	**die Zeit**; der Zeitpunkt	15
tendere, tendō, tetendī, tentum	**(aus)strecken; spannen**; sich anstrengen	33
tener, tenera, tenerum	jung, **zart; zärtlich**	47
tenēre, teneō, tenuī, –	(zurück)**halten**; sich erinnern	3

tentum s. tendere		
tergum, tergī *n*	**der Rücken**	12
terra, terrae *f*	**die Erde; das Land**	6
terrēre	(*jmdn.*) **erschrecken**	12
terribilis, terribilis, terribile	**schrecklich**	25
terror, terrōris *m*	**der Schrecken**; die Schreckensnachricht	33
testis, testis *m*; *Gen. Pl.* testium	**der Zeuge**	20
tetendī s. tendere		
tétigī s. tangere		
tēxī s. tegere		
timēre, timeō, timuī, –	**(sich) fürchten**, Angst haben (vor)	2
timidus, timida, timidum	**ängstlich**; scheu	50
timor, timōris *m*	**die Angst, die Furcht**	21
tolerāre	**ertragen**; fristen	42
tollere, tollō, sústulī, sublātum	**hochheben**; aufheben, **beseitigen**; vernichten	14
tot (*indekl.*)	**so viele**	26
tōtus, tōta, tōtum; *Gen.* tōtīus, *Dat.* tōtī	**ganz**	8
tractum s. trahere		
trādere, trādō, trādidī, trāditum	**übergeben, überliefern**	17
trahere, trahō, trāxī, tractum	**ziehen**; schleppen	11
trāicere, trāiciō, trāiēcī, trāiectum	**hinüberbringen, *über*setzen**	28
trāns (*m. Akk.*)	**über (... hinüber); jenseits**	18
trānsgredī, trānsgredior, trānsgressus sum	**hinübergehen; überschreiten**	45
trānsīre, trānseō, trānsiī, trānsitum	**hinübergehen**, herüberkommen; **überschreiten**	18
trāxī s. trahere		
trēs, trēs, tria	**drei**	17
tribuere, tribuō, tribuī, tribūtum	**zuteilen**; schenken; **erweisen**	34
tribūnus, tribūnī *m*	**der (Militär-)Tribun**	33
trīgintā	**dreißig**	50
trīstis, trīstis, trīste	**traurig**; unfreundlich	47
tū/tē	**du/dich**	3
tulī s. ferre		
tum	**da; dann, darauf; damals**	2
tunc	**da; damals**, zu dem Zeitpunkt; dann	48
turba, turbae *f*	**die** (Menschen-)**Menge; das Durcheinander**	34
turpis, turpis, turpe	**schändlich; hässlich**	42
turris, turris *f*; *Akk. Sg.* turrim, *Abl. Sg.* turrī, *Gen. Pl.* turrium	**der Turm**	35

tūtārī, tūtor, tūtātus sum	**beschützen**, in Schutz nehmen	41
tūtus, tūta, tūtum	**sicher, geschützt**	25
tuus, tua, tuum	**dein**	15
u		
ubī (*m. Ind. Perf.*)	**sobald**	22
ubī?	**wo?**	1
ubīque	**überall**	6
ulcīscī, ulcīscor, ultus sum (*m. Akk.*)	(*etw./jmdn.*) **rächen; sich rächen** (*an jmdm.*)	49
ultrō	**darüber hinaus**, noch dazu; **von sich aus**	36
ultus s. ulcīscī		
umerus, umerī *m*	der Oberarm; **die Schulter**	31
umquam	**jemals**	37
ūnā (cum) (*Adv.*)	**zusammen (mit)**; gemeinsam	13
unde?	**woher?**	3
undique	**von überall her**	37
ūniversus, ūniversa, ūniversum	**ganz, gesamt**; *Pl.* **(alle) zusammen**	27
ūnus, ūna, ūnum; *Gen.* ūnīus, *Dat.* ūnī	**ein; ein einziger**	7
ūnusquisque	**jeder Einzelne**	37
urbs, urbis *f*; *Gen. Pl.* urbium	**die Stadt**	8
ūsque ad (*m. Akk.*)	**bis zu**	46
ūsus, ūsūs *m*	**der Gebrauch, der Nutzen**; die Erfahrung	34
ūsus s. ūtī		
ut	**wie**	8
ut (*m. Konj.*)	**dass, damit; sodass**	29
uter, utra, utrum?; *Gen.* utrīus, *Dat.* utrī	**wer?** (*von zwei Personen*)	24
uterque, utraque, utrumque; *Gen.* utrīusque, *Dat.* utrīque	**jeder** (*von zwei Personen*), **beide**	24
ūtī, ūtor, ūsus sum (*m. Abl.*)	(*etw.*) **benutzen, gebrauchen**	39
ūtilis, ūtilis, ūtile	**nützlich; brauchbar**	19
utinam (*m. Konj.*)	**hoffentlich; wenn doch (bloß)**	41
utrum	*dir. Frage: unübersetzt; indir. Frage* **ob**	29
uxor, uxōris *f*	**die Ehefrau**, die Gattin	17
v		
vacāre (*m. Abl.*)	**frei sein** (*von*), (*etw.*) nicht haben	8
valdē	**sehr**	3
valē!/valēte!	**leb/lebt wohl!**	13
valēre, valeō, valuī, –	**gesund sein; Einfluss haben**	8

varius, varia, varium	**verschieden(artig); wankelmütig**	34
vās, vāsis *n*; *Pl.* vāsa, vāsōrum	**das Gefäß**	36
vāstāre	**verwüsten**	29
vehemēns; *Gen.* vehementis	**heftig**	23
vehere, vehō, vēxī, vectum	**fahren**; tragen; ziehen	49
vel	**oder**	19
velle, volō, voluī, –	**wollen**	19
velut	**wie, wie zum Beispiel**	45
vendere, vendō, vendidī, venditum	**verkaufen**	13
venīre, veniō, vēnī, ventum	**kommen**	1
ventus, ventī *m*	**der Wind**; der Sturm	6
vēr, vēris *n*	**der Frühling**	47
verberāre	**schlagen**	44
verbum, verbī *n*	**das Wort**	4
verērī, vereor, veritus sum	**fürchten; verehren**	38
vērō	**aber**; wirklich	40
versārī, versor, versātus sum	**sich aufhalten**, leben; **sich beschäftigen**	50
versus, versūs *m*	**der Vers**	35
vertere, vertō, vertī, versum	**wenden**; drehen; **verwandeln**	12
vērus, vēra, vērum	**wahr**, echt	16
vester, vestra, vestrum	**euer**	15
vestis, vestis *f*	**die Kleidung, das Kleidungsstück**	48
vetus; *Gen.* veteris, *Abl. Sg.* vetere, *Nom. Pl. n* vetera, *Gen. Pl.* veterum	**alt**; ehemalig; erfahren	35
vēxī s. vehere		
via, viae *f*	**der Weg, die Straße**	14
vīcī s. vincere		
victor, victōris *m*	**der Sieger**	9
victōria, victōriae *f*	**der Sieg**	27
victum s. vincere		
vīcus, vīcī *m*	**die Gasse; das (Stadt-)Viertel; das Dorf**	35
vidēre, videō, vīdī, vīsum	**sehen**	4
vidētur/videntur (*m. Inf.*)	**er, sie, es scheint/ sie scheinen** (*etw. zu tun*)	39
vigilia, vigiliae *f*	**die Nachtwache**	26
vīlla, vīllae *f*	**das (Land-)Haus**; das Landgut	1
vincere, vincō, vīcī, victum	**(be)siegen**; übertreffen	27
vindicāre	**beanspruchen**	15
vīnum, vīnī *n*	**der Wein**	16
vir, virī *m*	**der Mann**	9

virgō, virginis *f*	**die junge** (*unverheiratete*) **Frau**; die Jungfrau	19
virtūs, virtūtis *f*	**die Tüchtigkeit; die Tapferkeit**; die Tugend; *Pl. auch* **gute Eigenschaften**	34
vīs, *Akk.* vim, *Abl.* vī *f*; *Pl.* vīrēs, vīrium	**die Gewalt; die Kraft; die Menge**; *Pl. auch* **(Streit-)Kräfte**	13
vīsere, vīsō, –, –	**besichtigen; besuchen**	34
vīta, vītae *f*	**das Leben**	9
vītāre	**(ver)meiden**	23
vitium, vitiī *n*	**der Fehler, die schlechte Eigenschaft**	8
vīvere, vīvō, vīxī, –	**leben**	11
vīvus, vīva, vīvum	**lebendig; zu Lebzeiten**	35
vix	**kaum**	14
vīxī s. vīvere		
vocāre	**rufen; nennen**	3
voluntās, voluntātis *f*	**der Wille; die Absicht**	19
voluptās, voluptātis *f*	**das Vergnügen**, der Spaß; die Lust	7
volvere, volvō, volvī, volūtum	**rollen**, wälzen; **überlegen**	30
vōs	*Nom.* **ihr**; *Akk.* **euch**	13
vōtum, vōtī *n*	**der Wunsch; das Gelübde**	16
vōx, vōcis *f*	**die Stimme**; der Laut	8
vulgus, vulgī *n*	**das Volk**	34
vulnerāre	**verwunden**	48
vulnus, vulneris *n*	**die Wunde**	44
vultus, vultūs *m*	**das Gesicht, der Gesichtsausdruck**	32

2000 | 1500 | 1000 | 500

Stonehenge

Palast von Knossos auf Kreta

Troianischer Krieg (?)

Homer – Ilias, Odyssee

Erste Olympische Spiele: 776 (?)

Gründung Roms: 753 (?)

Rom wird Republik: 509 (?)

Zwölftafelgesetz 450

Sokrates (470–399)

Aristoteles (384–322)

Alexander der Große (356–323)

Archimedes (~287–212)

Christi Gebur

Untergang Pom

Livius

Horaz

Vergil

Plautus

Cicero

200 | 150 | 100 | 50

Hannibal

Cannae

Tiberius und Gaius Gracchus

C. Iulius Caesar

Catilina 63

Kleopatra VII.

27

Au

500 | 1000 | 1500 | 2000

Konstantin d. Gr. (280 [?]–337)
Trier Kaiserresidenz
Beginn der Völkerwanderung
Ende des Weström. Reiches: 476
Justinian (527–565)
Karl der Große (768–814)
Zeit der Kreuzzüge
Carmina Burana: 12. Jh.
Untergang Ostroms: 1453
Entdeckung Amerikas: 1492
Erasmus (1466/1469–1536)
Kopernikus (1473–1543)
Französische Revolution: 1789
Olympische Spiele der Neuzeit: 1896
Erste Mondlandung: 1969

Martial

Seneca

50 | 100 | 150 | 200

14 - 37 | 41-54 | 54 - 68 | 69-79 | 81 - 96 | 98 - 117 | 117 - 138 | 138 - 161 | 161 - 180 | -192 | 193 - 211

arus
Tiberius
Caligula
Claudius
Nero
Vespasian
Titus
Domitian
Nerva
Trajan
Hadrian
Antoninus Pius
Marc Aurel
Commodus
Septimius Severus

Bildquellenverzeichnis

akg-images, Berlin: S. **25.1** (Peter Connolly), **39** (Peter Connolly), **123.3**, **139.1**, **154.1**, **159.2** (Peter Connolly), **188** (Erich Lessing), **192.1**, **195.2/3** (Peter Connolly), **198.1** (Pirozzi), **198.3** (Erich Lessing), **207.2**, **211.2** (Peter Connolly), **216**, **219.1**, **219.2** (Erich Lessing), **221.6** (Peter Connolly), **222.2** (Erich Lessing), **230.1**, **312/313.6/7** (Erich Lessing)/**10/20** (Nimatallah); Andreae, Bernard: S. **113.1**; Andromeda, Oxford: S. **77.1**; Archäologische Staatssammlung, München: S. **99.2** (Manfred Ebelein); Architekturmuseum der TU, München: S. **199.4**; Archiv Gerstenberg, Wietze: S. **312/313.9**; Arco: S. **222.3** (W. Wisniewski); Astrofoto, Sörth: S. **312/313.12**; Baus, Hermann und Clärchen, Köln-Dellbrück: S. **203.2**; Bayerische Staatsbibliothek, München: S. **208.1**; Bildarchiv Preußischer Kulturbesitz, Berlin: S. **64**, **105.3**, **312/313.15**; Bode, Reinhard, Mechterstädt: S. **85.2**, **88**, **122.2**, **128**, **145.2**, **158**, **171.1**, **175**/Hintergrundbild, **184**, **199.1**, **312/313.19**; Breyer, Johannes, Weiden i. d. Opf.: S. **48**; Bridgeman Art Library, London: S. **113.2**, **136**, **183.2** (Lauros/Giraudon), **224.1**, **226.1**, **312/313.3** (Lauros/Giraudon), **312/313.11**; British Museum, London: S. **45.1** (Michael Holford), **96**; Carbon, Ludwig, Erlangen: S. **31.1**, **221.2**; Corbis: S. **10** (Bill Ross), **87.3** (Vanni Archive), **99.1** (Araldo de Luca); Das Fotoarchiv/Markus Matzel: S. **56**; Deutsches Archäologisches Institut, Rom: S. **121.2**; Dixon, C. M.: S. **32**; dpa, Frankfurt/M.: S. **51**, **135.2** (Sportreport), **175.1/2**; © 2004 – Les Editions Albert René/Goscinny-Uderzo: S. **52**, **55.1**, **154.2**; Fitzenreiter, Wilfried, Berlin: S. **68.2**; Fototeca Unione, Rom: S. **141**; Grau, Dr. Peter, Eichstätt: S. **149**, **212**; Haußner, Chr.: S. **109.1**; Hoepfner, Prof. Dr. Wolfram, Berlin: S. **153.3**; IFA-Bilderteam, München: S. **60** (Kohlhas); Imago: S. **180** (Andreas Neumeier); Interfoto, München: S. **14** (Alinari), **17** (Bridgeman Art Library, London), **27**, **36**, **42** (Artcolor), **45.2** (Weltbild), **63.1**, **63.2** (Alinari), **69.1**, **70**, **73.2**, **77.2** (Alinari), **81.2**, **82** (Bridgeman Art Library, London), **86.1** (Alinari), **91** (Alinari), **104.1**, **105.2** (Alinari), **105.4** (Großkopf), **122.1**, **192.2** (Alinari), **199.3** (Alinari), **208.2** (Karger-Decker), **221.4**, **312/313.2**, **312/313.5** (Alinari); Kapitolinische Museen, Rom: S. **150.2**, **312/313.13**; Karkosch, Dr., Archiv, München: S. **168.1**, **178.2**; Karopka, Franz-Josef, Hattingen: S. **226.2**; Kunsthistorisches Museum, Wien: S. **25.2**; Licoppe, Gay, Brüssel: S. **200**; Limes Museum, Aalen: S. **163.2** (Ulrich Sauerborn, Aalen); Markt Titting, Titting: S. **163.3**; Mauritius Bildagentur, Mittenwald: S. **21.2** (Ball), **21.3** (Pöhlmann), **31.2** (Rega), **87.1** (Macia), **87.2** (Pascal), **87.4** (Rossenbach), **87.5** (Pigneter), **104.3** (Pöhlmann), **230.3** (Vidler); Mölle, Susanne, Kempten: S. **73.1**; Museo Nazionale, Taranto: S. **131.2/3**; Museum of Art and Archaeology, University of Missouri-Columbia. Gift of the MU Student Fee Capital Improvements Committee: S. **114**, **178.1**; Norweg, Achim, Fürstenzell: S. **18**, **47**, **135.1**, **139.2**, **157.2**, **163** (Hintergrundkarte); Otto Bildarchiv, Oberhausen: S. **163.1**, **198.2**; Picture alliance: S. **142** (akg-images/Erich Lessing), **146.2/3** (akg-images/Erich Lessing), **153.1** (akg-images), **157.1** (akg-images), **167** (akg-images/Rainer Hackenberg), **171.2/3** (akg-images), **198.4** (dpa), **312/313.17** (akg-images); Plurigraf, Narni/Italien: S. **55.2**, **104.2**, **203.1**, **221.10**, **312/313.14**; Rheinisches Bildarchiv, Köln: S. **59.2**; Rheinisches Landesmuseum Trier, Trier: S. **95.1/2** (Thomas Zühmer und Hermann Thörnig), **95.3** (Zeichnung: Gerd Brenner); Römisch-Germanisches Museum, Köln: S. **74**, **159.1** (Rheinisches Bildarchiv); Scala, Florenz: S. **28**, **106**, **117**, **121.1**, **123.1/2**, **124**, **131.1**, **146.1**, **160**, **164.2**, **168.2**, **179.2**, **191**, **195.1**, **215**, **228.1**, **312/313.7/8/16**; Schmidt-Thomé, Johannes, Fürstenfeldbruck: S. **312/313.18**; Seiterle, Dr. Gerald, Ermatingen: S. **78**; Skulpturensammlung Dresden/Albertinum: S. **110**; Spatt, Leslie E.: S. **224.2**; Sportimage/Presse Sports: S. **193.1** (Fevre); Staatliche Antikensammlungen und Glyptothek, München: S. **193.3**; Staatliche Museen, Kassel: S. **109** (Brunzel); Stadt Weißenburg: S. **163.4**; Stadtbibliothek, Nürnberg: S. **228.2**; Superbild, München: S. **199.2** (Günter Gräfenhain); TPH Bildagentur, Tutzing: S. **230.2**; Unger, Hans Dietrich, Bad Brückenau: S. **21.1/4**, **46**, **85.1**, **86.2**, **312/313.1/4**; United Soft Media Verlag, München: S. **22**; Vatikanische Museen, Rom: S. **103**; VG Bild-Kunst, Bonn 2014: S. **68.1** (Max Beckmann, Raub der Europa, 1933); **69.2**, **105.1** (Borislav Sajtinac, Wenn Sisyphus mal muss); **153.2** (Salvador Dalí Foundation, Gala Salvador Dalí); VICTORY/De Angelis Produktion

„Julius Caesar“, Kaufbeuren: S. **150.1**, **179.3**, **204**; Villa Albani, Rom: S. **211.1**, **221.7**; Wikipedia/I, VollwertBIT: S. **59.1**; Wittich, Peggy, Cottbus: S. **26**; zefa: S. **175.3**; Zimmermann, Martin, Plochingen: S. **187**; Seite **100** aus: U. Schultz (Hrsg.): Speisen, Schlemmen, Fasten. Insel Verlag, Frankfurt/M.; Seite **118** aus: Andrea Carandini/Rosella Capelli: Roma: Romolo, Remo e la fondazione della cittá, Electa, Milano 2000, S. 242/© A. Carandini, P. Brocato; Seite **132** aus: Die athenische Triere. Geschichte und Rekonstruktion eines Kriegsschiffs der griechischen Antike./Foto: JFC/John F. Coates; Seite **145.2** aus: Paolo Moreno/Chiara Stefani: The Borghese Gallery, Touring Club Italiano, Milano 2000, S. 159; Seite **172/178.3** aus: Becker, Werner; Kretzschmar, Harald (Hrsg.): Honoré Daumier: Das Lächeln der Auguren. – Berlin (Eulenspiegelverlag) 1986. – Tafel 38. Jetzt: Eulenspiegel. Das Neue Berlin Verlagsgesellschaft mbH & Co. KG, Berlin; Seite **221.8** aus: Knaurs Kulturführer in Farbe Griechenland, S. 320, München/Zürich 1982; Seite **222.1** aus: Christoph Stiegemann und Matthias Wemhoff (Hrsg.): Kunst und Kultur der Karolingerzeit. Karl der Große und Papst Leo III. in Paderborn. Band 1. S. 66. Katalog der Ausstellung. Paderborn 1999

Umschlagfotos von rechts nach links:
Johannes Schmidt-Thomé, Fürstenfeldbruck; bpk/Hermann Buresch; akg-images;
Interfoto, München/Alinari; Reinhard Bode, Mechterstädt
Nachsatz: P&G Büro f. Produktion u. Gestaltung, Weilheim

Textquellenverzeichnis

S. **174**: Friedrich Schiller: Die Bürgschaft (1799). In: Sämtliche Werke in fünf Bänden, hg. v. Gerhard Fricke u. Herbert G. Göpfert. München: Carl Hanser Verlag 3. Aufl. 1962; S. **187**: Zitiert nach: Landesgartenschau 1998 Plochingen am Neckar. http://www.gartenschau-plochingen.de/archimed.htm; S. **224**: „Gaudeamus igitur“. Melodie vor 1717(?), Textfassung von Cristian Wilhelm Kindleben (1748–1785) nach einem alten (lateinischen) Studentenlied. In: „Lieder für Freunde der geselligen Freude“. Leipzig 1788.

RAETIA
NORICUM
Danuvius
Rhenus
ALPES MONTES
PANNONIA
Comum
Aquileia
ILLYRICUM
GALLIA CISALPINA
VENETIA
Vercellae
Mediolanum
Patavium
VIA POSTUMIA
Verona
Padus
Cremona
Mantua
Pola
LIGURIA
Parma
VIA AEMILIA
Ravenna
Mutina
Genua
VIA AURELIA
Bononia
Rubicon
Ariminum
APPENNINI MONTES
Luca
Florentia
UMBRIA
Ancona
Pisae
Arnus
Volaterrae
Arretium
ETRURIA
VIA FLAMINIA
Tiberis
Lacus Trasimenus
ILVA
Rosellae
Perusia
Nursia
SABINI
Volci
VIA CLODIA
Reate
Tarquinii
Veii
CORSICA
Caere
ROMA
Praeneste
Ostia
SAMNIUM
Arpinum
Monte Cassino
LATIUM
Lavinium
APULIA
Cannae
Tarracina
Capua
VIA TRAIANA
Olbia
CAMPANIA
Beneventum
Cumae
VESUVIUS
Brundisium
Neapolis
Venusia
VIA APPIA
Pompeii
CAPREAE
Tarentum
Paestum
LUCANIA
CALABRIA
SARDINIA
Mare Tyrrhenum
Thurii
Basentus
VIA POPILLIA
Cosentia
Croton
BRUTTIUM
INSULAE LIPARAEAE
Messana
Mare Adriaticum
DALMATIA
Spalatum
AEGATES
Panormus
Rhegium
Segesta
SICILIA
AETNA
Tauromenium
Catina
Selinus
Agrigentum
VIA VALERIA
Syracusae
Mare Africum
Mare Ionium
Utica
Carthago
NUMIDIA
Tunes
Hadrumetum
Zama
AFRICA
MELITA
0
100
200
Nomentum
Tiberis
Veii
Allia
Fidenae
ROMA
Gabii
Ostia
Alba Longa
Corioli

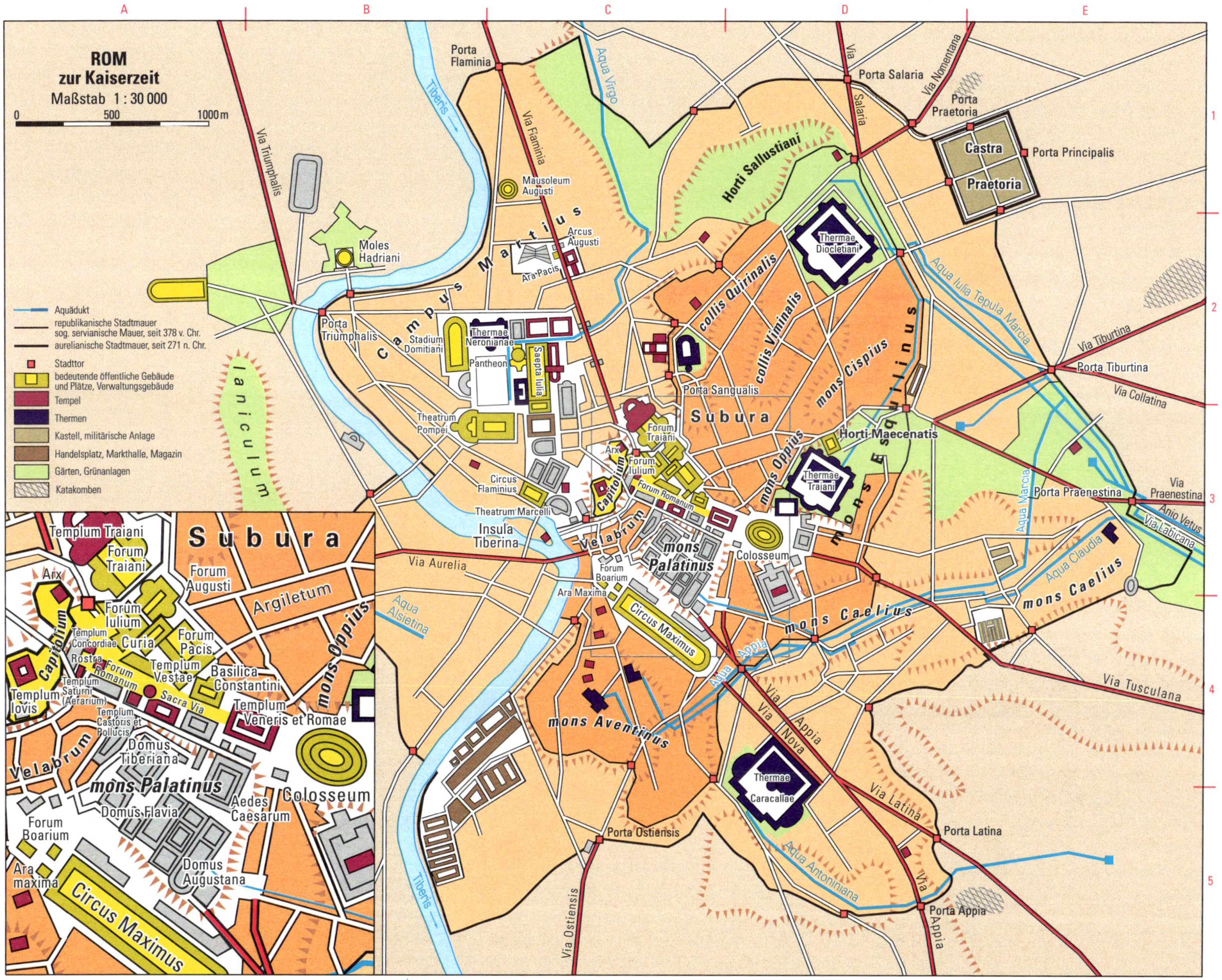
ROM
zur Kaiserzeit
Maßstab 1 : 30 000
0
500
1000 m
Aquädukt
republikanische Stadtmauer
sog. servianische Mauer, seit 378 v. Chr.
aurelianische Stadtmauer, seit 271 n. Chr.
Stadttor
bedeutende öffentliche Gebäude und Plätze, Verwaltungsgebäude
Tempel
Thermen
Kastell, militärische Anlage
Handelsplatz, Markthalle, Magazin
Gärten, Grünanlagen
Katakomben
A
B
C
D
E
1
2
3
4
5
Porta Flaminia
Tiberis
Via Flaminia
Aqua Virgo
Via Salaria
Porta Salaria
Via Nomentana
Porta Praetoria
Castra Praetoria
Porta Principalis
Via Triumphalis
Mausoleum Augusti
Horti Sallustiani
Moles Hadriani
Campus Martius
Arcus Augusti
Ara Pacis
Thermae Diocletiani
Aqua Iulia Tepula Marcia
Porta Triumphalis
Stadium Domitiani
Thermae Neronianae
Pantheon
Saepta Iulia
collis Quirinalis
collis Viminalis
Ianiculum
Porta Sangualis
mons Cispius
Esquilinus
Via Tiburtina
Porta Tiburtina
Via Collatina
Theatrum Pompei
Subura
Forum Traiani
Horti Maecenatis
Arx
Forum Iulium
Circus Flaminius
Capitolium
Forum Romanum
mons Oppius
Thermae Traiani
mons Esquilinus
Aqua Marcia
Porta Praenestina
Via Praenestina
Anio Vetus
Via Labicana
Theatrum Marcelli
Insula Tiberina
Velabrum
mons Palatinus
Colosseum
Via Aurelia
Forum Boarium
Ara Maxima
Aqua Claudia
mons Caelius
Aqua Alsietina
Circus Maximus
Aqua Appia
Via Tusculana
mons Aventinus
Via Appia
Via Nova
Thermae Caracallae
Via Latina
Porta Latina
Porta Ostiensis
Aqua Antoniniana
Via Ostiensis
Porta Appia
Templum Traiani
Forum Augusti
Argiletum
Templum Concordiae
Curia
Forum Pacis
Rostra
Templum Vestae
Basilica Constantini
Templum Iovis
Templum Saturni (Aerarium)
Sacra Via
Templum Veneris et Romae
Templum Castoris et Pollucis
Domus Tiberiana
Aedes Caesarum
Domus Flavia
Domus Augustana
Ara maxima

Imperium Romanum
(Anfang des 2. Jahrhunderts n. Chr.)

MACEDONIA
Philippi
Abdera
Pella
Thessalonice
HELLESPONTUS
LEMNUS
Ilium / Troia
MYSIA
THESSALIA
EPIRUS
Assus
Pergamum
CORCYRA
Pharsalus
LESBUS
ASIA
Artemisium
EUBOEA
Magnesia
Sardes
Actium
Thermopylae
Smyrna
LYDIA
Delphi
CHIUS
Ithaca
Thebae
Ephesus
Patrae
Marathon
SAMUS
ACHAIA
Megara
Athenae
CARIA
Corinthus
Salamis
ARCADIA
Mycenae
Miletus
Argus
Olympia
DELUS
Cos
Sparta
Cnidus
Rhodus
CRETA
0
100
200 km
DACIA
Hister
MOESIA
Pontus Euxinus
THRACIA
Byzantium
BITHYNIA
PONTUS
ARMENIA
GALATIA
Gordium
Halys
Mare
Pergamum
ASIA
CAPPADOCIA
Parthi
Magnesia
Athenae
Tarsus
Issus
Miletus
MESOPOTAMIA
CILICIA
Antiochia
Tigris
ASSYRIA
Aegaeum
RHODUS
SYRIA
Euphrates
CYPRUS
Susa
CRETA
Damascus
Babylon
Tyrus
Caesarea
PALAESTINA
Iericho
Hierosolyma
IUDAEA
Masada
Alexandria
ARABIA
AEGYPTUS
Nilus
Sinus Arabicus

CURSUS, Ausgabe N – Einbändiges Unterrichtswerk für Latein

herausgegeben von Prof. Dr. Friedrich Maier und Dr. Stephan Brenner
und bearbeitet von
Britta Boberg, Reinhard Bode, Dr. Stephan Brenner, Prof. Andreas Fritsch,
Michael Hotz, Prof. Dr. Friedrich Maier, Wolfgang Matheus, Ulrike Severa,
Werner Thiel, Hans Dietrich Unger, Dr. Sabine Wedner-Bianzano, Andrea Wilhelm

Berater: Hartmut Grosser

Redaktion: Dr. Silke Anzinger, Andrea Forster, Cornelia Franke (Assistenz)
Illustration: Michael Heinrich, Coburg
Umschlagkonzept: Mendell & Oberer, München
Umschlag: Groothius, Lohfert, Consorten GmbH, Hamburg
Technische Umsetzung: Setzerei Vornehm GmbH, München

www.oldenbourg.de/osv
www.ccbuchner.de

1. Auflage, 4. Druck 2014

Alle Drucke dieser Auflage sind inhaltlich unverändert und können im Unterricht nebeneinander verwendet werden.

Druck: Firmengruppe APPL, aprinta Druck, Wemding

ISBN 978-3-637-01288-2 (Oldenbourg Schulbuchverlag)
978-3-7661-5245-9 (C.C. Buchners Verlag)
978-3-87488-390-0 (J. Lindauer Verlag)

PEFC
PEFC/04-32-0928

PEFC zertifiziert
Dieses Produkt stammt aus nachhaltig bewirtschafteten Wäldern und kontrollierten Quellen
www.pefc.de